GRAMMAIRE GRECQUE

A LA MÊME LIBRAIRIE

NOUVELLE COLLECTION DE GREC

publiée sous la direction de

A. DAIN

Grammaire et Exercices :

Grammaire grecque (de E. Ragon), entièrement refondue, par A. DAIN, J.-A. de FOUCAULT et P. POULAIN.

Exercices grecs 1re série, classes de Cinquième et de Quatrième, par J.-A. DE FOUCAULT et P. POULAIN.

Exercices grecs 2e série, classe de Troisième, par P. POULAIN.

Exercices grecs 3e série, classes de Second Cycle, par P. POULAIN et M. LEFAURE.

La Grèce vivante, versions grecques commentées, classes de Seconde et Première, par L. BUFFARD-LECONTE.

Notre couverture : Détail de la frise du Parthenon.
Photo : BOUDOT - LAMOTTE.

E. RAGON

GRAMMAIRE GRECQUE

entièrement refondue

PAR

A. DAIN

J.-A. DE FOUCAULT et P. POULAIN

J. DE GIGORD
15, RUE CASSETTE, PARIS

ISBN 2-7054-0200-4

AVERTISSEMENT

Cette nouvelle édition de la Grammaire grecque de Ragon — la quarantième en réalité — est une refonte de l'ouvrage réputé dans lequel, depuis plus de soixante ans déjà, des générations de jeunes hellénistes ont appris du grec. La fidélité des maîtres à utiliser dans les classes cet ouvrage, reproduit à peu près sans changement depuis 1889, montre à quel degré Éloi Ragon connaissait l'art de formuler les règles de grammaire et d'adapter la science philologique à l'ouverture d'esprit des écoliers.

En fait, et quoique l'auteur ait souvent fait appel à la linguistique et à la grammaire comparée, la Grammaire grecque de Ragon avait été rédigée antérieurement à l'essor de la linguistique et des disciplines grammaticales qui a marqué la première moitié du XXe *siècle. Dans le monde entier, les grammaires anciennes ont dû être remplacées ou rajeunies. Seule, la* Grammaire grecque à l'usage des classes, *répandue à quelque quatre cent mille exemplaires, n'avait pas encore été retouchée.*

Allait-on faire une grammaire nouvelle? C'était priver le corps enseignant d'un instrument de travail qui lui était familier et auquel il demeurait attaché. Allait-on simplement corriger les erreurs matérielles? D'aucuns l'ont proposé et, avouons-le, telle avait été notre première idée. A l'usage, il est apparu que des modifications plus profondes s'imposaient. Aussi avons-nous pris le parti, mes collaborateurs et moi-même, de garder précieusement de la vieille grammaire tout ce qu'il était possible de conserver, mais de ne jamais hésiter à reprendre à la base tout ce qui avait besoin d'une refonte, à ajouter ou à supprimer.

Aussi bien les conditions ne sont-elles plus les mêmes qu'au temps du XIXe *siècle finissant. On commence le grec plus tard qu'autrefois et on consacre à son étude un horaire beaucoup plus restreint. En revanche, les élèves abordent l'étude du grec avec un esprit déjà mieux formé. On n'a plus besoin aujourd'hui de « grammaire élémentaire »; les règles mnémotechniques, au besoin rédigées en vers, paraissent un anachronisme : il y en avait encore dans la rédaction de Ragon. Il s'agit donc moins aujourd'hui de composer un ouvrage de manière que les débutants puissent aborder les problèmes suivant un ordre progressif des difficultés, il s'agit moins de se conformer à un plan conduisant les élèves d'après un rythme imposé, qui mêlait les notions de syntaxe*

— de « petite syntaxe », comme on disait — aux explications morphologiques, que de coordonner, dans des limites maintenues modestes, un enseignement systématique de la langue grecque à l'usage de ceux qui étudient.

Nous n'oublions pas que l'ouvrage, dans la pensée d'Éloi Ragon, devait suffire « à tous les besoins de l'enseignement secondaire classique ». Aujourd'hui, nos étudiants des Facultés n'ont pas moins besoin que les écoliers du second degré de la grammaire de leurs classes. Et l'expérience a montré que les maîtres, fussent-ils des hellénistes réputés, s'en servent jusqu'à la fin de leur carrière. C'est pour répondre à ces besoins complexes que nous avons rédigé, en partant de l'ancienne grammaire, un ouvrage où chaque chose a été remise à sa place, développée suivant l'importance qui convenait, réduite au besoin à une formule plus courte, imprimée en tout cas avec plus de clarté et avec une meilleure présentation typographique.

Les maîtres qui ont remanié cet ouvrage, professeurs à qui l'on concédera au moins le mérite d'une longue expérience de l'enseignement du grec à tous ses degrés, ont voulu faire quelque chose qui fût à la fois simple et assez complet. Ils demandent à leurs collègues de se servir de cet ouvrage dans leurs classes comme d'un manuel où leur science pédagogique ira chercher et saura trouver ce qui convient au degré d'avancement de leurs élèves. Il va de soi, par exemple, qu'on franchira sans hésiter les quelques pages réservées à la phonétique. Mais le maître doit pouvoir s'y référer chaque fois qu'il aura à expliquer une forme spéciale de substantif ou de verbe. S'agit-il d'apprendre la morphologie? On se portera d'abord à tout ce qui est présenté dans les tableaux. Il n'y a plus aujourd'hui de connaissance apprise passivement, car on n'en a plus le temps. C'est cette collaboration avec le maître qui enseigne que les rédacteurs du nouveau Ragon ont toujours eue en vue. D'espérer qu'ils ont pu atteindre ce but les justifierait d'avoir osé toucher à un ouvrage désormais classique sans crainte d'être accusés de profanation.

8 décembre 1951. A. D.

On a profité de ce nouveau tirage pour apporter diverses améliorations, surtout en ce qui concerne les Notions de phonétique. Nous sommes redevables à tous nos confrères, et surtout à MM. R. Clavaud et J. Meunier, des corrections qu'ils nous ont suggérées.

15 janvier 1961.

GRAMMAIRE GRECQUE

NOTIONS PRÉLIMINAIRES

1. La langue grecque est un des rameaux les plus importants du groupe linguistique dit indo-européen. Cet idiome a eu à l'origine une véritable unité. Mais au moment où nous l'atteignons dans des documents authentiques, nous constatons que la langue grecque est divisée en un certain nombre de dialectes parlés, que l'on peut classer commodément en quatre groupes : l'*ionien*, l'*arcado-cypriote*, l'*éolien* et les différents parlers appelés communément *doriens*.

A l'exception du deuxième, chacun de ces groupes a développé une langue littéraire, dont la tonalité morphologique varie avec la date des auteurs et les genres littéraires employés.

Le dialecte **ionien**, parlé en Asie Mineure, a pour caractère principal d'éviter les contractions : les prosateurs Hérodote et Hippocrate l'ont employé. Mêlé à des éléments éoliens, il fait le fond des poèmes homériques, qui ont influé sur la langue de tous les poètes grecs. Il reste peu de chose du dialecte **éolien**, connu surtout par les odes d'Alcée et de Sapho. C'est dans le dialecte **dorien**, aux sons graves et musicaux, que Pindare et Théocrite ont écrit leurs poésies.

Le dialecte **attique**, appelé encore *grec classique*, est un rameau du dialecte ionien. Il n'est autre chose que la langue de la belle époque d'Athènes (ve-ive siècles avant J.-C.), celle dans laquelle Eschyle, Sophocle et Euripide, Aristophane, Thucydide, Platon et Xénophon, Isocrate, Eschine et Démosthène, ont écrit leurs chefs-d'œuvre. C'est le dialecte dont ce livre expose les formes et la syntaxe. Ce qu'on appelle le *grec commun* (ou κοινή), n'est que ce dialecte attique, évolué et mêlé d'ionismes, d'époque gréco-romaine; il a pour représentants principaux Polybe et Plutarque. On appelle *atticistes* les écrivains qui, comme Lucien, se sont efforcés plus tard de reproduire la pureté et l'élégance de la langue attique.

Alphabet et écriture

2. L'alphabet grec courant a vingt-quatre lettres, qui sont :

		Noms des lettres		Prononciation scolaire	
Α	α	ἄλφα,	alpha,	a	*long ou bref.*
Β	β ϐ	βῆτα,	bêta,	b.	
Γ	γ	γάμμα,	gamma,	g	*dur.*
Δ	δ	δέλτα,	delta,	d.	
Ε	ε	ἒ ψιλόν, (εἶ)	epsilonn,	é	*fermé bref.*
Ζ	ζ ȝ	ζῆτα,	dzêta,	dz.	
Η	η	ἦτα,	êta,	ê	*ouvert long.*
Θ	θ	θῆτα,	thêta,	t	(*transcrit* th).
Ι	ι	ἰῶτα,	iôta,	i	*long ou bref.*
Κ	κ	κάππα,	kappa,	k.	
Λ	λ	λά(μ)ϐδα,	lambda,	l.	
Μ	μ	μῦ,	mu,	m.	
Ν	ν	νῦ,	nu,	n.	
Ξ Ξ	ξ	ξῖ,	xi,	x	*dur.*
Ο	ο	ὂ μικρόν, (οὖ)	omicronn,	o	*fermé bref.*
Π	π	πῖ,	pi,	p.	
Ρ	ρ	ῥῶ,	rhô,	r.	
Σ	σ ς	σῖγμα,	sigma,	s	*dur.*
Τ	τ	ταῦ,	tau,	t.	
Υ	υ	ὖ ψιλόν,	upsilonn,	u	*long ou bref.*
Φ	φ	φῖ,	phi,	f	(*transcrit* ph).
Χ	χ	χῖ,	chi,	k.	
Ψ	ψ	ψῖ,	psi,	ps.	
Ω ω	ω	ὦ μέγα,	ôméga,	ô	*ouvert long.*

L'alphabet grec est un alphabet phénicien dans lequel (innovation extrêmement importante) on a modifié la valeur de certaines lettres pour leur faire noter les voyelles.

Primitivement, la lettre H servait à marquer non pas le son *é ouvert long*, comme dans l'alphabet ionien, mais une aspirée initiale. On distinguait ainsi *h*ορος, *limite*, et ορος, *montagne*. Cette pratique s'est maintenue dans l'alphabet attique jusqu'à la fin du ve siècle avant J.-C., date de l'adoption de l'alphabet ionien.

En outre, trois lettres ont disparu dans la suite : Ϝ *digamma*, Ϙ *koppa*, et un signa T *tsadé*, servant à noter une articulation marquée plutôt par ττ ou σσ. On verra (80) les formes et les noms que ces signes ont reçus plus tard dans le système numérique grec.

L'écriture grecque a développé, avec des divergences éliminées peu à peu, un alphabet de type capital (documents à partir de 700 avant J.-C.), dont une bonne part de nos majuscules modernes d'imprimerie garde le mode exact. De ce type dérivent par voie de lente évolution une écriture cursive et deux écritures successives de « librairie ». La plus ancienne écriture de librairie est l'*onciale*. Vers le début du IXe siècle de notre ère se développa une écriture de librairie dite *minuscule*, dont notre grec imprimé présente encore aujourd'hui le type à peine évolué.

Les Grecs modernes, qui ont conservé l'alphabet ancien, se servent d'une écriture manuelle où les caractères sont liés. Dans les pays occidentaux, l'écriture manuelle du grec imite l'écriture imprimée.

En France, on ne se sert généralement du signe β qu'au commencement des mots, du signe ς qu'à la fin. On doit bien se garder de mettre un point sur l'ι.

Prononciation

3. La prononciation ancienne du grec, qui a du reste évolué, était différente de la nôtre. Notamment, on faisait sentir l'aspiration, on distinguait les longues des brèves et on marquait l'accent, la voix s'élevant ou appuyant davantage sur certaines syllabes des mots (*accent tonique*). La graphie ει nota assez tôt le son *é* fermé long, puis se prononça *i* et, au moins à basse époque, la diphtongue αι se prononça *é*. La prononciation, à l'époque byzantine, présenta des altérations nouvelles.

La prononciation moderne du grec classique, en France notamment, suit des usages conventionnels qui remontent à la Renaissance (prononciation érasmienne).

Généralement, les diphtongues αι, ει, οι, notées dans l'écriture par la semi-voyelle ι placée à la suite des voyelles α, ε, ο, se prononcent d'une seule émission de voix, de manière que l'ι ait le son de notre semi-voyelle *y*.

Les groupes de voyelles dont la dernière est un υ (αυ, ευ, ου) se prononcent d'ordinaire comme *au*, *eu*, *ou*, en français; de même ηυ se prononce *eu*.

Le μ et le ν se font toujours entendre distinctement et ne donnent jamais à la voyelle précédente le son nasal qu'ont souvent en français *an*, *en*, *on* etc. Le γ se prononce nasalisé devant γ, κ, χ et ξ : ἄγγελος, *messager* (pron. *ang-gué-loss*); ἀνάγκη, *nécessité* (pron. *a-nang-ké*); λαγχάνω, *obtenir* (pron. *lang-ka-nô*); σφίγξ, *sphinx*.

Le σ a toujours le son fort de *ç*, jamais celui de *z*; de même le τ est toujours dur, comme *t* dans *pitié*, jamais sifflant comme *t* dans *nation*.

Orthographe

4. Les textes grecs, même classiques, n'ont pas été écrits le plus souvent avec l'orthographe que présentent les éditions modernes. Disons plus : les poèmes épiques anciens, l'ancienne poésie lyrique, et même les écrits attiques antérieurs à 403 avant J.-C. — date à laquelle les Athéniens adoptèrent l'alphabet ionien — n'ont pas été écrits avec l'alphabet courant. Les modernes suivent, en matière d'orthographe, une tradition scolaire qui comporte des éléments d'époques différentes, mais qui reproduit, dans ses parties essentielles, l'usage du grec commun. L'habitude de séparer les mots dans l'écriture, pratiquée à l'époque archaïque, ne s'est retrouvée et imposée qu'au moment où s'est développée la *minuscule*.

Une particularité essentielle concerne l'*iota* dit *muet*. Un ι qui ne se prononce plus s'écrit, dans certains cas, au-dessous des voyelles longues : ᾳ, ῃ, ῳ, et s'appelle pour cette raison *iota souscrit*. Avec les majuscules, on peut l'écrire, soit en dessous de la lettre : ᾼ, ῌ, ῼ ; soit à côté : Αι, Ηι, Ωι ; alors c'est un *iota adscrit* qui, même écrit ainsi, ne se prononce pas et ne reçoit jamais d'accent.

Pour marquer que deux voyelles qui se suivent et dont la seconde est un ι ou un υ ne doivent pas se prononcer comme une diphtongue, on a pris l'habitude de surmonter d'un *tréma* (¨) cet ϊ ou cet ϋ. Ainsi πῶϋ, *brebis*, avec un tréma sur l'υ, se prononce en deux syllabes. On distingue par le tréma le pronom féminin αὐτή, *elle-même*, dissyllabique, et le nom ἀϋτή, *cri de guerre*, trisyllabique.

Une innovation importante est celle qui a consisté à introduire dans l'écriture manuelle des signes permettant de reconnaître l'*aspiration* et l'*accentuation*. Cette habitude a pris jour, au moins pour les homonymes dont le sens variait avec l'esprit et l'accent, dès l'époque alexandrine (à partir du IIIe siècle avant J.-C.), au moment où, à la suite des conquêtes d'Alexandre, le grec a été appris par des gens qui n'étaient pas des Grecs d'origine. L'usage de ces signes s'est peu à peu développé et s'est codifié à l'époque du moyen âge, suivant des formules qui, malgré de légères variantes selon les écoles, sont encore celles que nous suivons aujourd'hui.

5. Les **esprits** sont des signes orthographiques qui se placent sur la voyelle initiale des mots et sur le ρ initial. On distingue l'*esprit doux* (᾿), qui n'a pas d'influence sur la prononciation, et marque seulement l'absence d'aspiration : ὀργή, *colère;* et l'*esprit rude* (῾), qui équivaut à l'*h* « aspirée » : ἡμεῖς, *nous.*

Tout mot grec commençant par une voyelle porte un esprit (doux ou rude). L'υ initial et le ρ initial sont toujours marqués de l'esprit rude : ὕμνος, *hymne;* ῥήτωρ, *rhéteur.* Si un mot commence par une diphtongue, c'est sur la seconde voyelle que l'esprit doit se placer : εἰ, *si*, οἱ, *les.*

6. On appelle **accents**, c'est-à-dire *signes d'accentuation*, les signes placés sur chaque mot pour en indiquer la syllabe accentuée.

Il y a trois accents : l'*aigu* (´), le *grave* (`), et le *circonflexe* (῀). L'accent aigu peut se placer sur une des trois dernières syllabes d'un mot, le circonflexe sur une des deux dernières, le grave sur la dernière seulement.

L'accent, comme l'esprit, se place toujours sur la seconde lettre des diphtongues : οἶκος, *maison;* πλοῦτος, *richesse;* Αἴγυπτος, *Égypte.* L'esprit et l'accent se mettent d'ordinaire non pas au-dessus des majuscules, mais un peu en avant : Ἕλλην, *Grec.*

Ponctuation

7. Les anciens ne ponctuaient pas leurs textes, et plus d'une particularité de style, notamment dans la langue oratoire, s'explique par cette absence de distinction entre les éléments de la phrase. L'usage de la ponctuation s'est manifesté tardivement et n'est devenu cohérent qu'au moyen âge, avec le développement de la *minuscule*. La pratique moderne de la ponctuation des textes grecs suit des usages locaux.

En France, on ponctue le grec comme le français, pour ce qui est du *point* et de la *virgule*. Nos deux points et notre point et virgule sont remplacés par le *point en haut* (·). Le *point et virgule* (;), dans un texte grec, répond à notre point d'interrogation.

PREMIÈRE PARTIE

NOTIONS DE PHONÉTIQUE

Notions préliminaires

La **phonétique** a pour objet l'étude des *sons articulés* ou *phonèmes* et de leurs modifications. Les phonèmes sont figurés dans l'écriture à l'aide des différentes lettres de l'alphabet : l'assemblage articulé des voyelles et des consonnes marque les sons qui composent les syllabes et les mots.

Les organes de la parole répugnent à certains assemblages de sons qu'amènent la déclinaison, la conjugaison et la composition des mots. De là, des modifications nécessaires qui suivent des lois variant avec chaque langue. Dans le cas du grec, les différents dialectes entre lesquels s'est dissociée la langue primitive ont suivi des lois propres à chacun d'eux, qui ont déterminé leur évolution respective. Mais il est des lois générales de phonétique qui répondent à tous les états du grec. Ce sont ces lois communes, appliquées essentiellement à l'attique, que nous étudierons brièvement ici.

8. Les éléments qui entrent en ligne de compte dans l'étude de la phonétique grecque sont : 1° les *voyelles*, les *consonnes* et les *sonantes* dont l'assemblage figure les phonèmes; — 2° la *quantité* (longue ou brève) des voyelles et des syllabes; — 3° l'*accent* porté par telle ou telle syllabe d'un mot.

Nota. — Dans cet exposé, il sera fait appel à des formes anciennes *reconstituées*, dont l'existence n'est attestée par aucun document recueilli. On reconnaît ces formes à ce qu'elles sont précédées d'un astérisque (*).

Remarque générale. — L'usage de lettres grecques en corps gras, à l'intérieur d'un mot, marque le point sur lequel porte l'explication. Dans les tableaux de déclinaison et de conjugaison, les caractères gras *soulignent* la *terminaison* du mot (cette terminaison ne coïncide pas forcément avec la *désinence* prise au sens strict du terme).

I. — Voyelles, consonnes, sonantes

9. La langue grecque possède sept *voyelles* et dix-sept *consonnes*, total correspondant aux vingt-quatre lettres de l'alphabet commun. Des éléments intermédiaires entre les voyelles et les consonnes que présentait l'indo-européen — éléments appelés *sonantes* — le grec n'a retenu que deux : le digamma (Ϝ, w), qui s'est longtemps maintenu dans l'écriture de certains dialectes (6e lettre de l'alphabet primitif), et le *yod* (j, y), dont l'influence phonétique a été grande, mais qui n'a jamais été écrit dans l'alphabet grec.

LES VOYELLES

Des sept voyelles grecques, trois peuvent être, suivant le cas, longues ou brèves : α, ι, υ. Les voyelles ε et ο sont de soi brèves; les voyelles η et ω sont toujours longues. Dans l'écriture primitive, le signe E servait à noter *é* fermé bref, *è* ouvert long et *é* fermé long (noté plus tard ει, fausse diphtongue); le signe O notait *o* fermé bref, *o* ouvert long et *o* fermé long (noté ensuite ου, fausse diphtongue).

Le son *a long* ancien est passé à *è ouvert long* en ionien (dans certains cas en attique) et a été alors noté par H signe de l'aspiration devenu inutile (2).

Alternance vocalique

10. Alors que l'élément essentiel d'un mot, ce qu'on pourrait appeler son « armature », est essentiellement constitué par des consonnes, l'élément voyelle, en grec comme en beaucoup d'autres langues, même modernes, est susceptible de varier. On appelle *alternance vocalique* la variation de *timbre* ou de *quantité* que peut présenter l'élément vocalique d'un mot. Cette variation peut affecter l'une des trois parties du mot : *racine*, *suffixe*, *désinence* (rarement les trois à la fois; le plus souvent la racine). Comparer κέλευθος, *chemin* à ἀκόλουθος, *compagnon*, λειμών, *prairie*, λιμήν, *port*, et λίμνη, *lac;* λέγω et λόγος; λείπω, ἔλιπον, λέλοιπα.

11. L'alternance peut porter sur le *timbre* de la voyelle (alternance *qualitative*) ou sur la *quantité* (alternance *quantitative*).

a) **Alternance qualitative.** — On distingue trois degrés, correspondant aux trois timbres différents que peut présenter une même racine.

Une racine est au degré *e* quand le groupe de consonnes s'appuie sur une voyelle de timbre *e :* πατέρες, λέγω, λείπω, ἀποστέλλω.

— au degré *o* quand cette voyelle est du timbre *o :* λόγος, λέλοιπα, ἀπόστολος.

— au degré *zéro* quand elle est constituée uniquement par des consonnes sans voyelle d'appui ou avec une voyelle autre que *e* ou *o :* πατρός, ἔλιπον, ἀπέσταλκα[1].

b) **Alternance quantitative.** — Ces deux voyelles *e* et *o* (auxquelles il faut joindre ici *a*) peuvent être, à leur tour, longues ou brèves; d'où une nouvelle alternance, dite *alternance quantitative :* δαίμων, δαίμονος; ποιμήν, ποιμένος; φημί, φαμέν.

1. La présence d'un α au degré zéro s'explique par la vocalisation d'une consonne (17).

12. L'alternance vocalique, qui était un élément essentiel de la déclinaison et de la conjugaison indo-européennes, n'existe plus qu'à l'état de survivance en grec, où elle permet d'expliquer néanmoins plus d'une anomalie apparente.

A l'intérieur d'un même mot, l'alternance *e/o* subsiste à peu près uniquement dans les neutres du type τεῖχος, τείχους (*τειχεσος); également entre λόγος, λόγε. L'alternance quantitative *ĕ/ē*, *ŏ/ō* est encore assez bien représentée dans la 3e déclinaison (où cependant l'analogie a étendu, dans plus d'un mot, la longue du nominatif aux autres cas). On rencontrera des alternances d'un type spécial dans les verbes en -μι.

Rencontre de voyelles

13. Les voyelles peuvent se rencontrer : ou bien dans le corps d'un mot, à la suite des divers accidents phonétiques dont il sera parlé plus bas; ou bien à la fin d'un mot et au commencement du suivant.

Dans le premier cas, il se produit souvent une *altération* ou une *contraction.* Dans le second cas, l'hiatus peut être évité de trois manières : par la *crase* ou fusion de deux mots en un seul; par l'*élision* ou retranchement de la voyelle finale; par l'emploi des lettres *euphoniques.*

1° Altération des voyelles. — *a*) Quand deux voyelles longues se trouvent en contact, la première s'abrège devant la seconde.

Ex. : βασιλέων est pour βασιλήων; ἕως pour ἠώς; τεθνεώς pour τεθνηώς.

b) Dans le groupe de voyelles longue + brève, il se produit souvent une interversion (ou *métathèse*) de quantité.

Ex. : βασιλέως est pour βασιλῆος; βασιλέᾱ pour βασιλῆα.

Remarque. — La diphtongue dont le premier élément est long manque d'équilibre. L'iota, second élément, a fini par ne plus se prononcer; il est *muet* et se souscrit. C'est ainsi que ᾱι, ωι, ηι passent à ᾳ, ῳ, ῃ (4).

c) Une voyelle longue s'abrège quand elle est suivie, dans la même syllabe, de deux consonnes dont la première est une sonante (liquide, nasale ou ϝ) et l'autre une occlusive ou ς *(loi d'Osthoff).*

Ex. : λυθέντων, impér. aoriste passif (= *λυθηντων), à côté de λύθητι; — βάντων, γνόντων, impér. aoristes, à côté de βῆθι, γνῶθι; — βασιλεύς (= *βασιληϝς).

Remarque. L'effet de cette loi est parfois masqué par d'autres phénomènes : ainsi ἡμέρᾱς provient de ἡμέρᾰνς (acc. pl.) (15, 1°).

2° Contraction. — Dans la déclinaison et la conjugaison, les voyelles α, ε, ο, η, ω, se contractent le plus souvent en attique, en donnant une longue.

a) Si les deux voyelles sont *de même timbre,* on obtient la longue correspondante. En attique ε + ε aboutit à ει, ο + ο à ου, qui sont en réalité de fausses diphtongues pour η et ω (*e* et *o* fermés longs).

b) Si les deux voyelles ne sont *pas de même timbre,* l'une se fond dans l'autre en donnant un son unique. En attique, quand ε et α sont en présence, c'est le premier son du groupe qui l'emporte; un groupe comportant le son ο donne toujours ω, sauf ο + ε, qui donne ου; ο en présence d'une diphtongue avec ι même souscrit, donne οι.

Exception. — Les mots de deux syllabes ne se contractent pas d'ordinaire : ἔαρ, *printemps; νέος, nouveau* (à côté de νοῦς, *esprit*).

α + ε	donne	α		ε + α	donne	η		ο + α	donne	ω	
α + ει	—	ᾳ		ε + αι	—	ῃ		ο + η	—	ω	
α + ο	—	ω		ε + ο	—	ου		ο + ε	—	ου	
α + ω	—	ω		ε + ω	—	ω		ο + ει	—	οι	
α + οι	—	ῳ		ε + οι	—	οι		ο + οι	—	οι	

3° Crase. — La *crase* (κρᾶσις, *mélange*), ou fusion de deux voyelles, l'une finale, l'autre initiale, suit pratiquement les même règles que la contraction. Elle ne se produit qu'entre deux mots étroitement unis par le sens : conjonction et pronom, article et nom (ou adjectif), pronom et verbe. La crase s'indique dans l'écriture par un petit signe qui a la même forme que l'esprit doux et qu'on appelle *coronis* (κορωνίς, *petit crochet*). On distingue la coronis de l'esprit parce qu'un esprit ne se trouve que sur une voyelle initiale, tandis que la coronis est presque toujours à l'intérieur d'un mot.

Ex. : κἀγώ est pour καὶ ἐγώ, *et moi* ou *moi aussi*
καλὸς κἀγαθός — καλὸς καὶ ἀγαθός, *beau et bon*
ταὐτά — τὰ αὐτά, *les mêmes choses*
ἐγᾦδα — ἐγὼ οἶδα, *je sais*
ἁνήρ (29) — ὁ ἀνήρ, *l'homme* (cf. οὐχ = ὁ ἐκ)

L'ι du premier élément disparaît; l'ι du second élément se souscrit.

4° Élision. — La voyelle supprimée par l'élision est ordinairement une brève rarement une diphtongue : ἔστ(αι). La voyelle υ ne s'élide jamais. La voyelle élidée se remplace par l'apostrophe : ἀλλ' ἐγώ, *mais moi*, est pour ἀλλὰ ἐγώ. Une fois l'élision faite, il y a souvent lieu de modifier la consonne qui précède l'apostrophe (15, 3°).

Ex. : μετὰ σοῦ, *avec toi;* μετ' ἐμοῦ, *avec moi;* μεθ' ἡμῶν, *avec nous*
νύκτα μέλαιναν, *nuit noire;* νύχθ' ὅλην, *nuit entière.*

Remarque. — La conjonction ὅτι et les prépositions περί et πρό ne s'élident jamais.

Par un phénomène d'*élision inverse*, il arrive souvent (surtout en style familier et en poésie) qu'après une voyelle longue, on élide la voyelle initiale d'un mot, elle-même brève. C'est ce qu'on appelle l'*aphérèse* (ἀφαίρεσις, *suppression*).

Ex. : ὦ 'ναξ est pour ὦ ἄναξ, *ô chef*, ἢ 'πί est pour ἢ ἐπί
ἢ 'γώ » » ἢ ἐγώ, *ou moi*, μὴ 'γχῇς » » μὴ ἐγχῇς.

On trouve parfois deux élisions dans un même mot. Ex. : ποῦ 'σθ' (= ἐστι) ὁ Πλοῦτος; *où est le dieu Ploutos?* — ἢ 'π' ἀσπίδων (ἢ ἐπί), *ou sur les boucliers.*

5° Euphonie. — Le ν euphonique peut s'employer à la fin des datifs pluriels en -σι, des 3es personnes de verbes terminées en -σι et en -ε, enfin des mots ἐστί, *il est*, et εἴκοσι, *vingt*. On l'emploie devant une voyelle initiale et en fin de phrase, parfois même devant une consonne.

De même οὕτως, *ainsi*, s'écrit, en général, οὕτω devant une consonne; la négation οὐ devient toujours οὐκ et οὐχ devant une voyelle.

La préposition ἐκ s'écrit toujours ἐκ devant les consonnes, ἐξ devant les voyelles.

LES CONSONNES

14. Les consonnes se divisent en *occlusives* ou *explosives* (appelées encore *muettes*), *liquides*, *nasales* et *sifflantes*.

		OCCLUSIVES			CONTINUES		
		SONORES[1]	SOURDES	ASPIRÉES	LIQUIDES	NASALES	SIFFLANTE
LIEU D'OUVERTURE	**Labiales**	β	π	φ	—	μ	(F)
	Dentales	δ	τ	θ	λ	ν	σ
	Gutturales (Vélaires)	γ	κ	χ	ρ	γ (devant γκχ)	(j)

Les **occlusives** ou **explosives**, ainsi appelées parce que, pour les prononcer, l'air est arrêté, puis libéré brusquement, se subdivisent en trois groupes selon que l'arrêt se produit aux lèvres, au niveau des dents ou du voile du palais.

Les **liquides** sont λ et ρ, ainsi appelées parce que leur prononciation est douce et coulante. Les **nasales** sont : μ (labiale), ν (dentale) et la gutturale notée γ devant γ, κ, χ (3).

La **sifflante** (dentale) est σ.

On appelle consonnes **doubles** les lettres ψ, ξ, ζ. Le ψ équivaut à βσ, πσ, φσ; le ξ à γσ, κσ, χσ; le ζ à σδ. Par exemple, κόραξ, *corbeau* est pour * κορακ-ς. La forme adverbiale Ἀθήναζε, *à Athènes*, est pour Ἀθήνας-δε.

Rencontre de consonnes

15. Quand certaines consonnes viennent à se rencontrer dans le corps d'un mot, ou même dans deux mots consécutifs, il se produit les modifications suivantes :

1° Occlusives suivies de σ. — Les labiales et les gutturales, suivies de σ, se combinent avec cette lettre pour former les lettres doubles ψ et ξ.

Ex. : *γραφ-σω deviendra γράψω, *j'écrirai;* *ἀγ-σω deviendra ἄξω, *je conduirai.*

Les dentales suivies de σ s'assimilent. Mais comme un double σ se simplifie (16, 2°), tout se passe comme si les dentales tombaient devant σ. Le ν (qui est une dentale) tombe devant σ dans la déclinaison, mais sa chute allonge d'ordinaire la voyelle précédente (allongement compensatoire).

Ex. : πούς, *pied*, datif pluriel ποσί (*ποδσι, *ποτ-σι, ποσσί);
ἐλπίζω, *j'espère*, aoriste ἤλπισα (*ἤλπιδ-σα, *ἤλπισσα); λόγους = *λογονς.

1. Les consonnes sont appelées sonores ou sourdes selon qu'elles s'accompagnent ou non de vibrations des cordes vocales.

2° **Occlusives suivies de μ.** — Devant μ, les labiales se changent en μ (assimilation); le plus souvent, les gutturales se changent en γ, les dentales en σ.

Ex. : γράφ-ω, *j'écris;* — γράμ-μα, *inscription*
διώκ-ω, *je poursuis;* — δίωγ-μα, *poursuite*, à côté de ἀκμή, *maturité.*
πείθ-ω, *je persuade;* — πέπεισ-μαι, *je suis persuadé*, mais πότμος, *sort.*

3° **Accommodation des occlusives.** — Deux occlusives consécutives doivent être du même degré. La première, qui est toujours une labiale ou une gutturale, doit prendre le degré de la dentale qui suit. Voici les seules combinaisons possibles entre des occlusives :

γδ	κτ	χθ
βδ	πτ	φθ

Ex. :

*τετριβ-ται devient τέτριπ-ται, *a été écrasé* | *ταγ-τος devient τακ-τός, *déterminé*
*γεγραφ-ται » γέγραπ-ται, *a été écrit* | *λεγ-θησεται » λεχ-θήσεται, *sera dit.*

Exception. — Toutefois la préposition ἐκ, *de*, reste invariable, même dans les composés. Ex. : ἐκ Θεοῦ, *de la part de Dieu;* ἔκ-θεσις, *exposition.*

Remarque. — En vertu du même principe, une occlusive sourde finale est remplacée par l'aspirée correspondante si le mot qui suit a l'esprit rude, parce que l'esprit rude équivaut à une aspirée.

Ex. : οὐκ ἐγώ, *non pas moi;* οὐχ οὗτος, *non pas lui.*

Cette règle s'applique aussi dans la composition des mots. Ainsi, des mots ἐπί, *sur*, et ἡμέρα, *jour*, se forme le composé ἐφ-ήμερος, *journalier*, *éphémère.*

4° **Dissimilation des occlusives.** — Une dentale suivie d'une autre dentale se change généralement en σ.

Ex. : ἀνύτ-ω, *j'achève;* ἀνυσ-τός, *achevé;* — cf. ὀδμή (Hom.) et ὀσμή, *odeur;*
ἥδ-ομαι, *je me réjouis;* ἥσ-θην, *je me suis réjoui.*

Remarque — Un τ se change souvent aussi en σ devant voyelle (surtout devant ι, parfois υ), mais non après σ, ni à l'initiale d'un mot *(assibilation).*

Ex. : δίδωσι (δίδωτι), *il donne*, πόσις, *mari* (cf. δεσπότης); σύ (τύ); mais ἐστι, *il est*; πίστις, *foi*, μεστός, *plein*; τίσις *châtiment.*

5° **Suppression d'une aspiration.** — En certains cas, si deux syllabes commençant chacune par une aspirée viennent à se suivre, l'une des deux aspirées remplace par la sourde correspondante.

Ex. : πεφίληκα, *j'ai aimé*, est pour *φεφιληκα; λύθητι, *sois délié*, pour *

Inversement, si une aspirée disparaît à l'intérieur d'un mot, l'asp bien est reportée à l'initiale.

Ex. : θρίξ, τριχός, *poil;* ἔχω, *j'ai*, futur ἕξω; θῶπλα (= τ (= ταχίων), *plus rapide;* χὠ (= καὶ ὁ) (13, 3°), χῷ (poés.) = κ

6° Occlusives et liquides précédées de ν. — Dans le corps des mots, le ν, qui est une dentale, demeure sans changement devant les dentales; il se change en γ nasal devant les gutturales, en μ devant les labiales et devant μ; devant les liquides (λ, ρ) il s'assimile.

Ex. :	σύν-ταξις,	*arrangement (syntaxe)*
	συγ-καλεῖν,	*convoquer* (σύν, *avec;* καλεῖν, *appeler*)
	συμ-φωνία,	*symphonie* (σύν, *avec;* φωνή, *voix, son*)
	συλ-λέγειν,	*rassembler* (cf. *col-ligere*)
	συρ-ρήγνυμι,	*briser* (cf. *cor-rumpere*).

Remarque. — Dans les verbes composés, le ν reparaît devant l'augment.
Comparer συλλέγω et συν-έλεγον, συμβαίνει et συν-έβαινε.

7° Épenthèse. — Dans un groupe νρ, μρ ou μλ s'introduit parfois une occlusive (δ ou β) destinée à faciliter la prononciation.

Ex. : ἀνδρός (*ἀν-ρος); γαμβρός (*γαμ-ρος), *gendre;* βροτός (rac. *μρο), *mortel;* βλώσκω (rac. *μλο), *je vais;* parfait, μέμβλωκα. Comparer le français *gendre* et le latin *generum.*

Dans le groupe initial μβρ ou μβλ, le μ finit par tomber, chute rendant la racine méconnaissable. Comparer ἄμβροτος, *immortel*, et βροτός; βλώσκω et μέ-μβλωκα.

Chute des consonnes

16. Un mot grec ne peut se terminer que par une voyelle ou par l'une des trois consonnes ν, ρ, ς (et donc aussi par ξ et ψ). Toute consonne autre que ν, ρ, ς, doit donc tomber à la fin d'un mot[1]. Ainsi le vocatif de φροντίς sera φροντί, celui de χάρις, χάρι; γάλα, *lait* est pour *γαλακτ, τό pour *τοδ, ἄλλο pour *ἄλλοδ, *aliud.*

1° Disparition de l'aspiration initiale. — L'aspiration initiale avait en grec une tendance à disparaître. Le dialecte éolien et le dialecte ionien l'ont perdue l'un et l'autre. Ce phénomène s'appelle *psilose.*

Le dialecte attique a gardé l'aspiration initiale, qui était marquée dans les alphabets anciens par la lettre H. On écrivait dans l'ancien alphabet attique (2) HEKATON, *cent.* Plus tard, l'esprit rude marque l'aspiration initiale : ἑκατόν.

2° Chute de la sifflante σ. — Souvent, dans la déclinaison et la conjugaison, un σ est tombé à une époque ancienne entre deux voyelles. Ainsi γένη, *races*, est pour *γενε(σ)α, mot identique au latin *genera;* ἐλύου est pour *ἐλύε(σ)ο; ἐλύσω pour *ἐλύσα(σ)ο. Toutefois, le σ intervocalique est conservé au futur et à l'aoriste pour des raisons de clarté ou d'analogie : λύσω, ἔλυσα.

Un double -σ- se simplifie d'ordinaire : τείχεσσι (datif plur.) est devenu τείχεσι; ποσί résulte de ποσσί (*ποδσι); ἔσχισα de ἔσχισσα (*ἐσχιδ-σα). Ce σ se maintient.

Un σ- initial a, d'ordinaire, disparu devant voyelle ou ρ; il est alors, le plus souvent, remplacé par l'aspiration (esprit rude) : ἡδύς, (*σϝᾱδυς, lat. *suavis*); ἕπομαι, lat. *sequor*; ἑπτά, lat. *septem;* ῥέω (*σρεω). Dans ce dernier cas *(sr-)*, en composition, le σ, n'étant plus initial, reparaît et s'assimile au ρ suivant : καταρρέω, (*κατα-σρεω); de même près l'augment : ἔρρεον. Devant une nasale, le σ initial tombe purement et simplement :

1. Les deux mots οὐκ et ἐκ, qui sont des proclitiques et ne font qu'un avec le mot suivant, t pas une exception réelle. La preuve en est que, en fin de phrase, on écrit toujours οὔ, jamais οὐκ.

μία (*σμια); parfois il est conservé, comme dans σμικρός, *petit*, à côté de μικρός; σμῆνος, *essaim*, σμάραγδος, *émeraude*, etc...

Un σ entre deux consonnes tombe : τέτριφθε (*τετριπ-σθε).

Après *liquide* (λ, μ, ν, ρ), le σ tombe avec *allongement compensatoire* de la voyelle précédente, dans la conjugaison seulement : ἔστειλα (*ἐστελ-σα) aor. de στέλλω; ἔνειμα (*ἐνεμ-σα, *ἐνεσμα) aor. de νέμω. Pour les *occlusives* devant σ, voir plus haut, 15, 1°.

LES SONANTES

17. A côté des voyelles et des consonnes, l'indo-européen connaissait des éléments intermédiaires pouvant jouer tantôt le rôle de voyelles, tantôt le rôle de consonnes : on les désigne sous le nom de *sonantes*. Le grec n'en a conservé que deux (et encore en partie seulement), *i* et *u*; les autres *(liquides) l*, *m*, *n*, *r* sont employées uniquement comme consonnes. Dans le rôle de voyelles, elles ont développé en grec un α, qui se joint à λ et ρ : ἔσταλκα, καρδία ou κραδίη (lat. *cor, cordis*), et remplace μ et ν après consonne : comparer ὄνομα et *nomen*, φῶρα et *furem;* ἔλυσα est pour *ἐλυσ-m. Après voyelle, *m* et *n* s'unissent parfaitement : πόλιν, πῆχυν. Un μ final devient ν; cf. latin *lupum* et grec λύκον.

18. Le *yod* (j, y) et le *digamma* (ϝ, w), en disparaissant, ont amené diverses transformations dans les formes grecques.

A l'initiale, ils tombent purement et simplement; le *yod* est alors remplacé par l'esprit rude : ὅς, ἧπαρ (lat. *jecur*); le ϝ n'est qu'exceptionnellement remplacé par l'esprit rude : ἑσπέρα (lat. *vesper*), à côté de ἔργον (anglais *Work*, allemand *Werk*); οἶκος (lat. *vicus*). On retrouve le souvenir du ϝ dans la poésie homérique, où il empêche notamment l'hiatus entre deux mots ;voir 398, 4.

Intervocaliques, ils tombent et les voyelles mises en contact se contractent dans le cas du *yod* (πειθοῦς), restent intactes dans le cas du ϝ (βασιλέᾱ, βοός). Le ϝ est, en effet, tombé plus tard que le σ, à une époque où, les contractions ne se faisant plus, ἡδέα s'est maintenu à côté de τείχη pour *τειχεσα

19. En contact avec des *consonnes*, le ϝ et le *yod* ont amené des transformations phonétiques très variées, qui expliquent en morphologie un certain nombre d'irrégularités ou d'exceptions apparentes. Ces deux semi-voyelles ont eu des traitements différents.

1° Le digamma.

— *devant consonne* se vocalise : βασιλεύς (*βασιλεϝς); βοῦς (*βοϝς).

— *après consonne* tombe (sans allongement en attique) : γόνατα (de γόνυ), *genoux* (*γονϝατα, hom. γούνατα); κόρη, *jeune fille, pupille* (*κορϝᾱ, hom. κούρη); ξένος, *étranger* (*ξενϝος, hom. ξεῖνος).

— σϝ *initiaux* ou *intervocaliques* tombent : *ναοϝος > νᾱός > νηός > νεώς, *temple;* *σϝᾱδυς > ἡδύς, *doux*; *σϝεξ > ἕξ, lat. *sex*.

2° Le yod.

La sonante *j (yod)*, après une *gutturale* ou une *dentale (sourdes* ou *aspi*[...] en cette consonne pour donner ττ (σσ dans l'ancien attique); après *gu*[...] *sonore* (γ, δ), elle aboutit à la lettre double ζ.

Ex. : μέλιττα, μέλισσα, (*μελιτ-jα), *abeille;* φυλάττω, φυλάσσ[...] στίζω (*στιγ-jω) *je marque*; ἐλπίζω (*ἐλπιδ-jω), *j'espère*.

Après *labiale (sourde* ou *aspirée)*, la sonante *j* aboutit à πτ : θάπτω (*ταφ-jω), *j'ensevelis*. Après λ, elle s'assimile à cette lettre : ἄλλος (*ἀλ-jος).

Enfin, en contact avec ν ou ρ, la sonante *j* devient voyelle (ι) et passe dans la dernière syllabe du radical : μοῖρα (*μορ-jα), κοινός (*κομ-jος, *κον-jος), μέλαινα (*μελαν-jα).

Quand la voyelle du radical a le son *e*, *i*, *u*, elle s'allonge après chute du *yod;* φθείρω (*φθερ-jω), *je fais périr;* τείνω (*τεν-jω), *je tends;* κρῖνω (*κριν-jω) *je juge.*

On notera : καίω (*καϝjω), *je brûle*, et κλαίω (*κλαϝjω), *je pleure.*

L'analogie

20. Il ne faut pas oublier enfin le grand rôle joué dans toutes les langues par l'*analogie*, dont l'effet est d'empêcher le jeu ordinaire des lois de la phonétique et de la morphologie. Cette influence s'exerce à la fois dans la déclinaison et dans la conjugaison. C'est en vertu de l'analogie :

— que les désinences d'une déclinaison, par exemple, passent dans une autre : νεανίου (désin. de 2e déclin.), Σωκράτην (désin. de 1re déclin.);

— que deux cas prennent la même désinence au pluriel : ἰχθῦς, accus. plur. (puis nom. plur.), πόλεις, nom. plur. (puis acc. plur.);

— que le radical du nominatif est étendu à toute la déclinaison : φώρ, φωρός.

II. — La quantité

21. Le rythme naturel de la langue grecque est quantitatif, c'est-à-dire qu'il repose sur l'alternance, dans des conditions déterminées, de syllabes longues et de syllabes brèves (une longue valant normalement deux brèves). L'élément quantitatif est hérité de l'indo-européen.

22. On appelle *prosodie* les règles fixant la mesure des syllabes longues ou brèves de la langue.

Sont *longues*, du point de vue de la quantité, les syllabes qui comportent une voyelle longue par nature (η ou ω), une diphtongue, une voyelle résultant d'une crase ou d'une contraction, enfin une syllabe contenant un α, un ι ou un υ long par nature. De même sont considérées comme longues les syllabes présentant une voyelle brève suivie d'une consonne double (ζ, ξ, ψ) ou de deux consonnes consécutives, que ces consonnes doubles ou ces consonnes consécutives appartiennent au mot lui-même ou au mot suivant. Cet allongement est dit allongement par convention (*per positionem*, κατὰ θέσιν).

En attique, une voyelle brève suivie de deux consonnes dont la seconde est une liquide (λ, μ, ν, ρ) reste brève *(correptio attica)*.

Sont *brèves*, du point de vue de la quantité, les syllabes qui comportent une voyelle brève (ε, ο, et dans certains cas, α, ι, υ), pourvu que ces voyelles ne soient pas suivies d'une consonne double ou de deux consonnes consécutives. Une diphtongue en hiatus s'abrège au temps faible.

Les voyelles α, ι et υ sont, suivant les cas, longues ou brèves par nature. Pour reconnaître leur quantité quand elles sont à l'intérieur d'un mot, on consultera le dictionnaire.

Pour reconnaître la longueur de α, ι, υ dans les désinences, on se reportera aux indications données au § 34.

23. On appelle *métrique* les règles de l'arrangement des syllabes longues et brèves destinées à former les éléments rythmiques avec lesquels on fait des vers. Il y a dans la langue grecque cinq rythmes métriques essentiels : le rythme ïambique (⏑ — ⏑ —), le rythme trochaïque (— ⏑ — ⏑), le rythme dactylique (— ⏑⏑ — ⏑⏑), le rythme anapestique (⏑⏑ — ⏑⏑ —), le rythme péonique (— ⏑ — — ⏑ —); les autres rythmes ne sont que des dérivés des précédents. Le rythme ïambique est celui qui s'adapte le mieux aux données naturelles de la langue grecque.

La prose de certains écrivains est métrique, en ce sens qu'elle comporte en certaines parties de la phrase, et notamment dans les *clausules*, des éléments quantitatifs.

Au cours de l'évolution de la langue, le rythme fondé sur l'accent tonique tendit à se substituer progressivement au rythme quantitatif; à époque tardive, la poésie elle-même remplaça le rythme quantitatif par un rythme fondé sur l'accent.

III. — L'accentuation

24. La langue grecque est accentuée, c'est-à-dire que la voix s'élève ou appuie davantage sur certaines syllabes des mots. C'est ce qu'on appelle l'*accent tonique.* L'accent, qui se rencontre dans la plupart des langues européennes, est attesté en grec dès la haute antiquité. On ne s'accorde pas pour savoir si, à l'origine, l'accent marquait la *hauteur* ou l'*intensité.* Cette dernière formule a fini par prévaloir.

L'accent était naturel en grec. Il pouvait varier suivant les dialectes. Ainsi on sait que dans le dialecte éolien l'accent reculait le plus loin possible de la finale. Les règles que nous donnons valent pour l'attique et la langue commune.

Les règles grammaticales de l'accentuation ont été formulées par Aristophane de Byzance (IIIe siècle av. J.-C.). Les savants de l'antiquité ont longuement discuté sur l'accentuation de certains mots, en tenant compte plus souvent des théories grammaticales que de l'observation des usages, lesquels du reste ont dû évoluer. Les solutions apportées à tous ces problèmes furent compilées par Hérodien (IIe siècle apr. J.-C.), dont les théoriciens postérieurs demeurent tributaires.

Les différents accents

25. Un mot accentué de l'accent aigu (ʹ) peut être *proparoxyton*, *paroxyton*, *oxyton*, suivant que l'accent est placé sur l'antépénultième, la pénultième ou la dernière syllabe.

Un mot accentué du circonflexe (῀) peut être *propérispomène* ou *périspomène* suivant qu'il est placé sur la pénultième ou sur la dernière. Cet accent ne peut être porté que par une voyelle longue ou une diphtongue.

L'accent grave (ˋ) n'est pas en soi un véritable accent : il s'emploie, en principe, pour indiquer la suppression de l'accent aigu. On l'emploie chaque fois qu'un mot qui était accentué de l'aigu sur la finale est suivi d'un mot non enclitique; l'accent aigu disparaît alors, remplacé par l'accent grave (sauf devant ponctuation).

Quelques lois de l'accent premier

26. Chaque mot grec a un accent premier, qu'on trouve généralement au nominatif des noms et qui persiste d'ordinaire aux autres cas, compte tenu des règles qui seront exposées par la suite.

1° Reculent l'accent le plus possible : 1° tous les noms neutres, sauf plusieurs en -ίον, et ζυγόν, ᾠόν; 2° les noms en -α bref; 3° les noms en -ξ ou -ψ; 4° les noms en -ις, εως; 5° les adjectifs en -ων; 6° presque tous les noms propres; 7° les noms féminins en -ότης, -ότητος.

2° Dans la plupart des mots composés et dérivés, l'accent recule le plus possible. Ex. : ὁδός, σύν-οδος; ἀληθής, φιλ-αλήθης; τακτός, ἄ-τακτος; δόξα, ἔν-δοξος. Toutefois, si le premier mot composant est un nom, d'ordinaire l'accent ne dépasse pas le second : νομο-γράφος, οἰκο-νόμος, οἰνο-χόος.

3° Ont l'accent aigu sur la finale : 1° les noms en -άς, -άδος, et les noms communs en -ίς, -ίδος, sauf ἔρις, *querelle;* 2° les noms en -εύς, en -ήν, -ένος, mais Ἕλλην; 3° les masculins en -ήρ; 4° tous les adjectifs en -ικός, tous ceux en -ύς, sauf ἥμισυς et θῆλυς, la plupart de ceux en -ής; 5° les prépositions, sauf ἐν, εἰς, ἐκ, qui n'ont pas d'accent.

4° Ont l'accent aigu sur la pénultième : 1° les noms en -α long, sauf ἀγορά, *place;* ἀγυιά, *rue;* στοά, *portique;* σκιά, *ombre;* στρατιά, *armée;* παιδιά, *amusement;* 2° les diminutifs en -ίσκος et les adj. verbaux en -τέος; 3° les adverbes en -άκις : πολλάκις.

Règles générales de l'accentuation

27. Dans la *déclinaison*, l'accent du nominatif, ou *accent premier*, persiste en général aux autres cas sur la même syllabe, sauf :

1° quand le nombre des syllabes suivant l'accent est augmenté par suite de la flexion : σῶμα, σώματος, σώμασι.

2° quand la quantité de la voyelle *finale* change : σῶμα, σωμάτων.

Une finale longue, valant deux syllabes brèves, ne permet pas à l'accent aigu de rester sur l'antépénultième : πόλεμος, πολέμου; ἕτερος, ἑτέρα (fém.); ἴδιος, ἰδία (fém.).

Une pénultième longue *accentuée* reçoit le circonflexe si la finale est brève; l'aigu, si la finale est longue : δῆμος, δήμου; στρατιώτης, στρατιῶται; ἄνθρωπος, ἀνθρώπου.

3° en cas de contraction d'une syllabe accentuée : θύρα, gén. pl. : θυρά-ων, θυρῶν.

Dans les contractions, si la voyelle accentuée n'est pas l'une des deux qui se contractent, naturellement elle garde son accent : τείχεα, τείχη; ἐφίλεον, ἐφίλουν. Si elle fait partie du groupe qui se contracte, la syllabe contractée est toujours longue et prend le circonflexe : τειχέων, τειχῶν; φιλέω, φιλῶ, à moins que les règles précédentes ne s'y opposent : φιλεόμεθα, φιλούμεθα.

Remarques. — I. Les adjectifs en -ους ont toujours l'accent sur la finale, s'ils sont pour -εος : χρύσεος-χρυσοῦς; sur la pénultième, s'ils sont pour -οος : εὔνοος-εὔνους.

II. Quand la longue finale résulte d'une métathèse (13, 1°), celle-ci n'a pas d'influence : πόλις, πόλεως (= πόληος).

On retiendra surtout que l'accent ne peut remonter au-delà de la troisième brève, sauf dans la plupart des terminaisons trochaïques (— ᴗ) : ἄνθρωπος, πραότητος (gén. de πραότης), ἕτοιμος (ἑτοῖμος), λύουσα (fém. du participe λύων), ἔμοιγε (ἐμοί) (*loi de Vendryes).*

Dans ἀνθρώπου, la finale étant longue, l'accent ne peut porter que sur le 2e temps de l'ω; l'accent circonflexe porterait sur le premier temps de l'ω, donc sur le 4e temps en commençant par la finale, chose impossible.

28. Dans la *conjugaison* et dans les comparatifs et superlatifs, l'accent recule aussi loin que le permet la quantité de la finale : λύω, λύομεν, ἔλυον, λέλυκα, λῦσαι.

Pour ce qui est des formes contractes des verbes, elles s'accentuent compte tenu des observations formulées pour la déclinaison.

Dans les verbes composés, l'accent suit les règles données pour les verbes simples. Toutefois il ne recule jamais au-delà de l'augment : παρεῖχον, παρέσχον, ἀπῆλθον.

Toutes les particularités relatives à l'accentuation des verbes et les exceptions à la règle générale seront données dans l'étude de la conjugaison (109, 138,2°, 147).

Prépositions, élision, crase

29. Les prépositions ἀπό, ὑπό, ἐπί, ὑπέρ, παρά, περί, κατά et μετά, déplacent l'accent quand elles suivent leur complément : ὄρει ἔπι (= ἐπ' ὄρει), γεωργίας πέρι (*anastrophe*, p. 126), ou quand elles équivalent à un verbe : πάρα (= πάρεστι), ἔνι (= ἔνεστι).

Quand une syllabe accentuée s'élide, la syllabe précédente reçoit l'*aigu* : πόλλ' εἶδον (= πολλὰ εἶδον); ἀγάθ' ἦν (= ἀγαθὰ ἦν); τὰ δείν' ὁρᾶν et non δεῖν' (= δεινά); αὔτ' et non αὖτ' (= αὐτά). Toutefois, après l'élision ἀλλά, οὐδέ, μηδέ et les prépositions restent sans accent : ἀλλ' ἐγώ, παρ' ἐμοῦ, οὐδ' αὐτός.

Dans une crase, l'accent du second mot subsiste seul : κἀγώ (= καὶ ἐγώ), et éventuellement l'esprit du premier : ἁγώ = ἃ ἐγώ, ἁνήρ = ὁ ἀνήρ. Exception : τἆλλα (=τὰ ἄλλα).

Proclitiques et enclitiques

30. Les **proclitiques** sont des monosyllabes qui s'appuient sur le mot suivant et sont dépourvus d'accent. Ce sont les formes ὁ, ἡ, οἱ, αἱ de l'article; les prépositions ἐν, εἰς, ἐκ; les conjonctions εἰ, ὡς, et la négation οὐ.

Toutefois on accentue :

1° L'article employé comme démonstratif : ὃ μὲν... ὃ δέ;

2° ὥς employé pour οὕτως : οὐδ' ὥς, *pas même ainsi;*

3° οὐ suivi d'une forte ponctuation : σὺ μὲν οἶσθα, ἐγὼ δὲ οὔ.

31. Les mots **enclitiques** s'appuient sur le mot qui précède et ne portent pas eux-mêmes l'accent. Dans la prose grecque, ce sont :

1° L'indéfini τις, τινός à tous les cas; on le distingue par là de l'interrogatif τίς, τίνος.

2° Les formes faibles et monosyllabiques des pronoms personnels : μου, μοι, με, et σου, σοι, σε.

3° L'indicatif présent de εἰμι et de φημι, sauf les deuxièmes personnes : εἶ et φῄς.

4° Les adverbes indéfinis πως, πω, ποτε, που, ποι, ποθεν, πῃ, qui se distinguent ainsi des interrogatifs πῶς, πότε, ποῦ, ποῖ, πόθεν, πῇ.

5° Les particules inséparables -περ et -δε : καίπερ, τοιόσδε; ainsi que γε, τε, τοι.

32. Par leur nature même, les enclitiques ne peuvent commencer une phrase ou un membre de phrase. Il y a exception pour εἰμί et φημί, qui alors cessent d'être enclitiques et portent l'accent : φησὶν ὁ λόγος.

Ἐστί précédé d'une apostrophe, φησί et φασί entre deux virgules, ont l'accent sur la finale : πρᾶγμ' ἐστί.

Ἔστι s'accentue sur la première syllabe : 1° quand il signifie *il existe* ou *il est possible;* 2° au commencement d'une phrase; 3° après οὐκ, εἰ, καί, μέν, μή, ὅτι, ποῦ, ὡς, τοῦτ', ἀλλ'. Ex. : Οὐκ ἔστιν ἀγαθός, Θεὸς ἔστιν. Mêmes règles pour εἰσί.

Règles des enclitiques

33. D'une manière générale on peut dire que, du point de vue de l'accentuation, l'enclitique fait corps avec le mot sur lequel elle s'appuie. En conséquence :

1° Après un oxyton ou un périspomène l'enclitique perd son accent et l'oxyton suivi d'une enclitique reçoit l'aigu au lieu du grave : ἀνήρ τις, ἀγαθός ἐστιν, χωρῶν τινων.

2° Après un paroxyton, l'enclitique disyllabe prend un accent sur la finale, pour éviter qu'il y ait trois syllabes de suite sans accent : λόγον τινά, λόγων τινῶν, φίλος ἐστίν.

3° Un proparoxyton, ou un propérispomène, suivi d'une enclitique, prend l'accent aigu sur la finale, ce qui lui fait deux accents : ἄνθρωπός τις, ἄνθρωποί τινες, φιλῆσαί με, φιλῆσαί τινα. Cette loi ne joue pas pour κῆρυξ, φοῖνιξ.

4° Une proclitique suivie d'une enclitique reçoit l'accent aigu : εἴ τι, εἴ τινα. Exception : οὐκ εἰμί, οὐκ εἰσίν.

De même, si plusieurs enclitiques se suivent, toutes ont l'aigu, sauf la dernière : πολλαί τινές εἰσί μοι οἰκίαι.

Quantité des voyelles relativement à l'accentuation

34. La quantité des voyelles, relativement à l'accentuation, ne correspond pas toujours rigoureusement à la quantité naturelle déterminée par la prosodie. Voici à cet égard les règles essentielles :

1° Les voyelles η et ω sont longues. On verra une exception apparente pour la voyelle ω dans la deuxième déclinaison attique et dans tous les cas de métathèse de quantité : ἵλεως, ἵλεων; πόλεως, πόλεων.

2° Les diphtongues, y compris ᾳ, sont longues, sauf *les finales* οι et αι. Toutefois les finales οι et αι sont longues à l'optatif et dans les adverbes en οι : λύσαι (= λύσειε), οἴκοι (= *domi*). Mais λῦσαι est un infinitif, et οἶκοι un nominatif pluriel.

3° A final est long : 1° au duel : τὼ μούσα; 2° au vocatif des noms masculins en -ας : νεανία; 3° dans la plupart des nominatifs féminins où l'α est précédé d'une voyelle ou d'un ρ : οἰκία, ἡμέρα, δικαία, σοφωτέρα, sauf quelques noms comme ἀλήθεια, εὔνοια, πεῖρα, μοῖρα, les adjectifs en -υς, -εῖα, et les participes parfaits : λελυκυῖα. Partout ailleurs α final est bref : θάλαττα, λύουσα, πολῖτα, δῶρα, λέοντα, ἔλυσα, λυόμεθα, δίκαια (au neutre).

4° Ας final est long dans la 1re déclinaison : οἰκίας, νεανίας; et dans les nominatifs en -ας , -αντος : ποιήσας. Il est bref ailleurs : λέοντας, ἐποίησας, παῖδας.

5° Αν final est bref, sauf à l'accusatif des mots en -ᾱ ou -ας long : χρείαν, νεανίαν.

6° Ι et υ final, ιν, υν et υς sont généralement brefs, sauf dans les verbes en -νυμι : δείκνυ, ἐδείκνυν, ἐδείκνυς, ἐδείκνυ.

DEUXIÈME PARTIE

MORPHOLOGIE

Notions préliminaires

La **morphologie** étudie la formation[1] et la forme des mots. On distingue, dans un mot, le *radical*, la *racine* et la *désinence*. La **désinence** se compose des lettres placées à la fin des mots variables pour en indiquer le cas, le genre, le nombre, la personne et la voix. La **racine** est la partie du mot qui en indique le sens général. Le **radical** (ou **thème**) est ce qui reste du mot quand on en a retranché la désinence; tantôt il se confond avec la racine, tantôt il se compose de la racine plus certaines syllabes nommées *préfixes*, *infixes* ou *suffixes*. Ainsi, dans τί-θε-μεν, *nous posons*, la racine est -θε- le radical verbal est τιθε-, la désinence est -μεν; dans λόγος, *parole*, la racine est λογ- équivalant à λεγ-, le radical est λογο-, la désinence est -ς. Dans ἐπιλανθάνομαι, *j'oublie*, ἐπι est le préfixe (ou préverbe), λαθ- la racine, le premier ν l'infixe, -ανο- le suffixe, -μαι la désinence.

Remarque. — Les formes mentionnées dans cette grammaire sont presque exclusivement celles de la *prose attique;* elles correspondent à la langue parlée à Athènes depuis l'époque de Périclès jusqu'à celle d'Alexandre, ce qui correspond à la seconde partie du ve siècle et au ive siècle avant Jésus-Christ. La connaissance exacte de ces formes nous est fournie par une multitude d'inscriptions authentiques gravées sur le marbre ou le bronze.

En fonction de ce qui a été dit plus haut (19,2°), on se rappellera que les mots comme γλῶσσα, *langue*, μέλισσα, *abeille*, se présentent normalement en prose attique sous la forme γλῶττα, μέλιττα, de même qu'on dit ταράττω, *je trouble*, φυλάττω, *je surveille*, au lieu de ταράσσω, φυλάσσω. On dit aussi χερρόνησος, *presqu'île*, et non χερσόνησος. Dans les lexiques ou dictionnaires on trouve généralement ces mots présentés sous la forme commune : γλῶσσα, φυλάσσω, χερσόνησος.

Parties du discours

35. Les *parties du discours* (ou *espèces de mots*) sont les mêmes en grec qu'en français. On y distingue : les mots *variables :* articles, noms (ou substantifs), adjectifs, pronoms et verbes; les mots *invariables :* adverbes, prépositions, conjonctions et particules, interjections. Les articles, noms, adjectifs et pronoms se *déclinent*, les verbes se *conjuguent*.

1. La formation des mots est étudiée pp. 132-134.

PREMIÈRE SECTION

LA DÉCLINAISON

36. On distingue, dans les mots qui se déclinent, trois *genres*, comme en latin : masculin, féminin et neutre; cinq *cas*, qui sont ceux du latin, moins l'ablatif; trois *nombres :* le singulier, le pluriel et le *duel*, qu'on *peut* employer lorsqu'on parle de deux personnes ou de deux choses.

Chaque déclinaison comprend des formes contractes et des formes non contractes. Les noms **contractes** sont ceux où deux voyelles consécutives se combinent de manière à former une voyelle longue ou une diphtongue (13, 2°). La prose attique n'emploie que les formes contractées, quand elles existent.

Emploi des cas

37. L'emploi des cas, dans son ensemble, est à peu près le même en grec qu'en latin. L'ablatif y est remplacé tantôt par le génitif, tantôt par le datif.

1° Le **nominatif** est le cas du sujet, de l'attribut et des qualificatifs qui s'y rapportent.

2° Le **vocatif,** cas de l'apostrophe, est ordinairement précédé de la particule ὦ. Ex. *Écoute*, *soldat*, ἄκουε, ὦ στρατιῶτα.

3° L'**accusatif** est le cas du complément d'objet direct. Il peut en outre marquer l'*extension* dans l'espace ou dans le temps. Ex. *Pendant tout un jour*, ὅλην ἡμέραν.

4° Le **génitif** correspond en général à notre complément de nom, préposition *de*. Il a, de plus, hérité de certains emplois de l'ablatif : lieu, date, complément du comparatif, etc.

5° Le **datif** correspond en général à notre complément d'objet indirect, d'attribution ou de destination, prépositions *à* et *pour*. Il équivaut, en outre, à l'ablatif latin de moyen, de manière et de cause. Ex. *Par nécessité*, ἀνάγκῃ.

Le vocatif pluriel et duel est toujours semblable au nominatif. Comme en latin, le nominatif, le vocatif et l'accusatif neutres sont toujours semblables, et se terminent le plus souvent en -α au pluriel (en -η après contraction).

Remarque. — On trouve des traces d'ablatif, d'instrumental et de locatif dans certaines formes d'adverbes : adverbes en -θεν (ablatif), en -ω ou -ως (instrumental) ou locatifs en -ι et -σι (161).

CHAPITRE PREMIER

ARTICLE ET NOMS

Déclinaison de l'article

38. Le grec possède un article comparable à l'*article défini* du français et issu, comme ce dernier, d'un adjectif démonstratif. Il se décline sur le modèle des deux premières déclinaisons, mais n'a pas de vocatif.

		MASCULIN	FÉMININ	NEUTRE	
SINGULIER	Nom.	ὁ	ἡ	τό	*le, la*
	Acc.	τόν	τήν	τό	*le, la*
	Gén.	τοῦ	τῆς	τοῦ	*du, de la*
	Dat.	τῷ	τῇ	τῷ	*au, à la*
PLURIEL	Nom.	οἱ	αἱ	τά	*les*
	Acc.	τούς	τάς	τά	*les*
	Gén.	τῶν	τῶν	τῶν	*des*
	Dat.	τοῖς	ταῖς	τοῖς	*aux*
DUEL	N. A.	τώ	(pour les 3 genres)		*les deux*
	G. D.	τοῖν			*des deux, aux deux*

Remarques. — I. L'article appartient à deux radicaux : 1° * *so (sa)*, qui a donné régulièrement ὁ (ἡ) ; 2° **tod*, qui a donné le neutre τὸ et toutes les autres formes. Οἱ et αἱ sont formés par analogie sur le nominatif singulier.

II. Le duel féminin de l'article est en général identique au masculin et au neutre. On trouve cependant quelquefois les formes τά et ταῖν.

III. Il n'y a pas en grec de forme correspondant à l'*article indéfini* français. C'est l'adjectif indéfini τις (92) qui, joint à un nom, peut rappeler plus ou moins exactement l'usage du français.

PREMIÈRE DÉCLINAISON

39. La première déclinaison comporte des noms féminins et masculins en -α (-η).

Noms féminins

		Noms en -α long	Noms en -α bref	Noms en -η
SINGULIER	N.	ἡ ἡμέρ**α**, *le jour*	ἡ γλῶττ**α**, *la langue*	ἡ κεφαλ**ή**, *la tête*
	V.	ἡμέρ**α**	γλῶττ**α**	κεφαλ**ή**
	A.	τὴν ἡμέρ**αν**	τὴν γλῶττ**αν**	τὴν κεφαλ**ήν**
	G.	τῆς ἡμέρ**ας**	τῆς γλώττ**ης**	τῆς κεφαλ**ῆς**
	D.	τῇ ἡμέρ**ᾳ**	τῇ γλώττ**ῃ**	τῇ κεφαλ**ῇ**
PLURIEL	N.	αἱ ἡμέρ**αι**	αἱ γλῶττ**αι**	αἱ κεφαλ**αί**
	V.	ἡμέρ**αι**	γλῶττ**αι**	κεφαλ**αί**
	A.	τὰς ἡμέρ**ας**	τὰς γλώττ**ας**	τὰς κεφαλ**άς**
	G.	τῶν ἡμερ**ῶν**	τῶν γλωττ**ῶν**	τῶν κεφαλ**ῶν**
	D.	ταῖς ἡμέρ**αις**	ταῖς γλώττ**αις**	ταῖς κεφαλ**αῖς**
DUEL	N. A.	τὼ ἡμέρ**α**	τὼ γλώττ**α**	τὼ κεφαλ**ά**
	G. D.	τοῖν ἡμέρ**αιν**	τοῖν γλώττ**αιν**	τοῖν κεφαλ**αῖν**

Remarques. — I. Pratiquement se déclinent sur ἡμέρα les noms en -α dont l'α est précédé d'une voyelle ou d'un ρ; ils gardent l'α à tous les cas du singulier. Ceux dont l'α est précédé d'une consonne autre que le ρ se déclinent sur γλῶττα et prennent l'η au génitif et au datif du singulier.

II. L'η de κεφαλή provient d'un ancien ᾱ. Alors qu'en dorien les ᾱ ont été conservés partout, en ionien, au contraire, ils sont passés à η. Toutefois l'attique a maintenu l'ᾱ après un ρ ou une voyelle (surtout ι et ε). Les exceptions ne sont qu'apparentes : κόρη *jeune fille*, résulte de κόρϝη, et κόρρη, *tempe*, de κόρση. Il y a flottement après ο : πόα (ποία), *gazon*, στοά (στοιά), *portique;* mais πνοή (πνοιά, πνοά), *souffle*, βοή (*βοϝη), *cri*, ζωή, *vie*, χλοή, *verdure*. Les ᾱ après consonne résultent d'une contraction (41).

III. Les noms en ᾰ — uniquement féminins — présentent un suffixe différent (en -jα) et connaissent au singulier un mélange de formes dû à une ancienne alternance de quantité (-jᾰ/-jᾱς). Les noms de cette catégorie où l'α est précédé d'une voyelle gardent l'α à tous les cas et se confondent, en apparence, avec les noms en -ᾱ. Tels sont les dérivés en -εια, comme ἀλήθεια, -είας, *vérité*, βοήθεια, -είας, *secours*, etc.

IV. On trouve des datifs pluriels en -ησι, -ῃσι et -αισι. Dans les textes de prose littéraire la désinence -αις est seule attestée dès la fin du vᵉ siècle.

Noms masculins

40. Les noms masculins se rangent tout naturellement en deux catégories correspondant aux types féminins ἡμέρα et κεφαλή. Le nominatif a la désinence -ς; au génitif, l'analogie — et peut-être aussi le désir d'éviter une confusion entre nominatif et génitif — a introduit la désinence -ου de la deuxième déclinaison.

SINGULIER	Masculins en ας (cf. ἡμέρα).			Masculins en ης (cf. κεφαλή).	
N.	ὁ	νεανί ας,	*le jeune homme*	ὁ	στρατιώτ ης, *le soldat*
V.		νεανί α			στρατιῶτ α
A.	τὸν	νεανί αν		τὸν	στρατιώτ ην
G.	τοῦ	νεανί ου		τοῦ	στρατιώτ ου
D.	τῷ	νεανί ᾳ		τῷ	στρατιώτ ῃ

Les noms propres d'homme en -ης, comme Εὐριπίδης, *Euripide*, ont le vocatif en -η; mais les noms de peuple, comme Πέρσης, *le Perse*, ont le vocatif en -ᾰ.

Le pluriel et le duel sont semblables pour tous les noms de la première déclinaison : ἡμέραι, κεφαλαί, νεανίαι, στρατιῶται.

Les noms en -ίας sont rares. On citera, outre νεανίας, ταμίας, *intendant*, et quelques noms propres : Ἱππίας, Καλλίας, Σιμμίας, etc... Se déclinent pareillement sur le modèle νεανίας les noms propres en -ρας : Πρωταγόρας, etc.

Noms contractes de la première déclinaison

41. Les noms contractes de la 1re déclinaison sont peu nombreux et ne diffèrent des autres que par l'accentuation. Ex. : Ἀθηνᾶ (= Ἀθηναία), génitif -ᾶς, *Athéna;* μνᾶ (= μναjα), génitif μνᾶς, *mine* (monnaie); γῆ (= γέα), *terre;* συκῆ (= συκέα), *figuier;* γαλῆ (γαλέη), *belette;* Ἑρμῆς (= Ἑρμέας), voc. Ἑρμῆ, gén. Ἑρμοῦ, *Hermès.*

Accentuation des noms de la première déclinaison

42. La première déclinaison comporte :

1° Des noms en -α de toutes les catégories : *propérispomènes*, μοῖρα; *périspomènes* (contractes), μνᾶ; *proparoxytons*, γέφυρα; *paroxytons*, βία; *oxytons*, στρατιά.

2° Des noms en-η *paroxytons* et *oxytons;*

3° Des noms en -ας, toujours *paroxytons;*

4° Des noms en -ης : *perispomènes* (contractes), Ἑρμῆς; *paroxytons*, δεσπότης (mais voc. δέσποτα) et *oxytons*, δικαστής.

Les mots parisyllabiques accentués sur la finale prennent le circonflexe au génitif et au datif des trois nombres : κεφαλή, κεφαλήν, κεφαλῆς, κεφαλῇ.

Dans toute la première déclinaison, le génitif pluriel a toujours le circonflexe sur la finale : μουσῶν (= μουσάων), στρατιωτῶν

DEUXIÈME DÉCLINAISON

43. La deuxième déclinaison comprend des noms masculins et féminins en -ος et des noms neutres en -ον. Les féminins se déclinent comme les masculins (sauf l'article).

	Noms masculins en ος	Noms féminins en ος	Noms neutres en ον
SINGULIER	N. ὁ λόγ **ος**, *la parole*	ἡ ὁδ **ός**, *la route*	τὸ δῶρ **ον**, *le don*
	V. λόγ **ε**	ὁδ **έ**	δῶρ **ον**
	A. τὸν λόγ **ον**	τὴν ὁδ **όν**	τὸ δῶρ **ον**
	G. τοῦ λόγ **ου**	τῆς ὁδ **οῦ**	τοῦ δώρ **ου**
	D. τῷ λόγ **ῳ**	τῇ ὁδ **ῷ**	τῷ δώρ **ῳ**
PLURIEL	N. οἱ λόγ **οι**	αἱ ὁδ **οί**	τὰ δῶρ **α**
	V. λόγ **οι**	ὁδ **οί**	δῶρ **α**
	A. τοὺς λόγ **ους**	τὰς ὁδ **ούς**	τὰ δῶρ **α**
	G. τῶν λόγ **ων**	τῶν ὁδ **ῶν**	τῶν δώρ **ων**
	D. τοῖς λόγ **οις**	ταῖς ὁδ **οῖς**	τοῖς δώρ **οις**
DUEL	N. A. τὼ λόγ **ω**	τὼ ὁδ **ώ**	τὼ δώρ **ω**
	G. D. τοῖν λόγ **οιν**	τοῖν ὁδ **οῖν**	τοῖν δώρ **οιν**

Remarques. — I. Le vocatif de θεός, *dieu* (ou *déesse*), à l'époque classique est θεός. — On notera que ὁ σῖτος, *le blé, le pain*, fait au pluriel τὰ σῖτα, *la nourriture;* inversement τὸ στάδιον, *le stade*, peut avoir le pluriel οἱ στάδιοι, à côté de τὰ στάδια.

II. On trouve, parallèlement aux datifs pluriels en -αισι de la 1re déclinaison, des datifs pluriels en -οισι, courants dans les inscriptions attiques jusqu'en 450; fréquents chez Homère et dans la tragédie attique sous l'influence d'Homère : θεοῖσιν, θεοῖς.

Accentuation des noms de la deuxième déclinaison

44. Les noms en -ος sont *oxytons :* ὁδός; ἀδελφός (vocatif ἄδελφε); *paroxytons :* λόγος, παρθένος, ou *proparoxytons :* ἄγγελος, ἄνθρωπος; *propérispomènes :* δῆμος, δοῦλος. Dans les neutres l'accent remonte le plus haut possible : *proparoxytons*, πρόσωπον; *paroxytons :* δένδρον; *propérispomènes :* δῶρον. Exceptions : ᾠόν, ζυγόν et plusieurs noms en -ίον.

Deuxième déclinaison attique

45. Quelques noms, peu nombreux, ont au nominatif, au lieu d'un ο, un ω qu'ils gardent à tous les cas. C'est ce qu'on appelle la deuxième déclinaison attique.

SINGULIER			PLURIEL		DUEL	
N.	ὁ	νεώς, *le temple*	οἱ	νεῴ	τὼ	νεώ
V.		νεώς		νεῴ		νεώ
A.	τὸν	νεών (νεώ)[1]	τοὺς	νεώς	τὼ	νεώ
G.	τοῦ	νεώ	τῶν	νεών	τοῖν	νεῴν
D.	τῷ	νεῴ	τοῖς	νεῴς	τοῖν	νεῴν

Remarque. — La plupart de ces noms ont été affectés par la *métathèse* de quantité. L'ionien νηός a abouti régulièrement en attique à νεώς (13, 1° et 19, 1°). Dans quelques noms, comme ὁ κάλως, *le câble*, ὁ λαγώς, *le lièvre*, ὁ ταώς, *le paon*, l'ω est étymologique.

Noms contractes de la deuxième déclinaison

46. Dans les noms contractes de la deuxième déclinaison, également assez rares, εο, οο, οε se changent en ου conformément aux règles normales; ailleurs, les brèves ε et ο sont absorbées par les voyelles longues ou diphtongues qui suivent. (Le nominatif-accusatif pluriel neutre est analogique).

SINGULIER	N.	ὁ	νοῦς	[νόος], *l'esprit*	τὸ	ὀστοῦν	[ὀστέον], *l'os*
	A.	τὸν	νοῦν	[νόον]	τὸ	ὀστοῦν	[ὀστέον]
	G.	τοῦ	νοῦ	[νόου]	τοῦ	ὀστοῦ	[ὀστέου]
	D.	τῷ	νῷ	[νόῳ]	τῷ	ὀστῷ	[ὀστέῳ]
PLURIEL	N.	οἱ	νοῖ	[νόοι]	τὰ	ὀστᾶ	[ὀστέα]
	A.	τοὺς	νοῦς	[νόους]	τὰ	ὀστᾶ	[ὀστέα]
	G.	τῶν	νῶν	[νόων]	τῶν	ὀστῶν	[ὀστέων]
	D.	τοῖς	νοῖς	[νόοις]	τοῖς	ὀστοῖς	[ὀστέοις]
DUEL	N. A.	τὼ	νώ	[νόω]	τὼ	ὀστώ	[ὀστέω]
	G. D.	τοῖν	νοῖν	[νόοιν]	τοῖν	ὀστοῖν	[ὀστέοιν]

Pratiquement ces mots ne se distinguent de λόγος et de δῶρον (en dehors du nom. acc. sing.) que par l'accentuation. Le génitif νοός est tardif.

1. Les mots entre parenthèses sont des formes accessoires, moins pures et moins fréquentes que les autres. Les formes entre crochets droits sont seulement des explications.

Radicaux et désinences des deux premières déclinaisons

47. Le radical des noms de la 1e déclinaison est en -α : ἡμέρα, κεφαλα, στρατιῶτα; celui des noms de la deuxième est en -ο: λογο, δωρο, ὁδο. Ce radical se distingue nettement de la désinence à certains cas, comme les nominatifs singuliers νεανία-ς et λόγο-ς; les accusatifs singuliers ἡμέρα-ν, νεανία-ν, λόγο-ν. Les accusatifs pluriels ἡμέρας, λόγους, équivalent à ἡμέρα-νς, λόγο-νς (désinences conservées dans certains dialectes).

Aux autres cas, la désinence primitive, ou bien a toujours fait défaut (vocatif sing. et nominatif des radicaux féminins en -α); ou bien s'est mêlée étroitement au radical (λόγῳ). Le génitif -ου est le résultat d'une contraction (*λόγοο, λόγου); de même, le génitif pluriel des noms en -α : *ἡμερα-*sōm*, ἡμεράων, ἡμερῶν (lat. *rosarum*).

Il ne serait pas difficile de montrer les rapports qui existent entre la première déclinaison grecque et la première déclinaison latine, la deuxième déclinaison grecque et la deuxième déclinaison latine.

TROISIÈME DÉCLINAISON

48. La troisième déclinaison comprend des noms masculins, des noms féminins et des noms neutres. Les noms féminins se déclinent comme les masculins.

Radical. — Le radical (ou *thème*) des noms de la troisième déclinaison se termine généralement par une consonne, moins souvent par une voyelle. On trouve ce radical en retranchant la désinence -ος du génitif singulier.

La chute d'une consonne (Ϝ, j ou σ) met parfois en contact la voyelle finale du radical et la voyelle de la désinence, il en résulte des contractions.

Caractéristiques de la 3e déclinaison

La troisième déclinaison se distingue par ses *désinences* et par la survivance d'anciennes *alternances*.

49. Désinences. — Voici les désinences de la troisième déclinaison.

	SINGULIER	PLURIEL	DUEL
N.	— ς ou nulle désinence.	— ες	— ε
V.	— ς »	— ες	— ε
A.	— ν ou α [μ]	— ας [νς]	— ε
G.	— ος	— ων	— οιν
D.	— ι	— σι	— οιν

Les nominatifs, vocatifs et accusatifs neutres n'ont pas de désinences au singulier, et prennent la désinence -α au pluriel.

Nominatif singulier. — 1° Comme les consonnes ν, ρ, σ peuvent terminer un mot grec, les radicaux masculins et féminins terminés par ν, ρ ou σ n'ont pas la désinence ς. La voyelle est souvent allongée, se distinguant ainsi du neutre et du vocatif, où cette voyelle reste brève.

Ex. : δαίμων, vocatif δαῖμον; — εὐσεβής, neutre εὐσεβές; — πατήρ, voc. ὦ πάτερ.

2° Les radicaux qui ne se terminent pas par ν, ρ ou σ prennent la désinence ς, qui s'unit au radical de diverses manières en vertu des lois phonétiques (15).

a) Les labiales β, π, φ, suivies de ς, se combinent avec cette lettre pour former la lettre double ψ.

b) Les gutturales γ, κ, χ, suivies de ς, se combinent avec cette lettre pour former la lettre double ξ.

c) Les dentales δ, τ, θ, et aussi le ν, tombent pratiquement devant ς.

Ex. : φλέψ (= *φλεβ-ς); κόραξ (= *κορακ-ς); φροντίς (= *φροντιδ-ς).

3° Les radicaux en ντ ont, les uns le nominatif sigmatique : γίγας (= *γιγαντ-ς), πᾶς (= *παντ-ς), les autres le nominatif sans ς : λέων (= *λεοντ), ἑκών (= *ἑκοντ).

Vocatif. — Le vocatif ne comporte, en principe, aucune désinence; mais parfois la forme du nominatif s'est étendue à ce cas; de plus, toute consonne autre que ν, ρ, ς, tombe à la fin du radical.

Ex. : κόραξ, voc. κόραξ; φροντίς, voc. φροντί; ἰχθῦς, voc. ἰχθῦ.

Génitif. — La désinence est -ος (qui n'est pas sans rapport avec la désinence -*is* latine). Par suite de diverses transformations phonétiques, faciles à expliquer, cette désinence apparaît aussi sous les formes -ως (métathèse et contraction) et -ους (contraction).

Ex. : φώρ, φωρός (cf. lat. *fur*, *furis*); βασιλέως (βασιλῆος); Σωκράτους [Σωκράτεος].

Datif. — L'ι du datif singulier, qui est souscrit dans les deux premières déclinaisons, reparaît nettement à la 3ᵉ déclinaison, surtout après consonne : φωρί, ἰχθύϊ. Cet ι est sans doute une terminaison de locatif; la désinence en -σι l'est certainement. La désinence -σι peut recevoir le ν euphonique (13,5°).

Accusatif. — *a*) Après une *voyelle*, le ν de la désinence s'ajoute sans difficulté au radical, comme dans les deux premières déclinaisons : ἰχθῦ-ν, πόλι-ν (cf. ἡμέραν, λόγον);

b) après une *consonne*, comme on ne pourrait le prononcer, il se vocalise en α : φῶρ-α, κόρακ-α, φροντίδ-α.

Accusatif pluriel. — Ce cas n'est autre chose que l'accusatif du singulier, plus le ς, signe du pluriel : φῶρα-ς, κόρακα-ς (pour *φωρ-νς, *κορακ-νς). De même, ἰχθῦν devient ἰχθῦς, pour *ἰχθυν-ς. Mais dans les noms contractes dont le nominatif pluriel est en -εις, pour -εες, c'est ce nominatif qu'on emploie comme accusatif, de façon que les deux cas soient semblables : πόλεις, ἀληθεῖς, ἡδεῖς. Il est impossible que πόλεις repose sur πόλεας, ni ἀληθεῖς sur ἀληθέας.

50. Alternances. — On trouve, assez bien conservées, un certain nombre d'alternances vocaliques :

— *de timbre :* uniquement dans les neutres en -ος.

Ex. : τεῖχος, radical pur *τειχεσ-.

— mais surtout de *quantité :*

Ex. : δαίμων, radical pur δαῖμον (vocatif); λιμήν, radical pur λιμεν- (mais λειμών, -ῶνος); Σωκράτης, Σώκρατες.

51. Divisions de la troisième déclinaison. — On distinguera les thèmes suivants :

A. terminés par une *consonne* (thèmes consonantiques) qui peut être *muette* (occlusive), *liquide* ou *sifflante.*

B. terminés par les *voyelles i* et *u* (thèmes en i et u).

A. — Thèmes consonantiques

1° Thèmes à muette

52. Les mots dont le radical se termine par une muette (ou occlusive) sont caractérisés au nominatif masc. fém. par la désinence -ς, qui se combine avec la muette suivant les règles phonétiques exposées plus haut :

— *labiale :* ἡ φλέψ, φλεβ-ός, *la veine ;* ὁ ἔποψ, ἔποπ-ος, *la huppe* (latin *plebs, princeps*).

— *gutturale :* ἡ αἴξ, αἰγος, *la chèvre ;* ὁ κόραξ, κόρακος, *le corbeau ;* ὁ ὄνυξ, ὄνυχος, *l'ongle ;* ἡ σάλπιγξ, σάλπιγγος, *la trompette* (latin *dux, rex*).

— *dentale :* ἡ φροντίς, φροντίδος, *le souci ;* ἡ χάρις, χάριτος, *la grâce ;* ὁ (ἡ) ὄρνις, ὄρνιθος, *l'oiseau* (latin *lapis, miles*).

	LABIALE	GUTTURALE	DENTALE
SINGULIER	N. ἡ φλέψ, *la veine*	ὁ κόραξ, *le corbeau*	ἡ φροντί ς, *le souci*
	V. φλέψ	κόραξ	φροντί
	A. τὴν φλέβ α	τὸν κόρακ α	τὴν φροντίδ α
	G. τῆς φλεβ ός	τοῦ κόρακ ος	τῆς φροντίδ ος
	D. τῇ φλεβ ί	τῷ κόρακ ι	τῇ φροντίδ ι
PLURIEL	N. αἱ φλέβ ες	οἱ κόρακ ες	αἱ φροντίδ ες
	V. φλέβ ες	κόρακ ες	φροντίδ ες
	A. τὰς φλέβ ας	τοὺς κόρακ ας	τὰς φροντίδ ας
	G. τῶν φλεβ ῶν	τῶν κοράκ ων	τῶν φροντίδ ων
	D. ταῖς φλε ψί (ν)	τοῖς κόρα ξι (ν)	ταῖς φροντί σι (ν)
DUEL	N. A. τὼ φλέβ ε	τὼ κόρακ ε	τὼ φροντίδ ε
	G. D. τοῖν φλεβ οῖν	τοῖν κοράκ οιν	τοῖν φροντίδ οιν

REMARQUES. — I. Quelques *neutres* se déclinent ainsi : τὸ μέλι, μέλιτος, *le miel ;* τὸ φῶς, φωτός, *la lumière* (anc. φάος) ; τὸ γάλα, γάλακτος, *le lait* (dat. pl. γάλαξι).

II. Quelques noms à dentale, qui ne sont pas accentués sur la finale, imitent les noms en -ις, -εως (61) et prennent par analogie la désinence ν à l'accusatif. Tels sont les mots ἔρις, ἔριδος (ἡ), *la querelle*, acc. ἔριν; χάρις, χάριτος (ἡ), *la grâce*, acc. χάριν; et tous les noms propres en -ις, -ιδος (Θέμις, Ἄρτεμις...), parce qu'ils reculent l'accent. Ὄρνις fait ὄρνιθα ou ὄρνιν (nom. plur. ὄρνιθες ou ὄρνεις); Οἰδίπους fait Οἰδίποδα ou Οἰδίπουν, mais τρίπους, *trépied*, fait τρίπουν.

53. Les noms accentués sur la finale ont en général le vocatif semblable au nominatif : ἡ Ἑλλάς, *la Grèce*, gén. τῆς Ἑλλάδος, voc. ὦ Ἑλλάς.

Par exception, le vocatif des noms en -ίς, -ίδος n'a pas de ς final. De même le vocatif de παῖς, παιδός, *enfant*, est ὦ παῖ.

54. Les mots dont le radical se termine par -ντ perdent ces deux consonnes, souvent au nominatif singulier, toujours au datif pluriel, devant le σ de la désinence; mais, par compensation, la voyelle qui précède s'allonge. Leur vocatif se termine par ν.

Ex. :	ὁ γίγας, *le géant*,	gén. γίγαντ-ος,	dat. pl. γίγᾱ-σι,	voc. γίγαν
	ὁ λέων, *le lion*	λέοντ-ος	λέου-σι	λέον
	ὁ ὀδών, *la dent*	ὀδόντ-ος	ὀδοῦ-σι	—.

2° Thèmes à liquide

55. Le grec ne possède qu'un mot à thème en -λ, ἅλς, ἁλός (ὁ), *le sel*, — et encore n'est-il usité qu'au pluriel en attique. Le grec n'a aucun thème en -μ; mais un assez grand nombre de mots en -ρ et en -ν. Le timbre de la voyelle peut être ε ou ο : φώρ, θήρ; δαίμων, ποιμήν. Il faut y joindre les noms neutres en -μα, très nombreux (qui, malgré les apparences, représentent un thème en -ν; la finale -μα répond au latin *-men*. Cf. ὄνομα et lat. *nomen*). Le thème de ces neutres a été élargi par un τ, dentale qui a joué un grand rôle dans toute la déclinaison.

SINGULIER	N. ὁ	φώρ, *le voleur*	ὁ δαίμων, *la divinité*	τὸ σῶμα, *le corps*
	V.	φώρ	δαῖμον	σῶμα
	A. τὸν	φῶρ α	τὸν δαίμον α	τὸ σῶμα
	G. τοῦ	φωρ ός	τοῦ δαίμον ος	τοῦ σώματ ος
	D. τῷ	φωρ ί	τῷ δαίμον ι	τῷ σώματ ι
PLURIEL	N. οἱ	φῶρ ες	οἱ δαίμον ες	τὰ σώματ α
	V.	φῶρ ες	δαίμον ες	σώματ α
	A. τοὺς	φῶρ ας	τοὺς δαίμον ας	τὰ σώματ α
	G. τῶν	φωρ ῶν	τῶν δαιμόν ων	τῶν σωμάτ ων
	D. τοῖς	φωρ σί (ν)	τοῖς δαίμο σι (ν)	τοῖς σώμα σι (ν)
DUEL	N. A. τὼ	φῶρ ε	τὼ δαίμον ε	τὼ σώματ ε
	G. D. τοῖν	φωρ οῖν	τοῖν δαιμόν οιν	τοῖν σωμάτ οιν

Remarques. — I. Le datif pluriel σώμασι est pour *σωματ-σι; mais δαίμοσι ne peut reposer sur *δαιμον-σι (qui eût donné *δαιμουσι); c'est une forme refaite.

II. En général, le vocatif des noms en ν ou ρ est semblable au radical : δαίμων, δαίμον-ος, voc. δαῖμον; Ἕλλην, *Grec*, Ἕλλην-ος, voc. Ἕλλην. Mais les noms accentués sur la finale ont presque tous le vocatif semblable au nominatif : ποιμήν, ποιμέν-ος, *berger*, voc. ποιμήν. — Ἀηδών, *rossignol*, et χελιδών, *hirondelle*, font au voc. ἀηδοῖ, χελιδοῖ (62).

III. On compte de rares thèmes en ιν : ῥίς, ῥινός (ἡ), *le nez;* δελφίς, -ῖνος (ὁ), *le dauphin.*

IV. On compte quelques neutres en -ρ : πῦρ, πυρός (τό), *le feu* (pluriel πυρά sur δῶρα); ἔαρ, ἔαρος (τό), *le printemps* (parfois gén. ἦρος).— Quelques-uns, terminés en -αρ et en -ωρ, sont d'un type très archaïque et comportent un élargissement à dentale : ἧπαρ, ἥπατος (τό), *le foie;* ὕδωρ, ὕδατος (τό), *l'eau;* φρέαρ, -ατος (τό), *le puits;* ὄναρ, ὀνείρατος (τό), *le songe.*

V. Les monosyllabes de la troisième déclinaison ont l'accent sur la finale au génitif et au datif des trois nombres, mais non aux autres cas : φώρ, φωρός, φωρί, mais φῶρα, φῶρες, φῶρας. Si la finale accentuée est longue, c'est le circonflexe qu'elle reçoit : φωρῶν. Cette règle s'applique aux dissyllabes κύων, γυνή. Mais on écrit παίδων, ὤτων, Τρώων.

Noms en -τήρ

56. Les noms de parenté, très anciens dans la langue, ont conservé les alternances anciennes : degré long πατήρ; degré bref πάτερ, etc...; degré zéro πατρός, πατρί, πατράσι.

Le mot ἀνήρ se décline à peu près comme πατήρ (15, 7°).

SINGULIER	N.	ὁ	πατήρ, *le père*	ὁ	ἀνήρ, *l'homme*
	V.		πάτερ		ἄνερ
	A.	τὸν	πατέρ α	τὸν	ἄνδρ α
	G.	τοῦ	πατρ ός	τοῦ	ἀνδρ ός
	D.	τῷ	πατρ ί	τῷ	ἀνδρ ί
PLURIEL	N.	οἱ	πατέρ ες	οἱ	ἄνδρ ες
	V.		πατέρ ες		ἄνδρ ες
	A.	τοὺς	πατέρ ας	τοὺς	ἄνδρ ας
	G.	τῶν	πατέρ ων	τῶν	ἀνδρ ῶν
	D.	τοῖς	πατρά σι	τοῖς	ἀνδρά σι
DUEL	N. A.	τὼ	πατέρ ε	τὼ	ἄνδρ ε
	G. D.	τοῖν	πατέρ οιν	τοῖν	ἀνδρ οῖν

57. Les noms suivants se déclinent et s'accentuent (sauf parfois au nominatif) comme πατήρ : μήτηρ, *mère;* θυγάτηρ, *fille;* ἡ γαστήρ, *le ventre.*

Δημήτηρ, *Cérès*, recule l'accent et fait à l'accusatif Δήμητρα. Noter l'accent des vocatifs πάτερ, ἄνερ, θύγατερ, Δήμητερ.

Ἀστήρ (ὁ), *astre*, fait ἀστέρος, ἀστέρι etc., mais ἀστράσι.

3° Thèmes en -ς (Contractes)

58. Cette catégorie comprend des noms propres masculins en -ης, de nombreux noms neutres en -ος et quelques noms neutres (archaïques) en -ας.

	Noms propres masc. en -ης	Noms neutres en -ος	Noms neutres en -ας
SINGULIER	N. ὁ Σωκράτ**ης**, *Socrate*	τὸ τεῖχ**ος**, *le rempart*	τὸ κρέ**ας**, *la viande*
	V. Σώκρατ**ες**	τεῖχ**ος**	κρέ**ας**
	A. τὸν Σωκράτ**η** ou **-ην**	τὸ τεῖχ**ος**	τὸ κρέ**ας**
	G. τοῦ Σωκράτ**ους** [-εσος]	τοῦ τείχ**ους** [τείχεσος]	τοῦ κρέ**ως** [κρέασος]
	D. τῷ Σωκράτ**ει**	τῷ τείχ**ει** [τείχεσι]	τῷ κρέ**ᾳ** [κρέᾰσι]
PLURIEL	N. οἱ Σωκράτ**αι**	τὰ τείχ**η** [τείχεσα]	τὰ κρέ**α** [κρέασα]
	V. Σωκράτ**αι**	τείχ**η**	κρέ**α**
	A. τοὺς Σωκράτ**ας**	τὰ τείχ**η**	τὰ κρέ**α**
	G. τῶν Σωκρατ**ῶν**	τῶν τειχ**ῶν** [τειχέων]	τῶν κρε**ῶν** [κρεάων]
	D. τοῖς Σωκράτ**αις**	τοῖς τείχ**εσι** [τείχεσσι]	τοῖς κρέ**ασι** [κρέασσι]
DUEL	N. A. τὼ Σωκράτ**α**	τὼ τείχ**ει** [τείχεε]	τὼ κρέ**α** [κρέαε]
	G. D. τοῖν Σωκράτ**αιν**	τοῖν τειχ**οῖν** [τειχέοιν]	τοῖν κρε**ῷν** [κρεάοιν]

Remarques. — I. Le vrai radical de Σωκράτης, τεῖχος et κρέας est Σώκρατες, *τειχες et *κρεϝας. Par la chute du σ entre deux voyelles *τειχεσα est devenu τείχεα, puis τείχη; *Σωκρατεσος, Σωκρατεος, puis Σωκράτους; *κρεϝασος, κρέαος, puis κρέως (16, 2°).

Après ρ les contractions des noms se font toujours en -η; τὸ μέρος, *la part*, τὰ μέρη.

Au nominatif singulier, les noms neutres se distinguent des adjectifs analogues par le degré *o*; cf. ψεῦδος, *mensonge*, et ψευδής, *menteur*.

II. Il n'y a que des noms propres (surtout en -της, -λης, -νης) pour se décliner comme Σωκράτης. Par analogie, ces noms propres en -ης empruntent souvent leur accusatif singulier et toujours leur pluriel aux noms masculins en -ης de la première déclinaison.

III. Les noms propres en -κλῆς sont pour -κλέης (-κλεϝες) et se déclinent ainsi : Περικλῆς, ὦ Περίκλεις [-κλεϝες], Περικλέᾱ [-έεα], Περικλέους [-κλεϝεσος], Περικλεῖ [-έει].

IV. Les seuls noms qui se déclinent comme κρέας sont γῆρας, *vieillesse ;* γέρας, *récompense ;* κέρας, *corne, aile d'armée*. Ce dernier peut aussi de décliner sans contraction : κέρατος κέρατι, — κέρατα, κεράτων, κέρασι.

Noms en -ως

59. Les mots αἰδώς (ἡ), *le respect, la pudeur* et ἠώς (ἡ), *l'aurore*, se déclinent pratiquement comme πειθώ (62), qui appartient à un thème différent mais voisin. Voc. αἰδώς. Acc. αἰδῶ [αἰδόα]. Gén. αἰδοῦς [αἰδόος], Dat. αἰδοῖ. Ἠώς (voc. ἠώς) a une seconde forme refaite en ἕως et est passé à la deuxième déclinaison attique (45). Pour ἥρως, voir 63.

La plupart des noms en -ώς ont, du reste, été refaits sur un modèle plus régulier à dentale : ἱδρώς, -ῶτος (ὁ), *la sueur;* γέλως, -ωτος (ὁ), *le rire.*

B. — Thèmes en -i et -u

60. Les noms en *-i* et *-u* ont des déclinaisons parallèles. Presque tous les noms en -υς se déclinent sur ἰχθῦς. On rencontre un certain nombre de noms en -υς, -υος, masculins ou féminins; quelques noms neutres (surtout poétiques) en -υ.

SINGULIER	PLURIEL	DUEL
N. ὁ ἰχθῦ **ς**, *le poisson*	οἱ ἰχθύ **ες** ou ἰχθῦς	
V. ἰχθῦ	ἰχθύ **ες** ou ἰχθῦς	N. A. τὼ ἰχθύ **ε** ou ἰχθῦ
A. τὸν ἰχθῦ **ν**	τοὺς ἰχθῦ **ς** (ἰχθύας)	
G. τοῦ ἰχθύ **ος**	τῶν ἰχθύ **ων**	G. D. τοῖν ἰχθύ **οιν**
D. τῷ ἰχθύ **ϊ**	τοῖς ἰχθύ **σι**	

Remarques. — I. Les noms en -υς, -υος ne se contractent pas. Dans les trois noms ἰχθῦς, ὁ μῦς, *le rat*, et ἡ ἄρκυς, *le filet*, le N. V. pluriel peut être en -ῦς, forme analogique de l'accusatif pluriel (ἰχθῦς pour *ἰχθυ-νς). Μῦς lui-même est primitivement un thème en *-s* : μῦς, *μυσος (lat. *mus, muris*). Δάκρυ, *larme*, plur. δάκρυα, fait au datif δάκρυσι ou δακρύοις. On écrit parfois, au singulier, ἰχθύς et ἰχθύν oxytons.

II. Les mots βοῦς, *bœuf* (ou *vache*) et γραῦς, *vieille femme* (radicaux à diphtongue), se déclinent à peu près comme ἰχθῦς (très régulièrement) : βοῦν, βοός, βοΐ; — βόες, βοῦς, βοῶν, βουσί; γραῦν, γραός, —; γρᾶες, γραῦς —, —. (Le ϝ se vocalise devant consonne et tombe entre voyelles; pas de contractions.)

Ναῦς, *navire*, en dépit des apparences, se décline très régulièrement (63).

III. Les noms en -ις, -ιος, qui étaient nombreux dans la poésie ancienne, sont devenus rares en attique; on ne cite guère que οἶς, *brebis*, dont la déclinaison — parallèle à celle de ἰχθῦς — est très régulière, en dépit des apparences : il faut se rappeler, en effet, que le radical est *ὀϝι- (latin *ovis*), d'où : V. —, A. οἶν, G. οἰός, D. οἰΐ (οἰ); Pl. N. οἶες, A. οἶς [*οἰνς], G. οἰῶν, D. οἰσί.

61. Les noms en *-i* et *-u* comportent le plus souvent un double radical : en *-i*, *-u* aux N. V. A. sing., en *-e* (-ēj, -eϝ) ailleurs.

Les déclinaisons de πῆχυς et de πόλις sont exactement parallèles. Les noms en -ις, presque tous féminins, sont très nombreux (souvent en -σις); deux seulement (masculins) ont le nominatif en -ῠς : πῆχυς, *coudée;* πέλεκυς, *hache.* Aux thèmes en *-u* se rattachent des noms de thème à diphtongue en *-ēu* (désignant des fonctions ou de nombreux métiers). Les trois catégories comportent quelques formes contractes.

SINGULIER	N. ἡ πόλι **ς**, *la ville*	ὁ πῆχυ **ς**, *la coudée*	ὁ βασιλεύ **ς**, *le roi*
	V. πόλι	πῆχυ	βασιλεῦ
	A. τὴν πόλι **ν**	τὸν πῆχυ **ν**	τὸν βασιλέ **α**
	G. τῆς πόλε **ως**	τοῦ πήχε **ως**	τοῦ βασιλέ **ως**
	D. τῇ πόλε **ι**	τῷ πήχε **ι**	τῷ βασιλε **ῖ**
PLURIEL	N. αἱ πόλ **εις** [-εες]	οἱ πήχ **εις** [-εες]	οἱ βασιλ **εῖς** (βασιλῆς)
	V. πόλ **εις** [-εες]	πήχ **εις** [-εες]	βασιλ **εῖς** (βασιλῆς)
	A. τὰς πόλ **εις**	τοὺς πήχ **εις**	τοὺς βασιλέ **ας** (βασιλεῖς)
	G. τῶν πόλε **ων**	τῶν πήχε **ων**	τῶν βασιλέ **ων**
	D. ταῖς πόλε **σι**	τοῖς πήχε **σι**	τοῖς βασιλεῦ **σι**
DUEL	N. A. τὼ πόλ **ει** [-εε]	τὼ πήχ **ει** [-εε]	τὼ βασιλ **ῆ**
	G. D. τοῖν πολέ **οιν**	τοῖν πηχέ **οιν**	τοῖν βασιλέ **οιν**

Remarques. — I. Τὸ ἄστυ, *la ville* (ordinairement *la ville d'Athènes*, par opposition à la campagne et au Pirée), pl. τὰ ἄστη, se décline pour le reste comme πῆχυς. Gén. plur. régulier ἀστέων. — Pour δόρυ et γόνυ, voir 63.

II. Ὁ πρεσβευτής, *le député*, (1re déclinaison) a pour pluriel οἱ πρεσβευταί régulièrement, mais emprunte plus souvent la forme οἱ πρέσβεις déclinée sur πήχεις (pluriel de πρέσβυς, peu usité en prose au singulier).

III. Πόλεως résulte d'une métathèse pour πόληος (cf. Homère, 398, 13). Le génitif de πῆχυς devrait être πήχεος [*πηχεϝος] attesté chez Hérodote, à rapprocher de ἡδέος (72); de même ἄστεως devrait être ἄστεος attesté chez Homère. Πήχεως et ἄστεως sont sans doute analogiques de πόλεως; de même l'accentuation de πήχεων, πόλεων est analogique de celle de πήχεως, πόλεως. L'accusatif pluriel πόλεις vient sans doute de *πολενς et πήχεις de *πηχενς (ionien πήχεας, πελέκεας).

IV. Le vrai radical de βασιλεύς est βασιληϝ, (abrégé en βασιλεϝ devant consonne); le nominatif singulier et le datif pluriel sont pour *βασιληϝ-ς et *βασιληϝ-σι (13, 1°,*c*); les trois accusatifs sont pour *βασιληϝ-α, *βασιληϝ-ας et *βασιληϝ-ε (13, 1° et 2°); βασιλῆς est la forme ancienne, βασιλεῖς une forme refaite (après 350 av. J.-C.).

Noms féminins en -ω (Contractes)

62. Aux thèmes en *-i* se rattachent les mots en -ω. Le thème était, en effet, terminé primitivement par un *yod*, qu'on retrouve à l'état pur au vocatif. Le génitif πειθοῦς repose sur *πειθojος. L'accusatif, par analogie, porte le même accent que le nominatif où la voyelle du radical est allongée.

N.	ἡ	πειθώ,	*la persuasion*
V.		πειθοῖ	
A.	τὴν	πειθώ	[πειθόα]
G.	τῆς	πειθοῦς	[πειθόος]
D.	τῇ	πειθοῖ	[πειθόϊ]

Le pluriel manque. Ainsi se déclinent : φειδώ, *action d'épargner;* ἠχώ, *écho;* les noms propres Δηώ, *Déméter;* Λητώ, *Latone;* Πυθώ, *Delphes;* Ἡρώ, *Héro;* Ἰώ, *Io*, et de nombreux noms de femme, Γοργώ, Μητρώ, Σωσώ, etc.

63. — Noms irréguliers ou difficiles

ὁ Ἰησοῦς, *Jésus*	gén. dat. voc. Ἰησοῦ, acc. Ἰησοῦν.
ὁ Ἀπόλλων, *Apollon*	ὦ Ἄπολλον, τὸν Ἀπόλλωνα ou Ἀπόλλω.
ὁ (ἀρήν), *l'agneau*	τοῦ ἀρνός, τοῖς ἀρνάσι. Le nom. sing., très rare, se remplace par ὁ ἀμνός.
ἡ γυνή, *la femme, l'épouse*	ὦ γύναι, τῆς γυναικός, ταῖς γυναιξί.
τὸ γόνυ, *le genou*	τοῦ γόνατος, τοῖς γόνασι, etc...
τὸ δόρυ, *la lance*	τοῦ δόρατος, τῷ δορί, τοῖς δόρασι.
ὁ Ζεύς, *Zeus (Jupiter)*	ὦ Ζεῦ, τὸν Δία, τοῦ Διός, τῷ Διί (poét. Ζηνός, Ζηνί, Ζῆνα).
ὁ ἥρως, *le héros* (demi-dieu)	ἥρωα et ἥρω, ἥρωος [*ἥρωϝος], ἥρωι et ἥρῳ, pl. τοὺς ἥρωας et ἥρως
ἡ κλείς, *la clé*	τὴν κλεῖν (ou κλεῖδα), τῆς κλειδός.
ὁ (ἡ) κύων, *le chien*	ὦ κύον, τὸν κύνα, τοῦ κυνός, τοῖς κυσί.
ὁ μάρτυς, *le témoin*	τοῦ μάρτυρος, τοῖς μάρτυσι.
ἡ ναῦς, *le navire*	ναῦν, νεώς (νηός), νηΐ; pl. νῆες, ναῦς, νεῶν, ναυσί; duel —, νεοῖν. Rad. ναϝ (*nav-is*).
ἡ νύξ, *la nuit*	τῆς νυκτός, ταῖς νυξί.
τὸ οὖς, *l'oreille,*	τοῦ ὠτός [*ὀϝατος], τὰ ὦτα, τοῖς ὠσί.
ὁ Πειραιεύς, *le Pirée*	τὸν Πειραιέα ou Πειραιᾶ, τοῦ Πειραιέως ou Πειραιῶς.
ὁ πούς, *le pied*	τοῦ ποδός, τοῖς ποσί.
ὁ σωτήρ, *le sauveur*	ὦ σῶτερ, τοῦ σωτῆρος.
ὁ υἱός ou ὑός, *le fils* (ancien υιυς)	ὦ υἱέ, υἱόν, υἱοῦ et υἱέος, υἱῷ et υἱεῖ; pl. υἱοί et υἱεῖς, υἱούς et υἱεῖς, υἱῶν et υἱέων, υἱοῖς et υἱέσι; duel υἱεῖ. Les formes en -o, de la 2ᵉ décl., sont seules attestées à partir de 350 av. J.-C.
ἡ χείρ, *la main*	τῆς χειρός, ταῖς χερσί, τοῖν χεροῖν.
ὁ χοῦς ou χοεύς, *le conge*	χοᾶ, χοέως (χοῶς, χοός), χοΐ; χοές etc...

CHAPITRE II

ADJECTIFS

I. — DÉCLINAISON

Adjectifs de la 1re classe

64. Ces adjectifs sont de la première déclinaison au féminin, de la seconde au masculin et au neutre.

		MASCULIN	FÉMININ	NEUTRE
SINGULIER	N.	ἀγαθ **ός**, *bon*	ἀγαθ **ή**, *bonne*	ἀγαθ **όν**, *bon*
	V.	ἀγαθ **έ**	ἀγαθ **ή**	ἀγαθ **όν**
	A.	ἀγαθ **όν**	ἀγαθ **ήν**	ἀγαθ **όν**
	G.	ἀγαθ **οῦ**	ἀγαθ **ῆς**	ἀγαθ **οῦ**
	D.	ἀγαθ **ῷ**	ἀγαθ **ῇ**	ἀγαθ **ῷ**
PLURIEL	N. V.	ἀγαθ **οί**	ἀγαθ **αί**	ἀγαθ **ά**
	A.	ἀγαθ **ούς**	ἀγαθ **άς**	ἀγαθ **ά**
	G.	ἀγαθ **ῶν**	(pour les trois genres)	
	D.	ἀγαθ **οῖς**	ἀγαθ **αῖς**	ἀγαθ **οῖς**
DUEL	N. A.	ἀγαθ **ώ**	ἀγαθ **ά**	ἀγαθ **ώ**
	G. D.	ἀγαθ **οῖν**	ἀγαθ **αῖν**	ἀγαθ **οῖν**

Les adjectifs en -εος, -ιος, ou -ρος, déclinent leur féminin sur ἡμέρα : νέος, νέα, νέον, *jeune;* δίκαιος, -α (ou -ος), -ον, *juste;* ἱερός, -ά, -όν, *sacré;* mais non les adjectifs en -αος, -υος, -οος : αὖος, -η, -ον, *sec.* Quelques adjectifs, notamment ceux en -οος, n'ont que rarement une forme au féminin : ὄγδοος, ὀγδόη [*ὀγδοϝη], *huitième.* (Pour πρᾷος, voir 72, R. III).

65. Presque tous les adjectifs composés et beaucoup d'adjectifs dérivés n'ont que deux terminaisons : celle du masculin sert pour le féminin. Ex. : ἀ-θάνατος, ον, *immortel* (α privatif); φρόνιμος, ον, *sensé* (φρήν, *intelligence*).

66. Quelques adjectifs se déclinent sur νεώς (45) et n'ont que deux terminaisons. Tels sont ἵλεως, -ων, *propice; ἔκπλεως*, -ων, *plein*. Le pluriel neutre est en -α : ἵλεα, πλέα, mais quelquefois aussi en -ω : ἀνάπλεω. — On en rapprochera l'adjectif ἀγήρως, -ων (= ἀγήραος), *qui ne vieillit pas*, et l'adjectif σάος, *sain et sauf, intact*, [*σαϝος], qui se contracte régulièrement en σῶς, fém. σῶς (parfois σᾶ), n. σῶν. L'accusatif est σῶν, les autres formes sont inusitées.

67. Il y a un petit nombre d'adjectifs contractes qui se déclinent comme νοῦς et ὀστοῦν. Ce sont surtout des adjectifs indiquant la matière et des multiplicatifs. Les uns, en -εος, possèdent les trois genres et ont l'accent sur la finale; les autres, en -οος, n'ont que deux terminaisons et ont l'accent sur la pénultième. Tels sont :

Sing.	χρυσοῦς	[χρύσεος]	χρυσῆ	χρυσοῦν, *d'or*
Plur.	χρυσοῖ		χρυσαῖ	χρυσᾶ
Sing.	ἀργυροῦς	[ἀργύρεος]	ἀργυρᾶ	ἀργυροῦν, *d'argent*
Plur.	ἀργυροῖ		ἀργυραῖ	ἀργυρᾶ
Sing.	εὔνους	[εὔνοος]		εὔνουν, *bienveillant*
Plur.	εὖνοι			εὔνοα.

REMARQUE. — Toutefois les adjectifs multiplicatifs en -πλόος, -πλόη, -πλόον se déclinent entièrement comme χρυσοῦς. Ex. : ἁπλοῦς, ἁπλῆ, ἁπλοῦν, *simple*, διπλοῦς, διπλῆ, διπλοῦν, *double*. Mais ἄ-πλους, *non navigable* se décline comme εὔνους.

Adjectifs de la 2ᵉ classe

68. Ces adjectifs suivent la troisième déclinaison et n'ont que deux terminaisons. Les uns se déclinent comme δαίμων (55) et ne comportent aucune contraction; les autres *(thèmes en -s)* se rapprochent de Σωκράτης et de τεῖχος et sont contractes (chute du -σ- intervocalique) (58).

Quelques adjectifs en -ις, -ιδος, pour la plupart composés sur des noms à dentales, se déclinent sur φροντίς (accusatif en -ιν le plus souvent). Ex. : εὔελπις, -πι (gén. εὐέλπιδος), *plein d'espoir; δύσερις*, -ρι (gén. δυσέριδος), *d'humeur désagréable; ἐπίχαρις*, -ρι (génitif ἐπιχάριτος), *agréable*. On y ajoutera quelques adjectifs féminins, souvent employés comme substantifs. Ex. : πατρίς (s. e. γῆ), (gén. πατρίδος, acc. πατρίδα), *patrie*, Δωρίς, *dorienne* ou *Doride*.

		non contractes εὐδαίμων, *heureux*		contractes ἀληθής, *vrai*	
		MASC. ET FEM.	NEUTRE	MASC. ET FEM.	NEUTRE
SINGULIER	N.	εὐδαίμ ων	εὔδαιμ ον	ἀληθ ής	ἀληθ ές
	V.	εὔδαιμ ον	3 genres.	ἀληθ ές	3 genres.
	A.	εὐδαίμον α	εὔδαιμ ον	ἀληθ ῆ [-έα]	ἀληθ ές
	G.	εὐδαίμον ος	3 genres.	ἀληθ οῦς [-έος]	3 genres.
	D.	εὐδαίμον ι		ἀληθ εῖ [-έϊ]	
PLURIEL	N. V.	εὐδαίμον ες	εὐδαίμον α	ἀληθ εῖς [-έες]	ἀληθ ῆ [ἀληθέα]
	A.	εὐδαίμον ας	εὐδαίμον α	ἀληθ εῖς	ἀληθ ῆ [ἀληθέα]
	G.	εὐδαιμόν ων	3 genres.	ἀληθ ῶν [-έων]	3 genres.
	D.	εὐδαίμο σι		ἀληθ έσι	
DUEL	N. A.	εὐδαίμον ε	3 genres.	ἀληθ εῖ [-έε]	3 genres.
	G. D.	εὐδαιμόν οιν		ἀληθ οῖν [-έοιν]	

Les adjectifs ὑγιής, *sain*, et εὐφυής, *bien doué*, font à l'accusatif singulier et au pluriel neutre ὑγιᾶ et ὑγιῆ, εὐφυᾶ et εὐφυῆ, parce qu'une voyelle (ι, υ) précède la terminaison; ἐνδεής, *dépourvu*, *inférieur*, et εὐκλεής, *illustre*, semblent ne faire que ἐνδεᾶ et εὐκλεᾶ.

69. Accentuation des adjectifs — 1° Contrairement à la règle énoncée plus haut (42) et dans un souci d'uniformité, les adjectifs de la première classe (et les participes passifs qui s'y rattachent) ont, au génitif pluriel, le féminin semblable au masculin : δικαίων, λυομένων (3 genres).

2° Dans les noms ou adjectifs qui reculent l'accent le plus possible, l'accent recule au vocatif, si la finale y est brève : **εὐδαίμων, εὔδαιμον; εὐήθης, εὔηθες; Σωκράτης, Σώκρατες.**

Adjectifs de la 3e classe

70. Ces adjectifs, appelés encore adjectifs mixtes, suivent la 1re déclinaison au féminin (γλῶττα) et la 3e déclinaison au masculin et au neutre.

1° Adjectifs non contractes

		MASCULIN	FÉMININ	NEUTRE
SINGULIER	N.	πᾶς, *tout*	πᾶσ α	πᾶν
	A.	πάντ α	πᾶσ αν	πᾶν
	G.	παντ ός	πάσ ης	παντ ός
	D.	παντ ί	πάσ ῃ	παντ ί
PLURIEL	N.	πάντ ες	πᾶσ αι	πάντ α
	A.	πάντ ας	πάσ ας	πάντ α
	G.	πάντ ων	πασ ῶν	πάντ ων
	D.	πᾶ σι	πάσ αις	πᾶ σι
DUEL	N. A.	πάντ ε	πάσ α	πάντ ε
	G. D.	πάντ οιν	πάσ αιν	πάντ οιν

Remarques. — I. Πᾶς, *tout*, *chaque*, correspond à *omnis* et à *totus;* ὅλος, -η, -ον, *tout entier*, ne correspond qu'à *totus*. De plus, πᾶσα πόλις signifie *toute ville*, πᾶσα ἡ πόλις, *toute la ville*, ἡ πᾶσα πόλις, *l'ensemble de la ville*. Au pluriel πάντες ἄνθρωποι πάντες οἱ ἄνθρωποι se disent indifféremment.

II. Πᾶσα est le résultat d'une transformation phonétique : *παντ-jα aboutit à πανσα; puis, par la chute du ν et allongement compensatoire, à πᾶσα.

Ainsi se déclinent : ἅπας, ἅπασα, ἅπαν, *tout, absolument tout;* χαρίεις, χαρίεσσα, χαρίεν, *gracieux*, gén. χαριέντος, χαριέσσης χαριέντος (qui fait au datif pluriel masculin et neutre χαρίεσι irrégulièrement). Le vocatif singulier masculin de tous ces adjectifs est semblable au nominatif neutre.

On y ajoutera, d'une part, l'adjectif φωνήεις, -ήεσσα, -ῆεν, *sonore*, et quelques adjectifs poétiques : νιφόεις, *neigeux;* πτερόεις, *ailé;* ὑλήεις, *boisé*, etc.; d'autre part, μέλας, μέλαινα, μέλαν, *noir* et τάλας, τάλαινα, τάλαν[1], *infortuné;* τέρην, τέρεινα, τέρεν, *tendre*, dont le masculin et le neutre se déclinent sur εὐδαίμων (gén. μέλανος, τάλανος, τέρηνος).

On déclinera de la même façon les participes actifs en -ας : λύσας, λύσασα, λῦσαν, et tous les participes (présents, futurs, aoristes) en -ων, -ους, -εις, -υς : λύων, λύσων, διδούς, δούς, λυθείς, δεικνύς.

1. On rattache à τάλας l'interpellation indéclinable ὦ τᾶν, *mon cher (mon pauvre)*, fréquente dans les dialogues.

71. Déclinaison des participes en -ων et -ους

		MASCULIN	FÉMININ	NEUTRE
SINGULIER	N. V.	λύ ων, *déliant*	λύ ουσα	λῦ ον
	A.	λύ οντα	λύ ουσαν	λῦ ον
	G.	λύ οντος	λυ ούσης	λύ οντος
	D.	λύ οντι	λυ ούσῃ	λύ οντι
PLURIEL	N. V.	λύ οντες	λύ ουσαι	λύ οντα
	A.	λύ οντας	λυ ούσας	λύ οντα
	G.	λυ όντων	λυ ουσῶν	λυ όντων
	D.	λύ ουσι	λυ ούσαις	λύ ουσι
DUEL	N. A.	λύ οντε	λυ ούσα	λύ οντε
	G. D.	λυ όντοιν	λυ ούσαιν	λυ όντοιν

A cette déclinaison se rattachent les deux adjectifs (anciens participes) **ἑκών, ἑκοῦσα,** ἑκόν *(libens)*, *volontiers* et ἄκων, ἄκουσα, ἆκον [*ἀ-ϝεκων] *(invitus)*, *à regret.*

Le duel féminin est presque toujours semblable au duel masculin dans les participes.
Le datif pluriel des participes en -είς est en -εῖσι (54).

72. 2° Adjectifs contractes en -ύς

		MASCULIN	FÉMININ	NEUTRE
SINGULIER	N.	ἡδύ ς, *agréable*	ἡδεῖ α	ἡδύ
	V.	ἡδύ	ἡδεῖ α	ἡδύ
	A.	ἡδύ ν	ἡδεῖ αν	ἡδύ
	G.	ἡδέ ος	ἡδεί ας	ἡδέ ος
	D.	ἡδε ῖ [ἡδέϊ]	ἡδεί ᾳ	ἡδε ῖ [ἡδέϊ]
PLURIEL	N. V.	ἡδ εῖς [ἡδέες]	ἡδεῖ αι	ἡδέ α
	A.	ἡδ εῖς	ἡδεί ας	ἡδέ α
	G.	ἡδέ ων	ἡδει ῶν	ἡδέ ων
	D.	ἡδέ σι	ἡδεί αις	ἡδέ σι

REMARQUES. — I. Comme on le voit, ces adjectifs ne se contractent qu'au datif singulier du masculin et du neutre, et aux trois cas semblables du pluriel masculin.

II. Ἡδέσι est une forme analogique; on devrait avoir *ἡδεϝσι, *ἥδευσι (cf. βασιλεῦσι). Ἡδύς se décline comme πῆχυς, mais le gén. sing. est régulier. Le féminin vient de *ἡδεϝjα.

III. Πρᾷος, *doux* (ancien πραΰς, *πραϝς) a conservé au masculin quelques formes de cette déclinaison : nom. pl. πραεῖς, gén. πραέων, dat. πραέσι. Fém. sing. πραεῖα [*πραϝεια]. Le reste est régulier sur ἀγαθός.

73. Adjectifs irréguliers

MASCULIN	FÉMININ	NEUTRE
N. πολύ ς, *nombreux*	πολλ ή	πολύ
A. πολύ ν	πολλ ήν	πολύ
G. πολλ οῦ	πολλ ῆς	πολλ οῦ
D. πολλ ῷ	πολλ ῇ	πολλ ῷ
N. μέγας, *grand*	μεγάλη	μέγα
V. μεγάλε	μεγάλη	μέγα
A. μέγαν	μεγάλην	μέγα
G. μεγάλου	μεγάλης	μεγάλου
D. μεγάλῳ	μεγάλῃ	μεγάλῳ

Au pluriel, πολλοί et μεγάλοι se déclinent régulièrement sur ἀγαθός.

REMARQUE. — Au point de vue du sens, πολύς est l'équivalent du latin *multus*. Il n'y a pas d'adjectif français qui lui corresponde exactement; mais on peut souvent le rendre par l'adverbe *beaucoup*. Il signifie au singulier *considérable*, au pluriel *nombreux*. Ex. : πολλὴ ὁδός, *beaucoup de chemin;* πολλὴ χώρα, *pays étendu;* πολὺν χρόνον, *pendant longtemps;* πολλοὶ ἄνθρωποι, *beaucoup de gens*.

De plus, il faut bien distinguer πολλοί, *beaucoup, plusieurs*, de οἱ πολλοί, *la plupart (plerique), le grand nombre, la foule*. (Noter la construction οἱ πολλοὶ τῶν ἀνθρώπων.) Τὰ πολλά s'emploie adverbialement dans le sens de *la plupart du temps, d'ordinaire (plerumque)*. L'adverbe *beaucoup* se rend par πολύ, et devant un comparatif par πολύ ou πολλῷ à volonté.

II. — DEGRÉS DE SIGNIFICATION

En grec, comme en latin, le comparatif et le superlatif de supériorité se forment le plus souvent à l'aide d'un suffixe.

Il y a deux suffixes pour le comparatif : le suffixe -τερος, qui exprime à l'origine une opposition entre deux personnes, deux êtres, ou deux groupes; — le suffixe -ίων, qui est à l'origine un intensif.

Aux comparatifs en -τερος répondent les superlatifs en -τατος, aux comparatifs en -ίων les superlatifs en -ιστος.

La présence de l'article — et, éventuellement, d'un complément — permet de distinguer le superlatif relatif *(le plus beau)* du superlatif absolu *(très beau)*.

A. — Suffixes -τερος, -τατος

74. 1° Les adjectifs en -ος font leur comparatif en -ώτερος ou -ότερος, (fém. -τέρα) et leur superlatif en -ώτατος ou -ότατος, (fém. -τάτη selon que l'avant-dernière *syllabe* est brève ou longue. (Le grec n'admet pas une suite de quatre brèves.)

Une syllabe est longue, lorsqu'elle contient une voyelle longue (η, ω toujours, parfois α, ι, υ) ou une diphtongue, ou bien une voyelle brève suivie de deux consonnes ou d'une lettre double. Ex. :

σοφός, *savant, sage*	comp. σοφώτερος, -α, -ον,	sup. σοφώτατος, -η, -ον
δεινός, *habile, redoutable*	δεινότερος	δεινότατος
ἔνδοξος, *illustre*	ἐνδοξότερος	ἐνδοξότατος
εὔθῡμος, *plein d'ardeur*	εὐθυμότερος	εὐθυμότατος.

Remarques. — I. La plupart des exceptions ne sont qu'apparentes. Les adjectifs κενός, *vide* et στενός, *étroit*, gardent l'o à cause d'un ancien ϝ : κενότερος, -ότατος (*κενϝος), στενότερος, -ότατος (*στενϝος); de même μανός, μανότερος, *mou, lâche* (*μανϝος.) — L'adjectif φίλος, *ami*, *cher*, a pour comparatif φιλώτερος (rare, φίλτερος chez Homère) et pour superlatif φίλτατος.

II. Quelques adjectifs en -αιος forment leur comparatif et leur superlatif en -αίτερος et -αίτατος : γεραιός, *âgé*, γεραίτερος, γεραίτατος; παλαιός, *ancien*, παλαίτερος, -αίτατος. Μέσος, *moyen*, fait également μεσαίτερος, μεσαίτατος; ἥσυχος, *tranquille*, ἡσυχαίτερος, -τατος; πλησίος *proche*, πλησιαίτερος, -τατος.

De même ἴσος, *égal*, fait au comparatif ἰσαίτερος.

III. Les comiques (et notamment Aristophane) utilisent pour quelques adjectifs pris en mauvaise part le suffixe -ίστερος, -ίστατος : λάλος, *bavard*, λαλίστερος, λαλίστατος. Pour certains de ces adjectifs il n'existe que le comparatif ou le superlatif : πτωχός, *mendiant*, πτωχίστερος; πότης, *buveur*, ποτίστατος.

2° Pour les adjectifs en -ης, en -ας et en -υς, on obtient le comparatif et le superlatif en ajoutant -τερος et -τατος au neutre, c'est-à-dire au radical pur de ces adjectifs. Ex. :

σαφής, *clair*	comp. σαφέσ-τερος	sup. σαφέσ-τατος
μέλας, *noir*	μελάν-τερος	μελάν-τατος
ὀξύς, *aigu*	ὀξύ-τερος	ὀξύ-τατος.

Remarque. — Les adjectifs en -ους, comme ἁπλοῦς, *simple*, εὔνους, *dévoué*, forment le comparatif et le superlatif en ajoutant le suffixe au masculin : ἁπλοῦς, ἁπλούστερος, ἁπλούστατος. L'adjectif χαρίεις, *gracieux*, fait χαριέστερος, χαριέστατος.

3° Pour avoir le comparatif et le superlatif des adjectifs en -ων, on ajoute au neutre -έστερος et -έστατος. Ex. : σώφρων, *sage*, σωφρον-έστερος, σωφρον-έστατος (analogie de σαφέστερος, σαφέστατος).

B. — Suffixes -ίων, -ιστος

75. Quelques adjectifs ont leur comparatif en -ίων et leur superlatif en -ιστος. Le superlatif se décline comme ἀγαθός, le comparatif comme εὐδαίμων, avec cette différence que les terminaisons -ονα, -ονες et -ονας sont moins usitées que d'autres en -ω et en -ους, qui viennent d'un suffixe différent et plus ancien (en *-jos*). Ex. : ἡδύς, *agréable*, ἡδίων, ἥδιστος.

		Masc.-Fém.	Neutre
Singulier	N.	ἡδίων	ἥδιον
	V.	ἥδιον	ἥδιον
	A.	ἡδίω (ἡδίονα)	ἥδιον
	G.	ἡδίον **ος**	ἡδίον **ος**
	D.	ἡδίον **ι**	ἡδίον **ι**
Pluriel	N. V.	ἡδίους (ἡδίονες)	ἡδίω (ἡδίονα)
	A.	ἡδίους (ἡδίονας)	ἡδίω (ἡδίονα)
	G.	ἡδιόν **ων**	ἡδιόν **ων**
	D.	ἡδίο **σι** (ν)	ἡδίο **σι** (ν)

Remarque. — Comme on le voit, la voyelle finale du radical tombe devant l'ι du suffixe. Ce suffixe -ίων, -ιστος ne se rencontre, en prose, que dans ἡδύς et les comparatifs et superlatifs irréguliers qui suivent (76). Tous se déclinent sur ἡδίων. Ἡδίω et ἡδίους sont le résultat des contractions de ἡδίο(σ)α, ἡδίο(σ)ες (cf. latin *majōres*, *majōra*).

Comparatifs et superlatifs irréguliers

	POSITIF	COMPARATIF	SUPERLATIF
76.	ἀγαθός, *bon, brave*	βελτίων, *meilleur*	βέλτιστος
		ἀμείνων, *préférable*	ἄριστος
		κρείττων, *supérieur*	κράτιστος
		λῴων (rare)	λῷστος (rare)
	κακός, *mauvais, lâche*	κακίων	κάκιστος
		χείρων, *moins bon*	χείριστος
	καλός, *beau*	καλλίων	κάλλιστος
	μακρός, *long*	μακρότερος (μάσσων)	μακρότατος (μήκιστος)
	μέγας, *grand*	μείζων (=*μεγjων)	μέγιστος
	(ἐλαχύς), *petit*	ἐλάττων (=*ἐλαχjων)	ἐλάχιστος
	μικρός, *petit*	μείων	μικρότατος
	ὀλίγος, *peu nombreux*	ἐλάττων	ὀλίγιστος et ἐλάχιστος
	πολύς, *nombreux*	πλείων (neutre πλέον)	πλεῖστος
	αἰσχρός, *laid, honteux*	αἰσχίων	αἴσχιστος
	ἐχθρός, *ennemi*	ἐχθίων	ἔχθιστος
	ῥᾴδιος, *facile*	ῥᾴων	ῥᾷστος
	ταχύς, *prompt*	θάττων (15,5°)	τάχιστος.

Remarques. — I. L'opposé de κρείττων, *supérieur, plus fort*, est ἥττων (ἥσσων), *inférieur, plus faible* (sup. ἥκιστος, *très peu, très faible*). 'Ελάττων, ἐλάχιστος s'opposent à la fois à μείζων, μέγιστος, et à πλείων, πλεῖστος. — Dans les comparatifs en -ων l'ι a été transposé ou absorbé (19,2°).

II. Certains des comparatifs qui précèdent ne correspondent à aucun adjectif, ainsi ἀμείνων, βελτίων ; plusieurs notamment sont formés sur des noms : καλλίων sur κάλλος, *beauté*, αἰσχίων sur αἶσχος, *honte*.

III. Le mot poétique πρέσβυς, *vieux*, s'emploie en prose au comparatif πρεσβύτερος et au superlatif πρεσβύτατος, surtout quand on oppose les différents âges entre eux : *vieillards et jeunes gens*, πρεσβύτεροι καὶ νεώτεροι.

77. Quand un adjectif n'a pas de comparatif ou de superlatif, on y supplée au moyen des degrés de comparaison de l'adverbe μάλα, *beaucoup;* comparatif μᾶλλον, *plus;* superlatif μάλιστα, *très, le plus, surtout*. Ex. : μᾶλλον φίλος, *plus cher* (74 R1). Ce tour analytique, comparable au tour français, a parfois remplacé les formations régulières. — Pour exprimer l'infériorité, on emploie toujours ὀλίγον, *peu;* ἧττον (= ἥκιον. Cf. 19,2°), *moins;* ἥκιστα, *le moins, très peu*.

Comparatif et superlatif des adverbes

78. Le positif des adverbes de manière est ordinairement en -ως (164). Ces adverbes empruntent le plus souvent leur comparatif à l'accusatif singulier neutre, et toujours leur superlatif à l'accusatif pluriel neutre des degrés de comparaison de l'adjectif. Exemples :

σαφῶς, *clairement*, comp. σαφέστερον (rare σαφεστέρως), sup. σαφέστατα
ταχέως, *promptement*, comp. θᾶττον, sup. τάχιστα
εὖ, *bien*, comp. ἄμεινον ou βέλτιον, sup. ἄριστα
ὀψέ, *tard*, comp. ὀψιαίτερον, sup. ὀψιαίτατα.

III. — NOMS DE NOMBRE ET ADJECTIFS NUMÉRAUX

79. Les noms de nombre cardinaux sont indéclinables, sauf les quatre premiers et les noms des centaines et des milliers.

	MASCULIN	FÉMININ	NEUTRE
1°	N. εἷς, *un*	μία	ἕν
	A. ἕνα	μίαν	ἕν
	G. ἑνός	μιᾶς	ἑνός
	D. ἑνί	μιᾷ	ἑνί

Déclinez de même :

οὐδείς (= οὐδὲ εἷς), οὐδεμία, οὐδέν (plus tard οὐθείς), *pas un*, *personne*, *rien*
μηδείς (= μηδὲ εἷς), μηδεμία, μηδέν, *pas un*, *personne*, *rien* (168).

2° N. A. δύο (δύω), *deux* } pour les trois genres.
G. D. δυοῖν (δύο, δυεῖν) ; dat. récent δυσί } pour les trois genres.

Tous les deux (à la fois) se dit ἄμφω, ἀμφοῖν, avec le duel, ou plus souvent ἀμφότεροι, -τεραι, -τερα.

	MASC. ET FÉM.	NEUTRE		MASC. ET FÉM.	NEUTRE
3°	N. τρεῖς, *trois*	τρία	4°	τέτταρες, *quatre*	τέτταρα
	A. τρεῖς	τρία		τέτταρας	τέτταρα
	G. τριῶν	trois genres.		τεττάρων	trois genres.
	D. τρισί	trois genres.		τέτταρσι	trois genres.

80.

Nombres cardinaux			Nombres ordinaux	Adverbes numéraux
1	α′	εἷς	πρῶτος, -η, -ον	ἅπαξ
2	β′	δύο	δεύτερος, -α, -ον	δίς
3	γ′	τρεῖς	τρίτος, -η, -ον	τρίς
4	δ′	τέτταρες	τέταρτος	τετράκις
5	ε′	πέντε	πέμπτος	πεντάκις
6	ϛ′	ἕξ	ἕκτος	ἑξάκις
7	ζ′	ἑπτά	ἕβδομος	ἑπτάκις
8	η′	ὀκτώ	ὄγδοος, -όη,- οον	ὀκτάκις
9	θ′	ἐννέα	ἔνατος	ἐνάκις
10	ι′	δέκα	δέκατος	δεκάκις
11	ια′	ἕνδεκα	ἑνδέκατος	ἑνδεκάκις
12	ιβ′	δώδεκα	δωδέκατος	δωδεκάκις
13	ιγ′	τρεῖς καὶ δέκα	τρισκαιδέκατος	»
14	ιδ′	τέτταρες καὶ δέκα	τετταρακαιδέκατος	»
15	ιε′	πεντεκαίδεκα	πεντεκαιδέκατος	»
16	ιϛ′	ἑκκαίδεκα	ἑκκαιδέκατος	»
17	ιζ′	ἑπτακαίδεκα	ἑπτακαιδέκατος	»
18	ιη′	ὀκτωκαίδεκα	ὀκτωκαιδέκατος	»
19	ιθ′	ἐννεακαίδεκα	ἐννεακαιδέκατος	»
20	κ′	εἴκοσι (ν)	εἰκοστός	εἰκοσάκις
30	λ′	τριάκοντα	τριακοστός	τριακοντάκις
40	μ′	τετταράκοντα	τετταρακοστός	»
50	ν′	πεντήκοντα	πεντηκοστός	»
60	ξ′	ἑξήκοντα	ἑξηκοστός	»
70	ο′	ἑβδομήκοντα	ἑβδομηκοστός	»
80	π′	ὀγδοήκοντα	ὀγδοηκοστός	»
90	ϟ′	ἐνενήκοντα	ἐνενηκοστός	»
100	ρ′	ἑκατόν	ἑκατοστός	ἑκατοντάκις
200	σ′	διακόσιοι	διακοσιοστός	διακοσιάκις
300	τ′	τριακόσιοι	τριακοσιοστός	»
400	υ′	τετρακόσιοι	τετρακοσιοστός	»
500	φ′	πεντακόσιοι	πεντακοσιοστός	»
600	χ′	ἑξακόσιοι	ἑξακοσιοστός	»
700	ψ′	ἑπτακόσιοι	ἑπτακοσιοστός	»
800	ω′	ὀκτακόσιοι	ὀκτακοσιοστός	»
900	ϡ′	ἐνακόσιοι	ἐνακοσιοστός	»
1 000	͵α	χίλιοι	χιλιοστός	χιλιάκις
2 000	͵β	δισχίλιοι	δισχιλιοστός	»
10 000	͵ι	μύριοι	μυριοστός	μυριάκις
20 000	͵κ	δισμύριοι	δισμυριοστός	»

Remarques. — I. Le *stigma* ϛ, le *koppa* ϟ et le *sampi* ϡ ne servent que comme signes de numération. Ils représentent d'anciennes lettres (ϝ, ϙ et T) disparues de l'alphabet grec (2).

II. Pour les nombres considérables, on peut se servir du mot μυριάς (ἡ), *myriade, nombre de dix mille.* Ex. : 20.000 *soldats*, δύο μυριάδες στρατιωτῶν.

III. L'emploi de l'alphabet dans la numération (chiffres milésiens) ne date que du second siècle avant Jésus-Christ; auparavant les Grecs utilisaient la lettre initiale des nombres principaux — et la barre verticale pour les quatre premiers chiffres :

III τρεῖς, IIII τέτταρες, Π πέντε, Δ δέκα, Η ἑκατόν, Χ χίλιοι, Μ μύριοι.

Formation et emploi des noms de nombre

81. 1° *Vingt-cinq* peut se dire εἴκοσι πέντε, εἴκοσι καὶ πέντε, πέντε καὶ εἴκοσι; *vingt-cinquième*, εἰκοστὸς πέμπτος, εἰκοστὸς καὶ πέμπτος, πέμπτος καὶ εἰκοστός. *Vingt-neuf* se rend aussi par ἑνὸς δέοντες τριάκοντα, litt., trente s'en fallant de un. *Vingt et unième*, εἷς καὶ εἰκοστός (jamais πρῶτος).

2° Πρῶτος correspond au latin *primus;* πρότερος correspond à *prior, le premier* des deux, et signifie aussi *précédent, supérieur.* De même, πρῶτον signifie *en premier lieu, d'abord*, tandis que πρότερον veut dire *précédemment, auparavant.* Cf. ὕστατος, *(postremus), dernier* de tous; ὕστερος, *(posterior), dernier* des deux, *postérieur, inférieur;* ὕστερον, *plus tard, dans la suite.* Τὸ πρῶτον, *pour la première fois;* τὸ δεύτερον, *pour la seconde fois*, etc.

3° Μύριοι, accentué sur l'initiale, signifie 10.000; μυρίος, accentué sur l'avant-dernière syllabe, signifie *infini, extrêmement grand;* μυρίοι signifie *innombrables*, comme *sescenti* en latin. Ex. : μυρίος χρόνος, *temps infini.*

Remarques. — I. A la place des adjectifs numéraux distributifs *singuli, bini, terni,* qu'emploie le latin, on se sert de la préposition κατά suivie des nombres cardinaux à l'accusatif. Ex. : καθ' ἕνα, *un à un ;* κατὰ δύο, *deux à deux, deux pour chacun.* On se sert parfois aussi de ἀνά. Ex. : ἀνὰ ἑκατὸν ἄνδρας, *par groupes de cent hommes.*

II. Après les nombres card., πάντες signifie *en tout.* Ex. : Δώδεκα πάντες, *douze en tout.*

III. Les *fractions* s'expriment à l'aide des mots μέρος (τό) et μοῖρα (ἡ), *partie, part.* On comparera les expressions τὸ πέμπτον μέρος, *le cinquième* (la cinquième partie), avec le nombre *ordinal*, et Πελοποννήσου τῶν πέντε αἱ δύο μοῖραι, *les deux cinquièmes du Péloponnèse,* avec le nombre *cardinal* et deux articles. Τὰ δύο μέρη, *les deux tiers*, τὰ τρία μέρη, *les trois quarts*, τὰ ὀκτὼ μέρη, *les huit neuvièmes.* (Dans tous ces cas, le chiffre du dénominateur dépasse seulement d'une unité celui du numérateur).

IV. *L'article* n'accompagne les noms de nombre que si l'on calcule d'une manière approchée : εἰς τοὺς χιλίους, *environ mille;* ἀμφὶ τὰ διακόσια ἔτη, *dans les deux cents ans;* ou si l'on exprime une fraction (voir rem. III) : ἑβδομήκοντα νῆες ὧν ἦσαν αἱ εἴκοσι στρατιώτιδες, 70 *vaisseaux dont* 20 *de transport.* — Mais ὀκτὼ οἱ ἄριστοι, *les huit meilleurs.*

CHAPITRE III

PRONOMS

Il existe en grec, comme en latin, six espèces de pronoms. Les formes pronominales peuvent aussi servir à rendre les adjectifs pronominaux.

Le plus souvent, dans la déclinaison des pronoms, on retrouve les désinences des noms.

I. — Pronoms personnels

82.

PREMIÈRE PERSONNE		DEUXIÈME PERSONNE	
SINGULIER	PLURIEL	SINGULIER	PLURIEL
N. ἐγώ, *je* ou *moi*	ἡμεῖς, *nous*	N. V. σύ, *tu* ou *toi*	ὑμεῖς, *vous*
A. ἐμέ ou με	ἡμᾶς	A. σέ ou σε	ὑμᾶς
G. ἐμοῦ » μου	ἡμῶν	G. σοῦ » σου	ὑμῶν
D. ἐμοί » μοι	ἡμῖν	D. σοί » σοι	ὑμῖν
DUEL		DUEL	
N. A. νώ *nous deux*		N. V. A. σφώ *vous deux*	
G. D. νῷν		G. D. σφῷν	

Remarques. — I. Le pronom personnel sujet ne s'exprime que si l'on veut insister *(c'est moi qui...)* ou quand on oppose deux personnes *(toi, tu ris, moi, je pleure)*. Pour mettre en relief le pronom personnel, on y ajoute le plus souvent la particule γε : ἔγωγε, *ego quidem*, ἔμοιγε, σύγε, etc. — De plus, les formes pleines et accentuées ἐμοῦ, ἐμοί, ἐμέ, σοῦ, σοί, σέ, ne s'emploient qu'en tête des phrases, ou lorsqu'on veut faire ressortir le pronom, par exemple dans les antithèses; c'est elles aussi qu'on emploie après une préposition. Les formes faibles, enclitiques, ne peuvent commencer une phrase. Ex. : *Crois-moi*, ἐμοὶ πεῖθου, mais πεῖθου μοι. — *Il me semble*, δοκεῖ μοι ou ἔμοιγε δοκεῖ. *Chez moi, de chez toi* se disent παρ' ἐμέ, παρὰ σοῦ (et non παρά με, παρά σου).

II. En grec, comme en latin, on tutoie toujours et on se nomme toujours le premier : ἐγὼ καὶ σύ, *toi et moi*. — On trouve le pluriel de majesté (ou de modestie) à la première personne.

III. Chez les poètes et notamment chez les tragiques, on trouve la forme ancienne τύ (pour σύ).

Pronom de la troisième personne

83. Il n'y a plus en grec classique de pronom personnel de la 3e personne. On y supplée, au nominatif, par les pronoms démonstratifs, οὗτος et ἐκεῖνος, aux autres cas, par le pronom αὐτός.

	MASCULIN	FÉMININ	NEUTRE
SINGULIER	N. αὐτός	αὐτή	αὐτό
	A. αὐτόν	αὐτήν	αὐτό
	G. αὐτοῦ	αὐτῆς	αὐτοῦ
	D. αὐτῷ	αὐτῇ	αὐτῷ
PLURIEL	N. αὐτοί	αὐταί	αὐτά
	A. αὐτούς	αὐτάς	αὐτά
	G. αὐτῶν	αὐτῶν	αὐτῶν
	D. αὐτοῖς	αὐταῖς	αὐτοῖς
DUEL	N. A. αὐτώ G. D. αὐτοῖν	} pour les trois genres.	

Αὐτός a trois emplois : il signifie :

1° *même* ou *moi-même*, *toi-même*, *lui-même*, comme le latin *ipse* (il est alors employé seul ou en apposition à un nom ou à un pronom);

2° *le même*, comme le latin *idem*, quand il est immédiatement précédé de l'article;

3° *le*, *la*, *les*, *lui*, *leur*, *eux*, *de lui*, *d'eux*, etc., comme *eum*, *eos*, *ejus*, *eorum*, etc., aux cas autres que le nominatif. Il est ici pronom personnel.

Ex. : *Je leur dirai moi-même les mêmes choses*, αὐτὸς αὐτοῖς τὰ αὐτὰ ἐρῶ. — *Le même dieu*, ὁ αὐτὸς θεός, ou ὁ θεὸς ὁ αὐτός; *Dieu même*, αὐτὸς ὁ Θεός, ou ὁ Θεὸς αὐτός. — *Je le vois*, αὐτὸν ὁρῶ; *son père*, ὁ πατὴρ αὐτοῦ (*pater ejus*).

Remarques. — I. Les crases suivantes : ταὐτό ou ταὐτόν, ταὐτά, ταὐτοῦ, ταὐτῷ, ταὐτῇ, équivalent à τὸ αὐτό, τὰ αὐτά τοῦ αὐτοῦ, τῷ αὐτῷ, τῇ αὐτῇ, (13, 3°).

II. Le pronom réfléchi simple (qui suit) ἑ était primitivement pronom personnel de la 3e personne (Homère, 398, 15). Les tragiques emploient couramment νιν dans ce cas.

Pronoms réfléchis

84. Pronom réfléchi simple de la troisième personne

SING.	N.	—			PLUR.	σφεῖς	*eux-mêmes*
	A,	ἕ[*σϝε]	*soi*	(se)		σφᾶς	*eux-mêmes*
	G.	οὗ	*de soi*	(sui)		σφῶν	*d'eux-mêmes*
	D.	οἷ (οἱ)	*à soi*	(sibi)		σφίσι (ν)	*à eux-mêmes*

Ce pronom s'emploie peu, surtout au singulier (toujours comme réfléchi indirect) : on le remplace d'ordinaire par le pronom réfléchi *composé* de la troisième personne (246).

85. Pronoms réfléchis composés

	1re PERSONNE	2e PERSONNE	3e PERSONNE
SINGULIER	A. ἐμαυτόν, -ήν	σεαυτόν, -ήν	ἑαυτόν, -ήν, -ό
	G. ἐμαυτοῦ, -ῆς	σεαυτοῦ, -ῆς	ἑαυτοῦ, -ῆς, -οῦ
	D. ἐμαυτῷ, -ῇ	σεαυτῷ, -ῇ	ἑαυτῷ, -ῇ, -ῷ
PLURIEL	A. ἡμᾶς αὐτούς, -άς	ὑμᾶς αὐτούς, -άς	σφᾶς αὐτούς, -άς ou ἑαυτούς, -άς, -ά
	G. ἡμῶν αὐτῶν	ὑμῶν αὐτῶν	σφῶν αὐτῶν ou ἑαυτῶν
	D. ἡμῖν αὐτοῖς, -αῖς	ὑμῖν αὐτοῖς, -αῖς	σφίσιν αὐτοῖς, -αῖς ou ἑαυτοῖς, -αῖς, -οῖς

REMARQUE. — Au lieu de σεαυτοῦ,... ἑαυτοῦ,... ἑαυτῶν;... on emploie aussi σαυτοῦ,... αὑτοῦ,... αὑτῶν... Le neutre est rare aux deux premières personnes.

RÈGLE. — Ces pronoms s'emploient comme compléments, au lieu des pronoms personnels, quand ils désignent la même personne que le sujet du verbe. Ex. : *Je me tue*, ἐμαυτὸν ἀποκτείνω. *Il me tue*, ἀποκτείνει με.

Pronom réciproque

86. On appelle ainsi le pronom ἀλλήλους, ἀλλήλων, ἀλλήλοις, *les uns les autres*, *les uns des autres*, *les uns aux autres*. Il n'a pas de nominatif et se décline sur le pluriel de ἀγαθός. Ex. : *Ils s'entretuent*, ἀλλήλους ἀποκτείνουσιν.

II. — Pronoms ou adjectifs possessifs

87. 1. Ces adjectifs sont ὁ ἐμός, *meus;* ὁ σός, *tuus;* ὁ ἡμέτερος, *noster;* ὁ ὑμέτερος, *vester* (avec l'article). On les remplace d'ordinaire par le génitif des pronoms personnels ou des réfléchis, selon les cas. Le vocatif, qui n'existe que pour ἐμος, est semblable au nominatif. Déclinaison de ἀγαθός.

2. La prose n'a pas d'adjectif correspondant au français *son*, *sa*, *ses;* σφέτερος, qui correspond à *leur* et seulement dans le sens réfléchi, n'est guère employé. On se sert des génitifs αὐτοῦ, ἑαυτοῦ, etc., ou bien du génitif des pronoms démonstratifs. Ex. : *Son père est mort*, ὁ πατὴρ αὐτοῦ τέθνηκεν.

(Pour l'emploi des possessifs, voir Syntaxe, 247-248.)

III. — Pronoms ou adjectifs démonstratifs

88. Le grec, comme le latin, possède trois démonstratifs correspondant approximativement aux trois personnes :

— ὅδε, ἥδε, τόδε (latin *hic*), qui n'est autre chose que l'article suivi de la particule -δε;

— οὗτος, αὕτη, τοῦτο *(iste)*, qui est privé du τ initial aux mêmes cas que l'article (ce qui porte à croire que le premier élément est le radical de l'article);

— ἐκεῖνος, ἐκείνη, ἐκεῖνο *(ille)* (κεῖνος en poésie), décliné sur ἀγαθός.

Dans ces mots, comme dans l'article et, d'ordinaire, dans αὐτός, on note l'absence de ν final au neutre singulier (16). Le duel féminin est semblable au duel masculin.

		MASCULIN	FÉMININ	NEUTRE
SINGULIER	N.	οὗτος, *ce, celui-ci*	αὕτη	τοῦτο
	A.	τοῦτον	ταύτην	τοῦτο
	G.	τούτου	ταύτης	τούτου
	D.	τούτῳ	ταύτῃ	τούτῳ
PLURIEL	N.	οὗτοι	αὗται	ταῦτα
	A.	τούτους	ταύτας	ταῦτα
	G.	τούτων (pour les trois genres)		
	D.	τούτοις	ταύταις	τούτοις
DUEL	N. A.	τούτω	pour les trois genres.	
	G. D.	τούτοιν		

Remarque. — Le féminin αὕτη, *celle-ci*, αὗται, *celles-ci*, se distingue par l'esprit rude et la place donnée à l'accent, de αὐτή, *ipsa*, αὐταί, *ipsae*, qui a l'esprit doux et l'accent sur la finale. On distingue de même ταῦτα, *ces choses*, de ταὐτά (= τὰ αὐτά), *les mêmes choses;* ταύτῃ de ταὐτῇ (τῇ αὐτῇ).

89. **῞Οδε et ἐκεῖνος s'opposent comme en latin *hic* et *ille*. Οὗτος correspond à la fois à *hic* et à *iste*. ῞Οδε, *celui que voici*, désigne ce qu'on montre ou ce qu'on va dire. Au contraire, οὗτος, *celui-là*, *ce dernier*, désigne ce dont on parle ou ce qu'on vient de dire. Dans le dialogue, οὗτος sert parfois à interpeller. Ex. : Οὗτος, τίς εἶ σύ; *Hé! toi, l'homme, qui es-tu?***

On ajoute souvent aux différents cas de ces pronoms un ί démonstratif qui correspond à la particule *ci* dans *celui-ci :* ὁδί, οὑτοσί, αὑτηί, τουτί (au neutre), τουτονί, τουτουί, ταδί, τηνδεδί, etc.

Règle. — Avec les trois démonstratifs, le nom doit être, en règle générale, *immédiatement* précédé de l'article : οὗτος ὁ ἀνήρ, ὁ ἀνὴρ οὗτος. Si le nom est accompagné d'une épithète, on dit : ὁ ἀγαθὸς ἀνὴρ οὗτος ou ὁ ἀγαθὸς οὗτος ἀνήρ.

90. On trouve dans les textes un autre démonstratif voisin de ὅδε : c'est le pronom ὅς qui semble n'être que l'article avec la désinence -ς. Il est employé au nominatif dans des locutions toutes faites : καὶ ὅς, *et lui (de dire)*, [καὶ ἥ, καὶ οἵ], et ἦ δ' ὅς, *dit-il* (154, 2°), parfois à l'accusatif au style indirect : καὶ τόν.

IV. — Pronoms ou adjectifs interrogatifs

91.

SINGULIER		PLURIEL	
MASCULIN ET FÉMININ	NEUTRE	MASC. FÉM.	NEUTRE
N. τίς, *qui? quel?*	τί, *quoi? quelle chose?*	τίνες	τίνα
A. τίνα	τί	τίνας	τίνα
G. τίνος ou τοῦ	pour les trois genres	τίνων	pour les trois genres
D. τίνι ou τῷ	pour les trois genres	τίσι(ν)	pour les trois genres

DUEL	
N. A. τίνε	pour les trois genres.
G. D. τίνοιν	pour les trois genres.

1° Le pronom τίς, placé en tête d'un membre de phrase et accentué de l'aigu sur la première syllabe, est interrogatif et signifie *qui? quel?* (lat. *quis?*)

Ex. : Τίς ἄνθρωπος, *quel homme?* Τί λέγεις; *que dis-tu?* τί τοῦτο; *pourquoi cela?*

2° Πότερος, -α, -ον, *lequel des deux?* correspond au latin *uter?*

3° Ποῖος, -α, -ον, *quel? (qualis)*, parfois employé avec l'article.

Remarque. — Toute la déclinaison de τίς semble refaite sur un ancien accusatif *τιν. Les formes τίνος et τίνι sont les plus usitées.

V. — Pronoms ou adjectifs indéfinis

92.

SINGULIER		PLURIEL	
MASCULIN ET FÉMININ	NEUTRE	MASC. FÉM.	NEUTRE
N. τις, *un, quelqu'un,*	τι, *un, quelque chose*	τινές	τινά (ἄττα)
A. τινά	τι	τινάς	τινά (ἄττα)
G. τινός ou του	pour les trois genres	τινῶν	pour les trois genres
D. τινί ou τῳ		τισί(ν)	

DUEL

N. A. τινέ	pour les trois genres.
G. D. τινοῖν	

1° Le pronom indéfini τις est enclitique et ne peut jamais commencer une phrase. Il se distingue par l'absence d'accent du pronom interrogatif τίς[1]. Employé comme adjectif, il se rapproche beaucoup de notre article indéfini.

Ex. : Ἄνθρωπός τις, *un homme.*

Pronom, il équivaut très souvent à notre pronom *on.*

Ex. : Ἔρχεταί τις, *on vient.*

2° Ἕκαστος, -η, -ον, *chaque, chacun (quisque),* et ἑκάτερος, -α, -ον, *chacun des deux (uterque),* diffèrent quant à l'emploi de l'article. Le plus souvent on dit ἑκάστη πόλις, *chaque cité;* mais ἑκατέρα ἡ χείρ, *chaque main.*

3° Ἄλλος, -η, -ο, *autre (alius),* se décline sur αὐτός; il faut distinguer ἄλλοι, *d'autres (alii),* de οἱ ἄλλοι, *les autres.* Au singulier, ἡ ἄλλη Ἑλλάς signifie *le reste de la Grèce.* — Ἄλλοι ἄλλα λέγουσιν, *les uns disent une chose, les autres une autre.*

4° Ἕτερος, *autre (alter),* ne s'emploie, comme tous les mots en -τερος, qu'en parlant de deux personnes ou de deux choses : ὁ ἕτερος, *l'un des deux, l'autre.* Il a pour composés οὐδέτερος et μηδέτερος, *aucun des deux* (168).

Remarque. — Les formes θατέρου, θατέρῳ, θάτερον, θάτερα, résultent d'une crase et représentent une forme plus ancienne, ἅτερος. Elles équivalent pour le sens à τοῦ ἑτέρου, τῷ ἑτέρῳ, τὸ ἕτερον, τὰ ἕτερα.

5° Ἔνιοι, -αι, -α, *quelques-uns* (= ἔνι οἵ, *il y en a qui*) (104, III).

6° Πᾶς, *tout* (70); οὐδείς, *personne, rien* (79, 1°). Οὔτις, οὔτι, *personne, rien,* est paroxyton (= οὔ-τις).

1. Il est toutefois accentué s'il est suivi lui-même d'une enclitique (33, 4°).

VI. — Pronoms ou adjectifs relatifs

93.

	RELATIF SIMPLE ὅς, *qui, lequel*			RELATIF COMPOSÉ ὅστις, *celui qui*		
	MASCULIN	FÉMININ	NEUTRE	MASCULIN	FÉMININ	NEUTRE
SINGULIER	N. ὅς	ἥ	ὅ	ὅστις	ἥτις	ὅ τι
	A. ὅν	ἥν	ὅ	ὅντινα	ἥντινα	ὅ τι
	G. οὗ	ἧς	οὗ	οὗτινος ou ὅτου	ἧστινος	οὗτινος ou ὅτου
	D. ᾧ	ᾗ	ᾧ	ᾧτινι ou ὅτῳ	ᾗτινι	ᾧτινι ou ὅτῳ
PLURIEL	N. οἵ	αἵ	ἅ	οἵτινες	αἵτινες	ἅτινα (ἅττα)
	A. οὕς	ἅς	ἅ	οὕστινας	ἅστινας	ἅτινα (ἅττα)
	G. ὧν (pour les trois genres)			ὧντινων (pour les trois genres)		
	D. οἷς	αἷς	οἷς	οἷστισι	αἷστισι	οἷστισι
DUEL	N. A. ὥ / G. D. οἷν — pour les trois genres.			ὥτινε / οἷντινοιν — pour les trois genres.		

94. Le pronom relatif ὅς [*jος] correspond, pour le sens, au latin *qui.* Il ne faut pas le confondre avec le démonstratif ὅς [*σος] (90).

Le pronom composé et indéfini ὅστις, *celui qui* (en général), *quiconque*, dont les deux parties se déclinent, correspond à *quicumque* et sert d'interrogatif indirect. De plus, quand l'antécédent est un mot négatif, on emploie ὅστις au lieu de ὅς. Οὗτινος et ᾧτινι sont rares.

Remarque. — On imprime parfois dans certaines éditions (orthographe allemande) le pronom neutre ὅ, τι avec une virgule, pour le distinguer de la conjonction ὅτι, *que.*

Pronoms ou adjectifs corrélatifs

95. Les adjectifs corrélatifs qui commencent par π sont interrogatifs ou indéfinis, et ne diffèrent entre eux que par l'accentuation; ceux qui commencent par τ sont démonstratifs; par ὁ, relatifs ou exclamatifs; par ὁπ, relatifs indéfinis ou interrogatifs indirects.

INTERROGATIFS DIRECTS OU INDIRECTS	DÉMONSTRATIFS	RELATIFS DÉFINIS OU EXCLAMATIFS	RELATIFS INDÉFINIS OU INTERROGATIFS INDIRECTS
ποῖος; quel? de quelle sorte? *qualis?*	τοιόσδε, τοιοῦτος, tel; *talis* (qualité).	οἷος, QUE, quel; *qualis.*	ὁποῖος, que, quel; *qualiscumque.*
πόσος; combien grand? *quantus?*	τοσόσδε, τοσοῦτος, aussi grand; *tantus* (grandeur).	ὅσος, QUE, combien grand; *quantus.*	ὁπόσος, que, combien grand; *quantuscumque.*
πόσοι; combien? *quot?*	τοσοῦτοι, autant; *tot* (quantité)	ὅσοι, QUE, combien; *quot* (tous ceux qui).	ὁπόσοι, combien, tous ceux qui.
πηλίκος; combien grand? de quel âge?	τηλικόσδε, τηλικοῦτος, aussi grand, aussi âgé.	ἡλίκος, QUE, combien grand!	ὁπηλίκος, quel, de quel âge.

Remarques. — I. Les adjectifs *exclamatifs* ont en grec la forme de *relatifs* (et non celle d'*interrogatifs* comme en latin ou en français). Ce sont surtout οἷος et ὅσος. Ex. : Οἷα κεφαλή, *quelle tête!* — Τὴν κεφαλὴν ὅσην ἔχει, *quelle (grosse) tête il a!*

II. Le relatif οἷος suivi de la particule τε prend le sens de *capable* (317, R.). Au neutre, οἷόν τέ ἐστι signifie *il est possible.*

III. Τοιοῦτος, *talis*, et τοσοῦτος, *tantus*, se déclinent comme οὗτος, dont ils sont formés : τοιοῦτος, τοιαύτη, τοιοῦτον (rar. τοιοῦτο), gén. τοιούτου, τοιαύτης, etc...; τοσοῦτος, τοσαύτη, τοσοῦτον (τοσοῦτο), gén. τοσούτου, τοσαύτης...; neutre pl. τοιαῦτα, τοσαῦτα.

96. Il faut distinguer les pronoms relatifs *définis* ὅς, ὅσος, οἷος, des pronoms relatifs *indéfinis* ὅστις, ὁπόσος, ὁποῖος. Les premiers se rapportent à un objet précis et déterminé; les seconds, à une classe d'individus en général. On ajoute souvent aux relatifs *définis* la particule περ, pour indiquer plus nettement encore que l'objet est bien déterminé : ὅσπερ, *celui-là même qui;* οἱόσπερ, *tel précisément que.*

En outre, on ajoute souvent aux relatifs *indéfinis* les particules οὖν ou δήποτε, qui les changent en simples *adjectifs* indéfinis, et marquent très nettement que l'objet est indéterminé : ὁστισοῦν, ὁστισδήποτε, *n'importe lequel, quelconque;* ὁποτεροσοῦν, *n'importe lequel des deux.*

DEUXIÈME SECTION

LA CONJUGAISON

Notions préliminaires

97. Il y a dans les verbes grecs trois **voix** (ou *formes*) : l'actif, le passif et le moyen (ou voix *indirectement* réfléchie). En effet, le *moyen*, plus ancien que le passif — qui en dérive — n'est pas *directement* réfléchi : il indique que le sujet prend un *intérêt* quelconque à l'action (voir Syntaxe, 258-260) : λύομαι, *je délie* (pour moi); mais *je me délie* se rend d'ordinaire par ἐμαυτὸν λύω.

Tous les verbes ne possèdent pas les trois voix : certains n'existent même qu'à la voix moyenne (équivalents des déponents latins) : βούλομαι, *je veux;* d'autres, à l'actif, font appel à des formes moyennes pour divers temps (140).

98. Il y a en grec six **modes :**
— quatre modes *personnels :* indicatif, impératif, subjonctif, optatif;
— deux modes *impersonnels :* infinitif, participe.

L'emploi des modes sera exposé dans la Syntaxe. On retiendra pour l'instant que le subjonctif marque essentiellement ce qu'on s'attend à voir réaliser *(éventuel)*, ἐὰν κελεύῃς, ἥξω, *si tu l'ordonnes, je viendrai;* que l'optatif sert proprement et par lui-même à exprimer le *souhait :* λύοιμι, *puissé-je délier!* Mais l'optatif a d'autres emplois; il exprime notamment la possibilité *(potentiel)* : τοῦτον, εἰ κελεύοις, λύοιμι ἄν, *si tu l'ordonnais, je le délierais.*

99. Il y a en grec six **temps** à l'indicatif. On distingue :
— les temps *primaires :* présent, futur, parfait ;
— les temps *secondaires :* imparfait, aoriste et plus-que-parfait.

En dehors de l'indicatif, on ne trouve que quatre temps : présent, futur, aoriste, parfait. (Il n'y a, toutefois, de futur ni à l'impératif, ni au subjonctif). L'optatif futur, réservé au discours indirect, est rare et de création récente (premiers exemples chez Pindare et Eschyle).

Les temps du passif se confondent, pour la forme, avec ceux du moyen (voix *médio-passive*), sauf au futur et à l'aoriste. Outre les six temps normaux de l'actif, le passif a un futur antérieur, peu usité du reste.

Les temps secondaires se rapportent au passé et sont caractérisés, à l'indicatif seulement, par des *désinences* spéciales (102) et par l'*augment*. L'augment est un ε placé devant la première lettre du verbe, ἔ-λυον. Si cette lettre est une voyelle, elle s'allonge : ἀνύω, *j'achève*, imparfait ἤνυον; ὁρίζω, *je borne*, imparfait ὥριζον. (Voir plus loin, 111-115, les règles concernant l'augment et le redoublement.)

Le parfait et le futur antérieur sont caractérisés à *tous* les modes par le *redoublement*. Le redoublement s'obtient en répétant la consonne initiale du verbe appuyée sur la voyelle ε : λέ-λυ-κα. Si le verbe commence par une voyelle, le redoublement se confond pour la forme avec l'augment et passe à tous les modes du parfait.

Le plus-que-parfait reçoit avant le redoublement un augment : ἐ-λε-λύ-κειν.

100. Les temps grecs n'ont toute leur valeur temporelle qu'à l'indicatif. Aux autres modes (sauf parfois à l'infinitif et au participe), ils ne marquent pas réellement le temps, mais ce qu'on a appelé *l'aspect* (266).

Le thème du *présent* insiste sur la *durée* de l'action, tandis que le thème de l'*aoriste* traduit la *notion verbale pure et simple*, sans idée de temps ni de durée. Il ne faudra donc pas traduire le subjonctif aoriste, par exemple, par notre subjonctif passé; ni toujours l'infinitif aoriste par l'infinitif passé. L'aoriste, au mode indicatif, est par excellence le temps de la narration historique et correspond à notre passé (simple, composé ou antérieur), parfois à notre plus-que-parfait.

Le *parfait* enfin indique le *résultat* actuel d'une action passée; c'est une sorte de présent (il n'a pas l'augment), surtout dans les verbes intransitifs et passifs : ἀποθνήσκει, *il se meurt* (il est en train de mourir), ἀπέθνῃσκε, *il se mourait; ἀπέθανε, il mourut* (à telle date ou dans telles conditions); τέθνηκε, *il est mort* (actuellement il n'est plus en vie); λύομαι, *on me délie;* λέλυμαι, *on m'a délié, je suis délié* (Voir *Syntaxe*, 272.)

Le *plus-que-parfait* (dérivé du parfait) n'est pas l'équivalent exact du plus-que-parfait français; c'est une sorte d'imparfait : ἔπεσον, *je suis tombé* (autrefois, et je me suis relevé); πέπτωκα, *je suis tombé* (je *suis* encore à terre); ἐπεπτώκειν, *j'étais tombé* (à ce moment-là, *j'étais* à terre).

Le *futur antérieur* exprime un *état* futur : τεθνήξω, *je serai mort;* λελύσεται, *il sera délié* (il se trouvera délié).

L'idée d'antériorité exprimée par le plus-que-parfait français est négligée en grec (271). Pour le futur antérieur, voir 302, 2°.

101. Le duel se retrouve dans la conjugaison comme dans la déclinaison, mais la première personne du duel est extrêmement rare, et les deux autres ne sont jamais d'un emploi obligatoire. — Les temps composés sont presque inexistants en grec. On ne les trouve qu'au parfait du subjonctif et de l'optatif, parfois à l'actif, toujours au passif.

102. Formation des temps et des modes

1° *Tableau des désinences personnelles*

ACTIF		MOYEN ET PASSIF	
Temps primaires	Temps secondaires	Temps primaires	Temps secondaires
S. 1 — ou -μι	-ν [μ]	-μαι	-μην
2 -εις » (-σι)	-ς	-σαι	-σο
3 -ει » (-τι)	— [τ]	-ται	-το
P. 1 -μεν	-μεν	-μεθα	-μεθα
2 -τε	-τε	-σθε	-σθε
3 -ντι	-ν(τ) ou -σαν	-νται	-ντο
D. 2 -τον	-την (-τον)	-σθον	-σθην (-σθον)
3 -τον	-την	-σθον	-σθην

Remarques. — I. Dans les verbes en -ω, la désinence personnelle ne s'ajoute pas immédiatement au radical pur : entre les deux s'intercale une *voyelle de liaison* (ou voyelle thématique), à savoir un ο devant μ et ν, un ε devant les autres consonnes. Ex. : λύ-ο-μεν, λύ-ε-τε ; λυ-ό-μεθα, λύ-ε-σθε. Λύουσι est l'aboutissement normal de λύ-ο-ντι (15, 1° et 4°).

II. A la voix moyenne ou passive, les désinences des temps principaux se montrent nettement et sans altération au parfait de l'indicatif; celles des temps secondaires au plus-que-parfait : λέ-λυ-μαι, ἐ-λε-λύ-μην, λέ-λυ-σαι.

Mais les désinences -σαι, -σο de la 2ᵉ personne du singulier sont altérées dans λύει (λύῃ), ἐλύου, λύσει (λύσῃ), ἐλύσω et λυθήσει (λυθήσῃ), au lieu des formes primitives *λύ-ε-σαι, *ἐλύε-σο, *λύσεσαι, *ἐλύσα-σο, *λυθή-σε-σαι. Après la chute du σ primitif entre deux voyelles (16, 2°), il y a eu contraction.

III. L'indicatif *aoriste* ἔλυσα est pour *ἔλυσ-m. En se vocalisant, la désinence secondaire -m (ν) a donné la terminaison -σα, qui a été prise pour la caractéristique de l'aoriste et étendue à la plupart des autres formes.

Le *parfait actif* avait autrefois des désinences spéciales, au singulier tout au moins : -α, -θα, -ε La désinence -θα n'est plus conservée que dans le vieux verbe οἶδα (144) et dans quelques imparfaits archaïques. Pratiquement, à la suite d'une confusion qui s'est opérée entre les premières personnes de ces deux temps, l'aoriste et le parfait se conjuguent sur le même modèle à l'indicatif (sauf la 3ᵉ pers. du pluriel).

IV. Les désinences verbales du *duel* sont peu attestées. La 1ʳᵉ pers. est très rare (4 ou 5 ex. en -μεθον, moyen-passif). — La 2ᵉ pers. aux temps *secondaires* est aussi bien -τον que -την, -σθον que -σθην.

2° *Caractéristiques des temps et des modes*

Chaque temps se reconnaît, d'ordinaire, à la présence d'une lettre caractéristique. On trouvera l'essentiel dans le tableau ci-dessous (pour les temps seconds, voir 138).

	ACTIF	MOYEN	PASSIF
FUTUR	σ-	σ-	θη-σ-
AORISTE	σ(α)-	σα-	θη-(θε-)
PARFAIT	κ(α)	néant	néant
P.-Q.-P.	κε	—	—

Le *subjonctif* est caractérisé par l'emploi constant des longues ω et η : λύωμεν (ind. λύομεν) ; λύητε (ind. λύετε) ; et l'*optatif* par la voyelle ι qui s'ajoute à la voyelle de liaison (οι) ou aux lettres caractéristiques (σαι). Dans les verbes en -μι et les verbes contractes (par analogie) la caractéristique de l'optatif est ιη, ι (également à l'aoriste passif).

Ainsi, par exemple, λε-λύ-κ-ο-ι-μι se compose du redoublement λε, du radical pur λυ, de la caractéristique du parfait κ, de la voyelle de liaison ο, de la caractéristique de l'optatif ι, enfin de la désinence de la 1re personne du singulier μι.

Le subjonctif a les désinences des temps principaux; l'optatif, celles des temps secondaires, sauf parfois à la 1re personne du singulier actif. L'impératif a des désinences spéciales, le plus souvent anciennes particules : -τω, -θι. La 2e personne du singulier de l'impératif présent est d'ordinaire le thème pur et simple. Les désinences de l'infinitif sont -εν, -αι, -ναι et -σθαι. Ex. : λύειν (= *λυ-ε-εν, *λυεσεν), λῦ-σ-αι, λυ-θῆ-ναι, λε-λύ-σθαι.

Classification des verbes grecs

103. Les verbes grecs se divisent en deux grandes sections :

— les verbes en -ω, c'est-à-dire terminés en -ω à la première personne du présent de l'indicatif actif (de beaucoup les plus nombreux);

— et les verbes en -μι [1].

Ces deux catégories de verbes diffèrent surtout au thème du présent actif (présent et imparfait) et parfois à l'aoriste.

1. Dès l'origine des langues indo-européennes, dont le grec et le latin font partie, cette double conjugaison existait simultanément. Le sanscrit n'a gardé que celle en *-mi*, le latin que celle en *-o;* le grec les a conservées toutes les deux.

A cause de son importance, nous donnons immédiatement les formes du verbe εἰμί, *je suis*, bien que logiquement son étude ne doive trouver place que plus loin, avec celle des verbes en -μι.

CHAPITRE IV

VERBE εἰμί. — VERBES en -ω

104. — Conjugaison du verbe εἰμί, *je suis*. — Radical pur ἐσ-

		INDICATIF	IMPÉR.	SUBJ.	OPTATIF	INF.	PARTICIPE
PRÉSENT	S. 1 p.	εἰμί		ὦ	εἴην	εἶναι	M. ὤν
	2 p.	εἶ	ἴσθι	ᾖς	εἴης		ὄντος
	3 p.	ἐστί (ν)	ἔστω	ᾖ	εἴη		
	P. 1 p.	ἐσμέν		ὦμεν	εἶμεν (εἴημεν)		F. οὖσα
	2 p.	ἐστέ	ἔστε	ἦτε	εἶτε (εἴητε)		οὔσης
	3 p.	εἰσί (ν)	ἔστων [1]	ὦσι (ν)	εἶεν (εἴησαν)		
	D. 2 p.	ἐστόν	ἔστον	ἦτον	εἴτην (εἰήτην)		N. ὄν
	3 p.	ἐστόν	ἔστων	ἦτον	εἴτην (εἰήτην)		ὄντος
IMPARFAIT	S. 1 p.	ἦ ou ἦν [2]					
	2 p.	ἦσθα					
	3 p.	ἦν					
	P. 1 p.	ἦμεν					
	2 p.	ἦτε (ἦστε[3])					
	3 p.	ἦσαν					
	D. 2 p.	ἦστην					
	3 p.	ἤστην					
FUTUR	S. 1 p.	ἔσομαι			ἐσοίμην	ἔσεσθαι	M. ἐσόμενος
	2 p.	ἔσει (ἔσῃ)			ἔσοιο		ἐσομένου
	3 p.	ἔσται			ἔσοιτο		
	P. 1 p.	ἐσόμεθα			ἐσοίμεθα		F. ἐσομένη
	2 p.	ἔσεσθε			ἔσοισθε		ἐσομένης
	3 p.	ἔσονται			ἔσοιντο		
	D. 2 p.	ἔσεσθον			ἐσοίσθην		N. ἐσόμενον
	3 p.	ἔσεσθον			ἐσοίσθην		ἐσομένου

1. Mieux que ἔστωσαν. On trouve ὄντων dans les inscriptions attiques et une fois chez Platon. — 2. Mieux que ἤμην. — 3. Ἦστε est la forme attendue, ἦτε une forme analogique (cf. ἦμεν).

Remarques. — I. Le radical pur ἐσ- a subi, en s'unissant aux désinences, de nombreuses altérations : εἰμί est l'aboutissement de *ἐσ-μι; εἶ est la réduction de ἐσ(σ)ι; ἐσμέν a persisté, par analogie avec ἐστέ. La désinence -θα de l'imparfait ἦσθα est une vieille terminaison de parfait (cf. οἶδα, 144). Le futur a des désinences moyennes : ἔσομαι (= ἔσ-σομαι); ἔσται est sans doute analogique de ἐστι.

L'optatif présent est pour *ἐσ-ιην; le subjonctif pour **s-ό*; le participe pour ***s-ont.***

II. Εἰμί est un verbe défectif et irrégulier; en effet, il n'a que trois temps; il complète sa conjugaison à l'aide du verbe γίγνομαι, *devenir*, aor. ἐγενόμην, parf. γέγονα.

III. Les principaux composés de εἰμί sont : πάρειμι, *je suis présent* (dat.); ἄπειμι, *je suis absent* ou *éloigné* (gén.); σύνειμι, *je suis avec* (dat.); ἔνειμι, *je suis dans;* περιεῖναι, *l'emporter sur* (gén.); προσεῖναι, *s'ajouter à* (dat.); μέτεστί μοι τούτου, *j'ai droit* (ou *part*) *à cela;* ἐξεῖναι, *être permis*, *être possible* (impersonnel).

En poésie, πάρα (accentué sur l'initiale) remplace parfois πάρεστι, παρῆν, *il y a*, *il y avait;* on a de même μέτα pour μέτεστι, *il est permis*, et ἔνι pour ἔνεστι, *il est possible.* Les composés de εἰμι reculent l'accent au présent de l'indicatif et de l'impératif, mais non ailleurs : πάρειμι, πάρεστε, mais παρόντες, παρεῖναι, παρῶμεν, παρῆσαν, παρέσται.

VERBES en -ω

105. D'après la lettre qui termine leur radical pur, les verbes en ω se divisent en *verbes à voyelle* et en *verbes à consonne.*

I. Verbes à voyelle. — 1° Ceux dont le radical se termine par ι ou υ forment la classe des verbes en -ω *non contractes:* ces deux voyelles, en effet, s'unissent également bien aux autres voyelles et aux consonnes. Ex. : κωλύω, *j'empêche*, πρίω, *je scie*, παιδεύω, *j'instruis.*

2° Quand le radical se termine par un α, un ε ou un ο, la rencontre de ces voyelles avec celle de la terminaison amène au présent et à l'imparfait une contraction. Les verbes en -άω, -έω, -όω, forment la classe des *verbes contractes.*

II. Verbes à consonne. — Selon la consonne qui termine le radical, ces verbes se divisent, à leur tour, en deux catégories :

1° *verbes à liquide :* verbes en -λω, -μω, -νω, -ρω;

2° *verbes à muette :* radical terminé par labiale, gutturale ou dentale.

Les *verbes à sifflante* ont pratiquement disparu, ainsi que les verbes dont le radical était terminé par un digamma.

I. — VERBES A VOYELLE

Le verbe λύω, *je délie*, est le modèle traditionnel des verbes en -ω. On notera que dans ce verbe l'υ est *long* au présent, au futur et à l'aoriste actifs et moyens (λῦσον, λῦσαι) et au parfait passif, tandis qu'il est *bref* ailleurs.

106. 1° Verbes en -ω non contractes.

		INDICATIF		IMPÉRATIF
		Temps principaux	Temps secondaires	
PRÉSENT ET IMPARFAIT	S. 1 p.	λύ ω	ἔλυ ον	
	2 p.	λύ εις	ἔλυ ες	λῦ ε
	3 p.	λύ ει	ἔλυ ε (ν)	λυ έτω
	P. 1 p.	λύ ομεν	ἐλύ ομεν	
	2 p.	λύ ετε	ἐλύ ετε	λύ ετε
	3 p.	λύ ουσι (ν)	ἔλυ ον	λυ όντων[1]
	D. 2 p.	λύ ετον	ἐλυ έτην	λύ ετον
	3 p.	λύ ετον	ἐλυ έτην	λυ έτων
FUTUR	S. 1 p.	λύ σω		
	2 p.	λύ σεις		
	3 p.	λύ σει		
	P. 1 p.	λύ σομεν		
	2 p.	λύ σετε		
	3 p.	λύ σουσι (ν)		
	D. 2 p.	λύ σετον		
	3 p.	λύ σετον		
AORISTE	S. 1 p.		ἔλυ σα	
	2 p.		ἔλυ σας	λῦ σον
	3 p.		ἔλυ σε (ν)	λυ σάτω
	P. 1 p.		ἐλύ σαμεν	
	2 p.		ἐλύ σατε	λύ σατε
	3 p.		ἔλυ σαν	λυ σάντων[2]
	D. 2 p.		ἐλυ σάτην	λύ σατον
	3 p.		ἐλυ σάτην	λυ σάτων
PARFAIT ET PLUS-QUE-PARFAIT	S. 1 p.	λέλυ κα	ἐλελύ κειν ou -κη	
	2 p.	λέλυ κας	ἐλελύ κεις ou -κης	
	3 p.	λέλυ κε (ν)	ἐλελύ κει (ν)	
	P. 1 p.	λελύ καμεν	ἐλελύ κειμεν (-κεμεν)	
	2 p.	λελύ κατε	ἐλελύ κειτε (-κετε)	
	3 p.	λελύ κασι (ν)	ἐλελύ κεσαν (-κεισαν)	
	D. 2 p.	λελύ κατον	ἐλελυ κείτην	
	3 p.	λελύ κατον	ἐλελυ κείτην	

1. Mieux que λυέτωσαν. — 2. Mieux que λυσάτωσαν. Les impératifs en -ωσαν deviennent la forme

Conjugaison de λύω, *je délie*. — Voix active.

SUBJONCTIF	OPTATIF	INFINITIF	PARTICIPE
λύ ω λύ ῃς λύ ῃ λύ ωμεν λύ ητε λύ ωσι (ν) λύ ητον λύ ητον	λύ οιμι λύ οις λύ οι λύ οιμεν λύ οιτε λύ οιεν λυ οίτην λυ οίτην	λύ ειν	M. λύ ων λύ οντος F. λύ ουσα λυ ούσης N. λῦ ον λύ οντος
	λύ σοιμι λύ σοις λύ σοι λύ σοιμεν λύ σοιτε λύ σοιεν λυ σοίτην λυ σοίτην	λύ σειν	M. λύ σων λύ σοντος F. λύ σουσα λυ σούσης N. λῦ σον λύ σοντος
λύ σω λύ σῃς λύ σῃ λύ σωμεν λύ σητε λύ σωσι (ν) λύ σητον λύ σητον	λύ σαιμι λύ σειας (λύσαις) λύ σειε (λύσαι) λύ σαιμεν λύ σαιτε λύ σειαν (λύσαιεν) λυ σαίτην λυ σαίτην	λῦ σαι	M. λύ σας λύ σαντος F. λύ σασα λυ σάσης N. λῦ σαν λύ σαντος
λελύ κω λελύ κῃς λελύ κῃ λελύ κωμεν λελύ κητε λελύ κωσι (ν) λελύ κητον λελύ κητον	λελύ κοιμι λελύ κοις λελύ κοι λελύ κοιμεν λελύ κοιτε λελύ κοιεν λελυ κοίτην λελυ κοίτην	λελυ κέναι	M. λελυ κώς λελυ κότος F. λελυ κυῖα λελυ κυίας N. λελυ κός λελυ κότος

normale dans le grec postclassique (déjà dans Thucydide ; dans les inscriptions à partir de 300 av. J.-C.).

107. Conjugaison de λύομαι, *je suis délié.*

		INDICATIF — Temps principaux	INDICATIF — T. secondaires	IMPÉRATIF
PRÉSENT ET IMPARFAIT	S. 1 p.	λύ ομαι	ἐλυ όμην	
	2 p.	λύ ει (λύῃ)[1]	ἐλύ ου [= εσο]	λύ ου
	3 p.	λύ εται	ἐλύ ετο	λυ έσθω
	P. 1 p.	λυ όμεθα	ἐλυ όμεθα	
	2 p.	λύ εσθε	ἐλύ εσθε	λύ εσθε
	3 p.	λύ ονται	ἐλύ οντο	λυ έσθων[2]
	D. 2 p.	λύ εσθον	ἐλυ έσθην	λύ εσθον
	3 p.	λύ εσθον	ἐλυ έσθην	λυ έσθων
FUTUR	S. 1 p.	λυ θήσομαι		
	2 p.	λυ θήσει (λυθήσῃ)		
	3 p.	λυ θήσεται		
	P. 1 p.	λυ θησόμεθα		
	2 p.	λυ θήσεσθε		
	3 p.	λυ θήσονται		
	D. 2 p.	λυ θήσεσθον		
	3 p.	λυ θήσεσθον		
AORISTE	S. 1 p.		ἐλύ θην	
	2 p.		ἐλύ θης	λύ θητι
	3 p.		ἐλύ θη	λυ θήτω
	P. 1 p.		ἐλύ θημεν	
	2 p.		ἐλύ θητε	λύ θητε
	3 p.		ἐλύ θησαν	λυ θέντων[3]
	D. 2 p.		ἐλυ θήτην	λύ θητον
	3 p.		ἐλυ θήτην	λυ θήτων
PARFAIT ET PLUS-QUE-PARFAIT	S. 1 p.	λέλυ μαι	ἐλελύ μην	
	2 p.	λέλυ σαι	ἐλέλυ σο	λέλυ σο
	3 p.	λέλυ ται	ἐλέλυ το	λελύ σθω
	P. 1 p.	λελύ μεθα	ἐλελύ μεθα	
	2 p.	λέλυ σθε	ἐλέλυ σθε	λέλυ σθε
	3 p.	λέλυ νται	ἐλέλυ ντο	λελύ σθων[4]
	D. 2 p.	λέλυ σθον	ἐλελύ σθην	λέλυ σθον
	3 p.	λέλυ σθον	ἐλελύ σθην	λελύ σθων
FUT. ANT.		λελύ σομαι, -σει		

1. λύῃ à date ancienne; λύει à partir du ɪᴠᵉ siècle avant Jésus-Christ. — 2. Mieux que λυέσθωσαν.

Voix passive.

SUBJONCTIF	OPTATIF	INFINITIF	PARTICIPE
λύ ωμαι λύ ῃ λύ ηται λυ ώμεθα λύ ησθε λύ ωνται λύ ησθον λύ ησθον	λυ οίμην λύ οιο λύ οιτο λυ οίμεθα λύ οισθε λύ οιντο λυ οίσθην λυ οίσθην	λύ εσθαι	M. λυ όμενος λυ ομένου F. λυ ομένη λυ ομένης N. λυ όμενον λυ ομένου
	λυ θησοίμην λυ θήσοιο λυ θήσοιτο λυ θησοίμεθα λυ θήσοισθε λυ θήσοιντο λυ θησοίσθην λυ θησοίσθην	λυ θήσεσθαι	M. λυ θησόμενος λυ θησομένου F. λυ θησομένη λυ θησομένης N. λυ θησόμενον λυ θησομένου
λυ θῶ λυ θῇς λυ θῇ λυ θῶμεν λυ θῆτε λυ θῶσι λυ θῆτον λυ θῆτον	λυ θείην λυ θείης λυ θείη λυ θεῖμεν (λυθείημεν) λυ θεῖτε (λυθείητε) λυ θεῖεν (λυθείησαν) λυ θείτην (λυθειήτην) λυ θείτην (λυθειήτην)	λυ θῆναι	M. λυ θείς λυ θέντος F. λυ θεῖσα λυ θείσης N. λυ θέν λυ θέντος
λελυ μένος ὦ » ᾖς » ᾖ λελυ μένοι ὦμεν » ἦτε » ὦσι (ν) λελυ μένω ἦτον » ἦτον	λελυ μένος εἴην » εἴης » εἴη λελυ μένοι εἶμεν » εἶτε » εἶεν λελυ μένω εἴτην » εἴτην	λελύ σθαι	M. λελυ μένος λελυ μένου F. λελυ μένη λελυ μένης N. λελυ μένον λελυ μένου
	λελυ σοίμην, -σοιο	λελύ σεσθαι	λελυ σόμενος

3. Mieux que λυθήτωσαν. — 4. Mieux que λελύσθωσαν.

108. Conjugaison de λύομαι, *je délie pour moi.*

		INDICATIF		IMPÉRATIF
		Temps principaux	Temps secondaires	
PR. IMP.		λύ ομαι	ἐλυ όμην	λύ ου
FUTUR	S. 1 p.	λύ σομαι		
	2 p.	λύ σει (λύσῃ)		
	3 p.	λύ σεται		
	P. 1 p.	λυ σόμεθα		
	2 p.	λύ σεσθε		
	3 p.	λύ σονται		
	D. 2 p.	λύ σεσθον		
	3 p.	λύ σεσθον		
AORISTE	S. 1 p.		ἐλυ σάμην	
	2 p.		ἐλύ σω (= σασο)	λῦ σαι
	3 p.		ἐλύ σατο	λυ σάσθω
	P. 1 p.		ἐλυ σάμεθα	
	2 p.		ἐλύ σασθε	λύ σασθε
	3 p.		ἐλύ σαντο	λυ σάσθων
	D. 2 p.		ἐλυ σάσθην	λύ σασθον
	3 p.		ἐλυ σάσθην	λυ σάσθων
PARF. P.Q.P.		λέλυ μαι	ἐλελύ μην	λέλυ σο

109. Remarques sur l'accentuation des verbes en -ω. — I. Par exception à la règle générale (28), à la suite d'une contraction, le subjonctif est en -ῶ à l'aoriste passif : λυθῶ. Les optatifs aoristes pluriels, par analogie, ont le circonflexe sur la pénultième : λυθεῖμεν, λυθεῖεν.

L'accent du participe neutre se règle sur celui du masculin et ne recule pas : λαμβάνων, λαμβάνον; διώξων, διῶξον.

Ont *l'aigu* sur la *finale :* 1° le participe parfait λελυκώς, λελυκότος; 2° le participe aoriste passif : λυθείς, λυθέντος, λυθεῖσι. Dans tous ces participes, le féminin a le circonflexe sur la pénultième : λελυκυῖα, λυθεῖσα.

Voix moyenne.

SUBJONCTIF	OPTATIF	INFINITIF	PARTICIPE
λύ ωμαι	λυ οίμην	λύ εσθαι	λυ όμενος, -μένη, -μενον
	λυ σοίμην λύ σοιο λύ σοιτο λυ σοίμεθα λύ σοισθε λύ σοιντο λυ σοίσθην λυ σοίσθην	λύ σεσθαι	M. λυ σόμενος λυ σομένου F. λυ σομένη λυ σομένης N. λυ σόμενον λυ σομένου
λύ σωμαι λύ σῃ λύ σηται λυ σώμεθα λύ σησθε λύ σωνται λύ σησθον λύ σησθον	λυ σαίμην λύ σαιο λύ σαιτο λυ σαίμεθα λύ σαισθε λύ σαιντο λυ σαίσθην λυ σαίσθην	λύ σασθαι	M. λυ σάμενος λυ σαμένου F. λυ σαμένη λυ σαμένης N. λυ σάμενον λυ σαμένου
λελυ μένος ὦ	λελυ μένος εἴην	λελύ σθαι	λελυ μένος, -μένη, -μένον

Ont l'accent sur la *pénultième :* 1° le participe parfait passif : λελυμένος; 2° l'infinitif aoriste actif : λῦσαι, ἀγγεῖλαι, νομίσαι; — l'infinitif parfait actif ou passif : λελυκέναι, λελύσθαι, πεφιλῆσθαι; — tous les infinitifs en -ναι : λυθῆναι.

II. On distinguera par l'accent les formes homonymes :

λῦσαι	infin. aor. act.;	(λύσαι)	opt. aor. act.;	λῦσαι	impér. aor. moyen
κωλῦσαι	»	(κωλύσαι)	»	κώλυσαι	»
παιδεῦσαι	»	(παιδεύσαι)	»	παίδευσαι	»
φιλῆσαι	»	(φιλήσαι)	»	φίλησαι	» (119).

Remarques sur les conjugaisons

110. 1° Tous les verbes grecs ne sont pas aussi réguliers que λύω. Seuls les verbes contractes (118-120) et la plupart des verbes en -εύω (comme παιδεύω) et en -ζω offrent une conjugaison régulière. En fait, un bon nombre de verbes en -ω présentent, à partir du futur, diverses « irrégularités » qui seront étudiées par la suite (voir notamment 140-141). Il y aura toujours lieu de consulter le dictionnaire.

2° **Actif.** — Il ne faut pas croire à une parenté du futur et de l'aoriste. Si tous deux sont, d'ordinaire, caractérisés par un -σ, c'est pure coïncidence. Le futur est, à l'origine, un présent « désidératif » en *-so.*

A l'optatif aoriste, les formes λύσειας, λύσειε, λύσειαν, que les Anciens considéraient, sans raison valable, comme éoliennes, sont beaucoup plus usitées que λύσαις, λύσαι; λύσαιεν, bien que celles-ci paraissent plus régulières.

3° Les formes λελύκω et λελύκοιμι, du parfait actif, servent fort peu; on les trouve ordinairement remplacées par les périphrases λελυκὼς ὦ, λελυκὼς εἴην. Il n'y a pas d'impératif parfait à la voix active. Du reste, le parfait actif en général est moins fréquemment employé que l'aoriste, et dans une foule de verbes il est complètement inusité.

4° Dans les participes, le vocatif est toujours semblable au nominatif. Voir 71 la déclinaison de λύων; λύσας se décline comme πᾶς (70). Au datif pluriel λελυκώς fait λελυκόσι régulièrement (*λελυκοτ-σι).

5° **Passif.** — On remarquera que les désinences de l'aoriste passif sont, en réalité, des désinences secondaires actives (cf. ἵστημι, aor. 2 ἔστην, 151).

6° L'impératif aoriste λύθητι est pour *λυθηθι (15,5°). — Pour la même raison, au futur, des verbes courts comme θύω font τυθήσομαι.

7° A l'impératif les formes λυέσθωσαν, λυθήτωσαν, λελύσθωσαν sont des formes plus rares et tardives. L'impératif moyen a de même développé la forme λυσάσθωσαν.

8° Le participe futur λυθησόμενος ne marque pas l'obligation. On ne le confondra pas avec l'adjectif verbal : οἱ λυθησόμενοι, *ceux qui seront déliés.*

Aux adjectifs verbaux latins en *-ndus* correspondent des adjectifs en -τέος, dont il sera parlé à la fin de la conjugaison (158).

9° **Moyen.** — La voix moyenne n'existe pas pour chaque verbe actif; le sens ne s'y prête pas toujours.

Nota. — Le *conditionnel* français des propositions indépendantes se rend, suivant les cas, par l'optatif avec ἄν (*potentiel*) ou par les temps secondaires de l'indicatif avec ἄν (*irréel*). Ces constructions seront étudiées dans la Syntaxe (281-282).

Le *gérondif* n'existe pas en grec. On trouve, comme formule équivalente, l'infinitif avec l'article au neutre (349). Ex. : Ὁ τοῦ πράττειν χρόνος, *le temps d'agir.*

L'augment et le redoublement dans les verbes

111. L'**augment** était, à l'origine, une sorte d'adverbe de temps signifiant *alors*, *jadis*. Il est encore facultatif dans la langue homérique.

Quand l'augment précède une consonne initiale, il s'appelle *syllabique*, parce que le verbe se trouve augmenté d'une syllabe ; quand il s'unit à une voyelle initiale pour former une longue, on l'appelle *temporel*.

1° Unies à l'augment, les voyelles initiales s'allongent :

α	devient	η :	ἀγορεύω,	*dire en public*	imp.	ἠγόρευον
ε	—	η :	ἐλπίζω,	*espérer*	—	ἤλπιζον
ο	—	ω :	ὀρέγω,	*présenter*	—	ὤρεγον
αι	—	ῃ :	αἴρω,	*lever, élever*	—	ᾖρον
αυ	—	ηυ :	αὔξω,	*augmenter*	—	ηὖξον
οι	—	ῳ :	οἰκίζω,	*fonder*	—	ᾤκιζον.

2° La diphtongue ευ *peut* devenir ηυ. Ex. : εὔχομαι, *souhaiter*, *prier*, impf. ηὐχόμην ou εὐχόμην. Les verbes qui commencent par ει, ι ou υ, ne reçoivent pas de modification apparente [1].

3° Après l'augment, la consonne ρ se redouble : ῥίπτω, *jeter*, impf. ἔρριπτον (16, 2°).

4° L'augment est parfois noté η devant consonne : μέλλω, *devoir*, impf. ἔμελλον ou ἤμελλον ; βούλομαι, *vouloir*, imp. ἐβουλόμην ou ἠβουλόμην.

112. Exceptions. — 1° Quelques verbes commençant par ε ont l'augment en ει, et non en η. Ces verbes commençaient anciennement par une consonne dont la chute entre deux voyelles a amené la contraction de εε en ει (16, 2° ; 18) :

ἔχω (= *σεχω), *avoir*, imp. εἶχον (* ἐσεχον).

ἐργάζομαι (= *ϝεργαζομαι), *travailler*, impf. εἰργαζόμην (parfois ἠργαζόμην, 111, 4°).

ἕπομαι (= *σεπομαι), *suivre*, impf. εἱπόμην.

Ajoutez : ἐῶ, *permettre ;* ἐθίζω, *habituer ;* ἕλκω, *tirer ;* ἑλίττω, *rouler ;* ἕρπω (= *σερπω), *ramper*.

2° Inversement, la chute d'un ϝ a mis en contact, dans certains verbes, l'augment et une voyelle de timbre différent, qui persistent sans contraction, parfois avec une métathèse de quantité (18) :

ὁράω, *voir*, impf. ἑώρων (*ἠϝορ-) ; parf. ἑόρακα (*ϝεϝορ-) ; ὠθέω, *pousser*, aor. ἔωσα, (*ἐϝωσα) ; ὠνεῖσθαι, *acheter*, impf. ἐωνούμην ; et sans doute aussi ἀνοίγω, *ouvrir*, impf. ἀνέῳγον, aor. ἀνέῳξα (en apparence deux augments).

1. Par exception, εἰκάζω, *assimiler*, *conjecturer*, fait à l'imparfait εἴκαζον et ᾔκαζον. La longue ω ne change pas dans ὠφελεῖν, *aider ;* ι et υ sont seulement allongés.

113. 1° Le **redoublement** complet fait défaut dans les verbes qui commencent par une *voyelle*, ou par un ρ, par une *lettre double*, ou par *deux consonnes* dont la seconde n'est pas une *liquide*. Alors le redoublement se confond *pour la forme* avec l'augment, et il n'y pas d'augment au plus-que-parfait.

Ex. : ξύω, *racler*, parf. pass. ἔξυσμαι; πτύω, *cracher*, parf. ἔπτυκα; ῥίπτω, *jeter*, parf. ἔρριφα. Mais κλείω, *fermer*, fait au parfait passif κέκλειμαι, parce que la seconde consonne est une liquide; θνῄσκω, *mourir*, τέθνηκα.

Exceptions : κτᾶσθαι, *acquérir*, parf. κέκτημαι; πίπτω, *tomber*, πέπτωκα.

2° Quand un verbe commence par une aspirée, on redouble non pas l'aspirée, mais la sourde correspondante : φύω, *faire naître*, parf. πέ-φυκα, *je suis né*, *je suis*; χρίω, *oindre*, parf. passif κέ-χριμαι; θραύω, *briser*, parf. passif τέ-θραυμαι (15, 5°).

114. Redoublement attique. — Le *redoublement* dit *attique* est particulier à quelques verbes qui commencent par l'une des voyelles α, ε, ο, suivie d'une consonne. Il consiste à répéter devant l'initiale allongée les deux premières lettres du radical. Ex. : ἀκούω, *entendre*, parf. ἀκ-ήκοα (= *ἀκ-ηκοϝα); ἐγείρω, *éveiller*, parf. pas. ἐγ-ήγερμαι; ὀρύττω, *creuser*, parf. pas. ὀρ-ώρυγμαι.

115. Augment et redoublement des verbes composés. — 1° Dans les verbes composés d'une *préposition* l'augment et le redoublement se placent d'ordinaire entre la préposition et le verbe. Ex. : κατα-λύω, *faire cesser*, impf. κατ-έλυον, parf. κατα-λέλυκα.

Dans quelques verbes anciens — qui ne sont plus sentis comme des composés — l'augment est en tête. Ex. : καθεύδω, *dormir*, impf. ἐκάθευδον à côté de καθηῦδον; καθίζω, *s'asseoir*, impf. ἐκάθιζον.

2° On trouve parfois un double augment, comme dans ἀμφισβητεῖν, *disputer*, impf. ἠμφισβήτουν et ἠμφεσβήτουν; ἀνέχομαι, *supporter*, impf. ἠνειχόμην; ἐπανορθοῦν, *redresser*, aor. ἐπηνώρθωσα; ἐνοχλεῖν, *importuner*, aor. ἠνώχλησα (fréquent dans les composés avec ἀμφί, parfois avec ἀντι-).

3° La voyelle finale des prépositions s'élide devant l'augment, sauf celle de περί, qui ne change pas, et celle de πρό, qui *peut* se contracter avec l'augment pour former la syllabe πρου. Ex. : προ-τρέπω, *exhorter*, impf. προὔτρεπον (προέτρεπον). — Ἐκ devient ἐξ devant l'augment.

4° Les accidents subis par le ν des prépositions ἐν et σύν devant la consonne initiale du verbe (15, 6°) n'ont plus de raison d'être devant l'augment, et le ν reparaît. Ex. : συμ-πίπτω, *survenir*, impf. συν-έπιπτον; συλ-λέγω, *réunir*, impf. συν-έλεγον; συγ-γιγνώσκω, *pardonner*, impf. συνεγίγνωσκον; συ-στρέφω, *mettre en faisceau*, impf. συνέστρεφον.

2° Verbes contractes

116. **Les verbes contractes** sont ceux dont le radical se termine par α, ε ou ο. Le présent et l'imparfait étant les seuls temps où la terminaison commence par une voyelle, ce sont aussi les seuls où des contractions aient lieu.

La plupart de ces verbes sont formés sur des noms (ou des adjectifs) à l'aide du suffixe *-ye*, *-yo*. La chute du *yod* intervocalique a mis les voyelles en contact et amené des contractions. Les deux premières formations (-άω et -έω) ont été particulièrement prolifiques en grec (cf. latin *amo* et *moneo*).

Au futur et à l'aoriste, au parfait et au plus-que-parfait, la voyelle brève du radical s'allonge ordinairement : α et ε en η, ο en ω. La conjugaison de ces temps est par ailleurs régulière.

τιμῶ	(= *τιμαjω),	*j'honore*	fut.	τιμήσω	parf.	τετίμηκα
φιλῶ	(= *φιλεjω),	*j'aime*		φιλήσω		πεφίληκα
δηλῶ	(= *δηλοjω),	*je montre*		δηλώσω		δεδήλωκα.

Les contractions, obligatoires en prose attique, se font d'après les principes suivants (13, 2°) :

Verbes en -άω. A suivi de ο, ου, ω donne ω; — suivi d'une autre voyelle, il reste α, mais s'allonge; — l'ι se souscrit.

Verbes en -έω. E est absorbé par une voyelle longue ou une diphtongue; — εε devient ει; — εο devient ου.

Verbes en -όω. O suivi d'une voyelle longue donne ω; — suivi d'une voyelle brève (ε, ο), il devient ου; — ο suivi d'une dipthongue avec ι (οι, ει, ῃ) aboutit à οι; mais οου devient ου.

117. Il existe un petit nombre de verbes contractes dont le radical se termine par une voyelle longue. Ce sont : 1° les verbes en-ήω (*ηjω) qu'on a parfois confondus à tort avec les verbes en -άω. Ces verbes, peu nombreux, font uniquement les contractions en ω et en η : η + ο et ω donnent ω; η + ε donnent η; on souscrit l'ι. Ce sont : ζῆν, *vivre;* χρῆσθαι, *se servir* et ψῆν, *gratter*. Il faut y joindre : διψῆν, *avoir soif* et πεινῆν, *avoir faim*. Ex. : ζῶ, ζῇς, ζῇ, ζῶμεν, ζῆτε, ζῶσι; imparf. ἔζων, ἔζης, ἔζη; impér. ζῆ; opt. ζῴην; part. ζῶν, ζῶσα, ζῶν; — χρῶμαι, χρῇ, χρῆται, χρώμεθα, χρῆσθε, χρῶνται; fut. χρήσομαι; impér. χρῶ.[1]

2° les verbes ἱδρόω, *suer*, et ῥιγόω, *frissonner*, qui font, en attique, leurs contractions en -ω et -ῳ au lieu de -ου et -οι. : prés. ἱδρῶ, ἱδρῷς, ἱδρῷ...; imp. ἱδρῶν, ἱδρῶς ἱδρῶ... (ῥιγῶν et ῥιγοῦν à l'infinitif chez Platon).

1. Ἀποχρῆν, *suffire*, est ordinairement impersonnel : ἀπόχρη, ἀπέχρη, ἀποχρήσει, ἀπέχρησε; — Ζῶ, futur rare ζήσω, se complète par le futur, l'aoriste et le parfait de βιόω (138, 3°), qui précisément ne s'emploie guère au présent et à l'imparfait.

118. Verbes contractes en -άω. — Voix active[1].

	INDICATIF				IMPÉRATIF	
	PRÉSENT		IMPARFAIT			
S. 1 p.	τιμ ῶ	[-άω]	ἐτίμ ων	[-αον]		
2 p.	τιμ ᾷς	[-άεις]	ἐτίμ ας	[-αες]	τίμ α	[-αε]
3 p.	τιμ ᾷ	[-άει]	ἐτίμ α	[-αε]	τιμ άτω	[-αέτω]
P. 1 p.	τιμ ῶμεν	[-άομεν]	ἐτιμ ῶμεν	[-άομεν]		
2 p.	τιμ ᾶτε	[-άετε]	ἐτιμ ᾶτε	[-άετε]	τιμ ᾶτε	[-άετε]
3 p.	τιμ ῶσι (ν)	[-άουσι]	ἐτίμ ων	[-αον]	τιμ ώντων [2]	[-αόντων]
D. 2 p.	τιμ ᾶτον	[-άετον]	ἐτιμ άτην	[-αέτην]	τιμ ᾶτον	[-άετον]
3 p.	τιμ ᾶτον	[-άετον]	ἐτιμ άτην	[-αέτην]	τιμ άτων	[-αέτων]

FUTUR : τιμήσω; AORISTE : ἐτίμησα; PARFAIT : τετίμηκα;

Voix passive et moyenne.

	INDICATIF				IMPÉRATIF	
	PRÉSENT		IMPARFAIT			
S. 1 p.	τιμ ῶμαι	[-άομαι]	ἐτιμ ώμην	[-αόμην]		
2 p.	τιμ ᾷ	[-άει]	ἐτιμ ῶ	[-άου]	τιμ ῶ	[-άου]
3 p.	τιμ ᾶται	[-άεται]	ἐτιμ ᾶτο	[-άετο]	τιμ άσθω	[-αέσθω]
P. 1 p.	τιμ ώμεθα	[-αόμεθα]	ἐτιμ ώμεθα	[-αόμεθα]		
2 p.	τιμ ᾶσθε	[-άεσθε]	ἐτιμ ᾶσθε	[-άεσθε]	τιμ ᾶσθε	[-άεσθε]
3 p.	τιμ ῶνται	[-άονται]	ἐτιμ ῶντο	[-άοντο]	τιμ άσθων [3]	[-αέσθων]
D. 2 p.	τιμ ᾶσθον	[-άεσθον]	ἐτιμ άσθην	[-αέσθην]	τιμ ᾶσθον	[-άεσθον]
3 p.	τιμ ᾶσθον	[-άεσθον]	ἐτιμ άσθην	[-αέσθην]	τιμ άσθων	[-αέσθων]

PASSIF : FUTUR : τιμηθήσομαι; AORISTE : ἐτιμήθην; PARFAIT : τετίμημαι;
MOYEN : » τιμήσομαι[4]; » ἐτιμησάμην; » » ;

1. A l'infinitif présent, l'ancienne terminaison -εν (avec *e* long) s'ajoute au radical [*τιμα-] sans iota souscrit : τιμᾶν. — 2. Mieux que τιμάτωσαν. — 3. Mieux que τιμάσθωσαν. — 4. A aussi le sens passif : *je serai honoré.* On emploie peu τιμηθήσομαι (140, 2°).

Conjugaison de τιμῶ, *j'honore.* — INFINITIF : τιμ **ᾶν** [-άεν]. α

SUBJONCTIF		OPTATIF		PARTICIPE	
τιμ **ῶ**	[-άω]	τιμ **ῴην**	[-αοίην]	M. τιμ **ῶν**	[-άων]
τιμ **ᾷς**	[-άῃς]	τιμ **ῴης**	[-αοίης]	τιμῶντος	[-άοντος]
τιμ **ᾷ**	[-άῃ]	τιμ **ῴη**[1]	[-αοίη]		
τιμ **ῶμεν**	[-άωμεν]	τιμ **ῷμεν**	[-άοιμεν]	F. τιμ **ῶσα**	[-άουσα]
τιμ **ᾶτε**	[-άητε]	τιμ **ῷτε**	[-άοιτε]	τιμώσης	[-αούσης]
τιμ **ῶσι(ν)**	[-άωσι]	τιμ **ῷεν**	[-άοιεν]		
τιμ **ᾶτον**	[-άητον]	τιμ **ῴτην**	[-αοίτην]	N. τιμ **ῶν**	[-άον]
τιμ **ᾶτον**	[-άητον]	τιμ **ῴτην**	[-αοίτην]	τιμῶντος	[-άοντος]

PLUS-QUE-PARFAIT : **ἐτετιμήκη** ου -μήκειν.

Conjugaison de τιμῶμαι. — INFINITIF : τιμ **ᾶσθαι** [-άεσθαι][2].

SUBJONCTIF		OPTATIF		PARTICIPE	
τιμ **ῶμαι**	[-άωμαι]	τιμ **ῴμην**	[-αοίμην]	M. τιμ **ώμενος**	[-αόμενος]
τιμ **ᾷ**	[-άῃ]	τιμ **ῷο**	[-άοιο]	τιμωμένου	[-αομένου]
τιμ **ᾶται**	[-άηται]	τιμ **ῷτο**	[-άοιτο]		
τιμ **ώμεθα**	[-αώμεθα]	τιμ **ῴμεθα**	[-αοίμεθα]	F. τιμ **ωμένη**	[-αομένη]
τιμ **ᾶσθε**	[-άησθε]	τιμ **ῷσθε**	[-άοισθε]	τιμωμένης	[-αομένης]
τιμ **ῶνται**	[-άωνται]	τιμ **ῷντο**	[-άοιντο[		
τιμ **ᾶσθον**	[-άησθον]	τιμ **ῴσθην**	[-αοίσθην]	N. τιμ **ώμενον**	[-αόμενον]
τιμ **ᾶσθον**	[-άησθον]	τιμ **ῴσθην**	[-αοίσθην]	τιμωμένου	[-αομένου]

PLUS-QUE-PARFAIT : **ἐτετιμήμην**; FUTUR ANTÉRIEUR : **τετιμήσομαι.**
» »

1. Au singulier, l'attique a préféré les désinences -οίην, etc., (des verbes en -μι 147.)
2. Le moyen signifie *estimer, évaluer :* μείζονος τιμᾶσθαι, *mettre à plus haut prix;* τιμᾶταί μοι θανάτου (s.-e. τὴν δίκην), *il requiert contre moi la peine de mort.*

119. Verbes contractes en -έω. — Voix active.

	INDICATIF				IMPÉRATIF	
	PRÉSENT		IMPARFAIT			
S. 1 p.	φιλ ῶ	[-έω]	ἐφίλ ουν	[-εον]		
2 p.	φιλ εῖς	[-έεις]	ἐφίλ εις	[-εες]	φίλ ει	[-εε]
3 p.	φιλ εῖ	[-έει]	ἐφίλ ει	[-εε]	φιλ είτω	[-εέτω]
P. 1 p.	φιλ οῦμεν	[-έομεν]	ἐφιλ οῦμεν	[-έομεν]		
2 p.	φιλ εῖτε	[-έετε]	ἐφιλ εῖτε	[-έετε]	φιλ εῖτε	[-έετε]
3 p.	φιλ οῦσι (ν)	[-έουσι]	ἐφίλ ουν	[-εον]	φιλ ούντων[1]	[-εόντων]
D. 2 p.	φιλ εῖτον	[-έετον]	ἐφιλ είτην	[-εέτην]	φιλ εῖτον	[-έετον]
3 p.	φιλ εῖτον	[-έετον]	ἐφιλ είτην	[-εέτην]	φιλ είτων	[-εέτων]

Futur : φιλήσω ; Aoriste : ἐφίλησα ; Parfait : πεφίληκα ;

Voix passive et moyenne.

	INDICATIF				IMPÉRATIF	
	PRÉSENT		IMPARFAIT			
S. 1 p.	φιλ οῦμαι	[-έομαι]	ἐφιλ ούμην	[-εόμην]		
2 p.	φιλ εῖ[2]	[-έει]	ἐφιλ οῦ	[-έου]	φιλ οῦ	[-έου]
3 p.	φιλ εῖται	[-έεται]	ἐφιλ εῖτο	[-έετο]	φιλ είσθω	[-εέσθω]
P. 1 p.	φιλ ούμεθα	[-εόμεθα]	ἐφιλ ούμεθα	[-εόμεθα]		
2 p.	φιλ εῖσθε	[-έεσθε]	ἐφιλ εῖσθε	[-έεσθε]	φιλ εῖσθε	[-έεσθε]
3 p.	φιλ οῦνται	[-έονται]	ἐφιλ οῦντο	[-έοντο]	φιλ είσθων[3]	[-εέσθων]
D. 2 p.	φιλ εῖσθον	[-έεσθον]	ἐφιλ είσθην	[-εέσθην]	φιλ εῖσθον	[-έεσθον]
3 p.	φιλ εῖσθον	[-έεσθον]	ἐφιλ είσθην	[-εέσθην]	φιλ είσθων	[-εέσθων]

PASSIF : Futur : φιληθήσομαι ; Aoriste : ἐφιλήθην ;
MOYEN : » : φιλήσομαι[4] ; » : (ἐφιλησάμην, *inusité*) ;

1. Mieux que φιλείτωσαν. — 2. Mieux que φιλῇ (107). — 3. Mieux que φιλείσθωσαν. — 4. S'emploie aussi dans le sens passif : *je serai aimé* (140,2°).

Conjugaison de φιλῶ, *j'aime.* — INFINITIF φιλ **εῖν** [-έεν]. ε

SUBJONCTIF		OPTATIF		PARTICIPE	
φιλ **ῶ**	[-έω]	φιλ **οίην**	[-εοίην]	M. φιλ **ῶν**	[-έων]
φιλ **ῇς**	[-έῃς]	φιλ **οίης**	[-εοίης]	φιλοῦντος	[-έοντος]
φιλ **ῇ**	[-έῃ]	φιλ **οίη** [1]	[-εοίη]		
φιλ **ῶμεν**	[-έωμεν]	φιλ **οῖμεν** [2]	[-έοιμεν]	F. φιλ **οῦσα**	[-έουσα]
φιλ **ῆτε**	[-έητε]	φιλ **οῖτε**	[-έοιτε]	φιλούσης	[-εούσης]
φιλ **ῶσι** (ν)	[-έωσι]	φιλ **οῖεν**	[-έοιεν]		
φιλ **ῆτον**	[-έητον]	φιλ **οίτην**	[-εοίτην]	N. φιλ **οῦν**	[-έον]
φιλ **ῆτον**	[-έητον]	φιλ **οίτην**	[-εοίτην]	φιλοῦντος	[-έοντος]

PLUS-QUE-PARFAIT : ἐπεφιλήκη ou -ήκειν.

Conjugaison de φιλοῦμαι. — INFINITIF φιλ **εῖσθαι** [-έεσθαι].

SUBJONCTIF		OPTATIF		PARTICIPE	
φιλ **ῶμαι**	[-έωμαι]	φιλ **οίμην**	[-εοίμην]	M. φιλ **ούμενος**	[-εόμενος]
φιλ **ῇ**	[-έῃ]	φιλ **οῖο**	[-έοιο]	φιλουμένου	[-εομένου]
φιλ **ῆται**	[-έηται]	φιλ **οῖτο**	[-έοιτο]		
φιλ **ώμεθα**	[-εώμεθα]	φιλ **οίμεθα**	[-εοίμεθα]	F. φιλ **ουμένη**	[-εομένη]
φιλ **ῆσθε**	[-έησθε]	φιλ **οῖσθε**	[-έοισθε]	φιλουμένης	[-εομένης]
φιλ **ῶνται**	[-έωνται]	φιλ **οῖντο**	[-έοιντο]		
φιλ **ῆσθον**	[-έησθον]	φιλ **οίσθην**	[-εοίσθην]	N. φιλ **ούμενον**	[-εόμενον]
φιλ **ῆσθον**	[-έησθον]	φιλ **οίσθην**	[-εοίσθην]	φιλουμένου	[-εομένου]

PARFAIT : πεφίλημαι ; PLUS-QUE-PARF. : ἐπεφιλήμην ; FUTUR ANT. : πεφιλήσομαι
» » » »

1. Au singulier, en attique, mieux que φίλοιμι, φιλοῖς, φιλοῖ, comme dans τιμῶ.
2. Mieux que φιλοίημεν, φιλοίητε, φιλοίησαν (rare), φιλοιήτην.

120. Verbes contractes en -όω. — Voix active.

	INDICATIF				IMPÉRATIF	
	PRÉSENT		IMPARFAIT			
S. 1 p.	δηλ **ῶ**	[-όω]	ἐδήλ **ουν**	[-οον]		
2 p.	δηλ **οῖς**	[-όεις]	ἐδήλ **ους**	[-οες]	δήλ **ου**	[-οε]
3 p.	δηλ **οῖ**	[-όει]	ἐδήλ **ου**	[-οε]	δηλ **ούτω**	[-οέτω]
P. 1 p.	δηλ **οῦμεν**	[-όομεν]	ἐδηλ **οῦμεν**	[-όομεν[		
2 p.	δηλ **οῦτε**	[-όετε]	ἐδηλ **οῦτε**	[-όετε]	δηλ **οῦτε**	[-όετε]
3 p.	δηλ **οῦσι** (ν)	[-όουσι]	ἐδήλ **ουν**	[-οον]	δηλ **ούντων**[1]	[-οόντων]
D. 2 p.	δηλ **οῦτον**	[-όετον]	ἐδηλ **ούτην**	[-οέτην]	δηλ **οῦτον**	[-όετον]
3 p.	δηλ **οῦτον**	[-όετον]	ἐδηλ **ούτην**	[-οέτην]	δηλ **ούτων**	[-οέτων]

FUTUR : δηλώσω; AORISTE : ἐδήλωσα; PARFAIT : δεδήλωκα;

Voix passive et moyenne.

	INDICATIF				IMPÉRATIF	
	PRÉSENT		IMPARFAIT			
S. 1 p.	δηλ **οῦμαι**	[-όομαι]	ἐδηλ **ούμην**	[-οόμην]		
2 p.	δηλ **οῖ**	[-όει]	ἐδηλ **οῦ**	[-όου]	δηλ **οῦ**	[-όου]
3 p.	δηλ **οῦται**	[-όεται]	ἐδηλ **οῦτο**	[-οέτο]	δηλ **ούσθω**	[-οέσθω]
P. 1 p.	δηλ **ούμεθα**	[-οόμεθα]	ἐδηλ **ούμεθα**	[-οόμεθα]		
2 p.	δηλ **οῦσθε**	[-όεσθε]	ἐδηλ **οῦσθε**	[-όεσθε]	δηλ **οῦσθε**	[-όεσθε]
3 p.	δηλ **οῦνται**	[-όονται]	ἐδηλ **οῦντο**	[-όοντο]	δηλ **ούσθων**[2]	[-οέσθων]
D. 2 p.	δηλ **οῦσθον**	[-όεσθον]	ἐδηλ **ούσθην**	[-οέσθην]	δηλ **οῦσθον**	[-όεσθον]
3 p.	δηλ **οῦσθον**	[-όεσθον]	ἐδηλ **ούσθην**	[-οέσθην]	δηλ **ούσθων**	[-οέσθων]

PASSIF : FUTUR : δηλωθήσομαι; AORISTE : ἐδηλώθην;
MOYEN : » δηλώσομαι[3]; » (ἐδηλωσάμην, *inusité*);

1 Mieux que δηλούτωσαν. — 2. Mieux que δηλούσθωσαν. — 3. Comme φιλήσομαι, le futur δηλώσομαι a aussi le sens passif.

Conjugaison de δηλῶ, *je montre.* — INFINITIF δηλ οῦν [-όεν][1]. | o |

SUBJONCTIF		OPTATIF		PARTICIPE	
δηλ ῶ	[-όω]	δηλ οίην	[-οοίην]	M. δηλ ῶν	[-όων]
δηλ οῖς	[-όῃς]	δηλ οίης	[-οοίης]	δηλοῦντος	[-όοντος]
δηλ οῖ	[-όῃ]	δηλ οίη [2]	[-οοίη]		
δηλ ῶμεν	[-όωμεν]	δηλ οῖμεν	[-όοιμεν]	F. δηλ οῦσα	[-όουσα]
δηλ ῶτε	[-όητε]	δηλ οῖτε	[-όοιτε]	δηλούσης	[-οούσης]
δηλ ῶσι (ν)	[-όωσι]	δηλ οῖεν	[-όοιεν]		
δηλ ῶτον	[-όητον]	δηλοίτην	[-οοίτην]	N. δηλ οῦν	[-όον]
δηλ ῶτον	[-όητον]	δηλ οίτην	[-οοίτην]	δηλοῦντος	[-όοντος]

PLUS-QUE-PARFAIT : ἐδεδηλώκη ou -κειν.

Conjugaison de δηλοῦμαι. — INFINITIF δηλ οῦσθαι [-όεσθαι].

SUBJONCTIF		OPTATIF		PARTICIPE	
δηλ ῶμαι	[-όωμαι]	δηλ οίμην	[-οοίμην]	M. δηλ ούμενος	[-οόμενος]
δηλ οῖ	[-όῃ]	δηλ οῖο	[-όοιο]	δηλουμένου	[-οομένου]
δηλ ῶται	[-όηται]	δηλ οῖτο	[-όοιτο]		
δηλ ώμεθα	[-οώμεθα]	δηλ οίμεθα	[-οοίμεθα]	F. δηλ ουμένη	[-οομένη]
δηλ ῶσθε	[-όησθε]	δηλ οῖσθε	[-όοισθε]	δηλουμένης	[-οομένης]
δηλ ῶνται	[-όωνται]	δηλ οῖντο	[-όοιντο]		
δηλ ῶσθον	[-όησθον]	δηλ οίσθην	[-οοίσθην]	N. δηλ ούμενον	[-οόμενον]
δηλ ῶσθον	[-όησθον]	δηλ οίσθην	[-οοίσθην]	δηλουμένου	[-οομένου]

PARFAIT : δεδήλωμαι; PL.-QUE-PARF. : ἐδεδηλώμην ; FUTUR ANT. : δεδηλώσομαι.
» » » »

1. Comme dans τιμᾶν, désinence -εν avec ε long ancien, sans iota.
2. En attique, mieux que δηλοίμι, δηλοῖς, δηλοῖ; — δηλοίημεν, comme dans τιμῶ.

Remarques sur les verbes contractes

Futurs en -έσω et en -άσω

121. 1° Dans plusieurs verbes contractes, la voyelle qui termine le radical reste brève à tous les temps[1] : ἀρκεῖν, *suffire*, fut. ἀρκέσω; αἰδεῖσθαι, *rougir*, *avoir honte*, fut. αἰδέσομαι; ἐπαινεῖν, *louer*, fut. ἐπαινέσομαι, aor. ἐπῄνεσα; καλεῖν, *appeler*, fut. καλῶ et καλέσω, aor. ἐκάλεσα; κλάω, *briser*, fut. κλάσω, aor. ἔκλασα; ξεῖν, *râcler*, ξέσω, ἔξεσα; τελεῖν, *finir*, aor. ἐτέλεσα; γελᾶν, *rire*, fut. γελάσομαι, aor. ἐγέλασα; σπᾶν, *tirer*, fut. σπάσω; χαλᾶν, *relâcher*, fut. χαλάσω. On y joindra ἀροῦν, *labourer*, *semer*, fut. ἀρόσω.

2° Dans les verbes en **-εάω**, **-ιάω**, **-ράω**, l'α du radical persiste et s'allonge à partir du futur, au lieu de se changer en η (39, II) :

Ex. : ἐᾶν, *permettre*, *laisser tranquille*, fut. ἐάσω, aor. εἴασα; — ἀνιᾶν, *affliger*, fut. ἀνιάσω; — δρᾶν, *faire*, fut. δράσω, aor. ἔδρασα; — πειρᾶσθαι, *tâcher*, *essayer*, fut. πειράσομαι, aor. ἐπειρασάμην ou ἐπειράθην. Il faut y joindre ἀκροᾶσθαι, *écouter*, fut. ἀκροάσομαι.

Contractions irrégulières

122. 1° Les verbes en **-έω** de deux syllabes, comme **πλέω**, *naviguer*, *faire voile;* **χέω**, *verser*, ne font généralement que les contractions en **ει**. Ainsi, on conjugue πλέω, πλεῖς, πλεῖ, πλέομεν, πλεῖτε, πλέουσι.

Δέω, *lier*, fait δοῦμεν (δήσω, ἔδησα, — ἐδέθην, δέδεμαι); mais δέω (*δεϝω), *manquer de*, fait δέομεν (δεήσω, ἐδέησα). A ce verbe se rattache l'impersonnel **δεῖ**, *il faut* (subj. δέῃ; opt. δέοι ; inf. δεῖν).

2° Πλέω (= *πλεϝω) reprend à partir du futur, sous forme d'υ, le digamma qui, au présent, est tombé entre deux voyelles (18; 19, 1°) : πλεύσομαι, ἔπλευσα, πέπλευκα. — Πνέω, *souffler*, et νέω, *nager*, se conjuguent de même. Ῥέω [* σρέϝω], *couler*, ῥυήσομαι, ἐρρύην. — Θέω, *courir*, fut. θεύσομαι, se complète par τρέχω (142). Χέω, *verser*, fait au futur χέω, à l'aoriste, ἔχεα (homér. ἔχευα), au parfait κέχυκα.

3° Les verbes κάω (καίω) [* καϝιω], *brûler* et κλάω (κλαίω) [* κλαϝιω], *pleurer*, ne sont pas contractes et retrouvent leur ϝ à partir du futur : καύσω, ἔκαυσα, κέκαυκα; — κλαύσομαι, (à côté de κλαήσομαι), ἔκλαυσα; parf. passif κέκλαυμαι.

Remarque. — Les parfaits moyens et passifs de quelques verbes — surtout en poésie — ont le subjonctif et l'optatif réguliers, au lieu de la forme périphrastique. Ce sont surtout : κτᾶσθαι, *acquérir:* parfait ind. κέκτημαι; subj. κέκτωμαι; opt. κεκτῄμην, κεκτῇο, κεκτῇτο; καλεῖν, *appeler :* passif parfait ind. κέκλημαι; subj. κέκλωμαι; opt. κεκλῄμην, κεκλῇο, κεκλῇτο (parfaits à sens présent).

1. Dans la plupart de ces verbes, l'exception n'est qu'apparente. Le radical se termine par la sifflante σ; le futur et l'aoriste comportaient primitivement le double σσ qui s'est simplifié sans altération de la voyelle. Ex. : τελεῖν (τέλος) ἐτέλεσσα, ἐτέλεσα. Il en est de même notamment pour ἀρκεῖν, αἰδεῖσθαι, ἐπαινεῖν, ξεῖν, σπᾶν, χαλᾶν.

II. — VERBES A CONSONNE

Les verbes à consonne comprennent deux catégories :

1° Les verbes en -λω, -μω, -νω, -ρω constituent traditionnellement la classe des *verbes à liquide*, bien que, à proprement parler, seuls λ et ρ soient des liquides.

2° Quand le radical se termine par une consonne muette (ou occlusive), la rencontre de cette muette avec la consonne initiale de la terminaison donne lieu à des modifications diverses. D'où une nouvelle classe, celle des *verbes à muette*.

1° Verbes à liquide

(Verbes en -λω, -μω, -νω, -ρω.)

123. **Ces verbes, en dépit des apparences, se rattachent étroitement aux verbes contractes par leur formation : ils sont, en effet, pour la plupart, formés originellement du même suffixe *-yo*, qui, s'ajoutant ici à une liquide (λ, μ, ν, ρ), a amené au thème du présent diverses réactions : στέλλω est venu de *στελ-jω; αἴρω de *ἀρ-jω;** φαίνω de *φαν-jω, (voir 19, 2°). Certains verbes n'ont pas de suffixe : γέμω, *être plein;* δέρω, *écorcher;* μένω, *rester;* νέμω, *distribuer;* τρέμω, *trembler.*

Ces verbes se conjuguent très régulièrement au présent et à l'imparfait, mais présentent diverses particularités aux autres temps.

124. Voix active et moyenne. — Futur. — Les verbes à liquide ont régulièrement le futur second en -ῶ à l'actif et en -οῦμαι au moyen (conjugué sur φιλῶ, noter l'accent) et non le futur en -σω et en -σομαι. On y retrouve le radical pur (bref), le futur perdant ce qui distingue d'ordinaire le présent, à savoir une consonne redoublée ou l'ι des verbes en -αίρω, -αίνω, -είρω, -είνω.

στέλλω	*envoyer*	fut.	στελῶ	φαίνω	*faire voir*	fut.	φανῶ
αἴρω	*lever, élever*		ἀρῶ	φθείρω	*corrompre*		φθερῶ
μένω	*rester*		μενῶ	ἀπο-κτείνω	*tuer*		ἀπο-κτενῶ.

125. Aoriste. — A l'aoriste, la pénultième est allongée après la chute du -σ de la désinence : l'ε et l'α du radical deviennent donc respectivement ει et η; ι et υ s'allongent purement et simplement (16, 2°).

στέλλω	στελῶ	ἔστειλα	φθείρω	φθερῶ	ἔφθειρα
φαίνω	φανῶ	ἔφηνα	μένω	μενῶ	ἔμεινα
κρίνω	κρῐνῶ	ἔκρῑνα	αἰσχύνω	αἰσχῠνῶ	ᾔσχῡνα.

Remarque. — Les verbes en -ραίνω ou -ιαίνω allongent simplement à l'aoriste l'α bref du futur : μαραίνω, *flétrir*, μαρᾰνῶ, ἐμάρᾱνα. De même αἴρω et, par exception, κερδαίνω, *gagner*, κερδᾰνῶ, ἐκέρδᾱνα.

126. Conjugaison des aoristes en -α sans σ

		στέλλω	κρίνω	αἴρω	γαμῶ
INDICATIF	S. 1 p.	ἔστειλα	ἔκρινα	ἦρα	ἔγημα
	2 p.	ἔστειλας	ἔκρινας	ἦρας	ἔγημας
	3 p.	ἔστειλε	ἔκρινε	ἦρε	ἔγημε
	P. 1 p.	ἐστείλαμεν	ἐκρίναμεν	ἤραμεν	ἐγήμαμεν
	2 p.	ἐστείλατε	ἐκρίνατε	ἤρατε	ἐγήματε
	3 p.	ἔστειλαν	ἔκριναν	ἦραν	ἔγημαν
IMPÉRATIF	S. 2 p.	στεῖλον	κρῖνον	ἆρον	γῆμον
	3 p.	στειλάτω	κρινάτω	ἀράτω	γημάτω
	P. 2 p.	στείλατε	κρίνατε	ἄρατε	γήματε
	3 p.	στειλάντων	κρινάντων	ἀράντων	γημάντων
SUBJ.	1 p.	στείλω	κρίνω	ἄρω	γήμω
	2 p.	στείλῃς etc.	κρίνῃς etc.	ἄρῃς etc.	γήμῃς etc.
OPTATIF	1 p.	στείλαιμι	κρίναιμι	ἄραιμι	γήμαιμι
	2 p.	στείλειας (-λαις)	κρίνειας (-ναις)	ἄρειας (-αις)	γήμειας (-μαις)
	3 p.	στείλειε (-λαι)	κρίνειε (κρίναι)	ἄρειε (ἄραι)	γήμειε (γήμαι)
		etc.	etc.	etc.	etc.
INF.		στεῖλαι	κρῖναι	ἆραι	γῆμαι
PART.		στείλας, -αντος στείλασα, -άσης στεῖλαν, -αντος	κρίνας, -αντος κρίνασα, -άσης κρῖναν, -αντος	ἄρας, -αντος ἄρασα, -άσης ἆραν, -αντος	γήμας, -αντος (γήμασα, -σης) γῆμαν, -αντος

127. Parfait. — Comme le futur, le parfait actif se forme du radical pur : ἀγγέλλω, *annoncer*, ἀγγελῶ, ἤγγειλα, ἤγγελκα; φαίνω, *faire voir*, φανῶ, ἔφηνα, πέφαγκα (15, 6°). Mais on notera les modifications de ce radical dans les cas suivants :

1° Les dissyllabes en -λω et -ρω changent l'ε du futur en α : στέλλω, στελῶ, ἔσταλκα; φθείρω, φθερῶ, ἔφθαρκα. En réalité, λ et ρ sont ici vocalisés (17).

2° Κρίνω, *juger*, fait κέκρικα; τείνω, *tendre*, fait τέτακα (voir 17).

3° Les verbes en -μω, ainsi que μένω et βάλλω, ont le parfait en -ηκα.

νέμω, *distribuer, accorder*	fut. νεμῶ	aor. 1 ἔνειμα	pf. νενέμηκα
μένω, *rester, demeurer*	μενῶ	ἔμεινα	μεμένηκα
βάλλω, *lancer, jeter*	βαλῶ	aor. 2 ἔβαλον	βέβληκα.

128. Voix passive. — Le futur, l'aoriste et le parfait passifs ont le même radical que le parfait actif :

φθείρω	ἔφθαρκα	φθαρήσομαι	ἐφθάρην	ἔφθαρμαι
στέλλω	ἔσταλκα	(manque)	ἐστάλην	ἔσταλμαι
τείνω	τέτακα	ταθήσομαι	ἐτάθην	τέταμαι
νέμω	νενέμηκα	νεμεθήσομαι	ἐνεμήθην	νενέμημαι
βάλλω	βέβληκα	βληθήσομαι	ἐβλήθην	βέβλημαι.

Remarques. I. Ont l'aoriste 2 passif : σφάλλω, *renverser, tromper*, ἐσφάλην; — σπείρω, *semer*, ἐσπάρην; —μαίνομαι, *être furieux*, ἐμάνην (139, 3°).

II. Dans les parfaits où la désinence est précédée d'une consonne, comme ἔφθαρμαι, les terminaisons -σθε, -σθων, -σθαι, perdent le σ : ἔφθαρθε (et non *ἔφθαρσθε); ἤγγελθε. De plus, on emploie à la 3e personne du pluriel la périphrase ἐφθαρμένοι εἰσί (voir 136). Le reste de la conjugaison est régulier.

III. Les verbes en -αίνω ont le parfait passif en -σμαι. Ex. : Φαίνομαι, *paraître se montrer*, fut. φανοῦμαι et φανήσομαι, aor. ἐφάνην (ἐφάνθην), parf. πέφασμαι [= *πεφαν-μαι], (πέφανσαι), πέφανται, πεφάσμεθα, πέφανθε, πεφασμένοι εἰσί; infin. πεφάνθαι.

Les verbes en -ύνω ont le parfait passif en -μμαι ou en -σμαι. Παροξύνω, *irriter*, fait παρώξυμμαι (παρώξυνσαι), παρώξυνται, -ωξύμμεθα, -ώξυνθε, -ωξυμμένοι εἰσί. Mais ἡδύνω, *assaisonner*, fait ἥδυσμαι, (ἥδυνσαι), ἥδυνται, ἡδύσμεθα, ἥδυνθε, ἡδυσμένοι εἰσίν.

129. Conjugaison des aoristes passifs en -ην

INDICATIF	IMPÉRATIF	SUBJONCTIF	OPTATIF	INFINITIF
ἐστάλην		σταλῶ	σταλείην	σταλῆναι
ἐστάλης	στάληθι	σταλῇς	σταλείης	
ἐστάλη	σταλήτω	σταλῇ	σταλείη	**PARTICIPE**
ἐστάλημεν		σταλῶμεν	σταλεῖμεν	σταλείς, -έντος
ἐστάλητε	στάλητε	σταλῆτε	σταλεῖτε	σταλεῖσα, -σης
ἐστάλησαν	σταλέντων	σταλῶσι (ν)	σταλεῖεν	σταλέν, -έντος

2° Verbes à muette

130. Les verbes à muette constituent, dans la conjugaison, le pendant des noms à muette de la 3e déclinaison; mais ici un plus grand nombre de consonnes sont intéressées. Dans ces verbes, la muette finale du radical rencontre la consonne initiale de la terminaison au futur, à l'aoriste et au parfait (σ, κ, θ, μ). Il faut donc rappeler les principes énoncés plus haut (15) sur la rencontre des consonnes.

1° Combinées avec un σ consécutif, les labiales β, π, φ forment un ψ, les gutturales γ, κ, χ, un ξ; les dentales δ, τ, θ tombent pratiquement devant σ.

2° Devant μ, les labiales se changent en μ, les gutturales en γ, les dentales en σ.

3° Deux muettes consécutives doivent être du même degré.

4° Une dentale suivie d'une autre dentale se change en σ; elle tombe devant κ.

(A ce modèle se rattachent quelques verbes de formation secondaire à suffixe primitif en *-yo*.)

131. *a*) **Radicaux à labiale.** — Les verbes en -βω, -πω, -φω et -πτω (issu de -πjω) ont à l'actif le futur en -ψω et l'aoriste en -ψα (1°), le parfait en -φα; au passif, l'aoriste en -φθην (3°) et le parfait en -μμαι (2°). Ex. :

τρίβω, *broyer*	τρίψω	ἔτριψα	τέτριφα	(ἐτρίφθην)	τέτριμμαι
γράφω, *écrire*	γράψω	ἔγραψα	γέγραφα	(ἐγράφθην)	γέγραμμαι
ῥίπτω, *jeter*	ῥίψω	ἔρριψα	ἔρριφα	ἐρρίφθην	ἔρριμμαι.

b) **Radicaux à gutturale.** — Les verbes en -γω, -κω, -χω et la plupart de ceux en -ττω (-σσω) (issu de -κjω, -χjω), ont, à l'actif, le futur en -ξω, et l'aoriste en -ξα (1°); le parfait en -χα; au passif, l'aoriste en-χθην (3°) et le parfait en -γμαι (2°). Ex. :

ἄγω, *conduire*	ἄξω	(ἦξα)[1]	ἦχα	ἤχθην	ἦγμαι
διώκω, *poursuivre*	διώξω	ἐδίωξα	δεδίωχα	ἐδιώχθην	(δεδίωγμαι)
πράττω, *faire, agir*	πράξω	ἔπραξα	πέπραχα	ἐπράχθην	πέπραγμαι.

Remarque. — Dans les verbes à labiale et à gutturale, l'aspirée du parfait actif provient sans doute, par analogie, du parfait moyen-passif, 2° p. pl., où elle est régulière : τέτριφ-θε, ἦχ-θε. Les parfaits à aspirée ont plutôt l'optatif en -οίην.

1. L'aoriste normal de ἄγω est ἤγαγον (138, 2°).

c) **Radicaux à dentale.** — Dans les verbes en -δω, -τω, -θω, et la plupart de ceux en -ζω (issu de -δjω), la dentale disparaît, à l'actif, devant la terminaison du futur et de l'aoriste (1°), ainsi que devant la terminaison du parfait (4°); elle se change en σ devant celle du futur, de l'aoriste (4°) et du parfait passifs (2°). Ex. :

ψεύδω, *tromper*	ψεύσω	ἔψευσα	ἔψευκα	ἐψεύσθην	ἔψευσμαι
πείθω, *persuader*	πείσω	ἔπεισα	πέπεικα	ἐπείσθην	πέπεισμαι
σχίζω, *fendre*	σχίσω	ἔσχισα	—	ἐσχίσθην	ἔσχισμαι.

Remarque. — Dans σπένδομαι, *conclure un traité*, au futur, * σπενδ-σομαι a produit régulièrement σπεί-σομαι, de même que *λυθεντ-σι a produit λυθεῖ-σι (71). En réalité, au futur et à l'aoriste, il y a eu d'abord assimilation de la dentale devant σ, puis simplification du double σσ. Ex. : ἔσχισα vient de ἔσχισσα (qui est attesté), (15, 1°) = * ἐσχιδ-σα. Σῴζω, *sauver*, est irrégulier au passif : σώσω, ἔσωσα, σέσωκα, σωθήσομαι, ἐσώθην, σέσωμαι.

132. Exceptions. — Un petit nombre de verbes en -ζω issus de -γjω, se conjuguent comme les radicaux à gutturale, et quelques verbes en -ττω issus de -τjω, -θjω, comme les radicaux à dentale. Ex. :

οἰμώζω, *se lamenter*	οἰμώξομαι	ᾤμωξα		
στίζω, *tatouer*	στίξω	ἔστιξα	(ἐστίχθην)	ἔστιγμαι
πλάττω, *façonner*	πλάσω	ἔπλασα	ἐπλάσθην	πέπλασμαι
ἁρμόττω, *adapter*	ἁρμόσω	ἥρμοσα	ἡρμόσθην	ἥρμοσμαι.

133. Quelques verbes de cette catégorie ont conservé également une ancienne *alternance vocalique*, avec le degré *o* au parfait actif : κλέπ-τω, *voler*, *dérober*, parf. κέκλοφα; πέμπ-ω, *envoyer*, parf. πέπομφα; τρέπω, *tourner*, parf. τέτροφα. Trois verbes ont le degré zéro au parfait passif : στρέφω, *tourner*, *retourner*, parf. p. ἔστραμμαι (* στρ-); τρέπω, *tourner*, τέτραμμαι; τρέφω, *nourrir*, τέθραμμαι.

Remarque. — Le θ de τέθραμμαι (à côté de τέτραμμαι) s'explique par un report d'aspiration (15, 5°). Comparer également τρέφω, fut. θρέψω (θρέμμα, *nourrisson*), θάπτω, (* ταφ-jω) fut. θάψω, à côté de τάφος, *tombe*.

Un fait analogue a lieu pour ἔχω, qui, perdant l'aspirée au futur, la remplace par l'esprit rude : ἕξω. Dans les verbes composés, l'aspiration se reporte sur la préposition : κατ-έχω, *contenir*, fut. καθ-έξω, adj. verbal καθ-εκτός; ἀπ-έχω, *être éloigné*, fut. ἀφ-έξω.

134. Plusieurs verbes dont la racine se termine par une muette présentent au thème du présent un élargissement en -*e* qui en fait des verbes contractes : δοκέω, δοκεῖν, *sembler;* ὠθέω, ὠθεῖν, *pousser*. Mais on retrouve aux autres thèmes le radical pur : futur δόξω, aor. ἔδοξα; futur ὤσω, aor. ἔωσα (112, 2°).

135. Verbes à sifflante. — La plupart des verbes dont la racine se terminait par un σ sont devenus des verbes contractes par la chute du σ entre deux voyelles. Ce sont la plupart des verbes signalés au § 121, 1°. On y ajoutera deux verbes à suffixe *so :*

αὔξω, *accroître*	αὐξήσω	ηὔξησα	ηὔξηκα (à côté de αὐξάνω, 137 II, 3°).
ἕψω, *faire cuire*	ἑψήσω	ἥψησα	— .

136. Conjugaison des parfaits passifs en -μμαι, -γμαι, -σμαι

RADICAUX	A LABIALE	A GUTTURALE	A DENTALE
		PARFAIT	
INDICATIF	*Je suis broyé*	*J'ai été conduit*	*Je suis persuadé*
S. 1 p.	τέτριμμαι	ἦγμαι	πέπεισμαι
2 p.	τέτριψαι	ἦξαι	πέπεισαι
3 p.	τέτριπται	ἦκται	πέπεισται
P. 1 p.	τετρίμμεθα	ἤγμεθα	πεπείσμεθα
2 p.	τέτριφθε	ἦχθε	πέπεισθε
3 p.	τετριμμένοι εἰσί (ν)	ἠγμένοι εἰσί (ν)	πεπεισμένοι εἰσί (ν)
D. 2 p.	τέτριφθον	ἦχθον	πέπεισθον
3 p.	τέτριφθον	ἦχθον	πέπεισθον
IMPÉRATIF	τέτριψο, -φθω	ἦξο, ἤχθω	πέπεισο, -σθω
SUBJONCTIF	τετριμμένος ὦ	ἠγμένος ὦ	πεπεισμένος ὦ
OPTATIF	τετριμμένος εἴην	ἠγμένος εἴην	πεπεισμένος εἴην
INFINITIF	τετρῖφθαι	ἦχθαι	πεπεῖσθαι
PARTICIPE	τετριμμένος	ἠγμένος	πεπεισμένος
		PLUS-QUE-PARFAIT	
S. 1 p.	ἐτετρίμμην	ἤγμην	ἐπεπείσμην
2 p.	ἐτέτριψο	ἦξο	ἐπέπεισο
3 p.	ἐτέτριπτο	ἦκτο	ἐπέπειστο
P. 1 p.	ἐτετρίμμεθα	ἤγμεθα	ἐπεπείσμεθα
2 p.	ἐτέτριφθε	ἦχθε	ἐπέπεισθε
3 p.	τετριμμένοι ἦσαν	ἠγμένοι ἦσαν	πεπεισμένοι ἦσαν
D. 2 p.	ἐτετρίφθην	ἤχθην	ἐπεπείσθην
3 p.	ἐτετρίφθην	ἤχθην	ἐπεπείσθην

I. Le σ des désinences σθε et σθαι disparaît entre deux consonnes (16, 2°) : τέτριφ-θε, τετρῖφ-θαι, ἦχ-θε, ἦχ-θαι. La langue n'admet pas des combinaisons telles que * τετριψθε, * ἦξθαι.

II. A la 3e personne du pluriel, * τετριβ-νται, * ἐτετριβ-ντο, seraient d'une prononciation trop dure. Ces formes sont évitées de deux manières : par la périphrase τετριμμένοι εἰσί (ou ἦσαν), qui est classique, et par les formes τετρίφαται, ἐτετρίφατο, qui se rencontrent en ionien (voir 398, 21; 399, 8), dans la langue de la tragédie et jusque dans la prose de Thucydide. La terminaison -αται résulte de -νται avec vocalisation de ν; l'aspirée φ ou χ provient de la 2e pers. plur. τέτριφ-θε, ἦχ-θε et de l'infinitif. La désinence -αται n'est pas attestée après une autre dentale que δ (ἐσκευάδαται, Hérodote IV, 58).

3° Verbes de formations diverses

137. Le suffixe le plus répandu dans la formation des verbes grecs (thèmes du présent) était assurément le suffixe *-yo*, qu'on trouve à l'origine de presque tous les verbes contractes, de la plupart des verbes à liquide et de quelques catégories de verbes à muette (-ττω, -ζω, -πτω). Mais il existe d'autres formations, notamment :

1° *les verbes à redoublement;*

2° *les verbes à nasale* (suffixe -νω ou -άνω), souvent avec insertion au radical d'un infixe nasal : ν, μ, γ;

3° *les verbes inchoatifs* à suffixe -σκω (associé parfois à un redoublement ou à un suffixe à nasale).

Le redoublement ainsi que ces suffixes (et infixes) ne se trouvent qu'au thème du présent; il n'y a donc pas lieu d'en tenir compte pour la formation des autres temps.

I. — Redoublement par ι

Le redoublement en -ε caractérise le parfait; mais il y a aussi en grec un redoublement en ι pour caractériser le présent. Il existe dans un bon nombre de verbes en -μι (146-152) et aussi dans quelques verbes en -ω anciens dans la langue. Ces derniers comportent toujours le degré zéro de la racine. Ex. : γί-γν-ομαι (Rac. γεν-); πί-πτ-ω (Rac. πετ-); τί-κτω (= *τι-τκω) (Rac. τεκ-). Ces verbes marquent surtout l'aboutissement de l'action.

γίγνομαι, *devenir*	γενήσομαι	ἐγενόμην	γέγονα ou γεγένημαι
πίπτω, *tomber*	πεσοῦμαι	ἔπεσον	πέπτωκα
τίκτω, *enfanter*	τέξομαι	ἔτεκον	τέτοκα.

Les verbes ἴσχω, *tenir* (* σι -σχ -ω) fut. σχήσω (cf. ἔχω, 143)
et ἵζω, *s'asseoir* (* σι -σδ-ω) fut. ἱζήσω (cf. lat. *sido*)
appartiennent à cette catégorie.

II. — Présents à nasale

1° SUFFIXES -νω ET -νέω

δάκ-νω, *mordre*	δήξομαι	ἔδακον	pf. pass. δέδηγμαι
ἐλα-ύνω, *pousser, chasser, partir*	ἐλῶ, -ᾷς (138, 1°)	ἤλασα	ἐλήλακα (114)
κάμνω, *fatiguer*	καμοῦμαι (138, 1°)	ἔκαμον	κέκμηκα
τέμνω (poét. τάμνω), *couper*	τεμῶ	ἔτεμον	τέτμηκα
	τμηθήσομαι	ἐτμήθην	τέτμημαι
τί-νω [*τινϝω], *expier, compenser*	τείσω	ἔτεισα	pf. pass. τέτεισμαι
φθίνω [*φθινϝω], *décroître*	φθείσω	ἔφθεισα	
φθάνω, *devancer*	φθήσομαι	ἔφθασα (ἔφθην)	ἔφθακα
ἀφ-ικ-νεῖσθαι, *arriver, venir*	ἀφίξομαι	ἀφικόμην	ἀφῖγμαι
ὑπ-ισχ-νεῖσθαι, *promettre* (137, I)	ὑποσχήσομαι	ὑπεσχόμην	ὑπέσχημαι.

2° SUFFIXE -άνω (APRÈS UN GROUPE DE CONSONNES)

αἰσθ-άνομαι, *s'apercevoir*	αἰσθήσομαι	ᾐσθόμην	ᾔσθημαι
ἁμαρτ-άνω, *se tromper, pécher*	ἁμαρτήσομαι	ἥμαρτον	ἡμάρτηκα
ἀπ-εχθ-άνομαι, *être odieux à*	ἀπεχθήσομαι	ἀπηχθόμην	ἀπήχθημαι
κατα-δαρθ-άνω, *dormir*	—	κατέδαρθον	δεδάρθηκα.

3° SUFFIXE -άνω AVEC INFIXE NASAL

Ces verbes au nombre de six ont un aoriste 2 qui offre le radical pur. L'infixe nasal inséré dans ce radical prend la forme ν, γ, ou μ, selon qu'il est suivi d'une dentale, d'une gutturale ou d'une labiale (15, 6°). La plupart de ces verbes expriment l'aboutissement de l'action.

λαγχάνω, *obtenir par le sort*	λήξομαι	ἔλαχον	εἴληχα
λαμβάνω, *prendre, recevoir*	λήψομαι	ἔλαβον	εἴληφα
λαμβάνομαι	ληφθήσομαι	ἐλήφθην	εἴλημμαι
λανθάνω, *échapper à l'œil de* (acc.)	λήσω	ἔλαθον	λέληθα
ἐπι-λανθάνομαι, *oublier* (gén.)	ἐπιλήσομαι	ἐπελαθόμην	ἐπιλέλησμαι
μανθάνω, *apprendre, étudier*	μαθήσομαι	ἔμαθον	μεμάθηκα
πυνθάνομαι, *s'informer, apprendre*	πεύσομαι	ἐπυθόμην	πέπυσμαι
τυγχάνω, *se trouver, obtenir* (gén.)	τεύξομαι	ἔτυχον	τετύχηκα.

III. — Verbes inchoatifs

Le suffixe -σκω a servi à constituer en ionien, chez Homère et chez Hérodote, des verbes marquant la *répétition* (398, 399). En attique, il marque surtout le *commencement* de l'action.

1° SUFFIXE -σκω (-ισκω APRÈS UNE CONSONNE)

ἀναλ-ίσκω, *dépenser*	ἀναλώσω	ἀνήλωσα	ἀνήλωκα
ἀρέ-σκω, *plaire, contenter*	ἀρέσω	ἤρεσα	—
βλώ-σκω, *venir* (poét.) (15,7°)	μολοῦμαι,	ἔμολον	μέμβλωκα
γηρά-σκω, *vieillir*	γηράσομαι	ἐγήρασα	γεγήρακα
εὑρ-ίσκω, *trouver*	εὑρήσω	ηὗρον	ηὕρηκα
εὑρίσκομαι, *se procurer*	εὑρήσομαι	ηὑρόμην	ηὕρημαι
être trouvé	εὑρεθήσομαι	ηὑρέθην	ηὕρημαι
θνή-σκω, *mourir*	ἀπο-θανοῦμαι	ἀπ-έθανον	τέθνηκα
ὀφλ-ισκάνω, *s'exposer à, encourir*	ὀφλήσω	ὦφλον	ὦφληκα.

Remarques. — I. Le composé ἀπο-θνήσκω [* θνᾱ-ισκω] est plus usité que le verbe simple, sauf au parfait. Le parfait τέθνηκα signifie *je suis mort*, et a donné naissance au futur τεθνήξω, *je serai mort*. De plus, à côté des formes pleines τεθνήκαμεν, τεθνηκέναι, etc., on trouve aussi les formes plus courtes et plus anciennes τέθναμεν, τεθνάναι, etc. (151, I).

Conjugaison de τέθνηκα, *je suis mort*

INDICATIF	PARFAIT	PLUS-QUE-PARFAIT	FUTUR ANTÉRIEUR
S. 1 p.	τέθνηκα	ἐτεθνήκειν	τεθνήξω (τεθνήξο-[μαι)
2 p.	τέθνηκας	ἐτεθνήκεις	τεθνήξεις
3 p.	τέθνηκε	ἐτεθνήκει	τεθνήξει
P. 1 p.	τεθνήκαμεν et τέθναμεν	ἐτεθνήκειμεν	τεθνήξομεν
2 p.	τεθνήκατε	ἐτεθνήκειτε	τεθνήξετε
3 p.	τεθνήκασι et τεθνᾶσι	ἐτεθνήκεσαν et ἐτέθνασαν	τεθνήξουσι
IMPÉRATIF	τέθναθι		
SUBJONCTIF	τεθνήκω		
OPTATIF	τεθναίην		τεθνήξοιμι
INFINITIF	τεθνηκέναι et τεθνάναι		τεθνήξειν
PARTICIPE	τεθνηκώς et τεθνεώς, τεθνεῶσα, τεθνεός τεθνεῶτος, τεθνεώσης, τεθνεῶτος		τεθνήξων

II. Le verbe ὀφλισκάνω comporte deux suffixes : -ισκ- et -άνω.

2° Suffixe -σκω avec redoublement

δι-δάσκω, *enseigner*	διδάξω	ἐδίδαξα	δεδίδαχα
τι-τρώ-σκω, *blesser*	τρώσω	ἔτρωσα	—
ὑπο-μι-μνή-σκω, *faire souvenir*	ὑπομνήσω	ὑπέμνησα	— [2].

Ces verbes sont particulièrement expressifs et expriment d'ordinaire une action qu'on répète pour réussir : διδάσκω, *enseigner à force de répéter*.

1. Le redoublement et la gutturale du suffixe -σκω passent ici à tous les temps.
2. Le verbe simple μιμνήσκω n'est usité en prose qu'aux formes suivantes : μέμνημαι, *je me souviens* (subj. μεμνῶμαι, opt. μεμνῄμην, -ῇο), fut. μεμνήσομαι, aor. ἐμνήσθην (gén. ou acc.).

Temps seconds

138. On appelle *temps seconds* une *seconde* forme particulière (et souvent plus ancienne) de futur, d'aoriste et de parfait, par opposition aux temps formés régulièrement, appelés *temps premiers* (-σω, -σα, -κα). D'ordinaire, un temps second ne coexiste pas avec un temps régulier.

Les temps seconds sont caractérisés d'une manière générale par l'absence des lettres caractéristiques habituelles (102) : σ au futur et à l'aoriste de l'actif et du moyen, κ au parfait actif, θ à l'aoriste et au futur passifs.

On distingue cinq espèces de temps seconds :

1° Des **futurs seconds actifs et moyens** en -ῶ et en -οῦμαι, par contraction pour -έσω ou -έσομαι. Ces futurs se conjuguent comme les présents φιλῶ et φιλοῦμαι. Ex. :

μάχομαι, *combattre* μαχοῦμαι ἐμαχεσάμην μεμάχημαι.

On les rencontre régulièrement dans les verbes en -λω, -μω, -νω, -ρω (124) et, par analogie, dans les verbes en -ίζω de plus de deux syllabes. Ex. : νομίζω, *penser*, fut. νομιῶ; — χαρίζομαι, *faire plaisir*, fut. χαριοῦμαι; — βαδίζω, *marcher*, fut. βαδιοῦμαι. Mais ἐλπίζω fait ἐλπίσω.

Remarque. — Ce futur en -ιῶ au lieu de -ίσω s'appelle *futur attique*. Le *futur dorien*, rare en prose, est un futur à la fois sigmatique et contracte en -σοῦμαι au lieu de -σομαι. Ex. : πλέω, πλευσοῦμαι.

A côté des futurs seconds en -ῶ pour -έσω, il s'en trouve quelques-uns en -ῶ pour -άσω, qui se conjuguent comme τιμῶ. Ex. : εἰσ-βιβάζω, *faire entrer*, *embarquer*, fut. εἰσ-βιβῶ; — ἐλαύνω, *pousser en avant*, fut. ἐλῶ (= ἐλάσω), ἐλᾷς, ἐλᾷ. Il faut y joindre quelques verbes en -άννυμι, comme σκεδάννυμι (157).

2° Des **aoristes seconds actifs et moyens**, à radical bref, en -ον et -όμην, au lieu de -σα et -σάμην. Ils se conjuguent à l'indicatif comme ἔλυον, ἐλυόμην, et aux autres modes comme le présent de λύω. Ex. :

λείπω, *laisser*	ἔλιπον	λίπε	λίπω	λίποιμι	λιπεῖν	λιπών
ἄγω, *conduire*	ἤγαγον[1]	—	ἀγάγω	ἀγάγοιμι	ἀγαγεῖν	ἀγαγών
αἱροῦμαι, *choisir*	εἱλόμην	ἑλοῦ	ἕλωμαι	ἑλοίμην	ἑλέσθαι	ἑλόμενος

Remarque. — Ces aoristes suivent des règles particulières d'accentuation.

1° L'infinitif aor. 2 a le circonflexe sur la finale à l'actif, l'aigu sur la pénultième au moyen : λαβεῖν, λαβέσθαι. Le participe aor. 2 actif a l'aigu sur la finale : λαβών. L'impératif aor. 2 moyen a le circonflexe sur la finale : λαβοῦ. (Ceci est vrai pour les composés.)

1. On remarque dans ἤγ-αγ-ον une sorte de redoublement attique (114), mais intérieur, qui le distingue de l'imparfait ἦγον. L'impératif ἄγαγε n'est usité que dans les composés ἀπάγαγε, etc.

2° Les cinq impératifs sing. : **εἰπέ, ἐλθέ, εὑρέ, ἰδέ, λαβέ** ont l'accent aigu sur la finale, sauf dans les verbes composés où l'accent remonte le plus haut possible : ἄπελθε.

3° Des **aoristes seconds intransitifs en** -ην **(ou** -αν**), en** -ῡν **et en** -ων dans plusieurs verbes en -ω, dont le radical, terminé par une voyelle, est renforcé ou allongé au présent. Cet aoriste 2 se conjugue comme ἔστην (151).

βαίνω, *marcher*	βήσομαι	ἔβην	βέβηκα
φθάνω, *devancer*	φθήσομαι	ἔφθην et ἔφθασα	—
[τλάω] *supporter*	τλήσομαι	ἔτλην	(τέτληκα)
ἀπο-δι-δράσκω, *s'enfuir*	ἀπο-δράσομαι	ἀπ-έδραν	ἀπο-δέδρακα
δύομαι, *s'enfoncer*	δύσομαι	ἔδῡν	δέδυκα
φύομαι, *naître*	—	ἔφυν *(je naquis)*	πέφυκα, *(je suis)*
ἁλίσκομαι, *être pris*	ἁλώσομαι	ἑάλων [*ἤϝαλων]	ἑάλωκα
(βιόω-ῶ), *vivre* (117, 1°)	βιώσομαι	ἐβίων	βεβίωκα
γι-γνώσκω, *connaître*	γνώσομαι	ἔγνων	pf. p. ἔγνωσμαι.

	INDIC.	IMPÉR.	SUBJONCTIF	OPTATIF	INFINITIF	PART.
βαίνω	ἔβην	βῆθι	βῶ, βῇς	βαίην	βῆναι	βάς
διδράσκω	ἔδραν	δρᾶθι	δρῶ, δρᾷς	δραίην	δρᾶναι	δράς
δύομαι	ἔδυν	δῦθι	δύω, δύῃς	—	δῦναι	δύς
γιγνώσκω	ἔγνων	γνῶθι	γνῶ, γνῷς	γνοίην	γνῶναι	γνούς

Les aoristes en -ων se conjuguent ainsi : ἔγνων, ἔγνως, ἔγνω, ἔγνωμεν, ἔγνωτε, ἔγνωσαν. Quant à ἔδραν, ἔδρας, ἔδρα, c'est à cause du ρ qu'on trouve α à tous les modes. Les aor. 2 en -υν se conjuguent sur ἐδείκνυν (156). Les impératifs ont la troisième personne du pluriel brève : βάντων, γνόντων (13, 1°, *c*).

4° Des **parfaits et plus-que-parfaits seconds actifs** en -α et en -ειν, où ces désinences s'ajoutent immédiatement à la consonne finale du radical sans la modifier. Ex. : φεύγω, *fuir*, parf. 2 πέφευγα; κράζω, *crier* (rad. κραγ), parf. 2 κέκραγα; πράττω (rad. pur πραγ), *faire*, parf. 1 πέπραχα, *j'ai fait;* parf. 2 πέπραγα, *je réussis* (bien ou mal). On voit par cet exemple que, lorsque le parfait second et le parfait premier existent tous deux, celui-ci garde généralement le sens transitif, tandis que l'autre prend le sens intransitif ou passif.

L'optatif des parfaits seconds est en -οίην plutôt qu'en -οιμι.

5° Des **futurs et aoristes seconds passifs** en -ήσομαι et en -ην, sans la caractéristique θ. Ainsi τρίβω fait plus souvent au passif τριβήσομαι et ἐτρίβην que τριφθήσομαι et ἐτρίφθην; de même συν-ελέγην est plus usité que συν-ελέχθην. Ne pas confondre ces aoristes 2 *passifs* en -ην (voir conjugaison, 129) avec les aoristes 2 *actifs* intransitifs étudiés au 3°.

REMARQUE. — La désinence θι n'est pas altérée à l'impératif aor. 2, γνῶ-θι, τρίβη-θι, comme elle l'est dans λύθη-τι (15, 5°).

139. OBSERVATIONS. — 1° Le radical du présent est souvent modifié à l'aoriste second et au parfait second sous l'influence d'une alternance vocalique. Ex. :

λείπω, *laisser*, parf. 2 λέλοιπα	πείθω, *persuader*, parf. 2 πέποιθα, *je crois*
στρέφω, aor. 2 pass. ἐστράφην	τήκω, *liquéfier*, aor. 2. p. ἐτάκην, pf. 2. τέτηκα
φεύγω, *fuir*, aor. 2 ἔφυγον	σήπω, *putréfier*, ἐσάπην, σέσηπα, *putreo*.

2° Aucun verbe grec ne possède à la fois tous les temps seconds. Les verbes en -ω à voyelle en sont presque complètement dépourvus, sauf certains verbes déjà cités, ainsi que τελεῖν, *accomplir*, γαμεῖν, *épouser* et καλεῖν, *appeler*, qui font au futur τελῶ, γαμῶ et καλῶ, comme au présent, plutôt que τελέσω, γαμέσω et καλέσω.

Τρέπω est le seul verbe qui ait six aoristes : ἔτρεψα, *j'ai tourné;* ἐτραπόμην, *je me suis dirigé;* ἐτρεψάμην, *fugavi;* ἐτράπην, *fugi;* ἐτρέφθην, *conversus sum;* ἔτραπον. *verti* (poét.).

3° Les verbes suivants n'ont au passif, en prose classique, que l'aoriste et le futur seconds :

γράφω, *écrire*	γραφήσομαι	ἐγράφην
σκάπτω, *creuser*	(σκαφήσομαι)	ἐσκάφην
κόπτω, *couper, battre*	κοπήσομαι	ἐκόπην
σφάττω, *égorger*	σφαγήσομαι	ἐσφάγην
θάπτω, *enterrer*	ταφήσομαι	ἐτάφην
βάπτω, *plonger, teindre*	—	ἐβάφην
ἀπο-πνίγω, *étouffer, étrangler*	ἀπο-πνιγήσομαι	ἀπ-επνίγην
μαίνομαι, *être fou*	—	ἐμάνην.

4° Ont à la fois l'aor. 1 et l'aor. 2 au passif :

ἀλλάττω, *changer, échanger*	ἠλλάγην	et	ἠλλάχθην
βλάπτω, *nuire*	ἐβλάβην	et	ἐβλάφθην
κλίνω, *incliner*	ἐκλίνην	et	ἐκλίθην
πλέκω, *tresser*	ἐπλάκην	et	ἐπλέχθην
ῥίπτω, *jeter*	ἐρρίφην	et	ἐρρίφθην
τρίβω, *frotter*	ἐτρίβην	et	ἐτρίφθην
τρέπω, *tourner*	ἐτράπην	et	ἐτρέφθην
τρέφω, *nourrir*	ἐτράφην	et	ἐτρέφθην.

OBSERVATIONS SUR LES VERBES EN -ω

Nous avons signalé plus haut (110, 1°) que seul un petit nombre de verbes avait une conjugaison aussi régulière que celle de λύω. On trouve assez souvent un mélange de formes ou des formations irrégulières de temps sur lesquels le dictionnaire seul renseignera avec précision. Seront notés ici les faits les plus fréquents.

Mélange des voix

140. 1° Certains verbes ont à l'*actif* un *futur moyen*, alors que les autres formes sont régulières. Ex. :

ᾄδειν, *chanter*	ᾄσομαι	γελᾶν, *rire*	γελάσομαι
ἀκούω, *entendre*	ἀκούσομαι	σιγᾶν, *garder le silence*	σιγήσομαι
βοᾶν, *crier*	βοήσομαι	σιωπᾶν, *se taire*	σιωπήσομαι
βαίνω, *marcher*	βήσομαι	σπουδάζειν, *s'empresser*	σπουδάσομαι.

2° Le *futur moyen* s'emploie souvent avec le *sens passif*, surtout dans les verbes en -ω à voyelle, au lieu de la forme en -θήσομαι, qui est un peu lourde et, du reste, assez récente, puisqu'Homère ne la connaît pas (elle n'apparaît que chez Eschyle); l'aoriste en -θην, en revanche, est connu d'Homère. Ex. :

ἀδικεῖν, *faire tort* (acc.)	ἀδικήσομαι, *on me fera tort*
βλάπτειν, *nuire* (acc.)	βλάψομαι, *on me nuira*
κωλύειν, *empêcher*	κωλύσομαι, *on m'empêchera*
ταράττειν, *troubler*	ταράξομαι, *on me troublera.*

3° Plusieurs verbes *moyens* prennent à l'aoriste la *forme passive*. Ex. :

ἀρνεῖσθαι, *nier, refuser*	ἠρνήθην	ἐπιμελεῖσθαι, *prendre soin*	ἐπεμελήθην
βούλομαι, *vouloir*	ἐβουλήθην	πορεύομαι, *marcher*	ἐπορεύθην
διαλέγεσθαι, *parler, converser*	διελέχθην	εὐλαβεῖσθαι, *prendre garde*	εὐλαβήθην.

Quelques verbes de cette catégorie ont deux aoristes, l'un de sens actif, l'autre de sens passif. Le parfait s'emploie d'ordinaire dans les deux sens.

δέχομαι, *recevoir*	ἐδεξάμην, *je reçus*	ἐδέχθην, *je fus reçu*
ἐργάζομαι, *faire en travaillant*	εἰργασάμην, *je fis*	εἰργάσθην, *je fus fait*
ἰῶμαι, *guérir*	ἰασάμην	ἰάθην
κτῶμαι, *acquérir*	ἐκτησάμην	ἐκτήθην.

Μιμεῖσθαι, *imiter* et *être imité;* βιάζεσθαι, *forcer* et *être forcé*, ont au complet la voix moyenne et la voix passive, sans la voix active.

Remarque. — Quelques verbes moyens de sens transitif ou intransitif ont la forme passive, même au futur. Tels sont : ἥδομαι, *se réjouir de, aimer* (une chose), fut. ἡσθήσομαι, aor. ἥσθην (dat.); — διανοεῖσθαι, *avoir dans l'esprit*, fut. διανοηθήσομαι ou διανοήσομαι, aor. διενοήθην; — ὀργίζομαι, *irasci*, fut. ὀργισθήσομαι ou ὀργιοῦμαι, aor. ὠργίσθην.

Formation des temps

141. 1° Renforcement du futur et des autres temps par -η. — Pour faciliter la formation des temps à partir du futur, la langue a souvent ajouté au radical un -η dans toutes sortes de verbes. On a déjà eu l'occasion de relever ce renforcement dans certains verbes à liquide (127, 3°, parfaits en -ηκα). On y ajoutera les verbes suivants :

βούλομαι, *vouloir, désirer*	βουλήσομαι	ἐβουλήθην	βεβούλημαι
ἐθέλω, *vouloir, consentir*	ἐθελήσω	ἠθέλησα	ἠθέληκα
καθεύδω, *dormir*	καθευδήσω	—	—
μέλει μοι, *je me soucie* (gén.)	μελήσει	ἐμέλησε	μεμέληκε
μέλλω, *être sur le point de*	μελλήσω	ἐμέλλησα	—
ὄζω, *avoir une odeur* (gén.)	ὀζήσω	ὤζησα	(ὄδωδα)
οἴομαι [1], *penser, s'imaginer*	οἰήσομαι	ᾠήθην	—
οἴχομαι, *s'en aller*	οἰχήσομαι	ᾠχόμην	—
ὀφείλω, *devoir* (une dette)	ὀφειλήσω	ὠφείλησα	ὠφείληκα
χαίρω, *se réjouir*	χαιρήσω	ἐχάρην	(κεχάρηκα).

2° Aoristes passifs en -σθην. — Un certain nombre de verbes dont la racine est terminée par un -σ ont régulièrement à l'aoriste passif une désinence en -σθην. Ce sont, entre autres, les verbes :

ἄχθομαι, *s'affliger*	ἠχθέσθην (cf. ἄχθος)	κλείω, *fermer*	ἐκλείσθην (κλείς)
αἰδεῖσθαι, *respecter*	ᾐδέσθην (cf. αἰδώς)	κρούω, *heurter*	ἐκρούσθην
γελᾶν, *rire*	ἐγελάσθην (cf. γέλως)	πρίω, *scier*	ἐπρίσθην
θραύω, *briser*	ἐθραύσθην	σείω, *secouer*	ἐσείσθην (σεισ-μός)
σπᾶν, *arracher*	ἐσπάσθην (cf. σπάσ-μος)	τελεῖν, *finir*	ἐτελέσθην (τέλος).

Mais l'analogie a étendu la désinence -σθην à plusieurs catégories de verbes ·

— à des verbes en -ζω, tels βιάζομαι, κτίζω, ὀνομάζω, σκευάζω;
— à des verbes en -σκω, tels μιμνήσκω et γιγνώσκω (138, 3°);
— aux verbes en -άννυμι (157);
— ainsi qu'aux verbes ἀκούω, ἐρᾶν, κελεύω, κολούω, τίνω (aor. pass. ἐτείσθην).

Il y a sans doute eu dans ces divers cas l'influence du futur actif -σω et celle de l'aoriste -σα.

Dans la plupart de ces verbes, le futur passif est inusité; seuls ἀκούω, κλείω, σπᾶν, ἄχθομαι, χρίω et τελεῖν ont un futur passif en -σθήσομαι.

Parallèlement, quand il existe, le *parfait passif* est le plus souvent en -σμαι (conjugué sur πέπεισμαι, 136) : σέσεισμαι, τετέλεσμαι, ἤκουσμαι, ἐσκεύασμαι, τέθραυσμαι, mais κέκλειμαι, μέμνημαι, κέκρουμαι.

1. La seconde personne de οἴομαι et de βούλομαι est toujours οἴει, βούλει. A la *première* du singulier du présent et de l'imparfait, les formes courtes οἶμαι et ᾤμην sont plus usitées.

VERBES IRRÉGULIERS ET DÉFECTIFS

142. I. Verbes à radicaux divers. — Le grec a conservé dans un certain nombre de verbes — les plus usités — un souvenir de l'indo-européen où n'existaient pas, à proprement parler, de conjugaisons systématiques. Le verbe présentait des thèmes verbaux indépendants (de racine identique ou non).

Ainsi : ὁράω, *voir*	ὄψομαι	εἶδον.

Le tableau de conjugaison du verbe ἔρχομαι (155) donne une idée assez exacte de ce que pouvait être primitivement la « conjugaison » d'un verbe grec. Pour la plupart des verbes, on ne peut, d'après le seul présent, deviner la structure des autres thèmes. Seuls les verbes dérivés de noms ou adjectifs (verbes en -εύω et verbes contractes) ont un système bien établi et régulier. Les principaux verbes dits « irréguliers » sont les suivants [1] :

αἱρεῖν, *prendre*	αἱρήσω	εἷλον	ᾕρηκα
αἱρεῖσθαι *choisir*	αἱρήσομαι	εἱλόμην	ᾕρημαι
αἱρεῖσθαι, *être choisi*	αἱρεθήσομαι	ᾑρέθην	ᾕρημαι.

Autres modes de l'aor. 2 actif : ἕλε, ἕλω, ἕλοιμι, ἑλεῖν, ἑλών.

ἔρχομαι, *aller, venir*	εἶμι (ἐλεύσομαι)	ἦλθον	ἐλ-ήλυθα.

Ἦλθον est pour ἤλυθον, qu'emploient les poètes. Autres modes : ἐλθέ, ἔλθω, ἔλθοιμι, ἐλθεῖν, ἐλθών. Cf. 155. Sur ἐλ-ήλυθα, cf. 114.

ἐσθίω, *manger*	ἔδομαι	ἔφαγον	ἐδ-ήδοκα	(βέβρωκα)
ἐσθίομαι	—	ἠδέσθην	ἐδ-ήδεσμαι	(βέβρωμαι)

Ἔδομαι est un ancien subjonctif à voyelle brève (cf. πίομαι, fut. de πίνω). Le parfait a le redoublement attique; βέβρωκα est le parfait de βιβρώσκω (poét.).

καθ-ίζω, *asseoir, s'asseoir*	καθιῶ (138, 1°)	ἐκάθισα
καθ-ίζομαι } *s'asseoir*	καθ-ιζήσομαι	ἐκαθισάμην
καθ-έζομαι }	καθ-εδοῦμαι	

λέγω, *dire*	ἐρῶ, λέξω	εἶπον, ἔλεξα	εἴρηκα
λέγομαι	ῥηθήσομαι	ἐρρήθην (ἐλέχθην)	εἴρημαι (λέλεγμαι).

Ἐρῶ et εἶπον sont plus usités que λέξω et ἔλεξα. Autres modes de l'aor. 2 : εἰπέ, εἴπω, εἴποιμι, εἰπεῖν, εἰπών. L'aoriste εἶπα, fréquent dans Hérodote, ne se rencontre chez les Attiques qu'à la 2e pers. εἶπας, εἴπατε, et à l'impér. : εἶπον, εἰπάτω, εἴπατε. Derrière εἰπεῖν se dissimule un aoriste à redoublement * ϝε-ϝπειν qui aurait dû donner * ευπειν.

ὁρᾶν, *voir*	ὄψομαι	εἶδον	ἑόρακα (ἑώρακα)
ὁρᾶσθαι	ὀφθήσομαι	ὤφθην	ἑόραμαι, ὦμμαι.

Autres modes de l'aor. 2 actif : ἰδέ, ἴδω, ἴδοιμι, ἰδεῖν, ἰδών. La 2e personne de ὄψομαι est toujours ὄψει. L'imparfait actif est ἑώρων. (Radic. * ϝορα) (112, 2°).

1. On trouvera pp. 249-265 le *Tableau des verbes irréguliers de la langue attique.*

πίνω, *boire*	πίομαι	ἔπιον	πέπωκα
πίνομαι	ποθήσομαι	ἐπόθην	πέπομαι.

Πίομαι est un ancien subjonctif à voyelle brève. Impératif aor. poét. πίε, att. πῖθι.

τρέχω, *courir*	δραμοῦμαι	ἔδραμον	δεδράμηκα.

Dans les formes θρέξω (récent) et ἔθρεξα, on note un déplacement de l'aspiration (15, 5°).

φέρω, *porter*	οἴσω	ἤνεγκα, ἤνεγκον	ἐν-ήνοχα
φέρομαι	ἐνεχθήσομαι	ἠνέχθην	ἐν-ήνεγμαι.

L'aor. 2 ἤνεγκον ne paraît usité, à l'indic., qu'à la 1e pers. du sing.; à l'impér., qu'à la 2e. Mais l'inf. est toujours ἐνεγκεῖν. C'est un ancien aoriste à redoublement.

143. II. Verbes à alternances. — Un certain nombre de verbes, qui semblent faire appel à des radicaux différents, ont, en fait, conservé d'anciennes alternances vocaliques : on a, d'ordinaire, le degré *o* au parfait actif, le degré *zéro* à l'aoriste et au moyen. On citera surtout :

δέρκομαι, *regarder* (poét.)	—	ἐδέρχθην, ἔδρακον	δέδορκα
ἕπομαι, *suivre* (dat.)	ἕψομαι	ἑσπόμην	—

L'aoriste est un aoriste à redoublement [* σεσπόμην]; inf. σπέσθαι; Radic. σεπ, σπ. (cf. latin *sequor*).

ἔχω, *avoir, tenir*	ἕξω (133, R)	ἔσχον	ἔσχηκα
ἔχομαι, *s'attacher à* (gén.)	ἕξομαι	ἐσχόμην	ἔσχημαι.

Les formes accessoires ἴ-σχω (cf. 137, I), fut. σχήσω, moins usitées que ἔχω et ἕξω, ont spécialement le sens de *tenir*. Autres modes de l'aor. 2 actif : σχές, σχῶ, σχοῖμι ou σχοίην, σχεῖν, σχών. L'imparfait est εἶχον (112, 1°).

λείπω, *laisser*	λείψω	ἔλιπον	λέλοιπα.
πάσχω, *éprouver, souffrir*	πείσομαι	ἔπαθον	πέπονθα.

Ce verbe a deux radicaux : πενθ et πνθ (devenu παθ par vocalisation du ν), cf. πάθος et πένθος. Ainsi, πάσχω est pour *παθ-σκω, avec chute de la dentale θ devant σ (15, 1°) et report de l'aspiration sur le κ du suffixe σκω (15,5°). — Le futur, qu'il ne faut pas confondre avec celui de πείθομαι, est pour *πενθ-σομαι, comme λυθεῖσι est pour *λυθεντ-σι. Au parfait, degré *o*, comme dans λέλοιπα, de λείπω.

πέτομαι, *voler, voltiger*	πτήσομαι	ἐπτόμην	—
φεύγω, *fuir*	φεύξομαι	ἔφυγον	πέφευγα.

144. III. Verbes défectifs. — 1° Ἥκω, *venir, être arrivé*, imparf. ἧκον, fut. ἥξω, n'a pas d'autres temps. L'imparfait a le sens d'un aoriste. Le composé προσ-ήκω est très souvent employé impersonnellement. Ex. : προσήκει σιωπᾶν, *il convient de se taire.*

2° Le parfait 2 εἴωθα, *j'ai coutume*, n'a que le plus-que-parfait εἰώθειν, l'inf. εἰωθέναι et le part. εἰωθώς, *accoutumé, habituel.*

Ce verbe se complète par le passif de ἐθίζω, *habituer* (112, 1°).

3° Ἔοικα [* ϜεϜοικα], 3e p. pl. ἐοίκασι ou εἴξασι [*εἰκ-σασι] (ἐοίκω, ἐοίκοιμι, ἐοικέναι, ἐοικώς et εἰκώς), pl.-que-parf. ἐῴκειν, *ressembler à, avoir l'air de* (participe neutre εἰκός = ἐοικός).

4° Οἶδα, *je sais*, est un vieux parfait à alternance vocalique et à sens présent : « Je sais pour l'avoir vu ». Ce verbe complète sa conjugaison par γιγνώσκω.

INDICATIF	PRÉSENT	IMPARFAIT	FUTUR
S. 1 p.	οἶδα	ᾔδη (ᾔδειν)	εἴσομαι
2 p.	οἶσθα	ᾔδησθα (ᾔδεισθα)	εἴσει (εἴσῃ)
3 p.	οἶδε (ν)	ᾔδει ou ᾔδειν	εἴσεται
P. 1 p.	ἴσμεν	ᾖσμεν (ᾔδειμεν)	εἰσόμεθα
2 p.	ἴστε	ᾖστε (ᾔδειτε)	εἴσεσθε
3 p.	ἴσασι (ν)	ᾖσαν (ᾔδεσαν)	εἴσονται
D. 2 p.	ἴστον	ᾖστην	εἴσεσθον
3 p.	ἴστον	ᾔστην	εἴσεσθον

Impératif : ἴσθι, ἴστω, ἴστε, ἴστων. — Subj. : εἰδῶ. — Opt. : εἰδείην ; εἰσοίμην. — Inf. : εἰδέναι ; εἴσεσθαι. — Part. : εἰδώς, -ότος, f. εἰδυῖα, n. εἰδός ; εἰσόμενος.

Le radical pur de οἶδα est ιδ ou plutôt ϝιδ, qui se retrouve dans ἰδεῖν, *voir*, et dans le latin *videre*. Ainsi, ἴστε est pour * ϝιδ-τε (130, 4°) et ἴσμεν (analogique de ἴστε) a remplacé ἴδ-μεν, forme qu'emploie Homère; οἶσθα est pour *οἰδ-θα. On remarquera les trois degrés : *o* οἶδα, *e* εἰδῶ, etc..., *zéro* ἴσμεν, etc...

Composés : σύνοιδα ἐμαυτῷ, *j'ai conscience;* — ἔξοιδα, κάτοιδα, *je sais parfaitemen* (poétique).

5° Δέδοικα et δέδια, *je crains*, sont des parfaits à sens présent. L'un a le degré *o*, l'autre le degré *zéro* (ainsi que toutes les formes en -δι). L'aoriste (refait) a le degré *e*. — Homère emploie une autre forme, δείδω, qui équivaut, en réalité, à * δείδοα [δε-δϝοjα].

INDICATIF	PRÉSENT	IMPARFAIT	AORISTE
S. 1 p.	δέδοικα (δέδια)	ἐδεδοίκη (ἐδεδίειν)	ἔδεισα
2 p.	δέδοικας (δέδιας)	ἐδεδοίκης (ἐδεδίεις)	ἔδεισας
3 p.	δέδοικε (δέδιε)	ἐδεδοίκει (ἐδεδίει)	ἔδεισε
P. 1 p.	δέδιμεν (δεδοίκαμεν)	ἐδεδίειμεν	ἐδείσαμεν
2 p.	δέδιτε (δεδοίκατε)	ἐδεδίειτε	ἐδείσατε
3 p.	δεδίασι (δεδοίκασι)	ἐδέδισαν (ἐδεδοίκεσαν)	ἔδεισαν

Impér. : δέδιθι, δεδίτω ; δεῖσον. — Subj. : δεδίω ; δείσω. — Opt. : δεδιείην ; δείσαιμι. — Inf. : δεδιέναι (δεδοικέναι) ; δεῖσαι. — Part. : δεδιώς, -ότος (δεδοικώς), f. δεδιυῖα, n. δεδιός ; δείσας.

Verbes impersonnels

145. Il existe en grec comme en latin un certain nombre de verbes impersonnels qui expriment les phémonènes atmosphériques ou les idées de nécessité, de convenance, etc. A vrai dire, presque tous — même les premiers — ne sont qu'accidentellement impersonnels et possèdent tout le reste de la conjugaison personnelle.

On citera surtout :

1° *phénomènes atmosphériques :* ὕει (s-ent. Ζεύς), *il pleut;* βροντᾷ, *il tonne;* νίφει (νείφει), *il neige;* χειμάζει, *il fait mauvais temps...*

2° *nécessité, convenance :* δεῖ, *il faut* (devoir); πρέπει, προσήκει, *il convient;* διαφέρει, *il importe;* συμφέρει, *il est utile;* δοκεῖ, *il semble;* ἔοικε, *il semble, il paraît...*

3° *divers :* συμβαίνει, *il arrive;* μέλει μοι (+ gén.), *je me soucie;* μεταμέλει μοι (+ gén.), *je me repens...*

On emploie aussi impersonnellement plusieurs composés de ἐστι, notamment ἔξεστι, *il est possible, il est permis;* ἔνεστι (souvent réduit à la préposition ἔνι), *il est possible;* le verbe ἔστι lui-même, au sens de *il est permis;* ainsi que des locutions comportant un nom ou un adjectif neutre avec ou sans ἐστι : χρή, χρεών, *il faut, il est besoin*; εἰκός, *il est naturel* (part. neutre de ἔοικα, 144, 3°); οἷόν τέ ἐστι, *il est possible;* δῆλόν ἐστι, *il est évident;* ἀνάγκη, *il y a nécessité;* ὥρα, καιρός, *c'est le moment;* κίνδυνος, *il y a danger;* θέμις ἐστίν, *il est permis.*

Χρή, *il faut* (subj. χρῇ, opt. χρείη, inf. χρῆναι, part. neutre χρεών), n'a que l'imparfait χρῆν ou ἐχρῆν et le futur χρήσει ou χρῆσται (χρὴ ἔσται). C'est, à l'origine, un nom : sous-entendez ἐστι; χρῆν = χρὴ ἦν. Avec ou sans ἐστι, χρεών peut signifier *il faut.* 'Απόχρη, *il suffit* (117).

L'impersonnel passif, si fréquent en latin, est assez rare en grec. Le plus employé est λέγεται, *on dit* (265).

CHAPITRE V

VERBES EN -μι

Les verbes en -μι ne diffèrent des verbes en -ω qu'au présent et à l'imparfait des trois voix, ainsi qu'à l'aoriste 2 actif et moyen. Les désinences s'unissent directement au radical : τίθε-μεν, tandis que, dans la conjugaison en -ω, elles ne s'unissent au radical que grâce à une voyelle de liaison : λύ-**ο**-μεν.

A la voix active les désinences particulières aux verbes en -μι sont :

1° -μι, -σι, -τι au singulier de l'indicatif présent [1];

2° -σαν à la 3e personne du pluriel des temps secondaires [2];

3° -κα dans les indicatifs aoristes; -ς dans la plupart des impératifs aoristes : θές, δός, et -θι dans quelques autres : στῆ-θι; ἴσ-θι;

4° -ναι à l'infinitif : τιθέ-ναι, στῆ-ναι, εἶ-ναι;

5° -ς (= ντ-ς) au participe : τιθείς, τιθέντος; δούς, δόντος.

On remarquera qu'à l'indicatif et à l'impératif *passifs* les désinences du présent et de l'imparfait sont celles du parfait et du plus-que-parfait de λύω.

146. Classification des verbes en -μι. — Les verbes en -μι se divisent en trois classes :

1° *Verbes à redoublement*, c'est-à-dire verbes dont le présent et l'imparfait sont caractérisés par un redoublement en ι (137, I). Ex. : τί-θη-μι.

2° *Verbes sans redoublement.* Ex. : φη-μί.

3° *Verbes en* -νυμι c'est-à-dire dont le radical du présent est renforcé par le suffixe νυ inséré entre le radical pur et la désinence. Ex. : δείκ-νυ-μι.

Les verbes en -μι des deux premières classes ont un radical pur terminé par α, ε ou ο. A l'actif des trois classes on notera une alternance (longue-brève) à l'indicatif présent, imparfait et aoriste 2 : τί-**θη**-μι, τί-**θε**-μεν; ἵστ**η**μι, ἵστ**α**μεν; δί-**δω**-μι, δί-**δο**-μεν[3]. Le futur actif se forme, comme dans les verbes contractes, sur le radical allongé : **θή**-σω, **στή**-σω, **δώ**-σω; parfois aussi l'aoriste et le parfait : δέδωκα. Partout ailleurs le radical est bref.

1. La désinence -σι (2e pers. sing.) a pratiquement disparu; une forme primitive * ἐσσι, simplifiée à date très ancienne en * ἐσι, a abouti à εἶ *(tu es)*; cette désinence a été remplacée par la désinence secondaire -ς. La désinence -τι (3e pers. sing.) est passée à -σι en ionien-attique (15, 4°); on la retrouve intacte dans ἐσ-τι (latin *est*). A la 3e pers. plur., la désinence -ντι est devenue -ατι, -αντι puis -ᾱσι d'abord au parfait (πεφύκ-ασι), puis a été étendue au présent, même après voyelle : διδόασι.

2. Cette désinence -σαν n'est autre que celle de l'aoriste actif en -σα.

3. Dans ἐτίθεις ou ἐδίδουν, la longue est notée par les fausses diphtongues ει, ου. L'impératif présent actif est contracté : ει, ου, η. On notera l'alternance -ιη, -ι dans le suffixe de l'optatif.

Première classe

147. Conjugaison de τίθημι, *je pose, je mets.*

		INDICATIF Temps principaux	INDICATIF Temps secondaires	IMPÉRATIF
PRÉSENT ET IMPARFAIT	S. 1 p.	τίθη μι	ἐτίθ ην	
	2 p.	τίθη ς	ἐτίθ εις (ἐτίθης)	τίθ ει
	3 p.	τίθη σι (ν)	ἐτίθ ει (ἐτίθη)	τιθ έτω
	P. 1 p.	τίθε μεν	ἐτίθ εμεν	
	2 p.	τίθε τε	ἐτίθ ετε	τίθ ετε
	3 p.	τιθέ ασι (ν)	ἐτίθ εσαν	τιθ έντων (τιθέτωσαν)
	D. 2 p.	τίθε τον	ἐτιθ έτην	τίθ ετον
	3 p.	τίθε τον	ἐτιθ έτην	τιθ έτων
AORISTE	S. 1 p.		ἔθη κα	
	2 p.		ἔθη κας	θέ ς
	3 p.		ἔθη κε (ν)	θέ τω
	P. 1 p.		ἔθε μεν (ἐθήκαμεν)	
	2 p.		ἔθε τε (ἐθήκατε)	θέ τε
	3 p.		ἔθε σαν (ἔθηκαν)	θέ ντων (θέτωσαν)
	D. 2 p.		ἐθέ την	θέ τον
	3 p.		ἐθέ την	θέ των
FUTUR		θήσω, θήσεις, etc.		
PARFAIT ET PL.-Q.-P.		τέθεικα ou τέθηκα	ἐτεθήκειν ou ἐτεθήκη	

Accentuation des verbes en -μι. — 1° Les participes présents et aoristes 2 de *tous* les verbes en -μι, à l'actif, ont l'aigu sur la *finale* : τιθείς, τιθέντος; διδούς, δούς. (Noter le circonflexe du féminin : τιθεῖσα, δοῦσα.)

2° Le subjonctif présent et aoriste 2 est en -ῶ (comme λυθῶ) et en -ῶμαι. On se rappellera que les infinitifs en -ναι ont l'accent sur la pénultième et que le pluriel des optatifs est en -εῖμεν, -οῖμεν, -αῖμεν (109).

3° Les monosyllabes oxytons dans le verbe simple deviennent paroxytons dans le verbe composé : θές, ἀπόθες; δός, ἀπόδος; de même σχές (143), ἐπίσχες.

Verbes en -μι avec redoublement
Voix active. — Radical pur : θη, θε.

ε

SUBJONCTIF	OPTATIF	INFINITIF	PARTICIPE
τιθ ῶ τιθ ῇς τιθ ῇ τιθ ῶμεν τιθ ῆτε τιθ ῶσι (ν) τιθ ῆτον τιθ ῆτον	τιθε ίην τιθε ίης τιθε ίη τιθε ῖμεν (τιθείημεν) τιθε ῖτε (τιθείητε) τιθε ῖεν (τιθείησαν) τιθε ίτην (τιθειήτην) τιθε ίτην (τιθειήτην)	τιθέ ναι	M. τιθε ίς τιθέντος F. τιθε ῖσα τιθείσης N. τιθέ ν τιθέντος
θῶ θῇς θῇ θῶμεν θῆτε θῶσι (ν) θῆτον θῆτον	θείην θείης θείη θεῖμεν (θείημεν) θεῖτε (θείητε) θεῖεν (θείησαν) θείτην (θεῖτον) θείτην	θεῖναι	M. θείς θέντος F. θεῖσα θείσης N. θέν θέντος
	θήσοιμι, θήσοις, etc.	θήσειν	θήσων, θήσουσα, θῆσον
τεθείκω	τεθείκοιμι	τεθεικέναι	τεθεικώς, -κυῖα, -κός

REMARQUES. — I. Comparer τίθε-μεν, ἐτίθε-μεν, ἔθε-μεν. On notera le parallélisme qui existe, en dehors de l'indicatif, entre les thèmes de présent et d'aoriste

Impér. : τίθετε; Subj. : τιθῶ; Opt. τιθείην; Part. : τιθείς
θέτε θῶ θείην θείς etc...

II. L'aoriste 2 est inusité aux trois personnes du singulier de l'indicatif (ἔθην, ἔθης, ἔθη). L'aoriste ἔθηκα, qui n'existe précisément qu'à l'indicatif, sert à remplacer ces trois personnes. Les formes de pluriel avec -κ, moins anciennes, deviennent constantes à partir du IIIe siècle avant J.-C.

148. Conjugaison de τίθεμαι, *je suis posé.*

		INDICATIF		IMPÉRATIF
		Temps principaux	Temps secondaires	
PRÉSENT ET IMPARFAIT	S. 1 p.	τίθεμαι	ἐτιθέμην	
	2 p.	τίθεσαι	ἐτίθεσο	τίθεσο
	3 p.	τίθεται	ἐτίθετο	τιθέσθω
	P. 1 p.	τιθέμεθα	ἐτιθέμεθα	
	2 p.	τίθεσθε	ἐτίθεσθε	τίθεσθε
	3 p.	τίθενται	ἐτίθεντο	τιθέσθων
	D. 2 p.	τίθεσθον	ἐτιθέσθην	τίθεσθον
	3 p.	τίθεσθον	ἐτιθέσθην	τιθέσθων
FUTUR		τεθήσομαι[1]		
AORISTE			ἐτέθην	τέθητι
PARF. ET PL.-Q.-PARF.		τέθειμαι[2]	ἐτεθείμην	τέθεισο

Conjugaison de τίθεμαι, *je pose (pour moi).*

FUTUR		θήσομαι, θήσει, etc.		
AORISTE	S. 1 p.		ἐθέμην	
	2 p.		ἔθου [*ἔθεσο]	θοῦ
	3 p.		ἔθετο	θέσθω
	P. 1 p.		ἐθέμεθα	
	2 p.		ἔθεσθε	θέσθε
	3 p.		ἔθεντο	θέσθων
	D. 2 p.		ἐθέσθην	θέσθον
	3 p.		ἐθέσθην	θέσθων

1. Τεθήσομαι et ἐτέθην sont pour *θε-θήσομαι et *ἐ-θέ-θην (15, 5°), τέθητι pour *θέ-θηθι (15,5°).
2. Ce parfait, peu usité, se remplace par κεῖμαι, *je suis étendu* (154,4°).

Voix passive. — Radical pur : θε.

SUBJONCTIF	OPTATIF	INFINITIF	PARTICIPE
τιθῶμαι	τιθείμην	τίθεσθαι	M. τιθέμενος
τιθῇ	τιθεῖο, τίθοιο		τιθεμένου
τιθῆται	τιθεῖτο, τίθοιτο		
τιθώμεθα	τιθείμεθα		F. τιθεμένη
τιθῆσθε	τιθεῖσθε		τιθεμένης
τιθῶνται	τιθεῖντο		
τιθῆσθον	τιθείσθην		N. τιθέμενον
τιθῆσθον	τιθείσθην		τιθεμένου
	τεθησοίμην	τεθήσεσθαι	τεθησόμενος, -η, -ον
τεθῶ	τεθείην	τεθῆναι	τεθείς, τεθεῖσα, τεθέν
τεθειμένος ὦ	τεθειμένος εἴην	τεθεῖσθαι	τεθειμένος, -η, -ον

Voix moyenne.

SUBJONCTIF	OPTATIF	INFINITIF	PARTICIPE
	θησοίμην	θήσεσθαι	θησόμενος, -η, -ον
θῶμαι	θείμην	θέσθαι	M. θέμενος
θῇ	θεῖο, θοῖο		θεμένου
θῆται	θεῖτο, θοῖτο		
θώμεθα	θείμεθα		F. θεμένη
θῆσθε	θεῖσθε		θεμένης
θῶνται	θεῖντο		
θῆσθον	θείσθην		N. θέμενον
θῆσθον	θείσθην		θεμένου

Remarque. — Les verbes en -μι à redoublement sont peu nombreux. En dehors des verbes énumérés au nº 153, cette classe se réduit aux modèles donnés et à leurs composés (une vingtaine).

149. Conjugaison de ἀφ -ίημι, *je laisse aller* (sur τίθημι). Voix

		INDICATIF		IMPÉRATIF
		Temps principaux	Temps secondaires	
PRÉSENT ET IMPARFAIT	S. 1 p.	ἀφ ίημι	ἀφ ίην ou ἀφίειν	
	2 p.	ἀφ ίης	ἀφ ίεις	ἀφ ίει
	3 p.	ἀφ ίησι	ἀφ ίει	ἀφ ιέτω
	P. 1 p.	ἀφ ίεμεν	ἀφ ίεμεν	
	2 p.	ἀφ ίετε	ἀφ ίετε	ἀφ ίετε
	3 p.	ἀφ ιᾶσι	ἀφ ίεσαν	ἀφ ιέντων
AORISTE	S. 1 p.		ἀφ ῆκα	
	2 p.		ἀφ ῆκας	ἄφ ες
	3 p.		ἀφ ῆκε	ἀφ έτω
	P. 1 p.		ἀφ εἷμεν (ἥκαμεν)	
	2 p.		ἀφ εἷτε (ἥκατε)	ἄφ ετε
	3 p.		ἀφ εἷσαν (ἧκαν)	ἀφ έντων

Futur : ἀφήσω; Parfait : ἀφεῖκα

Voix

PRÉSENT ET IMPARFAIT	ἀφ ίεμαι	ἀφ ιέμην	ἀφ ίεσο
FUTUR	ἀφ εθήσομαι		
AORISTE		ἀφ είθην	ἀφ έθητι
PARFAIT ET PLUS-QUE-PARFAIT	ἀφ εῖμαι	ἀφ είμην, ἀφεῖσο	ἀφ εῖσο

Voix

FUTUR	ἀφ ήσομαι		
AORISTE		ἀφ είμην, ἀφεῖσο	ἀφ οὗ

Remarques. — I. Ἵημι, *je lance* (lat. *jacio, jeci*), est un verbe à redoublement malgré les apparences (*jιjημι).

II. On remarquera la ressemblance du plus-que-parfait passif avec l'indicatif et l'optatif aoriste moyen.

active — Radical pur jη, jε. — ε

SUBJONCTIF	OPTATIF	INFINITIF	PARTICIPE
ἀφ ιῶ ἀφ ιῇς ἀφ ιῇ ἀφ ιῶμεν ἀφ ιῆτε ἀφ ιῶσι	ἀφ ιείην ἀφ ιείης ἀφ ιείη ἀφ ιεῖμεν ἀφ ιεῖτε ἀφ ιεῖεν	ἀφ ιέναι	ἀφ ιείς, -ιεῖσα, -ιέν
ἀφ ῶ ἀφ ῇς ἀφ ῇ ἀφ ῶμεν ἀφ ῆτε ἀφ ῶσι (ν)	ἀφ είην ἀφ είης ἀφ είη ἀφ εῖμεν (ἀφείημεν) ἀφ εῖτε (ἀφείητε) ἀφ εῖεν (ἀφείησαν)	ἀφ εῖναι	M. ἀφ είς ἀφ έντος F. ἀφ εῖσα ἀφ είσης N. ἀφ έν ἀφ έντος

Plus-que-Parfait : ἀφείκειν

passive.

ἀφ ιῶμαι	ἀφ ιείμην	ἀφ ἵεσθαι	ἀφ ιέμενος, -η, -ον
	ἀφ εθησοίμην	ἀφ εθήσεσθαι	ἀφ εθησόμενος, -η, -ον
ἀφ εθῶ	ἀφ εθείην	ἀφ εθῆναι	ἀφ εθείς, -εῖσα, -έν
ἀφ ειμένος ὦ	ἀφ ειμένος εἴην	ἀφ εῖσθαι	ἀφ ειμένος, -η, -ον

moyenne (ἀφ ἵεμαι, *lâcher*, *renoncer à*, gén.).

	ἀφ ησοίμην	ἀφ ήσεσθαι	ἀφ ησόμενος, -η, -ον
ἀφ ῶμαι	ἀφ είμην, ἀφεῖο	ἀφ έσθαι	ἀφ έμενος, -η, -ον

III. Le verbe ἵημι n'est guère usité en prose que dans les composés, comme ἀφίημι, *laisser aller;* παρίημι, ἀνίημι, *lâcher, se relâcher;* ἐφίημι, *lancer contre, laisser aller;* προσίημι, *faire approcher;* προΐημι, *lancer en avant;* προΐεμαι, *abandonner;* συνίημι, *comprendre;* ὑφίημι, *baisser, suborner.* — On trouve quelques exemples du verbe simple chez Platon.

150. Conjugaison de δίδωμι, *je donne*.

Voix

		INDICATIF		IMPÉRATIF
		Temps principaux	Temps secondaires	
PRÉSENT ET IMPARFAIT	S. 1 p.	δίδω **μι**	ἐδίδ **ουν**	
	2 p.	δίδω **ς**	ἐδίδ **ους**	δίδ **ου**
	3 p.	δίδω **σι** (ν)	ἐδίδ **ου**	διδό **τω**
	P. 1 p.	δίδο **μεν**	ἐδίδ **ομεν**	
	2 p.	δίδο **τε**	ἐδίδ **οτε**	δίδο **τε**
	3 p.	διδό **ασι** (ν)	ἐδίδ **οσαν**	διδό **ντων** (διδότωσαν)
	D. 2 p.	δίδο **τον**	ἐδιδ **ότην**	δίδο **τον**
	3 p.	δίδο **τον**	ἐδιδ **ότην**	διδό **των**
AORISTE	S. 1 p.		ἔδω **κα**	
	2 p.		ἔδω **κας**	δό **ς**
	3 p.		ἔδω **κε** (ν)	δό **τω**
	P. 1 p.		ἔδο **μεν** (ἐδώκαμεν)	
	2 p.		ἔδο **τε** (ἐδώκατε)	δό **τε**
	3 p.		ἔδο **σαν** (ἔδωκαν)	δό **ντων** (δότωσαν)
	D. 2 p.		ἐδό **την**	δό **τόν**
	3 p.		ἐδό **την**	δό **των**

FUTUR : δώσω; PARFAIT : δέδωκα

Voix

PRÉSENT ET IMPARFAIT	S. 1 p.	δίδομαι	ἐδιδόμην	
	2 p.	δίδοσαι	ἐδίδοσο	δίδοσο
	3 p.	δίδοται	ἐδίδοτο	διδόσθω
	P. 1 p.	διδόμεθα	ἐδιδόμεθα	
	2 p.	δίδοσθε	ἐδίδοσθε	δίδοσθε
	3 p.	δίδονται	ἐδίδοντο	διδόσθων
	D. 2 p.	δίδοσθον	ἐδιδόσθην	δίδοσθον
	3 p.	δίδοσθον	ἐδιδόσθην	διδόσθων

FUTUR : δοθήσομαι; AORISTE : ἐδόθην; PARFAIT : δέδομαι.

Voix

AOR. 2	S. 1 p.		ἀπ εδόμην	
	2 p.		ἀπ έδου	ἀπό δου
	3 p.		ἀπ έδοτο, etc.	ἀπο δόσθω, etc.

FUTUR : ἀπο δώσομαι.

active **Radical pur : δω, δο.** o

SUBJONCTIF	OPTATIF	INFINITIF	PARTICIPE
διδ ῶ διδ ῷς διδ ῷ διδ ῶμεν διδ ῶτε διδ ῶσι (ν) διδ ῶτον διδ ῶτον	διδο ίην διδο ίης διδο ίη διδο ῖμεν (διδοίημεν) διδο ῖτε (διδοίητε) διδο ῖεν (διδοίησαν) διδο ίτην (διδοιήτην) διδο ίτην (διδοιήτην)	διδό ναι	M. διδ ούς διδόντος F. διδ οῦσα διδούσης N. διδ όν διδόντος
δῶ δῷς δῷ δῶμεν δῶτε δῶσι (ν) δῶτον δῶτον	δοίην δοίης δοίη δοῖμεν (δοίημεν) δοῖτε (δοίητε) δοῖεν (δοίησαν) δοίτην (δοιήτην) δοίτην (δοιήτην)	δοῦναι	M. δούς δόντος F. δοῦσα δούσης N. δόν δόντος

Plus-que-parfait : ἐδεδώκειν ou ἐδεδώκη

passive : *je suis donné.*

διδῶμαι διδῷ διδῶται διδώμεθα διδῶσθε διδῶνται διδῶσθον διδῶσθον	διδοίμην διδοῖο διδοῖτο διδοίμεθα διδοῖσθε διδοῖντο διδοίσθην διδοίσθην	δίδοσθαι	M. διδόμενος διδομένου F. διδομένη διδομένης N. διδόμενον διδομένου

Plus-que-parfait : ἐδεδόμην.

moyenne : *je vends.*

ἀπο δῶμαι ἀπο δῷ ἀπο δῶται, etc.	ἀπο δοίμην ἀπο δοῖο ἀπο δοῖτο, etc.	ἀπο δόσθαι	M. ἀπο δόμενος F. ἀπο δομένη N. ἀπο δόμενον

151. Conjugaison de ἵστημι, *je place.*

		INDICATIF — Temps principaux	INDICATIF — Temps secondaires	IMPÉRATIF
PRÉSENT ET IMPARFAIT	S. 1 p.	ἵστη **μι**, *je place*	ἵστη **ν**	
	2 p.	ἵστη **ς**	ἵστη **ς**	ἵστη
	3 p.	ἵστη **σι** (ν)	ἵστη	ἱστά **τω**
	P. 1 p.	ἵστα **μεν**	ἵστα **μεν**	
	2 p.	ἵστα **τε**	ἵστα **τε**	ἵστα **τε**
	3 p.	ἱστᾶ **σι**	ἵστα **σαν**	ἱστά **ντων**
	D. 2 p.	ἵστα **τον**	ἱστά **την**	ἵστα **τον**
	3 p.	ἵστα **τον**	ἱστά **την**	ἱστά **των**
FUTUR		στήσω		
AORISTE 1			ἔστησα, *je plaçai*	στῆ σον
AORISTE 2	S. 1 p.		ἔστη **ν**, *je me plaçai*	
	2 p.		ἔστη **ς**	στῆ **θι**
	3 p.		ἔστη	στή **τω**
	P. 1 p.		ἔστη **μεν**	
	2 p.		ἔστη **τε**	στῆ **τε**
	3 p.		ἔστη **σαν**	στά **ντων**
	D. 2 p.		ἐστή **την**	στῆ **τον**
	3 p.		ἐστή **την**	στή **των**
PARFAIT		ἕστηκα, *je me tiens*		
P.-Q.-P.			εἱστήκειν (εἱστήκη)	

Remarques. — I. En dépit des apparences, le verbe ἵστημι est, lui aussi, un verbe à redoublement : *σι -στημι (cf. lat. *sisto*).

II. Au lieu des formes pleines de parfait ἑστήκαμεν, ἑστηκέναι, etc., on trouve des formes plus anciennes sans κ, dont voici à peu près les seules usitées : *ind. :* ἕσταμεν, ἕστατε, ἑστᾶσι; *impér. :* ἕσταθι, ἑστάτω, ἕστατε; *subj. :* ἑστῶμεν, ἑστῶσι; *opt. :* ἑσταίην; *inf. :* ἑστάναι; *part. :* ἑστώς, ἑστῶσα, ἑστός (gén. ἑστῶτος); *pl.-q.-parf. :* ἕστασαν. — Le parfait ἕστηκα, qui s'emploie comme un présent, *je me tiens (debout* ou *immobile)*, a formé le futur 3 ἑστήξω.

La forme attique du parfait neutre ἑστός est analogique d'après le type εἰδός (144,4°). La forme attendue ἑστώς est défendue par quelques grammairiens.

Voix active. — Radical pur : στα.

α

SUBJONCTIF	OPTATIF	INFINITIF	PARTICIPE
ἱστ ῶ	ἱστα ίην	ἱστά ναι	M. ἱστ άς
ἱστ ῇς	ἱστα ίης		ἱστάντος
ἱστ ῇ	ἱστα ίη		
ἱστ ῶμεν	ἱστα ῖμεν (ἱσταίημεν)		F. ἱστ ᾶσα
ἱστ ῆτε	ἱστα ῖτε (ἱσταίητε)		ἱστάσης
ἱστ ῶσι (ν)	ἱστα ῖεν (ἱσταίησαν)		
ἱστ ῆτον	ἱστα ίτην (ἱσταιήτην)		N. ἱστ άν
ἱστ ῆτον	ἱστα ίτην (ἱσταιήτην)		ἱστάντος
	στήσοιμι	στήσειν	στήσων
στήσω	στήσαιμι	στῆσαι	στήσας
στῶ	σταίην	στῆναι	M. στάς
στῇς	σταίης		στάντος
στῇ	σταίη		
στῶμεν	σταῖμεν (σταίημεν)		F. στᾶσα
στῆτε	σταῖτε (σταίητε)		στάσης
στῶσι (ν)	σταῖεν (σταίησαν)		
στῆτον	σταίτην (σταιήτην)		N. στάν
στῆτον	σταίτην (σταιήτην)		στάντος
ἑστήκω	ἑστήκοιμι	ἑστηκέναι	ἑστηκώς

A la forme du plus-que-parfait εἱστήκειν, s'oppose la forme plus proprement attique εἱστήκη.

L'esprit rude du parfait (et du plus-que-parfait) s'explique par la disparition du σ initial redoublé : ἕστηκα est pour *σε-στηκα ; εἱστήκειν pour *ἐ-σε-στήκειν.

III. L'indicatif aoriste 2 ἔστην, conserve la longue à toutes les personnes, au pluriel comme au singulier. — La forme ἔστην, avec esprit doux, s'oppose à celle de l'imparfait ἵστην, avec esprit rude.

IV. La forme *ἱστα-ντι donnait régulièrement *ἵστασι ; mais on y a vu une forme contracte *ἱστα-ασι (cf. διδό-ασι) ; d'où l'accent circonflexe.

152. Conjugaison de ἵσταμαι, *je suis placé.*

		INDICATIF		IMPÉRATIF
		Temps principaux	Temps secondaires	
PRÉSENT ET IMPARFAIT	S. 1 p.	ἵσταμαι	ἱστάμην	
	2 p.	ἵστασαι	ἵστασο	ἵστασο (ἵστω)
	3 p.	ἵσταται	ἵστατο	ἱστάσθω
	P. 1 p.	ἱστάμεθα	ἱστάμεθα	
	2 p.	ἵστασθε	ἵστασθε	ἵστασθε
	3 p.	ἵστανται	ἵσταντο	ἱστάσθων
	D. 2 p.	ἵστασθον	ἱστάσθην	ἵστασθον
	3 p.	ἵστασθον	ἱστάσθην	ἱστάσθων
FUTUR		σταθήσομαι		
AORISTE			ἐστάθην	στάθητι

Conjugaison de ἵσταμαι, *je place (pour moi).*

FUTUR	στήσομαι		
AORISTE		ἐστησάμην	στῆσαι

I. Le parfait passif ou moyen ἕσταμαι (refait sur ἕστηκα) et le plus-que-parfait ἑστάμην sont à peu près inusités.

II. Le moyen ἵσταμαι est : 1° un moyen transitif, avec l'aor. 1 ἐστησάμην; 2° un moyen intransitif, avec l'aor. 2 ἔστην et le parfait ἕστηκα. En conséquence, le présent ἵσταμαι et l'imparfait ἱστάμην ont à la fois le sens transitif : *placer pour soi;* le sens intransitif : *se placer*, et le sens passif : *être placé.* Le futur moyen στήσομαι a le sens transitif et le sens intransitif : *je placerai pour moi* et *je me placerai.* L'aoriste 1 ἐστησάμην n'a que le sens transitif : *je plaçai pour moi.* Le moyen ἕσταμαι a un sens intransitif.

III. Le verbe ἵστημι a fourni de nombreux composés, dont certains n'existent qu'au moyen. Les deux sens *(placer* et *se placer)* s'y entremêlent. On citera surtout : ἀμφίσταμαι, *se tenir autour;* ἀνίστημι, *faire lever, se lever;* ἀφίστημι, *éloigner, s'éloigner;* ἐνίστημι, *placer dans;* ἐφίστημι, *placer, se placer sur;* καθίστημι, *établir, s'établir;* προσίσταμαι, *s'opposer à;* ὑφίσταμαι, *se placer sous.*

IV. Les quatre premiers temps de ἵστημι ont le sens transitif de *placer;* les trois derniers ont le sens intransitif de *se placer, se tenir debout.* Ainsi ἔστησαν veut dire *ils mirent debout* ou *ils se tinrent debout*, selon qu'il appartient à l'aoriste 1 ou à l'aoriste 2. Voir le tableau ci-contre.

Voix passive. — Radical pur : στα.

SUBJONCTIF	OPTATIF	INFINITIF	PARTICIPE
ἱστῶμαι ἱστῇ ἱστῆται ἱστώμεθα ἱστῆσθε ἱστῶνται ἱστῆσθον ἱστῆσθον	ἱσταίμην ἱσταῖο ἱσταῖτο ἱσταίμεθα ἱσταῖσθε ἱσταῖντο ἱσταίσθην ἱσταίσθην	ἵστασθαι	M. ἱστάμενος ἱσταμένου F. ἱσταμένη ἱσταμένης N. ἱστάμενον ἱσταμένου
σταθῶ	σταθησοίμην σταθείην	σταθήσεσθαι σταθῆναι	σταθησόμενος σταθείς

Voix moyenne.

στήσωμαι	στησοίμην στησαίμην	στήσεσθαι στήσασθαι	στησόμενος στησάμενος

Signification des diverses formes d'ἵστημι

	ACTIF TRANSITIF	MOYEN TRANSITIF	INTRANS.	PASSIF
	Placer	*Placer (pour soi)*	*Se placer*	*Être placé*
PRÉSENT	ἵστημι	ἵσταμαι	ἵσταμαι	ἵσταμαι
FUTUR	στήσω	στήσομαι	στήσομαι	σταθήσομαι
AORISTE	ἔστησα	ἐστησάμην	ἔστην	ἐστάθην
PARFAIT			ἕστηκα	
FUTUR ANT.			ἑστήξω	

Verbes à redoublement en -ημι

153. Ces verbes se conjuguent sur ἵ-στη-μι. Dans ὀ-νί-νημι, le redoublement est intérieur, parce que le mot commence par une voyelle (radical *ὀνα-). Dans πί-μ-πρημι et πί-μ-πλημι, outre le redoublement, il y a un μ de renforcement, qui peut disparaître au présent : ἐμ-πίπρημι, ἐμ-πίπλημι, par dissimilation.

ὀ-νί-νημι,	*être utile* (acc.)	ὀνήσω	ὤνησα	—
ὀ-νί-ναμαι,	*trouver avantage*	ὀνήσομαι	ὠνήμην et ὠνάμην	—
πί-μ-πλημι,	*remplir*	πλήσω	ἔπλησα	πέπληκα
πίμπλαμαι,	*être rempli*	πλησθήσομαι	ἐπλήσθην	πέπλημαι
πί-μ-πρημι,	*brûler*	πρήσω	ἔπρησα	(πέπρηκα)
		(πρησθήσομαι)	ἐπρήσθην	πέπρησμαι
κί-χρημι,	*prêter*	χρήσω	ἔχρησα	κέχρηκα.

Remarques. — I. L'imparfait de ἐμπίπρημι et ἐμπίπλημι est ἐν-επίμπρην, ἐν-επίμπλην.

II. La conjugaison de ὠνήμην est la suivante : impér. ὄνησο; subj. ὄνωμαι; opt. ὀναίμην; inf. ὄνασθαι; part. ὀνήμενος. L'imparfait actif est inusité; on y supplée par ὠφέλουν.

Deuxième classe

Verbes en -μι sans redoublement

154. Les verbes en -μι sans redoublement n'existent plus qu'à l'état de survivance. La plupart sont très usuels et anormaux.

1° Εἰμί (= *ἐσ-μι), *je suis* (104); εἶμι, *j'irai* (155). Se reporter à la conjugaison de ces verbes, donnée in-extenso.

2° Ἠμί, *dire*, n'est usité en prose que dans les locutions ἦν δ' ἐγώ, *dis-je;* ἦ δ'ὅς, *dit-il* (qui, malgré la présence du démonstratif ὅς, peut être suivi d'un nom sujet); ἦ δ' ἥ, *dit-elle*. Homère : Ἦ ῥά, *il dit*.

3° Φημί, *dire*, *affirmer* (rad. φᾱ). L'imparfait ἔφην et l'infinitif φάναι ont d'ordinaire la valeur d'un aoriste. Dans le sens d'*affirmer*, on emploie surtout les formes φάσκω, ἔφασκον, φήσω, ἔφησα. On préfère d'ordinaire le participe inchoatif φάσκων à la forme normale, peu usitée, φάς. Οὔ φημι et ἀπόφημι signifient *dire que... ne... pas (negare)*. L'indicatif présent de φημί est enclitique, sauf la deuxième personne φῄς. (Chez Homère, imparfait moyen ἐφάμην, *je dis;* φάτο, *il dit.*)

Conjugaison de φημί, *je dis.*

INDICATIF	PRÉSENT	IMPARFAIT	FUTUR	AORISTE
S. 1 p.	φημί	ἔφην	φήσω	ἔφησα
2 p.	φής ou φῄς	ἔφησθα (ἔφης)	φήσεις	ἔφησας
3 p.	φησί (ν)	ἔφη	φήσει	ἔφησε
P. 1 p.	φαμέν	ἔφαμεν	φήσομεν	ἐφήσαμεν
2 p.	φατέ	ἔφατε	φήσετε	ἐφήσατε
3 p.	φασί (ν)	ἔφασαν	φήσουσι (ν)	ἔφησαν
D. 2 p.	φατόν	ἐφάτην	φήσετον	ἐφησάτην
3 p.	φατόν	ἐφάτην	φήσετον	ἐφησάτην
IMPÉRATIF	φάθι, φάτω, φάτε, φάντων.			(φῆσον)
SUBJONCTIF	φῶ, φῇς...			φήσω
OPTATIF	φαίην		φήσοιμι	φήσαιμι
INFINITIF	φάναι		φήσειν	φῆσαι
PARTICIPE	(φάς)		φήσων	φήσας

4° Κεῖμαι, *je suis étendu (jaceo)*, n'a que le présent, l'imparfait et le futur : ἐκείμην, κείσομαι. — Κάθημαι, *je suis assis*, n'a que le présent et l'imparfait : ἐκαθήμην. Tous deux se conjuguent comme le parfait passif, sauf qu'ils ont une forme spéciale au subjonctif et à l'optatif : κέωμαι et κεοίμην, καθῶμαι et καθήμην (-ῆο, -ῆτο) ou, moins bien, καθοίμην (cf. τίθεμαι).

5° Les verbes suivants se conjuguent sur ἵσταμαι au présent et à l'imparfait :

ἄγαμαι, *admirer*	—	ἠγάσθην	—
δύναμαι, *pouvoir* [1]	δυνήσομαι	ἐδυνήθην	δεδύνημαι
ἐπίσταμαι, *savoir*	ἐπιστήσομαι	ἠπιστήθην	—
ἔραμαι, *aimer* (poét.)	ἐρασθήσομαι	ἠράσθην	ἤρασμαι
κρέμαμαι, *être suspendu*	κρεμήσομαι	ἐκρεμάσθην	—

6° L'aoriste isolé ἐπριάμην, *j'achetai*, se conjugue à l'indicatif comme l'imparfait de ἵσταμαι, aux autres modes comme le présent. Il se complète par ὠνεῖσθαι, *acheter*, imparf. ἐωνούμην (112, 2°).

1. Par exception, les subjonctifs δύνωμαι, ἐπίστωμαι et κρέμωμαι ainsi que les optatifs δύναιτο, ἐπίσταιτο et κρέμαιτο, sont accentués sur l'antépénultième. Imparfaits : ἐδυνάμην, ἐδύνω, ἐδύνατο ; ἠπιστάμην, ἠπίστασο (quelquefois ἠπίστω). De même πρίωμαι, subj. de ἐπριάμην.

155. Conjugaison de ἰέναι, *aller*.

		INDICATIF Temps principaux	INDICATIF Temps secondaires	IMPÉRATIF
PRÉSENT ET IMPARFAIT	S. 1 p.	ἔρχομαι	ᾖα (ᾔειν)	
	2 p.	ἔρχει (ἔρχῃ)	ᾔεισθα (ᾔεις)	ἴθι
	3 p.	ἔρχεται	ᾔει (ν)	ἴτω
	P. 1 p.	ἐρχόμεθα	ᾖμεν (ᾔειμεν)	
	2 p.	ἔρχεσθε	ᾖτε (ᾔειτε)	ἴτε
	3 p.	ἔρχονται	ᾔεσαν ou ᾖσαν	ἰόντων ou ἴτωσαν
	D. 2 p.	ἔρχεσθον	ᾔτην	ἴτον
	3 p.	ἔρχεσθον	ᾔτην	ἴτων
FUTUR	S. 1 p.	εἶμι, *j'irai*		
	2 p.	εἶ		
	3 p.	εἶσι (ν)		
	P. 1 p.	ἴμεν		
	2 p.	ἴτε		
	3 p.	ἴασι (ν)		
	D. 2 p.	ἴτον		
	3 p.	ἴτον		
AORISTE 2			ἦλθον	ἐλθέ
PARFAIT 2 ET PL.-Q.-P.		ἐλήλυθα	ἐληλύθειν ou ἐληλύθη	

REMARQUES. — I. La conjugaison du verbe ἰέναι est en partie composite. Le verbe emprunte son présent de l'indicatif à ἔρχομαι. — A l'aoriste, à côté de la forme ἦλθον (138, 2) de thème ἐλθ-, on a la forme poétique ἤλυθον, du thème ἐλευθ-. — Le parfait présente un redoublement attique (114).

II. L'impératif ἔρχου ne se rencontre pas en prose; les formes ἔρχωμαι, ἐρχοίμην, ἔρχεσθαι, l'imparf. ἠρχόμην et surtout le futur ἐλεύσομαι sont fort rares en prose attique. Le présent εἶμι y sert de futur.

III. L'accent distingue εἶμι, *j'irai*, et εἶσι, *il ira*, des formes homonymes du verbe *être* (sauf dans les composés).

IV. Les principaux composés de ce verbe sont : ἀνιέναι, *monter;* ἀπιέναι, *s'en aller;* ἐπιέναι, *s'avancer vers*, *attaquer;* ἐξιέναι, *sortir*, *partir;* διεξιέναι, *parcourir*, *raconter;* μετιέναι, *aller à la recherche;* παριέναι, *s'avancer;* προσιέναι, *s'approcher* (dat.); προϊέναι, *s'avancer.*

Les composés de εἶμι, *aller* (comme ceux de εἰμί, *être*) reculent l'accent au présent de l'indicatif et de l'impératif. mais non ailleurs : πάρειμι, πάριθι, mais παριών.

Trois radicaux : ἐρχ, ἰ, ἐλυθ (ἐλθ)

SUBJONCTIF	OPTATIF	INFINITIF	PARTICIPE
ἴω ἴῃς ἴῃ ἴωμεν ἴητε ἴωσι (ν) ἴητον ἴητον	ἴοιμι ou ἰοίην ἴοις ἴοι ἴοιμεν ἴοιτε ἴοιεν ἰοίτην ἰοίτην	ἰέναι	M. ἰών (ἐρχόμενος) ἰόντος F. ἰοῦσα (ἐρχομένη) ἰούσης N. ἰόν (ἐρχόμενον) ἰόντος
	ἴοιμι ou ἰοίην ἴοις ἴοι ἴοιμεν ἴοιτε ἴοιεν ἰοίτην ἰοίτην	ἰέναι	M. ἰών ἰόντος F. ἰοῦσα ἰούσης N. ἰόν ἰόντος
ἔλθω	ἔλθοιμι	ἐλθεῖν	ἐλθών, ἐλθοῦσα, ἐλθόν
ἐληλύθω	ἐληλυθοίην	ἐληλυθέναι	ἐληλυθώς, -υῖα, -ός

V. **On distinguera soigneusement trois verbes de forme voisine :**
ἵημι (radic. ἑ-) avec l'esprit rude, *lancer;*
εἰμί (radic. ἐς-), *être;*
εἶμι, *j'irai* (radic. ἰ-, parfois réduit à l'ι souscrit).

Comparer : εἴην, εἶμεν (optatif de εἰμί); ἀφείην, -εῖμεν (opt. aor. de ἀφίημι);
ὦ, ὦμεν (subj. prés. de εἰμί); ἴω, ἴωμεν (subj. pr. de εἶμι);
ἀφιῶ, -ιῶμεν; ἀφῶ, ἀφῶμεν (subj. pr. et aor. de ἀφίημι);
ἀνιᾶσι, 3e pers. du pl. de ἀνίημι; ἄνιασι, 3e pers. du pl. de ἄνειμι.

On rapprochera, en outre, diverses formes de οἶδα et de εἶμι :

ἴσμεν, ἴστε, *nous savons, vous savez*
ἐσμέν, ἐστέ, *nous sommes, vous êtes*
ᾔσμεν, ᾔστε, *nous savions, vous saviez*

ἦμεν, ἦτε (ou ἦστε), *nous étions, vous étiez*
ᾖμεν, ᾖτε, *nous allions, vous alliez*
ἦτε, *que vous soyez.*

Troisième classe

156. Conjugaison de δείκνυμι, *je montre.* Voix

		INDICATIF		IMPÉRATIF
		Temps principaux	Temps secondaires	
PRÉSENT ET IMPARFAIT	S. 1 p.	δείκνυ μι	ἐδείκνυ ν	
	2 p.	δείκνυ ς	ἐδείκνυ ς	δείκνυ
	3 p.	δείκνυ σι (ν)	ἐδείκνυ	δεικνύ τω
	P. 1 p.	δείκνυ μεν	ἐδείκνυ μεν	
	2 p.	δείκνυ τε	ἐδείκνυ τε	δείκνυ τε
	3 p.	δεικνύ ασι (ν)	ἐδείκνυ σαν	δεικνύ ντων[1]
	D. 2 p.	δείκνυ τον	ἐδεικνύ την	δείκνυ τον
	3 p.	δείκνυ τον	ἐδεικνύ την	δεικνύ των

FUTUR : δείξω; AORISTE : ἔδειξα;

Voix passive

PRÉSENT ET IMPARFAIT	S. 1 p.	δείκνυμαι	ἐδεικνύμην	
	2 p.	δείκνυσαι	ἐδείκνυσο	δείκνυσο
	3 p.	δείκνυται	ἐδείκνυτο	δεικνύσθω
	P. 1 p.	δεικνύμεθα	ἐδεικνύμεθα	
	2 p.	δείκνυσθε	ἐδείκνυσθε	δείκνυσθε
	3 p.	δείκνυνται	ἐδείκνυντο	δεικνύσθων[2]
	D. 2 p.	δείκνυσθον	ἐδεικνύσθην	δείκνυσθον
	3 p.	δείκνυσθον	ἐδεικνύσθην	δεικνύσθων

PASSIF : FUTUR : δειχθήσομαι AORISTE : ἐδείχθην
MOYEN : FUTUR : δείξομαι AORISTE : ἐδειξάμην

I. Le subjonctif et l'optatif présent se conjuguent toujours comme si le présent était en -νύω. De plus, surtout pour les verbes δείκνυμι et ὄμνυμι, on emploie aussi les formes δεικνύω, δεικνύουσι, δείκνυε, δεικνύειν, δεικνύων, et l'imparf. ἐδείκνυον.

II. A l'actif, δείκνυμι présente une alternance quantitative : -νῡ- au singulier et -νῠ- au pluriel. Le passif a toujours l'υ bref.

1. Mieux que δεικνύτωσαν. — 2. Mieux que δεικνύσθωσαν.

Verbes en -νυμι

active **Radical pur : δειχ.**

SUBJONCTIF	OPTATIF	INFINITIF	PARTICIPE
δεικνύ ω	δεικνύ οιμι	δεικνύ ναι	M. δεικνύ ς
δεικνύ ῃς	δεικνύ οις		δεικνύντος
δεικνύ ῃ	δεικνύ οι		
δεικνύ ωμεν	δεικνύ οιμεν		F. δεικνῦ σα
δεικνύ ητε	δεικνύ οιτε		δεικνύσης
δεικνύ ωσι (ν)	δεικνύ οιεν		
δεικνύ ητον	δεικνυ οίτην		N. δεικνύ ν
δεικνύ ητον	δεικνυ οίτην		δεικνύντος

PARFAIT : δέδειχα ; PL.-Q.-P. : ἐδεδείχειν ou ἐδεδείχη.

et moyenne

δεικνύωμαι	δεικνυοίμην	δείκνυσθαι	M. δεικνύμενος
δεικνύῃ	δεικνύοιο		δεικνυμένου
δεικνύηται	δεικνύοιτο		
δεικνυώμεθα	δεικνυοίμεθα		F. δεικνυμένη
δεικνύησθε	δεικνύοισθε		δεικνυμένης
δεικνύωνται	δεικνύοιντο		
δεικνύησθον	δεικνυοίσθην		N. δεικνύμενον
δεικνύησθον	δεικνυοίσθην		δεικνυμένου

PARFAIT : δέδειγμαι (136) ; PL.-Q.-PARFAIT : ἐδεδείγμην
PARFAIT : » PL.-Q.-PARFAIT : »

III. Ces verbes sont en -νυμι ou en -ννυμι, selon que le radical pur se termine par une consonne ou par une voyelle : δείκ-νυμι, σβέ-ννυμι. En réalité, la double consonne s'explique le plus souvent par une assimilation : σβέννυμι = *σβεσ-νυμι ; ἕννυμι = *ϝεσ-νυμι ; mais ὄλλυμι = *ὀλ-νυμι.

Le futur se forme en ajoutant la terminaison -σω à ce radical δείξω, σβέ-σω.

157. 1° Verbes en -νυμι (radical à consonne)

κατ-άγνυμι, *briser*	f. κατ-άξω	aor. κατ-έαξα [*εϜαξα]	parf. —
»	—	κατ-εάγην	κατ-έαγα
ζεύγνυμι, *joindre*	ζεύξω	ἔζευξα	—
»	—	ἐζύγην	ἔζευγμαι
μείγνυμι, μίσγω, *mêler*	μείξω	ἔμειξα	—
»	μειχθήσομαι	ἐμείχθην, ἐμίγην	μέμειγμαι
ἀπ-όλλυμι, *faire périr*	ἀπ-ολῶ, -εῖς	ἀπ-ώλεσα	ἀπ-ολ-ώλεκα
(au passif) *périr*	ἀπ-ολοῦμαι	ἀπ-ωλόμην	ἀπ-όλ-ωλα
ὄμνυμι, *jurer*	ὀμοῦμαι	ὤμοσα	ὀμ-ώμοκα
»	ὀμοσθήσομαι	ὠμόσθην, ὠμόθην	ὀμ-ώμομαι
πήγνυμι, *fixer*	πήξω	ἔπηξα	—
»	παγήσομαι	ἐπάγην	πέπηγα
ῥήγνυμι, *rompre*	ῥήξω	ἔρρηξα	—
»	ῥαγήσομαι	ἐρράγην	ἔρρωγα.

2° Verbes en -ννυμι (radical à voyelle)

κεράννυμι, *mêler*	(κερῶ)	ἐκέρασα	—
»	κραθήσομαι	ἐκεράσθην, ἐκράθην	κέκραμαι
κρεμάννυμι, *suspendre*	κρεμῶ, -ᾷς	ἐκρέμασα	—
»	—	ἐκρεμάσθην	—
ἀνα-πετάννυμι, *déployer*	ἀνα-πετῶ, -ᾷς	ἀν-επέτασα	—
»	—	(ἐπετάσθην)	ἀνα-πέπταμαι
σκεδάννυμι, *disperser*	σκεδῶ, -ᾷς	ἐσκέδασα	—
»	(σκεδασθήσομαι)	ἐσκεδάσθην	ἐσκέδασμαι
ἀμφι-έννυμι, *vêtir*	ἀμφιῶ, -εῖς	ἠμφίεσα	—
» *se vêtir de*, acc.	ἀμφιέσομαι	ἠμφιεσάμην	ἠμφίεσμαι
σβέννυμι, *éteindre*	σβέσω	ἔσβεσα	—
» *s'éteindre*	σβήσομαι	ἔσβην	ἔσβηκα
(ῥώννυμι), *fortifier*	(ῥώσω)	ἔρρωσα	—
»	(ῥωσθήσομαι)	ἐρρώσθην	ἔρρωμαι, *valeo*
ζώννυμι, *ceindre*	(ζώσω)	ἔζωσα	(ἔζωκα)
» *se ceindre*	(ζώσομαι)	ἐζωσάμην (ἐζώσθην)	ἔζωμαι.

Remarques. — I. Ἀπο-κτίννυμι, *tuer*, emprunte ses autres temps à ἀπο-κτείνω (124) Ζώννυμι n'est guère usité que comme verbe composé : περι-ζώννυμι, δια-ζώννυμι.

II. Le futur des verbes en -άννυμι se conjugue sur τιμῶ (118); les parfaits en -σμαι sur πέπεισμαι (136).

III. L'aoriste passif en -σθην (141, 2°) a été étendu à bon nombre de verbes en -μι (πίμπλημι, ὄμνυμι) et presque tous les verbes en -ννυμι.

IV. Le parfait ἔρρωμαι a le sens présent et correspond au latin *valeo*. Le participe ἐρρωμένος s'emploie comme adjectif et correspond à *validus;* il a formé le comparatif ἐρρωμενέστερος, le superlatif ἐρρωμενέστατος, et l'adverbe ἐρρωμένως, *avec force*. L'impératif ἔρρωσο correspond au latin *vale*, « porte-toi bien, adieu! » (formule d'adieu dans les lettres).

Adjectifs verbaux

158. Il y a en grec des adjectifs verbaux en -τός, qui marquent la possibilité, comme les adjectifs latins en *-bilis*, ou les adjectifs français en *-able*, *-ible*. Quelquefois ils équivalent simplement au participe passé passif (souvenir de leur origine, cf. latin *doctus*). Il y en a d'autres en -τέος, qui marquent l'obligation et correspondent, dans une certaine mesure, aux adjectifs en *-ndus*. Ex. : ὁρα-τός, *visible;* παιδευ-τέος, *docendus*.

Ces adjectifs peuvent se former le plus souvent en substituant -τος ou -τέος à la désinence -θείς du participe aoriste passif [1] :

τιμῶ, *honorer*	τιμη-θείς	τιμη-τός	τιμη-τέος
τάττω, *ranger*	ταχ-θείς	τακ-τός	τακ-τέος
αἱροῦμαι, *choisir*	αἱρε-θείς	αἱρε-τός	αἱρε-τέος
τέμνω, *couper*	τμη-θείς	τμη-τός	τμη-τέος
δίδωμι, *donner*	δο-θείς	δο-τός	δο-τέος
γιγνώσκω, *savoir*	γνω-σθείς	γνωσ-τός	γνωσ-τέος.

Les adjectifs en -τός ne sont pas tous usités; ceux en τέος le sont presque toujours. Homère les ignore; ils sont rares chez les poètes (sauf Aristophane), mais fréquents en prose attique.

Voici ceux dont la formation offre quelque difficulté; certains sont formés sur le futur :

φέρω, *porter*	οἰστέος	οἶδα, *savoir*	ἰστέος
σῴζω, *sauver*	σωστέος	ἰ-έναι, *aller*	ἰτέος
παύω, *faire cesser*	παυστέος	τρέχω, *courir*	θρεκτέος
πυνθάνομαι, *apprendre*	πευστέος	φημί, *affirmer*	φατέος
πείθω, *persuader*	πειστέος [2]	δια-βαίνω, *traverser*	δια-βατέος.

REMARQUE. — Les adjectifs en -τός sont toujours accentués sur la finale et les adjectifs en -τέος sur la pénultième. Ces derniers sont le plus souvent employés impersonnellement (368).

1. Sauf dans le verbe τίθημι, où le radical verbal est modifié à cet aoriste : Τεθείς étant pour θε-θείς (15, 5°), l'adj. verbal est θετός, θετέος.

2. Πειστέον signifie : 1° *il faut persuader* (de πείθω) ; 2° *il faut obéir* (de πείθομαι).

TABLEAU RÉCAPITULATIF

Les aoristes grecs

159. L'aoriste grec est le temps qui présente, surtout à l'actif, la plus grande variété de formes; c'est, en outre, un temps très employé à tous ses modes à raison de sa valeur d'aspect (100). Aussi est-il d'un intérêt primordial de savoir les reconnaître.

Actif

VERBES EN -μι.	Aoristes en -κα (avec alternance) (à ne pas confondre avec le parfait, voir l'augment).	ἔθη-κα, ἀφ-ῆκα, ἔδω-κα. ἵστημι et les verbes en -νυμι ont un aor. I régulier.

VERBES EN -ω.

I. Aoristes sigmatiques	Simple en -σα		ἔλυσα.
	Combinaisons variées	Contractes et assimilés	ἐτίμησα, ἐφίλησα ἐδούλωσα, ἠθέλησα
		V. à muette	-ξα, -ψα
		V. à liquide	-λα, -μα, -να, -ρα.
II. Aoristes seconds	Aoristes Radicaux	en -α (rares)	ἔχεα, εἶπας
		à voyelle longue (intransitifs)	(ἔστην), ἔβην ἔγνων, ἔδυν.
	à voyelles ε/ο	simples	ἔλιπον, ἔλαβον
		à redoublement (rares)	ἤγ -αγον.

Moyen et passif

Aoristes : I. MOYENS	en —	σάμην (-ξάμην...)	ἐλυσάμην
PASSIFS	en —	θην (-σθην, -φθην, -χθην)	ἐλύθην
Aoristes : 2. M. et P.	en —	ην	ἐτράφην
	en —	όμην	ἐγενόμην.

TROISIÈME SECTION

LES MOTS INVARIABLES

CHAPITRE VI

ADVERBES

160. Outre les adverbes ordinaires de *lieu*, de *temps*, de *quantité*, de *manière*, il y a des adverbes *corrélatifs* qui correspondent à chacune de ces quatre classes, et se forment d'après les mêmes procédés que les pronoms corrélatifs (95). Le terminaison -οτε exprime le temps; -ου, -οθι, le séjour en un lieu; -οι, -οσε, le mouvement vers un lieu; -οθεν, l'éloignement d'un lieu (ablatif); η, le passage par un lieu, ou la manière; -ως, la manière (instrumental).

Adverbes de lieu

161. ἄνω, *en haut*, κάτω, *en bas*, πέριξ, *tout autour*, χωρίς, *à part*, ἐγγύς, *auprès*, μεταξύ, *dans l'intervalle*, ὀπίσω, *en arrière*, πόρρω, *en avant, au loin*, ἐντός, *à l'intérieur*, πλησίον, πέλας, *proche*, ἔνδον, *dedans*, πέρα, *au delà*, ἔξω, *dehors*, μακράν, *loin*, ἀντικρύ, *en face*, τηλοῦ, *loin*.

INTERROGATIFS	INDÉFINIS	DÉMONSTRATIFS	RELATIFS
ποῦ; où? *ubi?*	πού, quelque part.	ἐκεῖ, là, là-bas. ἐνθάδε, τῇδε, ici. ἐνταῦθα, là, y.	οὗ, ἔνθα, où. ὅπου, où, partout où.
ποῖ; où? *quo?*	ποί, quelque part.	ἐκεῖσε, là. ἐνθάδε, δεῦρο, ici. ἐνταῦθα, là, y.	οἷ, ἔνθα, où. ὅποι, où, partout où.
πόθεν; d'où? *unde?*	ποθέν, de quelque part.	ἐκεῖθεν, de là, de là-bas. ἐνθένδε, d'ici. ἐντεῦθεν, de là.	ὅθεν, ἔνθεν, d'où. ὁπόθεν, d'où, de quelque part que.
πῇ; par où? de quel côté? *quā? quomodo?*	πῄ, par quelque endroit.	ἐκείνῃ, par là, *eo modo.* ταύτῃ, τῇδε, par ici, *hoc modo.*	ᾗ, par où, *eo modo quo.* ὅπῃ, *quacumque, quoquo modo.*

REMARQUES. — I. Il y a entre τῇδε et ἐκεῖ, τῇδε (ταύτῃ) et ἐκείνῃ la même nuance qu'entre ὅδε (οὗτος) et ἐκεῖνος (89).

II. L'enclitique που signifie : 1° *en quelque endroit; 2° peut-être, sans doute, si je ne me trompe*, pour adoucir une affirmation. Ex. : *Personne, je suppose, n'ignore cela.* Οὐδείς που τοῦτο ἀγνοεῖ. Les adverbes indéfinis sont enclitiques comme les pronoms.

Aux diverses questions de lieu, on répond encore par les adverbes suivants :

ποῦ (πόθι); *ubi?*	ποῖ (πόσε); *quo?*	πόθεν; *unde?*	πῇ; *qua?*
οὐδαμοῦ, nulle part	οὐδαμόσε	οὐδαμόθεν	οὐδαμῇ
πανταχοῦ, partout	πανταχόσε, πανταχοῖ	πανταχόθεν	πανταχῇ
—	πάντοσε	πάντοθεν	πάντῃ
πολλαχοῦ, *multis locis*	πολλαχόσε	πολλαχόθεν	πολλαχῇ
ὁμοῦ, au même lieu, ensemble	ὁμόσε	ὁμόθεν	—
ἄλλοθι, ailleurs	ἄλλοσε	ἄλλοθεν	ἄλλῃ
αὐτοῦ, αὐτόθι, là même	αὐτόσε	αὐτόθεν	—
οἴκοι, à la maison, *domi*	οἴκαδε	οἴκοθεν	—
χαμαί, à terre, *humi*	χαμᾶζε	χαμᾶθεν	—
Ἀθήνησι, à Athènes	Ἀθήναζε (Ἀθήνας-δε)	Ἀθήνηθεν	—
Μεγαροῖ, à Mégare	Μέγαράδε	Μεγαρόθεν	—

REMARQUES. — I. Οἴκοι et ἐκεῖ sont d'anciens locatifs (désin. *i*), comme, du reste. Μεγαροῖ et Πυθοῖ *(à Delphes)* et comme χαμαί. — De plus, les terminaisons -θι, -δε. -θεν sont d'anciens suffixes répondant aux questions *ubi? quo? unde?* (voir Homère. 398, 9). On notera aussi θύραζε [θύρας-δε], *à la porte, au-dehors.*

La terminaison -θεν surtout est fréquente : ἔμπροσθεν, *en avant;* ὄπισθεν, *en arrière;* ἄνωθεν, *d'en haut;* κάτωθεν, *d'en bas;* ἔνδοθεν, *du dedans;* ἔξωθεν, *du dehors;* πόρρωθεν, *de loin;* ἐγγύθεν. *de près* (valeur ancienne d'ablatif).

II. Le comparatif et le superlatif de quelques adverbes de lieu est en -ω : πορρωτέρω, πορρωτάτω; ἐγγύτερον ou ἐγγυτέρω; ἀνωτέρω, κατωτέρω.

Adverbes de temps

162. πάλαι, autrefois, naguère
ἀεί, toujours
νῦν (νυνί), maintenant
μέχρι νῦν, jusqu'à présent
νῦν δή, naguère, tout à l'heure
ἤδη, déjà, désormais, bientôt
αὐτίκα, sur-le-champ
ἄρτι (ἀρτίως), à l'instant
τάχα, bientôt
ἔτι, encore; οὐκέτι, ne... plus
πρῶτον, d'abord
εἶτα, ἔπειτα, ensuite
τέλος, τελευταῖον, enfin
πρότερον, auparavant
ὕστερον, plus tard
αὖθις (αὖτις), une autre fois, de nouveau
πάλιν, en arrière, de nouveau
πρίν, avant
χθές, ἐχθές, hier
τήμερον (σήμερον), aujourd'hui
αὔριον, demain
πρώην, naguère, avant-hier
εὐθύς, aussitôt
αἰφνιδίως, ἐξαίφνης, soudain
ἅμα, ensemble, à la fois
ἑξῆς, ἐφεξῆς, à la file, de suite
πρῴ, πρωΐ, tôt, de bonne heure
ὀψέ, tard
νύκτωρ, de nuit
νεωστί, récemment.

INTERROGATIFS	INDÉFINIS	DÉMONSTRATIFS	CONJONCTIONS
πότε; quand?	ποτέ, un jour, quelquefois. ἐνίοτε, parfois. οὔποτε, οὐδέποτε, *nunquam*, ne... jamais. ἄλλοτε, une autre fois.	τότε, alors. ἑκάστοτε, chaque fois.	ὅτε, quand, lorsque. ὁπότε, chaque fois que.
πηνίκα; à quel moment? à quelle heure?	—	τηνίκα, τηνικάδε, τηνικαῦτα } à ce moment.	ἡνίκα, lorsque. ὁπηνίκα, lorsque.
ποσάκις; combien de fois?	πολλάκις, *saepe*, plusieurs fois.	τοσάκις, autant de fois.	ὁσάκις, chaque fois que.
μέχρι τοῦ; jusques à quand?	—	τέως, aussi longtemps.	ἕως, jusqu'à ce que, tant que.

REMARQUES. — 1° Πρῴ, *de bonne heure*, comparatif πρωϊαίτερον, superlatif πρωϊαίτατα. — Ὀψέ, *tard*, (dans la journée), comp. ὀψιαίτερον, sup. ὀψιαίτατα (78).

2° Voir les adverbes numéraux en -άκις, n° 80.

3° *Tantôt... tantôt* se dit τοτὲ μὲν... τοτὲ δέ, ou νῦν μὲν... νῦν δέ, ou encore ἐνίοτε μὲν... ἐνίοτε δέ. Au lieu de ἐνίοτε, on dit aussi ἔστιν ὅτε, *il y a des fois que*, de même qu'on dit ἔστιν οἵ, *il y a des gens qui*, au lieu de ἔνιοι, *quelques-uns* (92,5°).

4° Τέως, ou τέως μέν, signifie souvent *pendant un temps*, *jusqu'à un certain moment*; en ce cas on lui oppose d'ordinaire νῦν δέ, *mais maintenant*; ἐπεὶ δέ, *mais depuis que*; ἔπειτα δέ, *mais dans la suite*. Πρὸ τοῦ, *auparavant* (sens fort de l'article, 190). Dans μέχρι τοῦ; τοῦ est l'interrogatif (= τίνος).

5° Ἀεὶ entre l'article et le participe signifie *successivement*, *à mesure* : οἱ ἀεὶ ἄρχοντες, *les magistrats successifs*.

Adverbes de quantité

163. ἅλις, assez
ἄγαν, λίαν, trop
σχεδόν, presque
πάνυ, tout à fait
οὐ... πάνυ, pas du tout
ἅδην, suffisamment
παντάπασι(ν), entièrement
μάλα, fort, très; μᾶλλον, *magis*
μάλιστα, très, surtout
πολύ, beaucoup; πλέον, plus
ὀλίγον, peu
μόνον, seulement.

Μάλα se joint aux adjectifs et aux adverbes : εὖ μάλα, *complètement*; αὐτίκα μάλα, *à l'instant même*. Dans les réponses : μάλα γε, καὶ μάλα, *certainement*.

A côté de πλέον (neutre de πλείων), l'attique connaît une forme contracte πλεῖν.

Le tableau ci-joint indique les différentes manières qui permettent d'exprimer la quantité.

DEVANT	VERBE	NOM		ADJECTIF	
		choses qui se comptent	choses qui se mesurent	au positif	au compar.
Combien? Que!	πόσον, ὅσον	πόσοι, ὅσοι	πόσος, ὅσος	πῶς, ὡς	πόσῳ, ὅσῳ
Peu, un peu	ὀλίγον, μικρόν	ὀλίγοι, οὐ πολλοί	μικρός	ὀλίγον μικρόν	ὀλίγῳ
Beaucoup	πολύ	πολλοί	μέγας, πολύς	(μάλιστα)	πολλῷ
Plus	πλέον, μᾶλλον	πλείους (75)	μείζων	μᾶλλον ou compar.	—
Le plus	πλεῖστον	πλεῖστοι	μέγιστος	μάλιστα	—
Moins	μεῖον, ἔλαττον	ἐλάττους (75)	μείων	ἔλαττον, ἧττον	—
Autant	τοσοῦτον	τοσοῦτοι	τοσοῦτος	οὕτω	τοσούτῳ

Remarques. — I. Avec les verbes de prix on se sert des formes au génitif : πόσου, ὅσου, ὀλίγου, μικροῦ, πολλοῦ, πλέονος, etc.

II. L'adverbe peut être suivi d'un complément partitif au génitif : πόσον χρυσοῦ, *combien d'or* (Voir aussi 212 R.). Mais on dira plus volontiers, dans ce cas, πόσος χρυσός.

III. *Moins... que* se rend habituellement en grec par un tour négatif, soit οὐ μᾶλλον... ἤ soit οὐ τοσοῦτον... ὅσον soit οὐχ οὕτως... ὡς.

Adverbes de manière

164. Ils se tirent généralement du radical des adjectifs et des participes (pris au génitif pluriel), auquel on ajoute le suffixe -ως. (Pour leur comparatif et leur superlatif, voir 78).

σοφός, habile	σοφῶς, habilement	ὤν, qui est	ὄντως, réellement
σώφρων, sage	σωφρόνως, sagement	ἡδύς, agréable	ἡδέως, agréablement
ἀληθής, vrai	ἀληθῶς, vraiment	πᾶς, tout	πάντως, πανταχῶς, de toute façon.

INTERROGATIFS	INDÉFINIS	DÉMONSTRATIFS	RELATIFS
πῶς; comment?	πως, *aliquo modo.*	ὧδε, οὕτως, ἐκείνως } *sic.*	ὡς, comme. ὅπως, de quelque façon que.
	οὐδαμῶς, nullement.	ὡσαύτως, de même.	
	ἄλλως, autrement, en vain.	οὕτως, tellement, de telle sorte.	ὥστε, que, au point de.

Remarques. — I. Ὧδε, comme ὅδε, se rapporte à ce qui suit; οὕτως, comme οὗτος, plutôt à ce qui précède; ἐκείνως veut dire *de cette façon-là.* Οὕτως s'emploie plutôt devant voyelle, οὕτω devant consonne. En prose, ὥς (accentué) n'a le sens démonstratif que dans les expressions καὶ ὥς, *même ainsi*, et οὐδ' ὥς, *pas même ainsi*. Ὡς, *comme*, se rattache à la racine du relatif (**jos*); mais ὥς, *ainsi*, à celle du démonstratif (**sos*).

II. Ce sont les adverbes relatifs définis qu'on emploie comme exclamatifs (95) : ὁσάκις, *que de fois!* οἷον, οἷα, ὅσον, *combien!* ὡς, *comme!* Ex. : *Que tu es aimable!* ὡς ἡδὺς εἶ. — *Quel bel enfant!* ὡς καλὸς ὁ παῖς (καλός est attribut, 199).

165. Les adverbes de manière ne se terminent pas toujours en -ως. Plusieurs sont formés notamment au moyen des suffixes -δην et -τι.

βάδην, au pas	ὀνομαστί, par son nom	μόγις, μόλις, à peine, avec peine
σποράδην, çà et là	δωριστί, à la mode dorienne	ἄρδην, de fond en comble
κρύβδην, en cachette	ἑλληνιστί, à la grecque	συλλήβδην, en bloc, en somme.

D'autres sont d'anciens cas figés — accusatif, datif ou instrumental [1] — de noms ou d'adjectifs :

μάτην, en vain	λάθρᾳ, en secret	κομιδῇ, parfaitement
προῖκα, gratis	δημοσίᾳ, au nom de l'Etat	πεζῇ, à pied, par terre
δωρέαν, gratuitement	ἰδίᾳ, en particulier	εἰκῇ, au hasard
εὖ, bien	κοινῇ, en commun	ἁμῇ, en quelque sorte.

Du reste, le neutre singulier ou pluriel de l'adjectif s'emploie très souvent en guise d'adverbe (210) :

μέγα, grandement σφόδρα, fortement οἷον, par exemple cf. μόνον, πρῶτον.

Remarques. — I. Πῇ, ταύτῃ, ἄλλῃ, sont aussi souvent adverbes de manière qu'adverbes de lieu (161). Ex. : ἄλλοτε ἄλλῃ, *tantôt d'une façon, tantôt d'une autre.*

II. Les adverbes démonstratifs (lieu, manière) peuvent prendre la particule -ί (89). Ex. : οὑτωσί, ἐνθαδί, δευρί...

Adverbes relatifs composés

166. Les adverbes relatifs sont, comme les pronoms relatifs, les uns *définis*, les autres *indéfinis*. On joint souvent aux premiers la particule -περ. Ex. : οὗπερ, *précisément là où;* ὅθενπερ, ὅτεπερ, ὅσονπερ, ὥσπερ. Si on joint aux seconds les suffixes -ουν ou -δήποτε, ils cessent d'être des relatifs. Ex. : ὁπουοῦν, *n'importe où;* ὁποσονοῦν, *n'importe combien;* ὁπωσοῦν, ὁπωστιοῦν, *n'importe comment.*

La particule ἄν se joint aux uns et aux autres, mais plus souvent aux relatifs indéfinis; ils se construisent alors avec le subjonctif. Ex. : ὅπου ἂν ᾖ, *où qu'il soit, partout où il est (sera);* ὅταν, ὁπόταν λέγῃ, *quand il parle.*

Remarque. Les adverbes relatifs indéfinis (ceux qui commencent par ὁπ) s'emploient aussi comme interrogatifs indirects. Dans ce cas, il ne peuvent être accompagnés de ἄν. Ex. : *je sais où il est*, οἶδα ὅπου ἐστίν.

1. Les adverbes en -ως sont probablement eux-mêmes d'anciens instrumentaux : désinence ω + ς adverbial; comparer οὕτω et οὕτως.

Adverbes interrogatifs, particules de réponse

167. 1° Interrogation.

ἦ; ἆρα (= ἦ ἄρα); *est-ce que?*
ἆρ' οὐ; *est-ce que... ne... pas? (nonne?).*
μή; ἆρα μή; μῶν (= μὴ οὖν); *est-ce que par hasard? (num?).*
πότερον... ἤ...; *utrum... an...?* (quand l'interrogation est double).
εἰ, *si* (dans l'interrogation indirecte : Dites-moi *si* vous irez).
εἰ... ἤ, πότερον... ἤ, εἴτε... εἴτε, *utrum... an* (interrogation indirecte double).

2° Manière de répondre.

ἦ, *assurément;* ἦ μήν, *oui, en vérité* (dans les serments).
νή, *oui certes;* μά, *certainement.*
μάλα γε, καὶ μάλα, *certainement.*
ναί, *oui;* ναιχί, *oui certes;* νὴ τὸν Δία, *oui, par Zeus.*
οὔ, *non;* οὐ μὰ τὸν Δία, οὐ τὸν Δία, *non, par Zeus.*
τάχα ἴσως (seuls ou réunis), *peut-être bien.*
ἀμέλει (ancien impératif), *sois tranquille, assurément.*

Νή est toujours affirmatif; μά plutôt négatif, mais peut être également affirmatif : ναὶ μὰ Δία, *oui, par Zeus* (ναὶ μὰ τόν, *oui, certes;* μὰ τόν, *non certes*).

On trouvera dans les dialogues de Platon de nombreuses manières de répondre : πάνυ γε, *assurément* (= oui, tout à fait); πῶς γὰρ οὔ; *assurément* (= comment n'en serait-il pas ainsi?) etc. On peut également répéter le pronom sujet, par ex. ἔγωγε, ou employer φημί, *oui;* οὔ φημι, *non.*

Négations

168. Οὐ, οὐκ, οὐχ, οὐχί, ne... pas (lat. *non*) (dans les propositions énonciatives à l'indicatif ou à l'optatif avec ἄν) : négation objective.
μή, ne... pas (dans les défenses, dans les propositions subordonnées au subjonctif ou à l'optatif; ordinairement avec l'infinitif) : négation subjective.

La distinction entre οὐ et μή s'applique aux nombreux composés de ces deux négations, comme οὐδείς et μηδείς, *personne* (79, 1°), οὔπω et μήπω, *pas encore;* οὐδαμῶς et μηδαμῶς, *nullement,* οὐκέτι et μηκέτι, *ne... plus,* οὐδέποτε et μηδέποτε, *ne... jamais.*

οὐδέ, μηδέ, et... ne... pas, pas même, *ne... quidem;* ni non plus.
οὔτε... οὔτε, et μήτε... μήτε, ni... ni, *nec... nec* (ne s'emploient que répétés).

CHAPITRE VII

PRÉPOSITIONS

169. Il y a dix-huit prépositions proprement dites qui se construisent les unes avec trois cas, d'autres avec deux cas, le plus grand nombre avec un seul cas. Originellement les prépositions sont de véritables adverbes (souvent encore chez Homère) dont la langue a développé l'usage pour préciser la valeur exacte du complément et lui servir d'appui. En réalité, à l'origine, la préposition ne gouverne aucun cas; le cas, à lui seul, exprime le complément. Mais à l'époque classique, le rapport est étroit entre la préposition et le cas, qui conserve toujours sa valeur primitive. On remarquera que ces prépositions, dans leur sens premier, concernent uniquement l'*espace* et le *temps*. Seules, les prépositions proprement dites servent de *préverbes* et entrent dans la composition des verbes où elles ont mieux conservé, du reste, leur sens primitif.

Tableau des prépositions

SENS GÉNÉRAL	GÉNITIF	ACCUSATIF	DATIF
ἀντί (en face).	au lieu de.		
ἀπό (en partant de).	de, loin de; — depuis.		
ἐκ (+ consonne), ἐξ (+ voyelle), [ἐκ -ς] (en sortant de).	hors de, de; — par suite de.		
πρό (devant).	devant, avant; — pour, en faveur de.		
ἀνά (en montant).		en remontant, à travers (*surtout en poésie*).	

SENS GÉNÉRAL	GÉNITIF	ACCUSATIF	DATIF
εἰς, ἐς [ἐν -ς] (*in*, avec l'accusatif).		à, vers, dans; — pour (tel jour.)	
ἐν (*in*, avec l'ablat.).			en, dans, sur.
σύν, ξύν (avec).			avec (*rare en prose*).
διά (en partageant).	à travers, par — durant; — au moyen de.	à cause de; — grâce à.	
κατά (en descendant).	du haut de; — sous (terre); — contre.	en descendant le long de; — sur l'étendue de; — du temps de; — selon; — en vue de — (v. 81, I).	
ὑπέρ (au-dessus).	au-dessus de; — dans l'intérêt de, pour.	au-dessus de, au delà de.	
ἀμφί (des deux côtés).	au sujet de (*rare*).	autour de; — environ (mille).	(*chez les poètes*).
ἐπί (sur).	sur (sans mouvement); — devant (des témoins); — vers (la patrie).	sur (dans la direction de); — vers, contre.	sur (*poét.*), près de, dans; — après (quelqu'un); — au sujet de; — à condition de; — (être au pouvoir de; — en vue de.
μετά (au milieu de, idée de *changement*).	avec, (parmi).	après.	parmi (*chez les poètes*).
παρά (à côté).	de, d'auprès de (quelqu'un); — de la part de.	chez, auprès de (quelqu'un, question *quo*); — le long de; — contrairement à.	auprès de (question *ubi*).
περί (autour).	au sujet de.	autour de; — vers (le soir).	autour de (*rare*).
πρός (idée de *contact*).	du côté de (question *ubi*); — de la part de, au nom de.	vers, jusqu'à; — contre, envers.	à côté de; — outre.
ὑπό (sous; idée de *chose secrète*).	sous l'influence de, par.	sous (question *quo*); vers (telle époque).	sous (question *ubi*), au pouvoir de.

REMARQUE. — Les prépositions sont parfois placées après leur complément *(anastrophe)*. L'accent d'une préposition est placé sur la syllabe la plus rapprochée du complément : περὶ γεωργίας, mais γεωργίας πέρι (29).

Exemples

'Από : ἀπὸ ταύτης τῆς ἡμέρας, *depuis ce jour-là;* — θηρεύειν ἀπὸ ἵππου, *chasser à cheval;* — ἀπὸ σκόπου λέγειν, *s'écarter de son sujet.*

'Εκ : ἐκ παιδός (*une personne*), ἐκ παίδων (*plusieurs personnes*), *dès l'enfance;* — ἐκ τοῦ ἀρίστου, *aussitôt après le repas;* — ἐκ δεξιᾶς, *à droite.*

Πρό : αἱρεῖσθαι πρὸ δουλείας θάνατον, *préférer la mort à l'esclavage.*

'Ανά : πλανᾶσθαι ἀνὰ τὰ ὄρη, *errer par les montagnes;* — φεύγειν ἀνὰ κράτος, *fuir de toute sa force.* (81 R. I)

Εἰς : εἰς ταὐτὸ συνιέναι, *se réunir au même endroit;* — ἡ εἰς ἑορτὰς ἐσθής, *habit de fête;* — εὐδόκιμος εἰς σοφίαν, *renommé pour sa sagesse.* (81 R. IV).

'Εν : ἐν τούτῳ, *à ce moment-là;* — ἐν τοῖς φίλοις τιθέναι, *mettre au nombre de ses amis;* — ἡ ἐν Μαραθῶνι μάχη, *la bataille de Marathon;* — λέγειν ἐν τοῖς δικασταῖς, *parler devant les juges;* — ὅσον ἐστὶν ἐν ἐμοί (*ou* ἐπ' ἐμοί), *autant qu'il est en mon pouvoir.*

Διά : διὰ ταῦτα, *c'est pourquoi;* — διὰ λόγων ἐνδείξασθαί τι (P.), *démontrer quelque chose par des paroles;* — διὰ φόβου εἶναι, *être dans la crainte;* — διὰ τάχους (ἀπὸ τάχους, κατὰ τάχος), *avec rapidité;* — διὰ χρόνου, *après un long intervalle;* — διὰ φιλίας ἰέναι τινί, *être bien avec quelqu'un.*

Κατά : κατὰ γῆν καὶ κατὰ θάλατταν, *sur terre et sur mer;* — καθ' ἕνα μάχεσθαι (81 R. I), *combattre un à un;* — τὸ καθ' ἡμέραν, *chaque jour;* — καθ' ἑαυτόν, *tout seul, en soi-même;* — κατὰ Κῦρον βασιλεύοντα (ἐπὶ Κύρου βασιλεύοντος), *sous le règne de Cyrus;* — κατὰ σπουδήν, *avec célérité;* — κατὰ νόμον, *selon l'usage.*

'Υπέρ : ὑπὲρ ἄνθρωπον φρονεῖν, *oublier qu'on est homme.*

'Επί : ἐπὶ δεῖπνον καλεῖν, *inviter à dîner;* — ἐπὶ δόρυ, ἐπ' ἀσπίδα, *à droite, à gauche (terme militaire);* — τάττεσθαι ἐπὶ τεττάρων, *être quatre de front;* — ἐπὶ τούτοις, *là-dessus, après cela, à cette condition;* — οἱ ἐπὶ πᾶσιν, *l'arrière-garde;* — οἱ ἐπὶ τοῖς πράγμασιν (*ou* τῶν πραγμάτων), *ceux qui dirigent les affaires;* — δανείζειν ἐπὶ τόκῳ, *prêter à intérêt;* — ἐπὶ τούτοις χαλεπαίνω, *je m'indigne de cela.*

Παρά : πλεῖν παρὰ γῆν, *côtoyer la terre;* — παρὰ πότον, *en buvant;* — παρὰ τὴν δόξαν, *contre les prévisions;* — παρ' οὐδὲν ποιεῖσθαί τι, *ne faire nul cas d'une chose;* — παρ' ἀσπίδα, *à gauche* (*du côté du bouclier*).

Περί : εἶναι περὶ (*ou* ἀμφὶ) τὰ ἱερά, *s'occuper des sacrifices;* — τὰ περὶ τὴν γεωργίαν, *les choses de l'agriculture;* — οἱ περὶ Σωκράτην, *l'entourage de Socrate, Socrate et ses amis;* par la suite, οἱ περὶ τὸν 'Αννίβαν, *Hannibal* (seul).

Πρὸς : πρὸς τούτοις, *outre cela;* — πρὸς τῇ οἰκίᾳ, *près de la maison;* — εἶναι πρός τινος, *être du parti de quelqu'un;* — τὰ πρὸς τὸν πόλεμον, *ce qui touche à la guerre;* — πρὸς χάριν λέγειν, *dire par la flatterie, flatter en paroles;* πρὸς ἑσπέραν, *vers le soir.* — Πρὸς θεῶν, *au nom des dieux;* — πρὸς τὸν αὐλόν, *au son de la flûte.*

Μετά : μετὰ τὴν μάχην, *après la bataille;* — μεθ' ἡμέραν, *en plein jour;* — μετὰ Φιλίππου εἶναι, *être avec Philippe.*

Ὑπό : ὑφ' ἑαυτῷ ποιεῖσθαι, *mettre en son pouvoir;* — ὑπὸ βασιλέα γίγνεσθαι, *tomber au pouvoir du roi;* — ὑπὸ τοὺς αὐτοὺς χρόνους, *vers la même époque;* — ὑπὸ τὸν λόφον, *au pied de la colline;* — ὑπ' αὐλητῶν, *au son de la flûte.*

170. D'autres mots, d'origines diverses, s'emploient également comme prépositions :

1° ὡς, *vers*, veut l'accusatif d'un nom de personne (uniquement en attique).

2° L'adverbe ἅμα peut signifier *en même temps que, dès*, avec le datif : ἅμα τῇ ἡμέρᾳ, *avec le jour.*

3° Les mots suivants, employés comme prépositions, veulent le génitif :

χάριν, en faveur de, pour
ἕνεκα (ἕνεκεν), en vue de, à cause de
ἄνευ, sans
δίκην, à la façon de
ἄχρι, μέχρι, jusqu'à
πλήν, excepté, sauf.

Remarques. — I. Χάριν, ἕνεκα et δίκην, accusatifs employés adverbialement, se placent habituellement après leur complément. On trouve en poésie εἵνεκα et οὕνεκα. — Ἄνευ, πλήν et μέχρι n'entrent pas dans la composition des verbes.

II. Μέχρι est parfois employé comme conjonction au sens de *jusqu'à ce que* au lieu de ἕως (172) et, en revanche, (à basse époque seulement) ἕως a pris le sens de μέχρι.

4° La plupart des adverbes de lieu s'emploient comme prépositions avec le génitif :

ἔμπροσθεν, πρόσθεν, devant
πόρρω, loin de
εὐθύ, tout droit vers
μεταξύ, entre
ἐντός, en deçà de, dans les limites de
ἔνδον, (être) à l'intérieur de
εἴσω, (aller) à l'intérieur de
ὄπισθεν, derrière
ἐγγύς, πλησίον, πέλας, près de
χωρίς, à l'exclusion de
πέρα, πέραν, au delà de
ἐκτός, ἔξω, hors de
ἔξωθεν, en dehors de
ἐναντίον, en face de.

Remarque. — Au rebours, la préposition πρός peut s'employer adverbialement : πρὸς δέ, πρὸς δὲ καί, καὶ πρός γε, *et de plus, en outre.*

CHAPITRE VIII

CONJONCTIONS, PARTICULES ET INTERJECTIONS

171. On distingue les conjonctions proprement dites ou *conjonctions de subordination*, qui indiquent de quelle manière une proposition dépend d'une autre, — et les *conjonctions de coordination* ou *particules*, qui servent simplement à unir ou opposer entre eux des éléments de même nature (mots, propositions ou phrases).

En réalité, les conjonctions ne « gouvernent » aucun mode; chaque mode garde dans les subordonnées sa propre valeur.

172. I. — Conjonctions de subordination

Énonciation : ὅτι, ὡς, que (après *je dis, je sais, je montre*).

But : ἵνα, ὅπως, afin que; ἵνα μή, de peur que, *subjonctif*.

Cause : ὅτι, διότι, parce que; — ὅτε, ἐπεί, ἐπειδή, puisque.

Conséquence : ὥστε, de manière à, *infinitif;* en sorte que, *indicatif*.

Condition : εἰ, si, *indic.* ou *optatif*; — ἐάν (ἤν, ἄν) si, *subjonctif*.
εἴπερ, si vraiment, si comme je le crois, puisque; εἰ ἄρα, εἴ που, si par hasard; εἴ γε, si toutefois.
εἰ μή, si... ne pas, à moins que; εἰ δὲ μή, sinon.

Concession : εἰ καί, quoique; — καὶ εἰ, κἄν (pour καὶ ἐάν), même si, quand même; — καίπερ, bien que, *participe*.

Temps : ὅτε, lorsque; ἡνίκα, au moment où; ὁπότε, chaque fois que.
ὡς, lorsque; ἐπεί, ἐπειδή, quand, après que.
ἕως, ἔστε, μέχρι οὗ, jusqu'à ce que; — ἕως, ἔστε, tant que.
πρίν, avant de, avant que, *infin.*, *indic.* ou *optatif*.
ἐν ᾧ, pendant que; — ἐξ οὗ, ἀφ' οὗ, depuis que.

Remarque. — Il ne faut pas confondre les expressions comparatives οὕτως ὥσπερ *de même que;* τοσοῦτον ὅσον, *autant que;* τοιοῦτος οἷος, *tel que*, avec celles qui expriment le degré, comme οὕτως ὥστε, *tellement que;* τοσοῦτος ὥστε, *tellement grand que;* τοιοῦτος ὥστε, *de telle nature que*.

II. — Particules de coordination

173. Particules prépositives. — Les unes se placent en tête des propositions ou devant le mot sur lequel elles portent. Ce sont :

καί, *et*, *aussi*, *même*. Tous les termes d'une énumération doivent être unis entre eux par καί.

ἤ, *ou bien*. — ἤτοι... ἤ, *ou... ou bien*. Après les comparatifs et après ἄλλος et ἕτερος, ἤ signifie *que*.

ἀλλά, 1° *mais*, *et* (surtout après une proposition négative); 2° *du moins* (après une proposition conditionnelle); 3° *en vérité* (en tête d'une réponse).

οὐ μόνον... ἀλλὰ καί, *non seulement... mais encore*.

ὅμως, *cependant*, après εἰ καί ou καίπερ.

ἀλλ' ὅμως, *toutefois;* — ἀλλὰ γάρ, *mais, malheureusement*.

καί τοι, καὶ μήν, 1° *et en vérité, et de fait;* 2° *toutefois;*

ἀλλὰ μήν, 1° *et en vérité;* 2° *d'autre part*.

καὶ γάρ, *et en effet;* — καὶ δὴ καί, *et même*.

τοιγαροῦν, τοιγάρτοι, *c'est pourquoi, par conséquent*.

ἀτάρ, *mais* (pour passer à une idée nouvelle).

διό, δι' ὅ, *c'est pourquoi, aussi*.

ὡς a de temps en temps le sens de *car*.

Remarques. — I. On intercale toujours un ou deux mots dans les locutions conjonctives καί-γε, *et même, et certes;* ἀλλά-γε, *du moins* (après une proposition conditionnelle).

II. Οὐκοῦν, accentué sur οὖν signifie *dans ce cas, alors;* οὔκουν, accentué sur οὐκ, a une valeur négative et signifie *non igitur*.

174. Particules postpositives. — Les autres particules se placent en général après le premier mot de la proposition, ou après deux mots étroitement unis par le sens. Voici les principales :

τε, *et*, comme le latin *que*, mais d'un emploi plus restreint; τε annonce d'ordinaire un second membre précédé de καὶ : παῖδές τε καὶ γυναῖκες.

μὲν... δέ, *à la vérité... mais*. En général, μέν suppose δέ; mais δέ s'emploie très souvent seul dans le sens de *or*, *mais*, *et*.

μήν, *assurément*, ne s'emploie guère qu'après οὐ καί, ἀλλά, γε. Dans les serments ἦ μήν, *en vérité*. Dans les réponses, τί μήν; *pourquoi donc? eh bien quoi? et puis?*

τοι, *oui vraiment;* — μέντοι, 1° *en vérité;* 2° *cependant;* — τοίνυν, *donc*, οὖν, *cela étant, donc.* Très souvent : μὲν οὖν, 1° *or donc*, 2° *loin de là;* — δ'οὖν, *quoi qu'il en soit; ce qui est sûr, c'est que.*

γε, γοῦν, 1° *du moins;* 2° *certes* (se traduit rarement dans ce cas); — γε μήν équivaut à δέ.

ἄρα, *donc, naturellement, alors.*

δή, *évidemment, donc;* — δήπου, *sans doute.*

γάρ, *car, en effet, c'est que;* — γὰρ δή, *en effet.*

αὖ, *d'autre part*, sert souvent à renforcer δέ : δ' αὖ.

REMARQUE. — Ἄρα peut être réduit à ἄρ', à ῥα, ou même à ῥ' (poésie).

III. — L'interjection

175. En grec, comme dans toutes les langues, les interjections sont avant tout des cris marqués par les principales voyelles. C'est ainsi qu'on trouve : ἆ, *ah!;* ἤ, *hé!;* ὤ, *oh!* (indignation), différente de l'interjection ὦ, *ô*, qui accompagne normalement le vocatif : ὦ ἄνδρες Ἀθηναῖοι.

Il faut y joindre un certain nombre d'onomatopées, fréquentes surtout dans la langue parlée et dans celle du théâtre : ἰώ, *hélas!;* ἰοὺ ἰού, *oh!* (douleur, joie, étonnement) ; ἰὴ ἰή, *hé! hé!* αἰαῖ, φεῦ, *hélas!;* οἴμοι [οἴ-μοι], *malheur à moi;* πόποι, *oh! ah!;* βαβαί, *oh!* (étonnement); εἶεν, *bon!* (différent de l'optatif de εἰμί) ; εἶα, *allons! courage!;* ἐά, *hé!; hélas! allons!* αἰβοῖ, *pouah!;* etc.

Enfin, on signalera quelques impératifs, plus ou moins figés : ἄγε, φέρε, ἴθι, *allons! va!;* χαῖρε, *salut* (impératif de χαίρειν) ; ἰδού, *voici, tiens!* (distingué du véritable impératif ἰδοῦ [aor. de εἴδομαι] par l'accent) : ἰδοὺ χελιδών, *tiens! une hirondelle!* C'est de même par l'accent que σῖγα, *silence! en silence*, se distingue de l'impératif σίγα, *tais-toi.*

176. **Tableau récapitulatif**

EMPLOIS DE ὡς	EMPLOIS DE η
ὥς (= οὕτως) *ainsi*, 164, I	ἡ féminin de l'article, *la*
ὡς adverbe, *comme*, 164	ἥ, ᾗ » du relatif
ὡς + superlatif, 244	ᾗ adverbe de lieu, *par où*
ὡς préposition, *vers*, 170	ἦ imparfait de εἰμί
ὡς conjonction, *lorsque*, 172	ᾖ subjonctif de »
ὡς » *que*, 172, 308	ᾗ imparfait de ἡμί
ὡς » *car*, 173	ἦ adverbe, *certes*
ὡς » *dans la pensée que*, 356, 360, 396	ἤ conjonction, *ou, que*
	ἤ interjection, *Hé!*

QUATRIÈME SECTION

CHAPITRE IX

FORMATION DES MOTS

177. Il existe en grec un certain nombre de noms-racines, mots anciens, non affectés de suffixes. Tels sont : **πούς, θρίξ, βοῦς, ναῦς, μῦς, φλόξ** etc. Mais la plupart des mots sont formés

ou par *dérivation*,

ou par *composition.*

178. Mots dérivés. — Ils se forment au moyen de *suffixes* qu'on ajoute aux racines.

Dans de nombreux *noms* le suffixe est simplement ο ou α. Ils désignent soit l'agent, soit l'action :

-α(-η)	nom d'action	ἀγορά, πνοή, ἀρχή, μάχη
-ος	nom d'action	δρόμος, γάμος
	nom d'agent	ἀοιδός, ἄρχος
-ον	neutre	ἔργον, ζυγόν.

Ces suffixes peuvent être renforcés de différentes manières : λο, μο, νο, ρο, το, -ιον, -ια.

1° Pour former les **noms dérivés**, on emploie surtout les suffixes suivants :

-εύς	désigne	l'auteur de l'action	γραφεύς, *peintre*, κουρεύς, *barbier*
-σις	»	l'action	μάθησις, *action d'étudier*
-μα	»	l'objet de l'action	μάθημα, *science, objet d'étude*
-τρον	»	l'instrument	ἄροτρον, *charrue*
-εῖον,-τήριον	»	le lieu de l'action	κουρεῖον, *boutique de barbier;* δικαστήριον, *tribunal*
-ων	»	le lieu où est une chose	ἀμπελών, *vignoble;* ξενών, *hôtellerie* Παρθενών, *le Parthénon*
-της, -του	»	la profession, l'état	μαθητής, *écolier;* δικαστής, *juge*
-δης, -ιδης	»	le fils de quelqu'un	Πηλείδης, *fils de Pélée*
-ίς, ίδος	»	une femme	Πριαμίς, *fille de Priam*
-άς, άδος	»	»	Δηλιάς, *femme de Délos*
-ια, -σύνη	»	la qualité	ἀλήθεια, *vérité;* σωφροσύνη, *sagesse*
-της, τητος		»	δεινότης, *habileté;* ἡμερότης, *douceur*
-ιον, -ίσκος		les diminutifs	ξιφίδιον, *poignard;* νεανίσκος, *adolescent.*

2° Pour former les **adjectifs dérivés**, on emploie surtout les suffixes suivants :

-ικός	marque l'aptitude	μαθηματικός, *studieux*
-ειδής	» la ressemblance	θεοειδής, *divin*
-εος, -ινος	» la matière	λίθινος, *de pierre*
		χρύσεος (χρυσοῦς), *d'or*
-ιος, -ιμος		ὠφέλιμος, *utile*
-νος, -ρος	» propriété relation	λαμπρός, *brillant*
-μων, -εινος		ἀλγεινός, *douloureux.*

3° Les **verbes dérivés** appartiennent, presque sans exception, à la catégorie des verbes contractes et à celle des verbes en -εύω, -ίζω, -άζω, -αίνω et -ύνω. On les appelle verbes *dénominatifs* parce qu'ils sont formés sur des noms (ou des adjectifs). Ils ont presque tous le suffixe -yo. Ex. : δουλοῦν, *rendre esclave;* δουλεύω, *être esclave;* φιλιππίζω, *être pour Philippe;* δικάζω, *juger;* μαλακίζω, *être maladif;* μαλακύνω, *rendre maladif;* χαλεπαίνω, *s'irriter.* Les verbes en -ιᾶν désignent une disposition corporelle : μαλακιᾶν, *être faible;* πυριᾶν, *avoir la fièvre;* — ou un état morbide : μαθητιᾶν, *vouloir devenir disciple (de Socrate).* Les verbes en -σκω (verbes *inchoatifs*) marquent le commencement ou la cause. Ex. : γηράσκω, *vieillir;* μεθύσκω, *enivrer* (μεθύω, *être ivre*).

Citer également le suffixe -νυ dans certains verbes en μι.

Remarque. — Dans une foule de noms dérivés de deux syllabes, on relève une alternance vocalique : quand le verbe a le timbre ε, le nom prend le timbre ο.

Ex. :	λέγω, *dire*	λόγος, *parole*
	τεμεῖν, *couper*	τομή, *coupure*
	μένω, *rester*	μονή, *séjour, retard*
	φέρω, *porter*	φόρος, *tribut,* φορά, *élan*
	πέμπω, *envoyer*	πομπή, *envoi, procession.*

179. Mots composés. — La langue grecque doit en partie sa richesse et sa flexibilité à la facilité admirable avec laquelle elle forme des **mots composés**. Ces mots se forment par l'union de deux noms : νομο-φύλαξ; d'un nom et d'un verbe : νομο-θέτης; d'un verbe et d'un adjectif : φιλό-σοφος; — ou bien au moyen de *préfixes* qu'on place devant les mots simples, et qui peuvent s'unir avec un nom, un adjectif ou un verbe : εὐ-δαίμων, εὔ-πιστος, εὐ-σεβής, ἀρί-δηλος.

I. Le premier terme d'un composé, si c'est un mot déclinable, est ordinairement élidé quand le second terme commence par une voyelle : λοχ-αγός, (λόχος, ἄγω), à côté de στρατηγός, *capitaine,* et terminé par un ο si le second terme commence par une consonne. Cet ο tantôt appartient au radical : οἰκο-νόμος, *intendant,* tantôt n'est qu'une voyelle de liaison : πατρο-κτόνος, *parricide,* ἰχθυο-φάγος, *ichtyophage.* Il peut y avoir enfin contraction : κακουργία, *méchanceté* (κακός, ἔργον), δημιουργός, *artisan* (δῆμος, ἔργον).

Souvent la finale du premier terme composant s'allonge : ἐλαφήβολος, *(Artemis) chasseresse de cerfs* (de ἔλαφος et βάλλω).

On trouve parmi les *noms propres* un grand nombre de composés : Δημοσθένης, Ἵππαρχος, Ἱπποκράτης, Ζεύξιππος.

II. Les particules composantes qui servent à former des verbes composés sont principalement les prépositions : κατα-βαίνω.

Les autres préfixes sont :

1° ἀ- ou ἀν- privatif ou négatif, qui équivaut à *in* dans *in-firmus*, *im-peritus*, *in-cognitus*. Ex. : ἀ-τυχής, *infortuné; ἄ-δικος, injuste; ἀν-άξιος, indigne.*

2° δυσ-, qui marque difficulté, souffrance. Ex. : δυσ-τυχής, *malheureux, infortuné;* δύσ-βατος, *difficile à passer.*

3° πᾶν, qui marque en composition l'ensemble ou la plénitude. Ex. : πάμπολυς, *tout-à-fait abondant;* ἡ πανσέληνος, *la pleine lune.* — ἡμι-, *à demi*, sert à marquer le partage ou la moitié. Ex. : ἡμίθεος, *demi-dieu;* ἡμιεπές, *hémiépés* (première moitié du vers hexamètre).

4° εὖ, *bien*, qui signifie en composition prospérité, abondance, facilité. Ex. : εὐ-τυχής *favorisé de la fortune;* εὔ-βατος, *facile à franchir.*

Les Grecs ont une très grande variété d'adjectifs composés formés des noms de nombre : on les obtient en substituant diverses terminaisons à la terminaison -κις des adverbes numéraux, et au -ς de δίς et de τρίς. Exemples :

τετρα-πλάσιος, *quadruple*
τετρα-ετής *qui a, qui dure quatre ans*
τετρά-μηνος, *qui a, qui dure quatre mois*
τετρά-πους, *qui a quatre pieds*
τριακοντα-έτης (fém. έτις), τριακοντούτης, ου, *de trente ans*

τετρά-δραχμος, *qui vaut quatre drachmes*
τετρά-κυκλος, *à quatre roues*
τετρά-πηχυς, *de quatre coudées*
τετρά-γωνος, *quadrangulaire*
πεντηκοντα-έτης,-τούτης, *de cinquante ans.*

Cf. τρι-πλάσιος (πολλα-πλάσιος) τρί-πους (gén. τρίποδος, acc. τρίπουνς, etc.

180. Sens des composés. — On ne peut établir de règle absolue pour le sens des mots composés; d'ordinaire c'est le second terme qui joue le rôle principal, le premier n'étant qu'une apposition qualifiante ou déterminante :

Ex. : ἀκρό-πολις, *la ville haute;* στρατ-ηγός, *général* (commandant d'armée); νομο-φύλαξ, *gardien des lois.*

Parfois c'est le premier terme, surtout quand il représente un radical verbal :

Ex. : φιλό-σοφος, *philosophe* (qui aime la sagesse); παρά-δοξος, *incroyable* (contraire à l'opinion).

On trouve une grande quantité de composés chez les poètes épiques, tragiques (surtout chez Eschyle) et comiques. Ils produisent de faciles effets comiques; ainsi chez Aristophane : τορνευτολυρασπιδοπηγοί (τορνευτ-ολυρ-ασπιδο-πηγοί), *manufacturiers-en-serpents-de-farine-tournée* (*Ois.* 491), ou encore σκοτοδασυπυκνόθριξ, *une tignasse aux poils sombres, épais et serrés* (*Ach.* 390). Toutefois, et même quand il s'agit de mots forgés par les poètes, on se gardera de traduire avec trop de force les adjectifs composés : καλλίπηχυς, appliqué par Euripide (*Trach.* 1194) au mot βραχίων, *(bras)*, signifie simplement *beau* (et non *au beau coude); καλλιπάρηος*, chez Homère, *jolie* (et non *aux belles joues*).

TROISIÈME PARTIE

SYNTAXE

Notions préliminaires

La **syntaxe** traite de la fonction des mots et de leurs relations dans la phrase. On étudiera séparément : 1° les éléments de la phrase (nom, adjectif, pronom, verbe); 2° la phrase.

Toutefois on se conformera à l'usage qui veut qu'on étudie d'abord les règles d'accord.

RÈGLES D'ACCORD

I. — Accord du verbe et de l'attribut

En principe le verbe et l'attribut s'accordent avec le sujet. Cette règle présente toutefois dans son application des modalités particulières.

Sujet au pluriel neutre

181. Τὰ ζῷα τρέχει. — Si le sujet est au pluriel neutre, le verbe — mais non pas l'attribut — se met ordinairement au singulier, le pluriel neutre étant alors senti comme un collectif.

Ex. : Τὰ ζῷα τρέχει. *Les animaux courent.*

Emploi du duel

182. Προσέτρεχον δύο νεανίσκω. — Si le sujet est un groupe de deux personnes ou de deux choses, l'emploi du duel est facultatif, et le pluriel peut toujours le remplacer soit pour le sujet, soit pour le verbe, soit pour l'attribut. Toutefois, en attique, l'emploi du duel est courant.

Ex. : Προσέτρεχον δύο νεανίσκω (Xén.). *Deux jeunes gens accoururent.* — Ἱματίω μοι δύο ἐστὸν χαρίεντε τούτω (Eupolis). *J'ai là deux jolis manteaux.* — Ἀλλ' εἴπατόν μοι σφὼ τίν' ἐστόν. — Νώ; βροτώ (Aristophane). *Eh! vous deux! dites-moi qui vous êtes. — Nous? deux mortels.*

Plusieurs sujets

S'il y a plusieurs sujets, deux constructions sont possibles :

183. Σὲ φιλεῖ ὁ πατὴρ καὶ ἡ μήτηρ. — 1° tantôt, surtout si le verbe est en tête, l'accord se fait avec le sujet le plus rapproché ou le plus important.

Ex. : Σὲ φιλεῖ ὁ πατὴρ καὶ ἡ μήτηρ (PLATON). *Ton père et ta mère t'aiment.* — Βασιλεὺς καὶ οἱ σὺν αὐτῷ διώκων εἰσπίπτει εἰς τὸ στρατόπεδον (XÉN.). *Le Grand Roi, avec son entourage, continuant sa poursuite, se jette sur le camp.*

REMARQUE. — Ἔστι, en tête de phrase, peut être suivi d'un sujet au pluriel, en particulier dans l'expression ἔστιν οἵ, *il y a des gens qui.* Ex. : Ἔστι καὶ ἐν ταῖς ἄλλαις πόλεσιν ἄρχοντες (PLATON). *Il existe des magistrats dans les autres cités aussi.*

184. Συμφωνοῦμεν ἐγώ τε καὶ ὑμεῖς. — 2° tantôt l'accord se fait avec l'ensemble. Dans ce cas :

a) si les sujets sont de personne différente, la première l'emporte sur la deuxième et la deuxième sur la troisième.

Ex. : Συμφωνοῦμεν ἐγώ τε καὶ ὑμεῖς. (PLATON). *Nous sommes d'accord, vous et moi.*

b) si les sujets sont des noms de personnes de genre différent, l'attribut se met au masculin pluriel.

Ex. : Ἡ τύχη καὶ Φίλιππος ἦσαν τῶν ἔργων κύριοι (ESCHINE). *La Fortune et Philippe étaient maîtres des événements.*

c) si les sujets sont des noms de choses, de genre différent ou non, le verbe se met ordinairement au singulier (181) et l'attribut au pluriel neutre.

Ex. : Πόλεμος καὶ στάσις ὀλέθρια ταῖς πόλεσίν ἐστιν. *La guerre et la sédition sont pernicieuses pour les états.*

Attribut au neutre

185. Αἰσχρόν ἐστι ψεύδεσθαι. — Si le sujet est un infinitif, l'attribut se met en général au neutre singulier, quelquefois au neutre pluriel.

Ex. : Αἰσχρόν ἐστι ψεύδεσθαι. *Il est honteux de mentir.* — Ἀδύνατα ἦν τοὺς πολεμίους ἀμύνεσθαι (THUCYDIDE). *Il était impossible de repousser l'ennemi*

186. Ἀθάνατον ἡ ψυχή. — L'adjectif attribut peut se mettre au neutre, même avec un sujet masculin ou féminin; il équivaut alors à un nom et doit se traduire en conséquence.

Ex. : Ἀθάνατον ἡ ψυχή (PLATON). *L'âme est un être immortel.* — Καλὸν ἡ ἀλήθεια (PLATON). *C'est une belle chose que la vérité.* — Δεινὸν οἱ πολλοί (EURIPIDE). *C'est une force redoutable que la multitude.*

Accord par attraction avec l'attribut

187. Μεγάλη ἐστὶ πόλις αἱ Ἀθῆναι. — Le verbe peut s'accorder en nombre, non avec le sujet, mais avec l'attribut, si ce dernier est plus rapproché.

Ex. : Μεγάλη ἐστὶ πόλις αἱ Ἀθῆναι. *Athènes est une grande cité.*

L'accord peut se faire de même avec l'apposition.

Ex. : Θῆβαι, πόλις ἀστυγείτων, ἀνήρπασται (ESCHINE). *Thèbes, ville voisine, a été rasée.*

Accord selon le sens

188. Ἡ πόλις εἵλοντο. — L'accord se fait parfois selon le sens (κατὰ σύνεσιν) plutôt que selon le genre ou le nombre grammatical, en particulier quand le sujet est un nom collectif ou un nom de personne au pluriel neutre.

Ex. : Ἡ πόλις Ἀγησίλαον εἵλοντο βασιλέα (XÉN.). *La cité choisit pour roi Agésilas.* — Τὰ μειράκια τάδε, πρὸς ἀλλήλους διαλεγόμενοι, ἐπιμέμνηνται Σωκράτους (PLATON). *Ces jeunes gens, au cours de leurs conversations, évoquent le souvenir de Socrate.*

II. — Accord de l'adjectif épithète

189. Πολλοὶ ἄνδρες τε καὶ γυναῖκες. — Lorsqu'il qualifie plusieurs noms, l'adjectif épithète s'accorde en général avec le plus rapproché; mais on peut aussi, pour plus de clarté, répéter l'épithète devant chaque nom.

Ex. : Πολλοὶ ἄνδρες τε καὶ γυναῖκες. *Beaucoup d'hommes et de femmes.* — Πᾶσαι αἱ πόλεις καὶ πάντα τὰ ἔθνη διὰ μαντικῆς ἐπερωτῶσι τοὺς θεούς (XÉN.). *Toutes les cités et tous les peuples se servent de l'art divinatoire pour interroger les dieux.*

NOTA : Certaines règles d'accord des pronoms seront étudiées au chapitre des pronoms (251-254).

PREMIÈRE SECTION

LES ÉLÉMENTS DE LA PROPOSITION

CHAPITRE PREMIER

L'ARTICLE

I. — Sens originel de l'article

190. Τὰ μὲν ἐμάχοντο, τὰ δὲ καὶ ἀνεπαύοντο. — L'article était à l'origine un démonstratif. Il a conservé sa valeur primitive dans un certain nombre de locutions : ὁ μέν... ὁ δέ, *celui-ci... celui-là;* τὰ μέν... τὰ δέ, *certaines choses... d'autres;* τὸ μέν... τὸ δέ ou τὰ μέν... τὰ δέ, employé adverbialement, *tantôt... tantôt, d'un côté... de l'autre;* rarement τὸν καὶ τόν, *tel et tel;* πρὸ τοῦ, *avant cela, auparavant.*

Ex. : Τὰ μὲν ἐμάχοντο, τὰ δὲ καὶ ἀνεπαύοντο (Xén.). *Tantôt ils combattaient, tantôt aussi ils se reposaient.* — Τὰ καὶ τὰ πεπονθώς (Dém.), *après telle et telle épreuve.*

Remarques. — I. Ὁ δέ, *celui-ci, ce dernier, mais lui,* employé comme sujet en tête d'une phrase, désigne un mot qui n'était pas sujet dans la phrase précédente. Ex. : Ἐνέκειντο τῷ Περικλεῖ· ὁ δέ, ὁρῶν αὐτοὺς χαλεπαίνοντας, σύλλογον ἐποίησεν (Thucydide). *Ils s'en prenaient à Périclès; lui, les voyant fâchés, réunit une assemblée.*

II. L'article sert parfois d'antécédent au pronom relatif, surtout dans Platon. Ex. : Ὀρέγομαι τοῦ ὅ ἐστι δίκαιον. *Je désire ce qui est juste.*

III. Un ancien démonstratif ὅς (90) subsiste dans les locutions καὶ ὅς, *et lui;* ἦ δ' ὅς, ἦ δ' ἥ, *disait-il, disait-elle.*

IV. Ὁ μέν... ὁ δέ supposent deux membres de phrase semblables et symétriquement opposés. On ne peut donc les employer pour exprimer la réciprocité : *Aimez-vous les uns les autres,* ἀλλήλους φιλεῖτε. — *Les uns aiment une chose, les autres une autre,* ἕτερα ἑτέροις ἐστὶν ἡδέα. (Pour l'accentuation, voir 30, 1°.)

II. — Emploi de l'article

191. Ὁ ἄνθρωπος θνητός ἐστι. Devant un nom, l'article sert, comme en français, à désigner d'une manière précise un être (sens individuel) ou une catégorie d'êtres bien déterminés (sens générique).

Ex. : Ὁ ἄνθρωπος θνητός ἐστι. *L'homme (= l'espèce humaine) est mortel.* — Οὕτως ἐκέλευεν ὁ ἄνθρωπος (PLATON). *Ainsi l'ordonna l'homme en question.* — Au contraire ἄνθρωπος signifierait *quelqu'un*, *un homme quelconque.*

192. Τὴν μητέρα φιλῶ. — Le sens individuel de l'article (191) explique son emploi comme équivalent :

1° du possessif, s'il n'y a pas de doute sur le possesseur (247).

Ex. : Τὴν μητέρα φιλῶ. *J'aime* ma *mère.* — Τὴν μητέρα φιλεῖ. *Il aime* sa *mère.*

2° du distributif *chaque.*

Ex. : Δραχμὴν ἐλάμβανε τῆς ἡμέρας (THUCYDIDE.). *Il recevait une drachme chaque jour* (224, II).

3° du démonstratif *celui de*, *celle de*, suivi d'un génitif, pour rappeler un nom précédemment employé dans la phrase.

Ex. : Βραχύτερος ὁ τοῦ ἵππου βίος τοῦ τῶν ἀνθρώπων. *La vie du cheval est plus courte que celle de l'homme.*

193. Οἱ πάλαι. Τὰ τῆς πόλεως. — L'article peut donner la valeur d'un nom à une locution quelconque; on emploie ainsi, précédés de l'article :

un adjectif : οἱ καλοὶ κἀγαθοί, *les gens de bien*, — τὸ καλόν, *le bien.*
un adverbe : οἱ πάλαι, *les gens d'autrefois.*
un participe : οἱ λέγοντες, *les orateurs (ceux qui parlent).*
un infinitif : ὁ τοῦ πράττειν χρόνος, *le temps de l'action, le temps d'agir.*
un complément au génitif : τὰ τῆς πόλεως, *les intérêts de la cité, la politique*, — τὰ ἑαυτοῦ, *ses affaires.*
un complément avec préposition : οἱ ἐν τέλει, *les hommes au pouvoir.*
un mot (ou une phrase) présenté comme une citation : τὸ γνῶθι σεαυτόν, *la maxime « connais-toi toi-même ».* — Τὸ ὑμεῖς ὅταν λέγω, τὴν πόλιν λέγω (DÉM.). *Quand je dis « vous », je veux dire la cité.*
une proposition entière : Ὁ λόγος ἐστὶ περὶ τοῦ ὅντινα τρόπον χρὴ ζῆν (PLATON). *La question est de savoir de quelle manière on doit vivre.*

194. Ἀλέξανδρος ὁ Φιλίππου. — Dans bien des locutions usuelles, le grec se contente de l'article suivi d'un adjectif ou d'un complément au génitif, alors que le français doit suppléer un nom approprié.

Ex. : Ἀλέξανδρος ὁ Φιλίππου (υἱός). *Alexandre, fils de Philippe.* — Τῇ ὑστεραίᾳ (ἡμέρᾳ), *le lendemain, le jour suivant.* — Βάδιζε τὴν εὐθεῖαν (ὁδόν). *Suis le droit chemin.* — Ἔξω τῆς ἡμετέρας (χώρας), *hors de notre pays.*

De même on dit régulièrement ἡ οἰκουμένη (γῆ), *la terre habitée, les pays civilisés;* ἡ μουσική (τέχνη), *la musique;* ἡ γραμματική, *la grammaire,* etc...

195. Φίλιππος ὁ βασιλεύς. — L'apposition servant à déterminer un nom propre ou un pronom prend l'article et se place en général après ce nom ou ce pronom.

Ex. : Φίλιππος ὁ βασιλεύς, *le roi Philippe.* — Ῥόδος ἡ νῆσος, *l'île de Rhodes.* — Ἡμεῖς οἱ Ἕλληνες, *nous autres Grecs.*

REMARQUE. — Toutefois on dit habituellement ὁ Εὐφράτης ποταμός, *l'Euphrate.* — *La ville de Rome* se dit ἡ Ῥώμη ou ἡ Ῥωμαίων πόλις.

III. — Omission de l'article

196. Ἀρχὴ σοφίας φόβος Θεοῦ. — En général l'attribut ne prend pas l'article. Cette règle s'applique même au superlatif.

Ex. : Ἀρχὴ σοφίας φόβος Θεοῦ. (PROVERBES). *La crainte de Dieu est le commencement de la sagesse.* — Ἕκαστος ἠξίου σοφώτατος εἶναι (PLATON). *Chacun prétendait être le plus savant.*

REMARQUE. — On garde pourtant l'article dans l'expression ὁ αὐτός, *le même* devant le participe employé substantivement, et lorsqu'on veut souligner expressément la détermination. Ex. : Ἐγὼ μὲν ὁ αὐτός εἰμι, ὑμεῖς δὲ μεταβάλλετε (THUCYDIDE). *Moi, je suis toujours le même, c'est vous qui changez.* — Οὗτός ἐστιν ὁ ἀδικῶν. *C'est lui qui est le coupable.* — Τὸν καλὸν στρατιώτην ἐμὲ ὠνόμασαν. (ESCHINE). *Ils m'ont appelé le bon soldat (par excellence).*

197. Φόβος μνήμην ἐκπλήττει. — L'article peut s'exprimer ou s'omettre avec les noms propres de personne ou de peuple; on l'omet ordinairement dans les maximes, très souvent dans des locutions adverbiales formées d'une préposition.

Ex. : Τὰ πάντα ἐποίησε Θεός ou ὁ Θεός. *Dieu a créé le monde.* — Φόβος μνήμην ἐκπλήττει (THUCYDIDE). *La peur paralyse la mémoire.* — Κατ' ἀγρούς, *à la campagne.*

Remarques. — I. L'article s'omet d'ordinaire avec les noms qui désignent des astres, des parties du monde, des divisions du temps : ἥλιος, *le soleil;* σελήνη, *la lune;* θάλαττα, *la mer;* ἕως, *l'aurore;* etc.

II. Avec les noms de personne, l'usage semble être de mettre l'article quand la personne est bien connue ou qu'elle a été nommée précédemment. Ex. : Δεῖξόν μοι τὸν Σωκράτη (Aristophane). *Montre-moi le fameux Socrate.*

III. Βασιλεύς, sans article, désigne *le Roi de Perse, le Grand-Roi;* ἄστυ, *Athènes.*

IV. — Place de l'article

198. Οἱ πλούσιοι πολῖται. — L'adjectif épithète et, d'une façon générale, les mots qui servent à déterminer un nom s'enclavent normalement entre l'article et ce nom.

Ex. : Οἱ πλούσιοι πολῖται, *les citoyens riches.* — Ὁ (τῶν) Ἀθηναίων δῆμος, *le peuple athénien.* — Ἡ ἐν Μαραθῶνι μάχη, *la bataille de Marathon.* — Ὁ νῦν χρόνος, *l'époque actuelle.*

Remarques. — I. Pour insister davantage sur le déterminatif, on peut le placer après le nom en répétant l'article. Ex. : Οἱ πολῖται οἱ πλούσιοι, ὁ δῆμος ὁ (τῶν) Ἀθηναίων, etc.

II. Un complément au génitif peut ne pas s'enclaver : on peut dire, sans qu'il soit toujours possible de percevoir une nuance de sens, ἡ τοῦ πατρὸς οἰκία, ἡ οἰκία τοῦ πατρός, τοῦ πατρὸς ἡ οἰκία.

III. Le génitif partitif ne s'enclave jamais (212).

199. Πλούσιοι οἱ πολῖται. — Quand l'adjectif n'est pas enclavé entre l'article et le nom, c'est qu'il n'est pas épithète mais attribut.

Ex. : Πλούσιοι οἱ πολῖται, *les citoyens sont riches.* — Μέλανας ἔχω τοὺς ὀφθαλμούς, *j'ai les yeux noirs* (mes yeux sont noirs). — Εὐπειθεῖς δεῖ τοὺς παῖδας ποιεῖν, *il faut rendre les enfants dociles.*

Remarques. — I. Dans ce cas l'article grec se traduit volontiers par l'article indéfini français. Ex. : Διὰ στενῆς τῆς ὁδοῦ ἐπορεύοντο, *ils avançaient par un sentier étroit,* c'est-à-dire : étroit était le sentier par lequel ils avançaient.

II. Le sens d'une expression varie selon que l'adjectif est attribut ou épithète. Ex. : Μέση ἡ πόλις, *le milieu de la ville;* ἡ μέση πόλις, *la ville centrale;* ἐσχάτη ἡ νῆσος, *l'extrémité de l'île;* ἡ ἐσχάτη νῆσος, *la dernière île;* μόνος ὁ παῖς, *seulement l'enfant;* ὁ μόνος παῖς, *le fils unique.* Cf. 70, Rem. sur les sens divers de πᾶς.

200. Ὁ ἐμὸς πατήρ. Ὁ πατήρ μου. — Pour les pronoms et adjectifs pronominaux, la règle est la suivante :

1° On enclave entre l'article et le nom les adjectifs possessifs et le génitif des pronoms réfléchis et démonstratifs.

Ex. Ὁ ἐμὸς πατήρ, *mon père.* — Τὸν ἐμαυτοῦ πατέρα φιλῶ, *j'aime mon père.* — Ἡ ἐκείνων πόλις, *leur ville.*

2° On n'enclave pas les démonstratifs οὗτος, ὅδε, ἐκεῖνος, ἑκάτερος, ἀμφότεροι, ni le génitif des pronoms personnels.

Ex. Ὁ πατήρ μου, *mon père.* — Οὗτος ὁ ἀνήρ, *cet homme.* — Ἡ πόλις αὐτῶν, *leur ville.*

Remarques. — I. Toutefois, si le nom est accompagné d'une épithète, on peut dire ὁ ἀγαθός μου πατήρ, au lieu de ὁ ἀγαθὸς πατήρ μου, ainsi que ἡ καλὴ ἐκείνη οἰκία, au lieu de ἡ καλὴ οἰκία ἐκείνη.

II. On omet quelquefois l'article avec les démonstratifs, quand il s'agit d'un objet que l'on montre du doigt. Ex. : Φέρε λαβὼν χιτῶνας τουτουσί. *Tiens, prends ces tuniques.* Cette manière de faire est courante en poésie.

201. Règles d'enclave

On enclave :	On n'enclave pas :
1° l'adjectif épithète.	l'adjectif attribut.
2° les compléments déterminatifs du nom.	le génitif partitif.
3° ἐμός, σός, ἡμέτερος, ὑμέτερος ὁ αὐτός (idem) τοιοῦτος, τοσοῦτος, τηλικοῦτος ἄλλος (reliquus), ἕτερος (alter).	ὅδε, οὗτος, ἐκεῖνος αὐτός (ipse) ἄμφω, ἀμφότεροι, οὐδέτερος ἕκαστος, ἑκάτερος.
4° le génitif des pronoms démonstratifs et des pronoms réfléchis : ἡ ἐκείνων πόλις τὸν ἐμαυτοῦ πατέρα.	le génitif des pronoms personnels non réfléchis : ἡ πόλις αὐτῶν ὁ πατήρ μου.

CHAPITRE II

LE NOM
EMPLOI DES CAS

202. Cas et prépositions. — La fonction d'un nom dans la phrase peut être indiquée soit par la flexion (désinences particulières à chaque « cas »), soit par des prépositions, soit par la place des mots. L'indo-européen n'utilisait que les cas; le français moderne n'utilise, le plus souvent, que les prépositions et la place des mots; le grec, comme le latin, utilise les cas et les prépositions.

Des huit **cas** de l'indo-européen *(nominatif, vocatif, accusatif, génitif, datif, ablatif, instrumental* et *locatif)*, le grec n'a conservé que les cinq premiers, répartissant entre le génitif et le datif les fonctions des trois cas abandonnés.

Mais le grec, pour exprimer les rapports concrets, utilisa de plus en plus les **prépositions.** Ce sont d'anciens adverbes, employés d'abord de façon autonome pour préciser les rapports exprimés par les cas, et qui ont été ensuite joints soit au verbe, comme « préverbes », pour préciser l'action verbale, soit au nom, comme « prépositions », pour marquer les différentes relations circonstancielles.

Le sens de l'expression formée d'une préposition et d'un nom résulte donc de la combinaison du sens adverbial de la préposition et du sens propre du cas : par exemple ἐπί, qui exprime *contact*, *proximité*, signifiera *sur*, *du temps de* (avec le génitif partitif), *vers*, *contre* (avec l'accusatif de direction), *près de* (avec le datif locatif), *en vue de* (avec le datif proprement dit). (Voir le tableau des prépositions, 169.)

I. — Nominatif et vocatif

203. Le **Nominatif** n'exprime par lui-même aucun rapport grammatical; on l'emploie pour le sujet et l'attribut du sujet d'un verbe personnel. On trouve parfois un nominatif en suspens au début de la phrase, alors que la suite exigerait un autre cas. Ex. : Οἱ φίλοι,... τί φήσομεν αὐτοὺς εἶναι; (Xén.). *Les amis, ... que dirons-nous qu'ils sont?*

Le **Vocatif** est le cas de l'interpellation, de l'invocation. Il est généralement précédé de l'interjection ὦ. Ex. : Ὦ ἄνδρες Ἀθηναῖοι, *Athéniens!* — Ὦ ἄνδρες δικασταί, *Juges!* — Ὦ τέκνον, *mon enfant!* — Ὦ γῆ καὶ ἥλιε καὶ ἀρετή (Dém.). *Terre! soleil! vertu!*

Remarque. — L'emploi de l'interjection ὦ a varié suivant les époques. Dans la prose attique, l'interjection est courante, si bien que c'est son absence qui ajoute une note particulière d'émotion, de brusquerie, de solennité.

204. Ὁ παῖς, ἀκολούθει δεῦρο. — Le nominatif s'emploie quelquefois dans les exclamations, avec ou sans ὦ, et même, au lieu du vocatif, dans les interpellations.

Ex. : Ὦ τάλας ἐγώ (Sophocle). *Malheureux que je suis!* — Δύσμορος, σχέτλιος, *le malheureux!* — Νήπιος, *le sot!* — Ὁ παῖς, ἀκολούθει δεῦρο (Aristophane). *Eh! garçon! suis-moi par ici!* — Ὦ φίλος (Euripide). *Mon ami!*

Remarques. — I. Un vocatif est parfois accompagné d'un adjectif au nominatif. Ex. : Φίλος ὦ Μενέλαε, *cher Ménélas!* — parfois coordonné avec un nominatif : Ζεῦ πάτερ... Ἥλιός τε, *Zeus Père... et toi, Soleil!*

II. Οὗτος sert à interpeller. Ex. : Οὗτος, σὲ καλῶ (Sophocle). *Eh! là-bas! C'est toi que j'appelle.* — Ὦ οὗτος, οὗτος, Οἰδίπους (Sophocle). *Holà! Holà! Œdipe!*

II. — Accusatif

L'accusatif est par excellence le cas du complément d'objet direct. Mais il a gardé de son origine d'autres emplois : c'est ainsi qu'il marque, même avec un verbe intransitif, la qualification, la relation, l'étendue dans l'espace, la durée.

Complément d'objet

205. Οὐδὲν λανθάνει τὸν Θεόν — Le complément d'objet des verbes transitifs se met normalement à l'accusatif. Mais à des verbes transitifs indirects français peuvent correspondre en grec des verbes transitifs directs. C'est le cas, en particulier, de :

ὠφελεῖν, ὀνίνημι, *être utile à*
εὐεργετεῖν, *faire du bien à*
εὖ ποιεῖν, καλῶς ποιεῖν, *faire du bien à*
εὖ λέγειν, καλῶς λέγειν, *dire du bien de*
λανθάνειν, *échapper au regard de*
ἀμύνεσθαι, *se défendre contre*
αἰδεῖσθαι, *éprouver du respect devant*
βλάπτειν, *nuire à*
ἀδικεῖν, *faire tort à*
κακῶς ποιεῖν, *faire du mal à*
κακῶς λέγειν, *dire du mal de*
φυλάττεσθαι, *se garder de*
ὀμνύναι, *jurer par*
αἰσχύνεσθαι, *rougir devant.*

Ex. : Οὐδὲν λανθάνει τὸν Θεόν. *Rien n'échappe au regard de Dieu.* — Βλάπτεις με. *Tu me nuis.*

Double accusatif

206. Αἰτοῦσί με σῖτον. — Plusieurs verbes veulent à l'accusatif à la fois le nom de la personne et celui de la chose. Tels sont en particulier les verbes qui signifient *dire du bien ou du mal de quelqu'un, faire du bien ou du mal à quelqu'un*. Tels sont aussi :

διδάσκειν, *enseigner une chose à quelqu'un*
ἐρωτᾶν, ἔρεσθαι, *interroger*
πράττεσθαι, *exiger*
ἀμφιεννύναι, *mettre un vêtement à*
συλᾶν, *dépouiller quelqu'un de*
κρύπτειν, *cacher une chose à quelqu'un*
αἰτεῖν, *demander*
ἀναμιμνήσκειν, *rappeler, faire souvenir de*
ἀποστερεῖν, *priver quelqu'un de*
ἀφαιρεῖσθαι, *enlever quelque chose à quelqu'un.*

Ex. : Αἰτοῦσί με σῖτον. *Ils me demandent du pain.* — Πολλὰ κακὰ τοὺς ἄλλους ἔδρασας (Platon). *Tu as fait beaucoup de mal aux autres.*

Remarque. — Au passif, le nom de la personne devient sujet et le nom de la chose reste à l'accusatif. Ex. : Αἰτοῦμαι σῖτον. *On me demande du pain.* — Ἵππον ἀφῄρημαι. *On m'a enlevé mon cheval.*

207. Περικλέα εἵλοντο στρατηγόν. — Avec les verbes qui signifient *nommer*, *choisir*, *regarder comme*, l'un des deux accusatifs est complément d'objet direct, l'autre attribut du complément d'objet. Dans ce cas les mots *pour*, *comme*, *en qualité de* sont des gallicismes et ne se traduisent pas en grec.

Ex. : Οἱ Ἀθηναῖοι Περικλέα εἵλοντο στρατηγόν. *Les Athéniens choisirent Périclès pour commandant en chef.* — Τί τοῦτο λέγεις; Ποῖον τοῦτο λέγεις; *Que veux-tu dire là?* (= Qu'est cela que tu dis?).

Accusatif de qualification (ou d'objet interne)

208. Νοσεῖ νόσον ἀγρίαν. — On trouve fréquemment à l'accusatif même avec un verbe intransitif ou passif, un nom de même racine ou de même sens que ce verbe. Ce nom, qui reprend l'idée déjà contenue dans le verbe, est presque toujours accompagné d'un adjectif qualificatif ou d'un déterminatif quelconque.

Ex. : Νοσεῖ νόσον ἀγρίαν (Sophocle). *Il souffre d'un mal cruel.* — Τήνδε τὴν νόσον κάμνειν (Euripide), *souffrir de ce mal.* — Ζῶ βίον μοχθηρόν (Sophocle). *Je vis une existence misérable.* — Λαγὼ βίον ἔζης (Dém.). *Tu menais une vie de lièvre.* — Ἐκοιμήσατο χάλκεον ὕπνον (Homère). *Il s'endormit d'un sommeil de bronze.*

Remarques. — I. On trouve aussi des formules plus concises, où ce complément se réduit soit à un adjectif neutre, soit à un substantif qui, à lui seul, qualifie l'action exprimée par le verbe. Ex. : δεινὰ ὑβρίζειν (δεινὰς ὕβρεις ὑβρίζειν), *faire subir de terribles outrages.* — Τὸ στάδιον ἀγωνίζεσθαι, *concourir dans le stade* (cf. en français « courir le marathon »). — 'Ολύμπια νικᾶν, *remporter une victoire Olympique.*

II. Ce complément peut se joindre à un complément d'objet et former avec lui un double accusatif. Ex. : Μέλητός με ἐγράψατο τὴν γραφὴν ταύτην (Platon). *Mélétos m'a intenté ce procès.*

Accusatif de relation

209. Βέλτιόν ἐστι σῶμα ἢ ψυχὴν νοσεῖν. — Avec les verbes d'état, intransitifs ou passifs, et beaucoup d'adjectifs, on met à l'accusatif les compléments qui répondent aux questions suivantes : *à quel point de vue? à l'égard de quoi? dans quelle partie du corps ou de l'être?* On trouve ainsi le plus souvent :

ὄνομα, *de nom*	γένος, *de race*	φύσιν, *de nature, de naissance*
μέγεθος, *en grandeur*	μῆκος, *en longueur*	εὖρος, *en largeur*
ὕψος, *en hauteur*	βάθος, *en profondeur*	πλῆθος, τὸν ἀριθμόν, *en nombre.*

Ex. : Βέλτιόν ἐστι σῶμα ἢ ψυχὴν νοσεῖν (Ménandre). *Mieux vaut être malade de corps que d'esprit.* — Τὸν δάκτυλον ἀλγεῖ (Platon). *Il a mal au doigt.* — Δεινός εἰμι ταύτην τὴν τέχνην (Xén.). *Je suis habile en cet art.* — Παῖς πρᾶος τὸ ἦθος, *un enfant d'un caractère doux.* — Τάφρος τριῶν ποδῶν τὸ εὖρος, *un fossé de trois pieds de large.* — 'Απετμήθησαν τὰς κεφαλάς (Xén.). *On leur coupa la tête.*

Accusatif adverbial

210. Τὴν ταχίστην ἀπεχώρει. — Un grand nombre d'adjectifs, de noms et de pronoms s'emploient à l'accusatif à peu près comme des adverbes. L'article les précède souvent dans ce cas et peut même, au neutre, s'unir à des adverbes pour former des locutions adverbiales. On emploie ainsi :

τἆλλα (τὰ ἄλλα), *quant au reste*	τὰ πολλά, *le plus souvent*
οὐδέν, *en rien, nullement*	τι, *en quelque chose, un peu.* τί; *pourquoi?*
πρῶτον, τὸ πρῶτον, *d'abord*	τέλος, τὸ τέλος, τὸ τελευταῖον, *enfin, à la fin*
τοῦτον τὸν τρόπον, *de cette façon*	τοὐναντίον, *au contraire*
τὸ πάλαι, τὸ παλαιόν, *autrefois*	τὸ νῦν, *maintenant*
ἀρχήν, *avant tout*; avec οὐ (μή), *pas du tout*	τὸ λοιπόν, *pour le reste, désormais*
	τὴν ταχίστην (sous-ent. ὁδόν), *au plus vite.*

Ex. : Τὴν ταχίστην ἀπεχώρει (Xén.). *Il s'éloigna au plus vite.* — 'Αρχὴν μηδὲν λαβών (Hérodote), *sans rien prendre du tout.* — Ἦ τὸ λεγόμενον κατόπιν ἑορτῆς ἥκομεν ; (Platon). *Arrivons-nous, comme on dit, après la fête?*

Remarque. — C'est à cet emploi que se rattache l'accusatif absolu (360).

III. — Génitif

La complexité des emplois du génitif grec tient à ce que, en plus de son rôle propre (**complément déterminatif du nom** et **génitif partitif**), il a hérité de certaines fonctions de l'**ablatif** indo-européen disparu.

Complément du nom

211. Ἡ Μιλτιάδου οἰκία. — Comme complément du nom, le génitif exprime les divers rapports de dépendance (possession, origine, espèce, matière, contenu, mesure, âge, valeur, etc.) qui servent à déterminer un nom.

Ex. : Ἡ Μιλτιάδου οἰκία, *la maison de Miltiade.* — Ἔργον Πραξιτέλους, *œuvre de Praxitèle.* — Βοῶν ἀγέλη, *troupeau de bœufs.* — Σῖτος μελίνης, *pain de millet.* — Ἅμαξαι σίτου, *chars de blé.* — Ὀκτὼ σταδίων τεῖχος, *rempart de huit stades.* — Τεττάρων ἡμερῶν ὁδός, *marche de quatre jours.* — Παῖς δέκα ἐτῶν, *enfant de dix ans.* — Ἱερὰ τριῶν ταλάντων, *offrandes de trois talents.*

Remarques. — I. La plupart de ces compléments peuvent se rapporter au nom par l'intermédiaire de verbes tels que εἶναι, γίγνεσθαι. Ex. : Ὅτε ἀπέθνησκεν, ἦ ἐτῶν ὡς τριάκοντα (Xén.). *Quand il mourut, il avait environ trente ans.*

II. Un génitif complément d'un nom exprimant une action peut avoir soit le sens subjectif, soit le sens objectif, selon qu'il désigne le sujet ou l'objet de l'action. Ex. : Τὸ Μεγαρέων ψήφισμα peut signifier *le décret rendu par les Mégariens* ou *le décret concernant les Mégariens.* — Ἐπικούρημα τῆς **χιόνος** (Xén.) signifie *moyen de protection contre la neige.* — Πόνων ἀρωγή (Platon), *secours contre les fatigues.*

III. Pour exprimer de façon plus précise le rapport entre deux noms, on préfère souvent employer une préposition. Ex. : Οἱ παρὰ βασιλέως πρέσβεις, *les ambassadeurs du Grand-Roi.* — Ἡ ἐν Μαραθῶνι μάχη, *la bataille de Marathon.*

Génitif partitif

212. Τῶν ἱππέων οἱ νεανίσκοι. — Le génitif partitif désigne l'ensemble dont on prélève une partie. Le grec en fait un usage beaucoup plus fréquent que le français ou le latin. Il n'est jamais précédé d'une préposition et ne s'enclave pas entre l'article et le nom dont il dépend.

Ex. : Τῶν ἱππέων οἱ νεανίσκοι, *les jeunes cavaliers* (litt. les jeunes parmi les cavaliers). — Κριτίας ὁ γενόμενος τῶν τριάκοντα (Dém.), *Critias, qui fut au nombre des Trente.* — Τῆς Θετταλίας ἐπὶ Φάρσαλον (Thucydide), *à Pharsale de Thessalie.*

Remarque. — On trouve ce génitif partitif :

— avec des **verbes**, même transitifs, signifiant en particulier *donner* ou *prendre*, quand l'action verbale ne s'exerce que sur une partie de l'objet (article partitif français). Ex. : Ἔφαγον τῶν κηρίων (Xén.). *Ils mangèrent des rayons de miel.*

— avec les **adjectifs** πολύς, *beaucoup de*, ἥμισυς, *la moitié de*, λοιπός, *le reste de*, soit au neutre, soit accordés en genre et en nombre avec le nom au génitif. Ex. : Τὸ λοιπὸν ou ὁ λοιπὸς τοῦ χρόνου, *le reste du temps.* — Τῶν ἱππέων οἱ ἡμίσεις ou τὸ ἥμισυ, *la moitié des cavaliers.* — Πολλὴ τῆς χώρας, *une grande partie du pays.*

— avec des **adverbes**. Ex. : Πηνίκα ἐστὶ τῆς ἡμέρας; (Aristophane). *Quelle heure est-il?* — Ποῦ τῆς τῶν πολεμίων χώρας; *en quel point du territoire ennemi?*

Complément d'objet de certains verbes

213. Beaucoup de verbes, dont certains équivalent à des verbes transitifs directs français, se construisent en grec avec le génitif. Ces constructions s'expliquent soit par le génitif partitif (1°), soit par l'ancien ablatif (2°), soit par le sens de la préposition composante (3°). On devra, pour les cas particuliers, consulter le dictionnaire.

Les principaux verbes qui se construisent avec le génitif sont :

1° **Νίκης τετυχήκαμεν.** — les verbes qui expriment **participation** ou **abondance**, — **désir** ou **atteinte**, — **souvenir** ou **souci**, — et ceux qui marquent une **opération des sens**, sauf celle de voir.

Ex. : Οἱ πρόσχωροι μετεῖχον τῆς ἑορτῆς (Xén.). *Les habitants du voisinage prirent part à la fête.* — Νίκης τετυχήκαμεν (Xén.). *Nous avons remporté la victoire.* — Τῶν ἀπόντων φίλων μέμνησο (Isocrate). *Souviens-toi des amis absents.* — Τῶν μαρτύρων ἀκηκόατε (Lysias). *Vous avez entendu les témoins.*

Tels sont :

a) μετέχω, κοινωνεῖν, *participer à;* μεταδίδωμι, *faire part de;* ἀπολαύω, *jouir de;* γέμω, *être plein de;* εὐπορεῖν, *regorger de;* ἐμπίπλημι, πληροῦν, *remplir de.*

b) ἐπιθυμεῖν, *désirer;* ἐφίεμαι, *aspirer à;* ἀντιποιεῖσθαι, *prétendre à;* πεινῆν, *avoir faim de;* διψῆν, *avoir soif de;* ἐρᾶν, *être épris de;* πειρᾶσθαι, *essayer, tenter;* ἅπτομαι, *toucher à;* λαμβάνομαι, *se saisir de;* ἔχομαι, *être contigu à;* ἐφικνεῖσθαι, *atteindre;* τυγχάνω, *obtenir;* ἀποτυγχάνω, *échouer dans;* ἁμαρτάνω, *manquer.*

c) μέμνημαι, *se souvenir de;* ἐπιλανθάνομαι, *oublier;* ἐπιμέλεῖσθαι, *s'occuper de;* φροντίζω, *se soucier de;* ἀμελεῖν, ὀλιγωρεῖν, *négliger;* μέλει μοι, *j'ai à cœur;* μεταμέλει μοι, *je me repens.*

d) ἀκούω, *entendre;* ἀκροᾶσθαι, *écouter;* γεύομαι, *goûter;* ὀσφραίνομαι, *flairer.*

Remarque. — Avec ἀκούω, *entendre, apprendre par ouï-dire*, πυνθάνομαι, *s'informer de, entendre dire*, μανθάνω, *apprendre (discere)*, le nom de la chose se met en général à l'accusatif, celui de la personne dont on tient l'information se met au génitif d'origine, avec ou sans παρά. Ex. : Πύθεσθέ μου τάδε (Aristophane). *Apprenez de moi ceci.* — Αἰσθάνομαι, *percevoir*, se construit avec l'accusatif ou le génitif.

2° **Σὺν τοῖς θεοῖς ἀρχώμεθα πάντος ἔργου.** — les verbes qui expriment **commencement** ou **fin**, — **origine**, **éloignement** ou **privation**, — **supériorité** ou **infériorité**.

Ex. : Σὺν τοῖς θεοῖς ἀρχώμεθα πάντος ἔργου. *Commençons tout travail en invoquant les dieux* (XÉN.). — Ἀπολύω ὑμᾶς τῆς αἰτίας (XÉN.). *Je vous dégage de l'accusation.* — Ἡ τῶν μαρτύρων ἀρετὴ περιεγένετο τῆς τῶν τυράννων δυνάμεως. *Le courage des martyrs a triomphé de la puissance des tyrans.*

Tels sont :

a) ἄρχομαι, *commencer;* παύομαι, *cesser.*

b) γίγνομαι, *naître de;* ἀπέχω, *être éloigné de;* ἀπέχομαι, *s'abstenir de;* ἀπολύω, ἀπαλλάττω, ἐλευθεροῦν, *délivrer de;* ἀποτρέπω, *détourner de;* εἴργω, *écarter de;* φείδομαι, *épargner;* ἀπορεῖν, *manquer de;* δέομαι, *avoir besoin de;* κενοῦν, ἐρημοῦν, *vider de;* ἀποστερεῖν, *priver de;* στέρομαι, *être privé de.*

c) ἄρχω, *commander;* κρατεῖν, *être maître de;* περιεῖναι, περιγίγνομαι, *l'emporter sur;* διαφέρω, *différer, se distinguer de;* ἡττᾶσθαι, *être dominé par;* λείπομαι, *être inférieur à;* ὑστερεῖν, *venir après, en retard sur.*

REMARQUE. — Construction du verbe δέω, δέομαι : δέομαι στρατεύματος, *j'ai besoin d'une armée;* οὐδὲν δέομαι, *je n'ai besoin de rien* (210); τοῦτό σου δέομαι, *je te demande cela;* δεῖ μοι τούτου, *il me faut cela.*

3° **Οὐδενὸς δεῖ καταφρονεῖν.** — les verbes composés où la préposition κατά a le sens de *contre.*

Ex. : Οὐδενὸς δεῖ καταφρονεῖν. *Il ne faut mépriser personne.*

Tels sont : καταφρονεῖν, *mépriser;* καταγιγνώσκω, *condamner;* κατηγορεῖν, *accuser;* καταγελᾶν, *se moquer de;* κατειπεῖν, *parler contre, contredire.*

REMARQUE. — Les verbes qui signifient *accuser, condamner* peuvent se construire avec l'accusatif de la peine. Au passif, cet accusatif devient sujet. Ex. : Ἰησοῦ θάνατον κατέγνωσαν. *Ils condamnèrent Jésus à mort.* — Θάνατος κατεγνώσθη Ἰησοῦ. *La peine de mort fut prononcée contre Jésus.*

Complément d'adjectifs

214. Ὁ γραμμάτων ἄπειρος. — On met au génitif le complément des adjectifs apparentés par le sens aux verbes ci-dessus, et exprimant :

1° **participation, connaissance, désir, abondance :** μέτοχος, *qui prend part à;* ἄξιος, *digne de;* πλήρης, ἔμπλεως, μεστός, *plein de;* ἔμπειρος, *habile dans;* ἐπιμελής, *soigneux de;* ἐπιθυμητικός, *désireux de.*

2° **privation, différence, supériorité :** κενός, ἔρημος, *vide de;* ἐνδεής, *dépourvu de;* ἄπειρος, *sans expérience de;* ἐλεύθερος, *libre de;* καθαρός, *pur de;* διάφορος, *différent de;* ἄλλος, ἕτερος, *autre que;* ἐγκρατής, *maître de;* il faut y joindre les adjectifs au comparatif.

Ex. : Ὁ γραμμάτων ἄπειρος οὐ βλέπει βλέπων (VERS GNOMIQUE). *L'homme sans instruction a des yeux pour ne pas voir.* — Τῶν χελιδόνων λαλίστερος (THÉOPHRASTE), *plus babillard que les hirondelles.*

REMARQUE. — Dans l'expression πολλοῦ ἄξιος, *précieux, estimable,* c'est le complément de ἄξιος qui se met au comparatif ou au superlatif. Ex. : ἐλάττονος (μείονος) ἄξιος, *moins important* (litt. digne de moins); πλείστου ἄξιος, *très précieux.*

Complément d'agent du verbe passif

215. Παιδεύομαι ὑπὸ τοῦ πατρός. — Le complément du verbe passif qui désigne la **personne** par qui se fait l'action se met au génitif avec ὑπό.

Ex. : Παιδεύομαι ὑπὸ τοῦ πατρός. *Je suis instruit par mon père.*

REMARQUES. — I. Quand le complément du verbe passif est un nom de **chose,** c'est improprement qu'il est appelé parfois complément d'agent. C'est en réalité un complément de moyen ou de cause qui, comme tel, se met au datif (222).

Ex. : Οἰκία ἀνέμῳ σεσεισμένη, *maison secouée par le vent.*

II. Si le verbe passif est au parfait ou au plus-que-parfait, le grec emploie plutôt le datif d'intérêt; le datif est de règle avec l'adjectif verbal d'obligation (221).

Compléments circonstanciels

216. Πόσου διδάσκει; Πέντε μνῶν. — On met au génitif les compléments circonstanciels qui indiquent :

1° le **prix.**

Ex. : Πόσου διδάσκει; Πέντε μνῶν. (PLATON). *A quel prix donne-t-il ses leçons? Pour cinq mines.*

REMARQUE. — *Faire grand cas, plus grand cas, le plus grand cas de,* se dit περὶ πολλοῦ, πλείονος, πλείστου ποιεῖσθαι, plus rarement πολλοῦ, πλείονος, πλείστου ποιεῖσθαι.

2° le **grief,** avec les verbes qui signifient *accuser, convaincre, condamner, absoudre, punir.*

Ex. : Ἀσεβείας φεύγειν, *être poursuivi pour impiété.* — Πολλῶν οἱ πατέρες ἡμῶν μηδισμοῦ θάνατον κατέγνωσαν (ISOCRATE). *Nos pères ont condamné bien des gens à mort pour intelligence avec les Mèdes* (cf. 213, 3°).

3° le **motif**, avec les verbes εὐδαιμονίζω, *féliciter*; θαυμάζω, *admirer*; φθονεῖν, ζηλοῦν, *envier*, *jalouser*, etc., et les adjectifs de sens analogue.

Ex. : Εὐδαιμονίζω σε τοῦ τρόπου (PLATON). *Je te félicite de ton caractère.* — Ζηλῶ σε τῆς εὐγλωττίας (ARISTOPHANE). *Je t'envie pour ta faconde.* — Ὦ μακάριε τῆς τύχης (ARISTOPHANE). *Heureux mortel!*

REMARQUE. — Ainsi s'explique l'emploi du génitif dans les exclamations. Ex. : Φεῦ τοῦ ἀνδρός. *Ah! quel homme!* — Ὦ Πόσειδον, δεινῶν λόγων. *Poseidon, quelles terribles paroles!* — Ἰοὺ ἰού, τῶν ὀρνέων (ARISTOPHANE). *Oh! oh! les oiseaux!*

4° la **partie** par laquelle on prend ou tient un objet.

Ex. : Ἔλαβόν με τῆς ζώνης (d'après XÉN.). *Ils me saisirent par la ceinture.*

IV. — Datif

La complexité des emplois du datif grec tient à ce que, en plus de son rôle propre (**complément d'attribution** et **datif d'intérêt**), il a hérité de certaines fonctions de l'**instrumental** et du **locatif** indo-européens disparus.

Complément de certains verbes

217. Beaucoup de verbes, dont certains équivalent à des verbes transitifs directs français, se construisent en grec avec le datif. Ces constructions s'expliquent soit par le datif d'intérêt, soit par le datif instrumental, soit par le sens de la préposition composante. On devra, pour les cas particuliers, recourir au dictionnaire. Les principaux verbes qui se construisent avec le datif sont :

1° **Δεῖ τῷ Θεῷ πείθεσθαι.** — les verbes qui expriment **service** ou **soumission**, **faveur** ou **hostilité**.

Ex. : Δεῖ τῷ Θεῷ πείθεσθαι μᾶλλον ἢ τοῖς ἀνθρώποις. *Il faut obéir à Dieu plutôt qu'aux hommes.* — Τοῖς θεοῖς εὔχομαι πᾶσι καὶ πάσαις (DÉM.). *J'adresse ma prière à tous les dieux et à toutes les déesses.* — Τοῖς ἀσθενέσι μὴ χαλεπαίνε. *Ne te fâche pas contre les faibles.*

Tels sont :

a) συμφέρω, λυσιτελεῖν, *être utile;* βοηθεῖν, ἐπικουρεῖν, *secourir;* ἀμύνω, *défendre;* ὑπηρετεῖν, ὑπουργεῖν, *servir;* πείθομαι, ὑπακούω, *obéir;* εὔχομαι, *prier.*

b) χαίρω, ἥδομαι, *se réjouir de, aimer une chose;* ὀργίζομαι, χαλεπαίνω, *s'irriter, se fâcher contre;* φθονεῖν, *envier;* μάχομαι, *combattre;* ἐπιτίθεμαι, *attaquer;* ἐναντιοῦσθαι, *s'opposer à.*

2° **Βούλομαί σοι ἕπεσθαι.** — les verbes qui expriment **voisinage** et **ressemblance**, et le verbe χρῆσθαι, *se servir de.*

Ex. : Βούλομαί σοι ἕπεσθαι. *Je veux te suivre.*

Tels sont : ἕπομαι, *suivre;* ἀκολουθεῖν, *accompagner;* ὁμιλεῖν, *fréquenter;* γαμεῖσθαι, *prendre pour mari;* πλησιάζω, *s'approcher de;* ἀπαντᾶν, *rencontrer;* ἔοικα, *ressembler à;* ὁμολογεῖν, *s'accorder avec.*

Remarque. — Le verbe χρῆσθαι, *prendre en main, se servir de, utiliser,* a, comme *utor* en latin, des emplois très variés. Dans le sens de *avoir pour, employer comme,* il peut être suivi d'un second datif attribut du premier. Ex. : χρῆσθαι τέχνῃ, *exercer un métier;* θαλάττῃ, *tenir la mer;* εὐτυχίᾳ, συμφορᾷ, *avoir de la chance, du malheur;* χειμῶνι, *subir une tempête;* ὕβρει, *être insolent;* πραότητι, *montrer de la douceur;* χ. τινι φίλῳ, *avoir quelqu'un pour ami;* χ. τινι ὡς φίλῳ, *traiter quelqu'un comme un ami;* χ. τινι πιστῷ, *trouver quelqu'un fidèle.*

3° **Προσέβαλον Σικελίᾳ.** — de nombreux verbes composés des prépositions **ἀντί, ἐν, ἐπί, παρά, περί, πρός, σύν, ὑπό.** Mais, surtout s'ils expriment un mouvement réel, on préfère souvent répéter la préposition.

Ex. : Μήδους φεύγοντες προσέβαλον Σικελίᾳ (Thucydide). *Fuyant les Mèdes, ils abordèrent en Sicile.* — Προσέστη μοι. *Il m'est venu à l'esprit.* — Πόλλ' ἔνεστι δεινὰ τῷ γήρᾳ κακά. *La vieillesse est sujette à mille terribles misères.*

Complément d'adjectifs

218. Ταὔτ' ἐμοὶ ζυγὸν τρίβεις. — On met au datif le complément des adjectifs apparentés par le sens aux verbes ci-dessus, et exprimant :

1° **faveur** ou **hostilité** : φίλος, *ami;* ἐχθρός, πολέμιος, *ennemi;* ἐναντίος, *opposé à;* διάφορος, *hostile.*

2° **ressemblance** ou **dissemblance** : ὅμοιος, *semblable à;* ἴσος, *égal à;* ὁ αὐτός, *le même que;* κοινός, *commun à;* οἰκεῖος, *propre à.*

Ex. : Ταὔτ' (= τὸ αὐτό) ἐμοὶ ζυγὸν τρίβεις (Hérondas). *Tu portes le même joug que moi.* — Κοινόν τι χαρᾷ καὶ λύπῃ δάκρυά ἐστιν. *Les larmes sont chose commune à la joie et à la douleur.*

Remarque. — L'usage montre que la construction du complément des adjectifs n'obéit pas à des règles rigides; certains adjectifs peuvent avoir leur complément au génitif ou au datif, ou même avec préposition. Ceux qui expriment la différence peuvent aussi se construire comme les comparatifs (242). Ex. : Τοὐναντίον ἢ τὸ προσδοκώμενον (Platon), *le contraire de ce qu'on attendait.* (Voir aussi 383, 1°, II).

Datif d'intérêt

219. Τῇ πατρίδι γεγενήμεθα. — Le datif désigne la personne *dans l'intérêt* ou *au détriment de qui* une chose est faite ou *par rapport à qui* une chose est vraie. Il doit souvent se traduire par *pour*.

Ex. : Οὐ τῷ πατρὶ καὶ τῇ μητρὶ μόνον γεγενήμεθα, ἀλλὰ καὶ τῇ πατρίδι (Dém.). *Nous ne sommes pas nés seulement pour notre père et notre mère, mais aussi pour notre patrie.* — Ἦν ἡμέρα πέμπτη ἐπιπλέουσιν (Xén.). *C'était leur cinquième jour de navigation* (litt. pour eux qui naviguaient).

Remarque. — On notera les expressions : εἴ σοι βουλομένῳ ἐστί, *si tu veux*; εἴ σοι ἡδομένῳ, ἀσμένῳ ἐστί, *s'il te plaît*; εἴ σοι ἀχθομένῳ ἐστί, *si cela t'importune.*

220. Βίβλος ἐστί μοι. — On rattache au datif d'intérêt :

— le *datif de possession*, avec ou sans ἐστί.

Ex. : Βίβλος ἐστί μοι. (= est mihi liber), *j'ai un livre.* — Ὄνομά ἐστί μοι Πέτρος (et non Πέτρῳ), *je m'appelle Pierre.* — Ὁ πάππος μοι ἀπέθανεν, *mon grand-père est mort.*

— le *datif dit « éthique »*, qui désigne la personne moralement intéressée à l'action.

Ex. : Καί μοι μὴ θορυβήσητε (Platon). *Et n'allez pas me faire du tapage.* — Λαβὲ τὰς μαρτυρίας μοι (Dém.) *Prends-moi les témoignages.*

221. Ταῦτά μοι πρακτέα. Ταῦτά μοι πέπρακται. — C'est encore au datif d'intérêt que se rattache l'emploi du datif, obligatoire avec l'adjectif verbal en -τέος, fréquent avec un verbe passif au parfait ou au plus-que-parfait, pour désigner la personne *à qui* incombe telle obligation, *à qui* est attribuée telle action.

Ex. : Ταῦτά μοι πρακτέα. *Voilà ce qu'il me faut faire.* — Ταῦτά μοι πέπρακται. *Voilà mes actes.* — Τὰ ἐκείνοις πεπραγμένα, *leur conduite passée.*

Remarque. — Avec le verbe passif, on peut employer aussi le génitif d'agent avec ὑπό (215).

Datif instrumental

222. Θανάτῳ ζημιοῦν. — On met au datif les compléments circonstanciels qui expriment le **moyen**, **l'instrument**, la **manière**, **le point de vue**, la **cause** ou le **motif** d'une action.

Ex. : Θανάτῳ ζημιοῦν, *punir de mort.* — Ἀπέκτεινε τῇ ἑαυτοῦ χειρὶ τὸν στρατιώτην. *Il tua le soldat de sa propre main.* — Βίᾳ εἰσιέναι, *entrer de force.* — Ἀπόλωλα φόβῳ. *Je suis mort de peur.* — Μηδὲν διαφέρειν τινὸς τῷ εἴδει (ou τὸ εἶδος, 209), *ne différer nullement de quelqu'un par le visage.* — Παντὶ τρόπῳ (ou πάντα τρόπον, 210), *de toute manière.*

Remarques. — I. Au lieu du datif, on emploie très souvent des prépositions, dont la signification est plus précise. Ex. : ὑπὸ λύπης, *sous l'effet du chagrin;* διὰ Περικλέα, *grâce à Périclès;* δι' ἑρμηνέως λέγειν, *parler par interprète;* ἕνεκα μισθοῦ, *pour avoir une récompense,* ἐπὶ βλάβῃ τῶν ἐχθρῶν, *au détriment de ses ennemis.*

II. C'est à l'ancien instrumental que se rattache le *datif d'accompagnement :* il désigne notamment les moyens militaires avec lesquels opère un chef d'armée; avec le datif de αὐτός, il signifie *en compagnie de, avec en même temps.* Ex. : Ἡγήσομαι τοῖς ἵπποις (Xén.). *Je prendrai la tête avec la cavalerie.* — Τέτταρας ναῦς ἔλαβεν αὐτοῖς τοῖς ἀνδράσιν (Thucydide). *Il prit quatre vaisseaux avec leurs équipages.*

Compléments de temps

Les compléments de temps s'expriment par les cas, pris dans leur acception concrète : l'accusatif marque l'extension dans le temps, la durée; le génitif (partitif) marque un moment pris sur une période plus large; le datif (locatif) marque la date précise.

Lorsqu'on emploie un nombre ordinal, on ajoute une unité au nombre cardinal français : τρίτον ἔτος, *depuis deux ans;* διὰ τρίτης ἡμέρας, *tous les deux jours.*

223. Ἔμειναν ἡμέρας πέντε. Τρίτην ἤδη ἡμέραν. — L'**accusatif** marque la *durée :*

1° avec un nombre cardinal ou une détermination précise, il indique *pendant combien de temps* une chose dure, a duré ou durera.

Ex. : Ἔμειναν ἡμέρας πέντε (Xén.). *Ils restèrent cinq jours.* — Τὴν ἡμέραν, *durant toute la journée.* — Συμμαχίαν ἐποιήσαντο ἑκατὸν ἔτη (Thucydide). *Ils firent une alliance pour une durée de cent ans.* — Τὴν ἀποδημίαν πᾶσαν (Dém.), *pendant tout le voyage.*

Remarque. — Avec les noms de signification générale, on emploie plus souvent une préposition. Ex. : διὰ παντὸς τοῦ βίου (Platon), ou παρὰ πάντα τὸν βίον (Platon), *pendant toute la vie;* — παρὰ τὸν πόλεμον (Isocrate), *pendant la guerre.*

2° Avec un nombre ordinal, il marque *depuis combien de temps* une chose dure ou a eu lieu; on ajoute souvent οὗτος ou ἤδη, *déjà.*

Ex. : Τρίτην ἤδη ἡμέραν ἀποδεδήμηκεν. *Il y a déjà deux jours* (c'est déjà le troisième jour) *qu'il est en voyage.* — Τρίτον ἔτος τουτί, *voilà deux ans aujourd'hui.*

Remarque. — Mais on dit toujours εἴκοσιν ἔτη γεγονώς, *âgé de vingt ans* (viginti annos natus).

224. Θέρους. Δέκα ἡμερῶν. — Le **génitif** (partitif) marque :

1° *en quel temps* une chose arrive, sans précision numérique.

Ex. : Θέρους, *en été;* — ἡμέρας, *de jour;* — τῆς ἡμέρας, *au cours de la journée;* — ταύτης τῆς νυκτός, *cette nuit-là;* — ποίου μηνός; *quel mois?* — τῆς ἐπιούσης νυκτός, *la nuit prochaine;* — εὐδίας, *par beau temps.*

Remarques. — I. On emploie aussi en ce sens ἐν et le datif (226).

II. Avec l'article au sens distributif (192, 2°), τῆς ἡμέρας peut signifier *par jour.* Ex. : Δραχμὴν ἐλάμβανε τῆς ἡμέρας (Thucydide). *Il recevait une drachme par jour. Chaque jour* peut se dire encore : ἑκάστης ἡμέρας, καθ' ἡμέραν, καθ' ἑκάστην ἡμέραν. *Tous les deux jours :* διὰ τρίτης ἡμέρας (chaque troisième jour).

2° *dans quel délai* une chose arrivera ou *depuis combien de temps* elle a cessé.

Ex. : Βασιλεὺς οὐ μαχεῖται δέκα ἡμερῶν (Xén.). *Le Grand Roi ne livrera pas bataille avant dix jours* (litt. dans l'espace de dix jours). — 'Ολίγου χρόνου, *dans peu de temps.* — Τοῦ λοιποῦ, *désormais, dans l'avenir.* — Οὔπω πολλοῦ χρόνου ἥδίονι οἴνῳ ἐπέτυχον (Xén.). *Jamais, depuis longtemps, je n'ai trouvé vin plus agréable.*

Remarque. — 'Εντός, *en-deçà*, avec le génitif, employé pour marquer le temps, signifie *en moins de.* Ex. : 'Εντὸς εἴκοσιν ἡμερῶν, *en moins de vingt jours.*

225. Τῇ πέμπτῃ ἡμέρᾳ. — Le **datif**, jouant le rôle d'un ancien locatif, marque la *date précise*, avec les noms de temps comme *jour*, *mois*, *année*, *hiver*, etc., accompagnés du nombre ordinal, et avec les noms de *fêtes.*

Ex. : Τῇ πέμπτῃ ἡμέρᾳ, *le cinquième jour.* — Τῇ ὑστεραίᾳ (= τῇ δευτέρᾳ) *le lendemain.* — Τοῖς Διονυσίοις, *aux Dionysies.*

Remarque. — On emploie aussi le datif sans préposition avec des expressions telles que τῇ πανσελήνῳ, *à la pleine lune;* καιρῷ, *au bon moment.* Ex. : Πάντα καιρῷ καλά (Sophocle). *Toute chose est bonne à son heure.* On dit également bien τῇδε τῇ ἡμέρᾳ ou ἐν τῇδε τῇ ἡμέρᾳ, *ce jour-ci.*

226. 'Εν θέρει. 'Εν πέντε ἡμέραις. — Le **datif** avec la préposition ἐν s'emploie :

1° avec le même sens que le génitif, pour marquer *en quel temps* une chose a lieu.

Ex. : 'Εν θέρει, *en été.* — 'Εν τίνι ἡμέρᾳ; *quel jour?* — 'Εν εἰρήνῃ, *en temps de paix.* — 'Εν τούτῳ τῷ χρόνῳ, *en ce temps-là.*

2° avec le nombre cardinal, pour marquer *en combien de temps* une chose se fait.

Ex. : Ἐν πέντε ἡμέραις, *en cinq jours.* — Πολλάκις ἐν οὐ πολλοῖς ἔτεσιν, *plusieurs fois en peu d'années.*

Tableau des compléments de temps

SINGULIER	GÉNITIF	τῆς	ἡμέρας	*par jour*
			ἡμέρας	*de jour*
	DATIF	ἐν	ἡμέρᾳ	*dans le jour, en plein jour*
		τῇ πέμπτῃ	ἡμέρᾳ	*le cinquième jour*
	ACCUSATIF	ἕκτην ἤδη	ἡμέραν	*il y a cinq jours déjà.*
PLURIEL	GÉNITIF	πέντε	ἡμερῶν	*depuis ou dans cinq jours*
	DATIF	ἐν πέντε	ἡμέραις	*en cinq jours*
	ACCUSATIF	πέντε	ἡμέρας	*pendant cinq jours.*

Compléments de lieu

Les cas, employés dans leur acception concrète, suffisaient à l'origine à marquer le lieu : l'accusatif marquait la direction vers ou la distance; le génitif (partitif), la région de l'espace où une chose a lieu; le génitif (ablatif), l'origine ou l'éloignement; le datif (locatif), l'endroit où une chose a lieu. Cet usage s'est maintenu en poésie et pour quelques expressions d'emploi courant. Mais la prose classique emploie normalement des prépositions : ἐν, ἐξ, et εἰς accompagnent les noms de lieu; παρά est réservé aux noms de personnes; πρός s'emploie en particulier avec les noms de points cardinaux.

227. Ἐν Ἀθήναις. — A la question **ubi, ποῦ** (lieu *où l'on est, où l'action se passe*), on emploie le **datif**, avec les prépositions ἐν, ἐπί ou παρά, quelquefois κατά avec l'accusatif.

Ex. : Σωκράτης ὅλον τὸν βίον ἐν Ἀθήναις διήγαγε. *Socrate passa toute sa vie à Athènes.* — Ἐπὶ τῷ ποταμῷ, *au bord du fleuve.* — Παρὰ σοὶ κατέλυον (DÉM.). *Ils logeaient chez toi.* — Οὐκ ἦν κατὰ πόλιν. *Il n'était pas dans la ville.*

Remarques. — I. Beaucoup de noms de villes peuvent, même en prose, se mettre au datif sans préposition : Μαραθῶνι, Ἐλευσῖνι, Δελφοῖς, Πλαταιαῖς, etc.

II. On emploie aussi le génitif partitif avec ἐπί, *sur*, quelquefois sans préposition. Ex. : Ἐγένοντο ἐπὶ τοῦ ὄρους (Xén.). *Ils se trouvèrent au sommet de la montagne.* — Δεξιᾶς, *à droite;* ἀριστερᾶς, *à gauche.* (Cf. les adverbes αὐτοῦ, ποῦ, οὐδαμοῦ, etc.)

III. Les formes de l'ancien locatif ont été conservées dans plusieurs noms de ville et quelques mots isolés employés adverbialement (161). Ex. : Μεγαροῖ, *à Mégare* (cf. *Romae*); Πυθοῖ (sing.), *à Delphes;* Ἀθήνησι, *à Athènes;* Πλαταιᾶσι, *à Platées;* οἴκοι, *à la maison* (cf. *domi*).

228. Εἰς τὴν Ἑλλάδα. — A la question **quo, ποῖ** (lieu *où l'on va*), on emploie l'**accusatif** avec εἰς, παρά, ἐπί, πρός et quelquefois ὡς (170, 1°).

Ex. : Εἰς τὴν Ἑλλάδα βουλοίμην ἂν ἰέναι. *Je voudrais aller en Grèce.* — Παρὰ τὸν Κῦρον ἴωμεν. *Allons trouver Cyrus.* — Ἔξιμεν ἐπὶ θήραν. *Nous irons à la chasse.* — Ὡς τὴν θυγατέρα (Hérodote), *auprès de sa fille.*

Remarques. — I. On trouve quelquefois le génitif partitif avec ἐπί : Ex. : Ἀνεχώρησαν ἐπ' οἴκου (Thucydide). *Ils se retirèrent chez eux.*

II. En poésie, on trouve l'accusatif sans préposition. Ex. : Ἦλθον πατρὸς ἀρχαῖον τάφον (Sophocle). *Je me rendis à la tombe antique de mon père.*

229. Ἐκ Πύλου. — A la question **unde, πόθεν** (lieu *d'où l'on vient*), on emploie le **génitif** avec ἐξ, ἀπό ou παρά.

Ex. : Ἐκ Πύλου ἦλθεν. *Il vint de Pylos.* — Αἱ διώρυχες ἦσαν ἀπὸ τοῦ Τίγρητος ποταμοῦ (Xén.). *Les canaux partaient du Tigre.* — Παρὰ βασιλέως ἔρχομαι. *Je viens de la part du Roi.*

230. Διὰ τῆς πόλεως. — A la question **qua, πῇ** (lieu *par où l'on passe*), on emploie le **génitif** avec διά.

Ex. : Ἔφυγον διὰ τῆς πόλεως. (Thucydide). *Ils s'enfuirent en passant par la ville.*

231. Σταδίους ἑβδομήκοντα. — On met à l'**accusatif** sans préposition le nom qui marque la *distance* et l'*étendue*.

Ex. : Ἀπέχει ἡ Πλάταια τῶν Θηβῶν σταδίους ἑβδομήκοντα (Thucydide). *Platées est à soixante-dix stades de Thèbes.*

Tableau des compléments de lieu

	Où? (Ubi?) Ποῦ;	*Où?* (Quo?) Ποῖ;	*D'où?* (Unde?) Πόθεν;	*Par où?* (Qua?) Πῇ;
GÉNITIF	ἐπὶ τοῦ ὄρους *sur la montagne* πρὸς νότου *au sud*	ἐπ' οἴκου *chez soi*	ἐκ τῆς πόλεως *en sortant de la ville* ἀπὸ τοῦ ποταμοῦ *du bord du fleuve* παρὰ βασιλέως *de chez le Roi* κατὰ τῆς πέτρας *du haut du rocher*	διὰ τῆς πόλεως *à travers la ville*
DATIF	ἐν τῇ πόλει *dans la ville* ἐπὶ τῷ ποταμῷ *au bord du fleuve* παρὰ βασιλεῖ *auprès du Roi*			ἄλλῃ (ὁδῷ) *par une autre route*
ACCUSATIF	κατ' ἀγρούς *aux champs* πρὸς νότον *au sud*	εἰς τὴν πόλιν *dans la ville* ἐπὶ τὸν ποταμόν *jusqu'au fleuve* παρὰ βασιλέα *chez le roi*	A quelle distance? τρεῖς σταδίους *à trois stades*	

232. Ἐν Ἕλλησιν. — A toutes les questions de lieu, le nom de peuple remplace souvent le nom du pays; on emploie alors, comme avec les noms de lieu, les prépositions ἐν, εἰς, ἐξ, aussi bien que παρά.

Ex. : Ἐν Ἕλλησιν ou παρὰ τοῖς Ἕλλησιν, *en Grèce.* — Εἰς τοὺς Βοιωτοὺς πέμπειν (THUCYDIDE), *envoyer en Béotie.* — Ἦλθον ἐκ τῶν πολεμίων (XÉN.). *Ils revinrent du pays ennemi.* — Ἐπορεύθησαν διὰ Χαλύβων (XÉN.). *Ils passèrent par le pays des Chalybes.*

233. Ἐν Ἅιδου. — On trouve parfois, avec εἰς et ἐν, le génitif d'un nom de *personne* ou de *divinité*. On explique cette construction soit par l'ellipse d'un mot tel que οἰκίαν ou οἰκίᾳ, ἱερόν ou ἱερῷ, soit par le sens partitif du génitif, *du côté de, dans le domaine de.*

Ex. : Ἐν Ἅιδου, *chez Hadès, aux enfers.* — Ἐφοίτας εἰς τίνος διδασκάλου ; (ARISTOPHANE). *Chez quel maître allais-tu à l'école?* — Εἰς κουρέως (LYSIAS), *chez le coiffeur* (cf. en anglais : at the tailor's, *chez le tailleur*). — Ἐν γειτόνων (MÉNANDRE), *chez les voisins.*

234. Τοὺς ἐκ τῶν σκηνῶν ἐξεῖργον. — Certaines anomalies apparentes dans l'emploi des prépositions s'expliquent parce que le grec veut exprimer à la fois le mouvement et le repos :

— tantôt le verbe n'exprime pas le mouvement, mais la préposition rappelle le mouvement précédent. Ex. : Ἐφάνη λὶς εἰς ὁδόν (HOMÈRE). *Un lion apparut sur la route.*

— tantôt le verbe exprime le mouvement, mais la préposition annonce le repos, l'état qui le suit. Ex. : Τὴν πόλιν ἐν πολέμῳ κατέστησε (PLATON). *Il mit la ville en état de guerre.*

— tantôt, notamment avec l'article, la préposition marque, par anticipation, le mouvement exprimé par le verbe. Ex. : Τοὺς ἐκ τῶν σκηνῶν ἐξεῖργον (DÉM.). *Ils expulsaient les marchands de leurs boutiques* (= τοὺς ἐν ταῖς σκηναῖς ἐκ τῶν σκηνῶν ἐξεῖργον). — Οἱ ἐκ τῆς ἀγορᾶς καταλιπόντες τὰ ὤνια ἔφυγον (XÉN). *Les gens du marché s'enfuirent, abandonnant leurs marchandises.*

CHAPITRE III

L'ADJECTIF

I. — Adjectif équivalant à un substantif ou à un adverbe

235. Οἱ καλοὶ κἀγαθοί. Τὸ καλόν. — L'adjectif précédé de l'article peut être employé comme nom (193).

Ex. : Οἱ καλοὶ κἀγαθοί, *les gens de bien, l'élite.* — Οἱ πολλοί, *la foule.* — Τὸ καλόν, *le bien.* — Ἡ μουσική, *la musique.*

236. Ἄσμενος ἂν τοῦτο ὁρῴην. — L'adjectif attribut peut s'employer, surtout en poésie, avec la valeur d'un adverbe ou d'une locution adverbiale de lieu, de temps ou de manière. En prose, on n'emploie guère ainsi que les adjectifs suivants :

πολύς, μέγας, ἄφθονος, *en abondance;* ἑκών, ἑκούσιος, *volontairement;* ἄκων, ἀκούσιος, *à regret;* ἄσμενος, *avec plaisir;* ἐθελόντης, ἐθελούσιος, *volontiers;* ἥσυχος, *tranquillement;* πρῶτος, *d'abord;* τελευταῖος, *à la fin;* τριταῖος, *le troisième jour*, etc.; ὄρθριος, *à l'aube;* σκοταῖος, *dans l'ombre;* πελάγιος, *en pleine mer;* ἀπότομος, *à pic;* ἐναντίος, ἀντίος, *en sens contraire, en face.*

Ex. : Ἄσμενος ἂν τοῦτο ὁρῴην. *Je verrais cela avec plaisir.* — Πολὺς ἐνέκειτο (Thucydide). *Il insistait avec force.* — Ὄρθριος ἥκεις. (Platon). *Tu es arrivé dès l'aube.* — Τριταῖοι ἀφίκοντο (Th.). *Ils arrivèrent le troisième jour.* — Κρήνη ἄφθονος ῥέουσα (Xén.), *source qui coule en abondance.* — Ἐξεκυλίσθη πρηνής (Homère). *Il roula la tête en avant.*

Remarques. — I. L'adjectif attribut, surtout en poésie, indique souvent, par anticipation, le résultat de l'action exprimée par le verbe **(prolepse).** Ex. : Ὁ δεσπότης μου μετέωρος αἴρεται (Aristophane). *Mon maître s'élève dans les airs.*

II. Ἄλλος se joint parfois au second terme d'une énumération, avec le sens de *et de plus, et en outre* (cf. « ... *et nous autres Français* »). Ex. : Οἱ πολῖται καὶ οἱ ἄλλοι ξένοι (Platon). *Les citoyens et les autres*, à savoir *les étrangers.* — Δακτύλιον καὶ ἄλλην σφραγῖδα (Platon), *ton anneau et aussi ton cachet.*

II. — Compléments de l'adjectif

237. Γραμμάτων ἄπειρος. Ἕτοιμοι ὑπομένειν. Un adjectif peut avoir pour complément :

1° un **substantif** au génitif (214), au datif (218) ou à l'accusatif de relation (209).

Ex. : Γραμμάτων ἄπειρος, *dépourvu de culture.* — Κοινὸν χαρᾷ καὶ λύπῃ, *commun à la joie et à la douleur.* — Πρᾶος τὸ ἦθος, *doux de caractère.*

2° Un **infinitif** : ainsi plusieurs adjectifs exprimant *aptitude* et *capacité :* δυνατός, οἷός τε, *capable de;* ἱκανός, *en état de, apte à;* δεινός, *habile à;* ἐπιτήδειος, *fait pour;* κύριος, *maître de;* ἕτοιμος, *prêt à;* ἄξιος, ἀνάξιος, *digne, indigne de;* πρόθυμος, *empressé à* (343).

Ex. : Ἕτοιμοι ἦσαν πάντα κίνδυνον ὑπομένειν. *Ils étaient prêts à affronter toute sorte de danger.*

III. Comparatif et superlatif

238. Le **comparatif** s'emploie soit sans complément, pour indiquer qu'une qualité est possédée à un degré relativement élevé : on le traduit alors par *un peu, assez, trop, passablement.* Ex. : Ἔδοξεν ἡ ἀπόκρισις ἐλευθερωτέρα εἶναι. *La réponse parut un peu trop libre;* — soit avec un complément indiquant par rapport à qui ou à quoi une personne ou une chose est supérieure. Ex. : Νεώτερός εἰμι σοῦ. *Je suis plus jeune que toi (par rapport à toi).*

Le **superlatif** s'emploie de même soit sans complément (absolu), pour indiquer qu'une qualité est possédée à un degré *très* élevé; — soit avec un complément indiquant par rapport à quel ensemble une personne ou une chose possède telle qualité au degré *le plus* élevé (relatif).

239. Διονύσιος ὁ πρεσβύτερος. Quand on compare ou que l'on oppose deux objets ou deux catégories d'objets, le grec, plus logique que le français, emploie le comparatif.

Ex. : Διονύσιος ὁ πρεσβύτερος, *Denys l'Ancien.* — Δυοῖν κακοῖν τὸ ἔλαττον δεῖ αἱρεῖσθαι (d'après PLATON). *De deux maux il faut choisir le moindre.* — Δαρείου γίγνονται παῖδες δύο, πρεσβύτερος μὲν Ἀρταξέρξης, νεώτερος δὲ Κῦρος (XÉN.). *Darius eut deux fils : Artaxerxès, l'aîné, et Cyrus, le plus jeune.*

Complément du comparatif

240. Νεώτερος σοῦ. Νεώτερος ἢ σύ. — Le complément du comparatif peut être :

1° soit au génitif, quelle que soit sa fonction par rapport au verbe; c'est le cas le plus fréquent.

Ex. : Νεώτερός εἰμι σοῦ. *Je suis plus jeune que toi.* — Ταῦτα τοῖς ὁπλίταις οὐχ ἧττον τῶν ναυτῶν παρακελεύομαι (Thucydide). *J'adresse ces exhortations aux hoplites non moins qu'aux matelots.* — Παντὸς μᾶλλον. *Plus que tout.*

2° soit, précédé de ἤ, *que*, au même cas que le premier terme.

Ex. : Νεώτερός εἰμι ἢ σύ. *Je suis plus jeune que toi.* — Φοβούμεθα τοὺς ὁπλίτας μᾶλλον ἢ τοὺς πελταστάς. *Nous redoutons les hoplites plus que les peltastes.*

Remarques. — I. Si le verbe du premier terme ne peut se sous-entendre avec le second, on met généralement le second terme au nominatif, avec ou sans εἰμί; mais on peut aussi le mettre, par attraction, au même cas que le premier. Ex. : Πλουσιωτέρῳ ἢ ἐμοί (ou ἢ ἐγώ εἰμι) δὸς τοῦτο. *Donne cela à plus riche que moi.*

II. Quand la comparaison porte sur deux adjectifs ou deux adverbes, on met le second au comparatif comme le premier. Ex. : Ἀσυνετώτερος δοκεῖ εἶναι ἢ ἀδικώτερος (Thucydide). *Il a l'air plus sot que méchant.* — Συντομώτερον ἢ σαφέστερον διαλέγεσθε (Isocrate). *Vous discourez avec plus de concision que de clarté.*

III. Après un comparatif, certains génitifs équivalent à toute une proposition : μείζων ἐλπίδος, *plus grand qu'on n'espérait*; — λόγου, *qu'on ne saurait dire;* — γνώμης, *qu'on ne pense;* — τοῦ δέοντος, *qu'il ne faut*, etc.

IV. *Trop grand pour* se dit en grec μείζων ἢ κατά *(major quam pro)*, suivi d'un nom à l'accusatif, ou μείζων ἢ ὥστε *(major quam ut)*, suivi d'un infinitif. Ex. : Ἦν μείζω κακὰ ἢ κατὰ δάκρυα (Thucydide). *C'étaient des malheurs trop grands pour être pleurés.* — Ἐλάττω δύναμιν ἔχει ἢ ὥστε τοὺς φίλους ὠφελεῖν (Xén.). *Il a trop peu de pouvoir pour aider ses amis.*

V. On dit πλείονες (ou πλέον) χιλίων (ou ἢ χίλιοι), *plus de mille*, — πλείους ἑβδομήκοντα, *plus de soixante-dix*, — οὐκ ἐλάττους μυρίων (ou οὐκ ἔλαττον ἢ μύριοι), *pas moins de dix mille.*

241. Οὐ πολλαῖς ἡμέραις ὕστερον. — Le complément qui indique *de combien* ou *en quoi* une chose est plus grande qu'une autre se met d'ordinaire au datif (datif de différence) : πολλῷ, *de beaucoup;* ὀλίγῳ, *de peu;* τοσούτῳ... ὅσῳ, *d'autant plus que.* On peut dire aussi πολύ, ὀλίγον (210); on dit toujours τι, *dans une certaine mesure*, et οὐδέν, *nullement.*

Ex. : Οὐ πολλαῖς ἡμέραις ὕστερον, *quelques jours plus tard.* — Ὀλίγῳ ou ὀλίγον πρότερον, *peu de temps auparavant.*

242. Ἕτερόν ἐστι σωφροσύνης σοφία.—Les adjectifs qui expriment la différence, comme ἄλλος, ἕτερος, *autre*, ἐναντίος, *opposé*, διάφορος, *différent*, et les multiplicatifs comme διπλάσιος, *double*, etc., se construisent, au positif, comme les comparatifs.

Ex. : Ἕτερόν ἐστι σωφροσύνης σοφία (PLATON). *La science est autre chose que la sagesse.* — Τοὐναντίον ἢ τὸ προσδοκώμενον (PLATON), *le contraire de ce qu'on attendait.* — Διπλάσια ἀπέδωκα τῶν ληφθέντων (ou ἢ ὅσα ἔλαβον). *J'ai rendu le double de ce que j'avais pris.*

Complément du superlatif

243. Πλουσιώτατος ἀνθρώπων. — Le complément du superlatif se met au génitif sans préposition. C'est un génitif partitif, qui ne doit pas s'enclaver entre l'article et le superlatif.

Ex. : Βασιλεὺς ὁ Περσῶν πλουσιώτατος ἀνθρώπων ἐστίν (XÉN.). *Le roi des Perses est le plus riche des hommes.* — Προαιροῦμαι τῶν λόγων οὐ τοὺς ἡδίστους, ἀλλὰ τοὺς ὠφελιμωτάτους (ISOCRATE). *Parmi les sujets de discours, je préfère non les plus agréables, mais les plus utiles.*

REMARQUE. — Un superlatif attribut peut s'accorder en genre soit avec son complément, comme en français, soit avec le sujet. Ex. : Πάντων κτημάτων τιμιώτατον ἀνὴρ φίλος (HÉRODOTE). *De tous les biens un ami est le plus précieux.* — Νόσων (fém.) χαλεπώτατος φθόνος (MÉNANDRE). *L'envie est la plus cruelle des maladies.*

244. Ὡς τάχιστα. — *Le plus possible* s'exprime par ὡς ou ὅτι (moins souvent ᾗ, ὅσος ou οἷος) devant le superlatif.

Ex. : Ὡς τάχιστα, *le plus vite possible.* — Δεῖ ὅτι μάλιστα εὐμαθεῖς εἶναι τοὺς νεούς (PLATON). *Il faut que les jeunes gens soient le plus studieux possible.*

REMARQUES. — I. On ajoute δυναμαι ou οἷόν τε, toujours avec ὅσος, souvent avec ὡς ou ᾗ. Ex. : Ἦγε στρατιὰν ὅσην πλείστην ἐδύνατο (THUCYDIDE). *Il amenait le plus de troupes possible.* (Parfois ἔνι (ἔνεστι) : ὡς ἔνι ἥδιστα (XÉN.), *le plus agréable possible.*)

II. On peut encore renforcer un superlatif par l'expression ἐν τοῖς. Ex. : Ἐν τοῖς μάλιστα τῷ δήμῳ ἐναντίος (THUCYDIDE), *un homme des plus opposés à la démocratie.* L'usage a fixé cette expression qui demeure invariable, même devant un féminin. Ex. : Ἐν τοῖς πλεῖσται νῆες (THUCYDIDE), *une flotte des plus nombreuses.*

CHAPITRE IV

LES PRONOMS

I. — Pronoms réfléchis

245. Γνῶθι σεαυτόν. — Dans une proposition considérée isolément, on *doit* employer les pronoms réfléchis composés quand le pronom complément désigne la même personne que le sujet.

Ex. Γνῶθι σεαυτόν. *Connais-toi toi-même.* — Τοῦτον πρὸς ἑαυτὸν μετεπέμψατο. *Il fit venir cet homme près de lui.*

Remarques. — I. Toutefois au lieu de δοκῶ ἐμαυτῷ, on dit plutôt δοκῶ μοι, *il me semble que je...* (307). Mais on dit régulièrement σύνοιδα ἐμαυτῷ, *j'ai conscience de.*

II. — Le pronom réfléchi de la troisième personne remplace quelquefois ceux de la première et de la seconde. Ex. Οὐ τὴν ἑαυτοῦ ψυχὴν ὁρᾷς (Xén.). *Tu ne vois pas ton âme.* — Aux trois personnes, le pronom réfléchi s'emploie souvent au sens du pronom réciproque ἀλλήλων. Ex. Ἡμῖν αὐτοῖς διαλεξόμεθα (Dém.). *Nous discuterons entre nous.*

246. Ἠνάγκασάν με σφᾶς φιλεῖν. — Dans une proposition subordonnée, lorsque le pronom complément désigne le sujet de la proposition principale :

1° on n'emploie pas normalement les pronoms réfléchis des deux premières personnes;

2° on *peut* employer le réfléchi de la troisième personne, surtout le réfléchi indirect (οὗ), οἷ, (ἕ), σφῶν, σφίσι, σφᾶς, si la proposition subordonnée exprime la pensée du sujet principal (complétives et finales); mais cet emploi, contrairement à l'usage du latin, n'est jamais obligatoire.

Ex. Ἠνάγκασάν με σφᾶς φιλεῖν. *Ils m'ont forcé à les aimer.* — Ὁ Κῦρος ἠξίου δοθῆναι οἷ ταύτας τὰς πόλεις (Xén.). *Cyrus prétendait que ces villes lui fussent données.* Mais : Ἐφοβοῦντο μὴ ἐπιθοῖντο αὑτοῖς οἱ πολέμιοι (Xén.). *Ils craignaient que les ennemis ne les attaquassent.*

II. — Possessifs

247. Τὸν ἐμαυτοῦ πατέρα φιλῶ. — Quand le possesseur est sujet de la proposition, on emploie :

1° l'article seul, quand le sens est suffisamment clair (192,1°).

2° le génitif du pronom réfléchi enclavé, qu'on remplace généralement aux 1re et 2e personnes du pluriel par les adjectifs composés ἡμέτερος αὐτῶν, ὑμέτερος αὐτῶν. D'où le tableau suivant :

τὸν ἐμαυτοῦ πατέρα φιλῶ	*j'aime mon père.*
τὸν σεαυτοῦ πατέρα φιλεῖς	*tu aimes ton père.*
τὸν ἑαυτοῦ πατέρα φιλεῖ	*il aime son père.*
τὸν ἡμέτερον αὐτῶν πατέρα φιλοῦμεν	*nous aimons notre père.*
τὸν ὑμέτερον αὐτῶν πατέρα φιλεῖτε	*vous aimez votre père.*
τὸν ἑαυτῶν πατέρα φιλοῦσι.	*ils aiment leur père.*

Ex. Πολέμιοί ἐσμεν τοῖς ἡμετέροις αὐτῶν φίλοις (Xén.). *Nous sommes en guerre avec nos propres amis.*

3° plus rarement, l'adjectif possessif enclavé, qu'on remplace par ἑαυτοῦ à la troisième personne du singulier : τὸν ἐμόν, τὸν σόν, τὸν ἑαυτοῦ, τὸν ἡμέτερον, τὸν ὑμέτερον, τὸν σφέτερον πατέρα.

Remarque. — Conformément à la règle 246, on *peut* employer le possessif réfléchi dans une proposition subordonnée, quand le possesseur est sujet de la principale, mais seulement à la troisième personne. Ex. Οὐ βούλεται ὑμᾶς τῶν ἑαυτοῦ πραγμάτων ἐπιμελεῖσθαι. *Il ne veut pas que vous vous mêliez de ses affaires.*

248. Ὁ πατήρ μου φιλεῖ με. — Quand le possesseur n'est pas sujet de la proposition, on emploie :

1° le génitif du pronom personnel non enclavé : Ὁ πατήρ μου (σου, αὐτοῦ, ἡμῶν, ὑμῶν, αὐτῶν) φιλεῖ με, *mon* (*ton*, *son*, *notre*, *votre*, *leur*) *père m'aime.*

2° s'il y a lieu d'insister, l'adjectif possessif enclavé, qu'on remplace à la troisième personne par ἐκείνου, ἐκείνων. Ainsi : Ὁ ἐμὸς πατὴρ φιλεῖ με.

Ex. Τὸν γοῦν ἐμὸν καὶ τὸν σόν, ἢν σὺ μὴ θέλῃς, ἀδελφόν (Sophocle). *En tout cas, c'est mon frère, et le tien, même si tu ne le veux pas (que tu le veuilles ou non).*

Remarques. — I. Comme *suus* en latin, ἑαυτοῦ peut s'employer, au lieu de αὐτοῦ, dans le sens de *son propre*. Ex. Τὸν κωμάρχην ἄγει πρὸς τοὺς ἑαυτοῦ οἰκέτας (Xén.). *Il reconduit le chef du village dans sa propre famille.*

II. L'adjectif possessif peut avoir le sens d'un génitif objectif (211, ii). Ex. : αἱ ὑμέτεραι ἐλπίδες, *vos espoirs*, peut aussi signifier *les espoirs qu'on met en vous.*

III. — Le pronom indéfini τις

249. Καλεῖ σέ τις. — Le pronom indéfini τις équivaut souvent à notre pronom *on*. Mais pour traduire le pronom *on*, on peut aussi employer : 1° d'autres pronoms appropriés au sens (ἕκαστος, πᾶς τις, πάντες, οὐδείς); 2° le passif; 3° la troisième personne du pluriel, sans sujet, avec quelques verbes tels que λέγουσι, φασί, *on dit;* 4° la deuxième personne du singulier de l'optatif avec ἄν (potentiel, 281, 3°).

Ex. Καλεῖ σέ τις. *On t'appelle.* — Οὐδεὶς δύναται ἀεὶ ζῆν. *On ne peut vivre toujours.* — Λέγοις ἄν. *On peut dire, on dira volontiers.*

250. Ἐπιλήσμων τις ἄνθρωπός εἰμι. — Τις s'ajoute assez souvent à des adjectifs qualificatifs ou numéraux, avec le sens adverbial de *en quelque façon, passablement, environ.*

Ex. Ἐπιλήσμων τις ἄνθρωπός εἰμι. *Je suis passablement oublieux.* — Νῆες επτά τινες ἄπλοι ἐγένοντο (Thucydide). *Il y eut bien sept vaisseaux hors de service.*

Remarque. — On trouve souvent ainsi τοιοῦτός τις, πᾶς τις, ἕκαστός τις, εἷς τις, et au neutre, σχεδόν τι, *à peu près.* Ex. : Σχεδόν τι τοιαῦτα ἔλεγον (Platon). *Tel fut à peu près mon langage.* — Τοιαύτη τίς ἐστιν (ἡ κατηγορία) (Platon). *Telle est à peu près l'accusation.*

IV. Attraction du genre

251. Αὕτη ἐστὶν ἀνδρὸς ἀρετή. — Contrairement à l'usage français, un pronom démonstratif ayant pour attribut un substantif prend habituellement, par attraction, le genre de cet attribut. (Cf. *Haec est mea gloria*).

Ex. Αὕτη ἐστὶν ἀνδρὸς ἀρετή (αὕτη = τοῦτο) (Platon). *Ceci est la vertu de l'homme.* — Ἕτερος λόγος οὗτος (οὗτος = τοῦτο) (Dém.). *Ceci est une autre question.*

Remarques. — I. On reconnaît que le pronom démonstratif est ainsi employé par attraction à l'absence de l'article devant le substantif. Ainsi, avec l'article, ταύτῃ τῇ ἀπολογίᾳ χρῆται signifie : *il utilise cette excuse;* sans article, ταύτῃ ἀπολογίᾳ χρῆται, *il utilise cela comme excuse.* Ex. Τέχνην ταύτην ἔχει τοὺς φίλους ὅ τι ἂν δύνητα, ποιεῖν κακόν (Lysias). *Il a pour métier de faire à ses amis tout le mal qu'il peut.*

II. La même attraction peut avoir lieu pour le pronom relatif. Ex. : Ἥνπερ καλοῦμεν μάθησιν ἀνάμνησίς ἐστιν (ἥνπερ = ὅπερ) (Platon). *Ce que précisément nous appelons connaissance est en réalité réminiscence.*

252. Λόγοι εἰσὶν ἃς ἐλπίδας ὀνομάζομεν. — Un pronom relatif suivi d'un attribut qui le détermine peut prendre soit le genre de l'antécédent, soit, par attraction, le genre de l'attribut.

Ex. Φῶς ὁ Θεὸς ἀνῆψεν ὃ δὴ κεκλήκαμεν ἥλιον (PLATON). *C'est Dieu qui a allumé le flambeau que nous appelons soleil.* Mais : Λόγοι εἰσὶν ἐν ἑκάστοις ἡμῶν ἃς ἐλπίδας ὀνομάζομεν (ἃς = οὓς) (PLATON). *Il existe en chacun de nous des calculs que nous nommons espérances.*

V. — Attraction du cas

Normalement le cas du pronom relatif est déterminé par sa fonction dans la proposition relative. Ex. Λέγε δὴ τὴν ἐπιστολὴν ἣν ἔπεμψε Φίλιππος (DÉM.). *Donne donc lecture de la lettre que Philippe a envoyée.*

Mais lorsque la proposition relative est étroitement liée à la principale il arrive que le grec souligne ce lien en faisant passer l'antécédent dans la relative, et même, en mettant au même cas l'antécédent et le relatif.

253. Μήδων ὅσων ἑόρακα. — 1° *Attraction du relatif par l'antécédent :* Quand un relatif simple (mais non ὅστις), qui devrait être à l'accusatif, a un antécédent au génitif ou au datif, il prend d'ordinaire, par attraction, le cas de l'antécédent.

Ex. Μήδων ὅσων ἑόρακα ὁ ἐμὸς πάππος κάλλιστος (ὅσων = ὅσους) (XÉN.). *De tous les Mèdes que j'ai vus c'est mon grand-père qui est le plus beau.* — Χειμῶνος ὄντος οἵου λέγεις (οἵου = οἷον) (XÉN.). *Alors qu'il faisait le mauvais temps que tu dis.*

REMARQUES. — I. Quand l'antécédent est un pronom démonstratif, on le supprime après avoir fait l'attraction. Ex. Ἐξ ὧν ἀκούω (= ἐκ τούτων ἃ ἀκούω) (XÉN.), *aux nouvelles que j'apprends.*

II. Quand l'antécédent est un substantif, on le fait passer volontiers, sans article, dans la proposition relative. Ex. Πρὸς αἷς ἔλαβε ναυσίν (= πρὸς ταῖς ναυσὶν ἃς ἔλαβε) (XÉN.). *Outre les vaisseaux qu'il a reçus.*

III. Dans une relative où le pronom οἷος est attribut, il arrive qu'on supprime le verbe εἰμί et qu'on mette non seulement le relatif, mais encore le sujet au cas de l'antécédent sous-entendu : ainsi τοιούτῳ οἷος ἐγώ εἰμι devient (οἵῳ ἐγώ εἰμι), puis οἵῳ ἐμοί. Ex. τοῖς οἵοις ἡμῖν, *pour les gens tels que nous ;* οἵῳ σοι ἀνδρί, *pour un homme tel que toi.*

254. Ἀνεῖλε θεοῖς οἷς ἔδει θύειν. — 2° *Attraction de l'antécédent par le relatif :* Par une attraction inverse, fréquente en latin, mais rare en grec, il arrive que c'est l'antécédent qui prend le cas du relatif (cf. *Quam quisque norit artem*).

Ex. Ἀνεῖλεν αὐτῷ ὁ Ἀπόλλων θεοῖς οἷς ἔδει θύειν (= τοὺς θεοὺς οἷς) (Xén.). *Apollon lui révéla les dieux auxquels il fallait sacrifier.*

Remarques. — I. On trouve même cette attraction alors que le substantif antécédent devrait être au nominatif. Ex. Τὴν οὐσίαν ἣν κατέλιπε τῷ υἱεῖ οὐ πλείονος ἀξία ἐστίν (Lysias). *La fortune qu'il laissa à son fils n'a pas grande valeur.* (Cf. *Urbem quam statuo vestra est*, Virgile.)

II. Le substantif antécédent peut, dans ce cas encore, passer, sans article, dans la proposition relative. Ex. Κατασκευάζει ἧς ἄρχει χώρας (= τὴν χώραν ἧς ἄρχει) (Xén.). *Il organise la region qu'il commande* (comparer avec πρὸς αἷς ἔλαβε ναυσίν).

III. C'est par cette attraction que s'explique, avec suppression du verbe εἰμί, l'expression οὐδενὸς ὅτου, οὐδενὶ ὅτῳ, etc., pour οὐδείς ἐστιν ὅτου, ὅτῳ. Ex. Οὐδενὸς ὅτου οὐκ ἂν ὑμῶν πατὴρ εἴην (Platon). *Il n'est aucun de vous dont je ne puisse être le père.* — Οὐδενὶ ὅτῳ οὐκ ἀποκρίνεται (Platon). *Il n'est personne à qui il ne réponde.* De même θαυμαστὸς ὅσος, *étonnamment grand*, est pour θαυμαστόν ἐστιν ὅσος, — θαυμαστῶς ὡς *étonnamment*, pour θαυμαστόν ἐστιν ὡς.

VI. — Coordination des relatives

255. Ὅστις λέγει μὲν εὖ, τὰ δ' ἔργα αἰσχρά ἐστιν αὐτοῦ. — Quand deux propositions relatives sont coordonnées, il arrive souvent que le pronom relatif ne soit pas répété dans la seconde, même s'il doit être mis à un autre cas que dans la première. On peut alors le remplacer par αὐτός, sauf au nominatif.

Ex. Ὅστις λέγει μὲν εὖ, τὰ δ' ἔργα αἰσχρά ἐστιν αὐτοῦ, τοῦτον οὐκ αἰνῶ ποτε (Euripide). *Celui qui parle bien, mais dont les actes sont honteux, jamais je ne l'approuve.*

Mais on répète parfois le pronom relatif, surtout après une préposition.

Ex. Ἐξελήλαμαι ἐκ τῆς πατρῴας οἰκίας ἐν ᾗ καὶ ἐγενόμην καὶ ἐτράφην καὶ εἰς ἣν αὐτοὺς ἐγὼ παρεδεξάμην (Dém.). *Me voilà chassé de la maison paternelle dans laquelle je suis né et j'ai été élevé et dans laquelle je les ai moi-même accueillis.*

CHAPITRE V

LE VERBE

A) LES VOIX

256. La conjugaison grecque comporte trois voix : la voix **active** indique que le sujet fait telle action ou éprouve tel état ; — la voix **passive** indique que le sujet subit l'action ; — la voix **moyenne** indique que le sujet est particulièrement intéressé à l'action.

Mais la distinction de sens entre les voix est moins nette que ne le laisserait croire la conjugaison théorique : le passif, qui s'est différencié à partir du moyen, n'a de désinences propres qu'au futur et à l'aoriste; les aoristes en -θην et -ην n'ont pas toujours le sens passif (ἐδυνήθην, *j'ai pu;* ἐβουλήθην, *j'ai voulu;* ἐχάρην, *je me suis réjoui*); bien des verbes ne se conjuguent pas aux trois voix ou mêlent des formes actives et des formes moyennes sans différence de sens appréciable. On devra donc toujours vérifier dans le dictionnaire le sens exact des formes d'un verbe donné.

I. — Voix active

257. Ἀναβὰς ἐπὶ τὸν ἵππον ἤλασε. — Plusieurs verbes transitifs, surtout des verbes de mouvement, peuvent avoir aussi un sens intransitif, dont l'origine s'explique, dans certains cas, par l'ellipse d'un complément. Tels sont ἄγω (*conduire*) et ses composés : ἄγειν, *marcher;* ἀπάγειν, *s'en aller;* διάγειν, *vivre;* etc.; — βάλλω (*jeter*) et ses composés : βάλλειν, *se jeter;* εἰσβάλλειν, *envahir;* προσβάλλειν, *attaquer;* — ἐλαύνειν (*pousser en avant*), *s'élancer;* — αἴρειν (ἀγκύρας), *appareiller, partir;* — προσέχειν (τὸν νοῦν), *être attentif à;* — τελευτᾶν (τὸν βίον), *mourir;* etc.

Ex. : Ἀναβὰς ἐπὶ τὸν ἵππον ἤλασε (Xén.). *Il monta à cheval et s'élança.*

Remarques. — I. Employés avec un adverbe, ἔχω et πράττω deviennent intransitifs : εὖ ἔχω, *se trouver bien;* εὖ πράττω, *réussir;* κακῶς πράττω, *échouer* (tout différent le εὖ ποιῶ, κακῶς ποιῶ, *faire du bien, du mal*). De même ἀπαλλάττω, *éloigner, délivrer,* avec un adjectif ou un adverbe, signifie *s'en tirer (bien ou mal).* Ex. : Χεῖρον ἡμῶν ἀπηλλάχασιν (Dém.). *Ils s'en sont tirés plus mal que nous.*

II. Lorsqu'un verbe a deux aoristes ou deux parfaits, l'aoriste 1 et le parfait 1 ont en général le sens transitif, l'aoriste 2 et le parfait 2, le sens intransitif : ἔστησα, *j'ai placé*; ἔστην, *je me plaçai*; πέπραχα, *j'ai fait*; πέπραγα, *j'ai réussi (bien ou mal)*.

II. — Voix moyenne

La voix moyenne indique que l'action s'exerce dans la sphère du sujet ou qu'il y prend un intérêt particulier.

258. Φέρονται οἴκοθεν ἄρτον. — Le plus souvent, le moyen exprime une action que le sujet fait *pour soi*, *dans son intérêt*.

Ex. : Φέρονται οἴκοθεν ἄρτον (Xén.). *Ils apportent du pain de chez eux* (pour leur propre usage). — Χιτῶνα ἐποιησάμην. *Je me suis fait une tunique.*

On opposera l'emploi actif et l'emploi moyen des verbes suivants :

αἱρεῖν, *prendre*	αἱρεῖσθαι, *choisir*
πέμπω, *envoyer*	μεταπέμπομαι, *faire venir près de soi*
φυλάττω, *garder*	φυλάττομαι, *prendre garde à*
ἀμύνω, *écarter*, *secourir*	ἀμύνομαι, *se défendre*, *se venger*
παρασκευάζω, *préparer* (pour autrui)	παρασκευάζομαι, *préparer* (pour son usage)
πορίζω, *procurer*	πορίζομαι, *se procurer*
παύω, *faire cesser*, *interrompre*	παύομαι, *cesser*, *interrompre son action*
νόμους τιθέναι, *imposer des lois*	νόμους τίθεσθαι, *se donner des lois*.

259. Τὸ ξίφος ἐσπάσατο. — Le moyen indique aussi une action que le sujet fait *sur soi*, *sur un objet qui est à lui*.

Ex. : Τὸ ξίφος ἐσπάσατο. *Il tira* son *épée*. — Λούομαι τοὺς πόδας. *Je me lave les pieds.* — Ἐνδύομαι. *Je m'habille.* — Στεφανοῦμαι. *Je me couronne.* — Ὁπλίζομαι. *Je revêts mes armes.* — Ταῦτα ἀκούσας ὁ Κῦρος ἐπαίσατο τὸν μηρόν (Xén.). *A cette nouvelle Cyrus* se *frappa la cuisse.*

On opposera l'emploi actif et l'emploi moyen des verbes suivants :

ἀποδίδωμι, *je rends* (le bien d'autrui)	ἀποδίδομαι, *je vends* (mon propre bien)
ἀποφαίνω, *je montre* (un objet)	ἀποφαίνομαι, *j'expose* (mon opinion)
ἐπαγγέλλω, *j'annonce* (une nouvelle)	ἐπαγγέλλομαι, *je fais parade* (de ma science).

Remarque. — Au pluriel, certains verbes moyens peuvent exprimer la réciprocité. Ex. : διαλέγονται, *ils disputent entre eux*; διανέμονται, *ils se partagent*.

260. Οὐκ ἔγωγ' ἐπολιτευόμην. — Le moyen indique encore une action que le sujet fait *lui-même, de lui-même*, en s'y engageant personnellement.

Ex. : Οὐκ ἔγωγ' ἐπολιτευόμην πω τότε (Dém.). *A cette époque, je ne prenais pas encore une part personnelle aux affaires.* — Τρία τάλαντα συνεβάλοντο αὐτοῖς (Xén.). *Ils leur versèrent une contribution personnelle de trois talents.*

Remarque. — C'est toujours la voix moyenne de ποιεῖν qu'on emploie dans les nombreuses périphrases formées avec ce verbe : ποιεῖσθαι ἀπόκρισιν, *faire une réponse;* ποιεῖσθαι ἐπιμέλειαν, *s'occuper de;* λόγους ποιεῖσθαι, *s'entretenir;* ὀργὴν ποιεῖσθαι *s'irriter;* πόλεμον ποιεῖσθαι, *faire la guerre* (πόλεμον ποιεῖν signifie *provoquer une guerre*); περὶ πολλοῦ, περὶ παντὸς ποιεῖσθαι, *estimer beaucoup tenir essentiellement à.*

Traduction du verbe pronominal français

261. Ἑαυτὸν ἀπέσφαξεν. — La voix moyenne n'ayant que pour certains verbes le sens directement réfléchi, les verbes pronominaux français qui ont un sens directement réfléchi se rendent le plus souvent par la voix active et le pronom réfléchi.

Ex. : Τὸ ξίφος σπασάμενος ἑαυτὸν ἀπέσφαξεν (Xén.). *Tirant son épée, il s'égorgea.*

Mais souvent nos verbes pronominaux ont le sens passif ou intransitif; on emploie alors en grec le passif : ainsi κινηθῆναι, *se mettre en mouvement;* ἀπαλλαγῆναι, *s'éloigner, se débarrasser;* ἀθροισθῆναι, *se rassembler;* ταχθῆναι, *se ranger;* ἐθισθῆναι, *s'accoutumer;* φοβηθῆναι, *s'effrayer;* etc.

Ex. : Ἐμοὶ πείθου καὶ σώθητι (Platon). *Crois-moi et sauve-toi.*

Sens causatif de l'actif et du moyen

262. Τάφρον ὤρυττε. — En grec comme en latin, un verbe actif ou moyen peut prendre, dans un contexte donné, le **sens causatif** *(« faire faire »).*

Ex. : Τάφρον ὤρυττε κύκλῳ περὶ τὴν πόλιν (Xén.). *Il fit creuser une tranchée tout autour de la ville.* — Οἱ ἀγαθοὶ ἄνδρες διδάσκονται τοὺς υἱεῖς (Platon). *Les gens de bien font instruire leurs enfants.*

Nota. — On remarquera le sens des verbes moyens suivants:

δανείζω, *prêter*	δανείζομαι, *emprunter*
μισθοῦν, *louer* (comme propriétaire)	μισθοῦσθαι, *louer* (comme locataire)
δικάζω, *rendre un jugement*	δικάζομαι, *plaider*
γαμεῖν, *épouser* (une femme)	γαμεῖσθαι, *épouser* (un mari)
συμβουλεύω, *conseiller*	συμβουλεύομαι, *demander conseil.*

III. — Voix passive

263. Οὐκέτι ἀπειλοῦμαι, ἀλλ' ἀπειλῶ ἄλλοις. — En général les verbes transitifs directs ont seuls la voix passive. Cependant quelques verbes transitifs indirects en grec s'emploient au passif. Tels sont :

1° ἄρχω, *commander;* καταφρονεῖν, *mépriser;* καταγελᾶν, *se moquer de;* ἀμελεῖν, *négliger*, qui veulent le génitif.

2° πιστεύω, *se fier à;* ἀπιστεῖν, *se défier de;* φθονεῖν, *porter envie à;* ὀνειδίζω, ἐπιτιμᾶν, *reprocher;* ἀπειλεῖν, *menacer*, qui veulent le datif.

Ex. : Οὐκέτι ἀπειλοῦμαι, ἀλλ' ἀπειλῶ ἄλλοις (Xén.). *Ce n'est plus moi qu'on menace, c'est moi qui menace les autres.*

Remarque. — Dans les locutions telles que ἐπιτρέπω σοι τὴν φυλακήν, *je te confie la garde;* ἐκκόπτειν τὸν ὀφθαλμόν τινος, *crever l'oeil à quelqu'un*, ce n'est pas toujours le nom de la chose qui devient sujet au passif, comme on s'y attendrait, mais le nom de la personne. Ex. : Ἐπιτέτραμμαι τὴν φυλακήν. *On m'a confié la garde.* — Τὸν ὀφθαλμὸν ἐκκέκοπται. *On lui a crevé l'oeil.*

264. Ἀπέθανεν ὑπὸ Νικάνδρου. — Quelques verbes dont le passif est peu usité ou n'est pas usité dans le même sens remplacent ce passif par des verbes intransitifs qui, dans ce cas, se construisent avec ὑπό et le génitif. Tels sont :

Εὖ ποιῶ, κακῶς ποιῶ, *je fais du bien, du mal*	εὖ πάσχω, κακῶς πάσχω, *on me fait du bien, du mal*
εὖ λέγω, *je dis du bien*	εὖ ἀκούω, *on dit du bien de moi*
διώκω, *je suis accusateur, je poursuis*	φεύγω, *je suis accusé, poursuivi*
ἀποκτείνω, *je tue*	ἀποθνήσκω, *je suis mis à mort*
πλούσιον ποιῶ, *je rends riche*	πλούσιος γίγνομαι, *je deviens riche.*

Ex. : Ἀπέθανεν ὑπὸ Νικάνδρου (Xén.). *Il fut tué par Nicandre.* — Φεύγεις ἢ διώκεις; (Plat.) *Es-tu accusé ou bien accusateur?*

Remarque. — Le passif de δίκην λαμβάνειν παρά τινος, *punir quelqu'un*, est δίκην δοῦναί τινι ou ὑπό τινος, *être puni par quelqu'un.* Cf. le latin *dare poenas alicui.*

265. Βεβοήθηταί μοι. — L'impersonnel passif, très usité en latin, est plus rare en grec : on préfère d'ordinaire la construction personnelle (307). On emploie surtout λέγεται, *on dit;* ὁμολογεῖται, *on convient;* δέδοκται, *il est décidé;* νομίζεται, *il est d'usage*, et quelques autres verbes.

Ex. : Βεβοήθηταί μοι (Antiphon). *On m'a porté secours.* — Ἐπεὶ παρεσκεύαστο (Thucydide), *quand les préparatifs furent achevés.*

B) TEMPS ET ASPECTS

266. La catégorie grammaticale appelée temps exprime en grec deux notions :

1° le **moment** (passé, présent ou futur) où l'action se situe;

2° l'**aspect** selon lequel l'action se présente.

Le grec distingue trois aspects correspondant respectivement aux trois radicaux ou thèmes verbaux (100) :

— le thème de l'*aoriste* s'emploie pour exprimer l'action pure et simple, sans aucune nuance de durée : ἀποθανεῖν, *mourir;* ἀπέθανεν, *il mourut.*

— le thème du *présent* s'emploie pour exprimer l'action en train de se dérouler : ἀποθνῄσκειν, *être en train de mourir;* ἀποθνῄσκει, *il se meurt.*

— le thème du *parfait* s'emploie pour exprimer l'état qui résulte de l'action achevée : τεθνάναι, *être mort;* τέθνηκε, *il est mort.*

Chacun de ces thèmes comporte à l'indicatif un temps passé caractérisé par l'*augment* et les *désinences secondaires*. Il y a ainsi trois passés, qui ne correspondent pas aux différents « passés » français, mais se distinguent par l'aspect : l'indicatif *aoriste* exprime l'action passée pure et simple; l'*imparfait* l'action en train de se dérouler dans le passé; le *plus-que-parfait*, qui est proprement l'imparfait du parfait, exprime l'état qui résultait d'une action achevée.

Quant au futur, il a été formé indépendamment à partir d'un présent « désidératif » indo-européen et a d'abord exprimé l'intention : τήνδ' ἐγὼ οὐ λύσω, *moi, je ne veux pas la lâcher*. Cette valeur s'est conservée dans certains emplois (relatives finales, 337, participe à sens final, 356, 5°). En dehors de cette valeur modale, le futur exprime simplement l'action dans l'avenir. Le « futur antérieur », très improprement nommé, est en réalité le futur du thème du parfait : πεπράξεται, *ce sera chose faite.*

I. — Les Temps de l'Indicatif

1. Présent et Imparfait

267. Οὖτίς με κτείνει. — Le présent exprime l'action dans son développement, comme une « ligne ». Il marque donc :

1° une action qui se déroule actuellement ou une vérité permanente (—);

2° une action qui se répète, qui est habituelle (.....);

3° une action qui commence et s'oriente vers son résultat (présent de tentative : →).

Ex. : Οὔτίς με κτείνει (Homère). « *Personne* » *est en train de me tuer.* — Ἐγὼ δ' οἶνον πίνω (Dém.). *Moi, ma boisson habituelle est le vin.* — Σοὶ δ' Ἀγαμέμνων ἄξια δῶρα δίδωσι (Homère). *Agamemnon t'offre des cadeaux qui comptent.*

Remarques. — I. Le grec, plus souvent que le français, emploie le **présent de narration**, au lieu d'un temps passé, quand l'auteur veut mettre une action sous les yeux du lecteur en la présentant comme actuelle. Ex. : Ξενοφῶν ἐξέπλει καὶ μεταλαμβάνει ἐν Σάρδεσι Κῦρον (Xén.) *Xénophon fit la traversée, et voilà qu'à Sardes il trouve Cyrus.*

II. Certains verbes peuvent avoir au présent le sens d'un parfait : νικῶ, *je remporte la victoire* ou *je suis vainqueur;* ἀδικῶ, *je fais du tort* ou *je suis coupable;* ἀκούω, *j'apprends* ou *je sais par ouï-dire;* φεύγω, *je m'enfuis* ou *je suis banni.* Ἥκω, *je suis arrivé* et οἴχομαι, *je suis parti*, ont toujours le sens du parfait.

268. Σωκράτης οὐκ ἔπινεν. — L'imparfait a, au passé, les mêmes sens que le présent. Il exprime donc :

1° une situation passée ou une action passée, envisagée dans son développement (—);

2° une action qui se répétait, qui était habituelle (.....);

3° une action qui commençait seulement et s'orientait vers son résultat (imparfait de tentative : →).

Ex. : Ξενοφῶν ἐξέπλει (Xén.). *Xénophon fit la traversée.* — Σωκράτης οὐκ ἔπινεν, εἰ μὴ διψῴη (d'après Xén.). *Socrate ne buvait pas s'il n'avait pas soif.* — Φίλιππος Ἁλόννησον ἐδίδου (Dém.). *Philippe offrait Halonnèse.*

Remarques. — I. Certains verbes tels que *demander*, *envoyer*, *s'en aller*, qui désignent par eux-mêmes des actions inachevées, s'emploient plus volontiers à l'imparfait. Ex. : Ἠρώτα, *il demanda.*

II. Les verbes qui ont au présent le sens du parfait (267, ii) ont à l'imparfait soit le sens d'un plus-que-parfait, soit le sens de l'imparfait : ἤκουον, *je savais* ou *j'apprenais;* ἧκον, *j'étais arrivé*, ou *j'arrivai.*

2. Aoriste

269. Ἦλθον, εἶδον, ἐνίκησα. — L'aoriste exprime l'action effectuée. purement et simplement, comme un « point ». Il marque donc :

1° une action passée, sans aucune considération de durée;

2° le point de départ d'une action ou d'une situation nouvelle;

3° le point d'arrivée d'une action, l'aboutissement d'un effort.

Ex. Ἦλθον, εἶδον, ἐνίκησα (Plutarque). *Je suis venu, j'ai vu, j'ai vaincu.* — Ἦρξε, *il prit le pouvoir;* ἐβασίλευσε, *il devint roi;* ἐπολέμησε, *il entra en guerre;* ἐνόσησε, *il tomba malade;* ἐκοιμήθη, *il s'endormit;* ἀνεβόησε, *il poussa un cri;* ἐγέλασε, *il éclata de rire;* ἐφοβήθη, *il fut saisi de crainte;* ἐθαύμασε, *il fut saisi d'étonnement* (ἐθαύμαζε, *il était dans l'étonnement*).

— Ἔπειθον αὐτοὺς καὶ οὓς ἔπεισα, τούτους ἔχων ἐπορευόμην (Xén.). *Je cherchai à les persuader, et ceux que je réussis à persuader, je partis avec eux.*

C'est le contexte qui permet de distinguer entre ces aspects : ainsi ἐβασίλευσε peut signifier : *il régna, il devint roi, il parvint à régner.*

Remarques. — I. Dans un récit, le grec mêle souvent les imparfaits et les aoristes là où le français emploie indifféremment le passé simple; en ce cas, les imparfaits expriment les actions qui se prolongent ou s'enchaînent, tandis que les aoristes marquent les points de rupture ou de bifurcation de l'action. Ex. : Πρῶτον μὲν ἐδάκρυε πολὺν χρόνον ἑστώς· οἱ δὲ ὁρῶντες ἐθαύμαζον καὶ ἐσιώπων. Εἶτα δὲ ἔλεξε τοιάδε (Xén.). *D'abord il pleura longtemps, immobile; ceux-ci, en le voyant, étaient dans l'étonnement et gardaient le silence. Puis il prit la parole :...*

II. Dans le dialogue, on emploie parfois l'aoriste au lieu du présent pour exprimer sa pensée sur ce qu'on vient d'entendre. Ex. Ἐπῄνεσα, *je t'approuve, bravo!*

270. Παθὼν νήπιος ἔγνω. — Pour des raisons d'*aspect*, le grec emploie souvent l'aoriste là où nous employons le présent, pour exprimer, sans aucune considération de temps, une vérité d'expérience **(aoriste gnomique).**

Ex. Παθὼν νήπιος ἔγνω. (Hésiode). *Le sot s'instruit à ses dépens.* — Κάλλος ἢ χρόνος ἀνήλωσεν ἢ νόσος ἐμάρανεν (Isocrate). *La beauté, le temps la détruit ou la maladie l'altère.*

Expression de l'antériorité relative

271. Διέδωκεν ἃ ἔλαβε. — Le grec n'a pas de temps qui exprime, par lui-même, l'antériorité d'une action par rapport à une autre. En certains cas, surtout dans les propositions causales, temporelles et relatives, l'aoriste et même l'imparfait doivent donc être traduits par le plus-que-parfait ou le passé antérieur français.

Ex. : Διέδωκεν ἃ ἔλαβε. *Il distribua ce qu'il avait reçu.* — Ἐπεὶ ἐπαιάνισαν, ἔθεον δρόμῳ (Xén.). *Lorsqu'ils eurent chanté le péan, ils prirent le pas de course.* — Σωκράτης ᾐτιᾶτο αὐτὸν ὅτι οὐ πρῶτον ἠρώτα... (Xén.). *Socrate le blâma de ce qu'il n'avait pas demandé d'abord...*

3. Temps du Parfait

272. Τεθνᾶσιν οἱ θανόντες. — Le parfait indique proprement l'état présent qui résulte d'un fait passé. Aussi doit-on le traduire le plus souvent par un présent.

Ainsi : τέθνηκα, *je suis mort;* ἐγρήγορα, *je suis éveillé;* τέθαπται, *il est enterré;* ἕστηκα, *je suis debout;* κέκτημαι, *je possède;* μέμνημαι, *je me souviens;* δέδοικα, *j'ai peur;* βέβηκε, *il n'est plus là* (parce qu'il est parti) ou au contraire *il est solidement installé* (parce qu'il s'est établi).

Ex. : Τεθνᾶσιν οἱ θανόντες (Euripide). *Ceux que la mort a frappés sont bien morts.* — Ἐφοβήθην καὶ ἔτι καὶ νῦν τεθορύβημαι (Eschine). *Je fus saisi de crainte et, maintenant encore, je suis tout troublé.*

Remarques. — I. Le parfait de certains verbes, surtout intransitifs, exprime souvent l'intensité d'un sentiment : γέγηθα, *je suis dans la joie, je jubile;* — τεθαύμακα, *je suis dans l'admiration;* — ἐσπούδακα, *je suis plein de zèle;* — ἐζήλωκα, *je suis passionné.* Dans ce cas, il est volontiers coordonné avec un présent. Ex. : Ἥδομαι καὶ γέγηθα καὶ γελῶ (Aristophane). *Je suis heureux, je jubile, je ris.*

II. Le parfait peut s'employer, au lieu de l'aoriste, pour exprimer une action passée dont l'écho demeure ou à laquelle on veut donner un relief particulier. Il n'est alors qu'un équivalent plus expressif de l'aoriste et doit se traduire par un passé : ἀκηκόατε, *vous avez bien entendu;* — ἑώρακα, *j'ai vu de mes yeux* (et j'en garde le souvenir). Ex. : Ὅσα βεβλασφήμηκε περὶ ἐμοῦ (Dém.), *toutes les calomnies qu'il a accumulées sur mon compte.* — Οἷα δὴ πέπονθα (Platon), *les impressions que j'ai ressenties.*

III. Le grec, surtout en poésie, use avec le sens du parfait, d'une périphrase composée de ἔχω et du participe aoriste actif. Ex. : Ἔγωγε θαυμάσας ἔχω τόδε (Sophocle). *Je suis moi-même tout étonné de ceci.*

273. Οἱ Ἀρκάδες ἐπεφόβηντο. — Le plus-que-parfait est proprement l'imparfait du parfait : il exprime l'état qui résultait d'une action antérieure. Il se traduit le plus souvent par l'imparfait.

Ex. : Οἱ Ἀρκάδες ἐπεφόβηντο (Xén.). *Les Arcadiens vivaient dans la peur.* — Ἅμα τῇ ἡμέρᾳ διωρώρυκτο (Xén.). *Au point du jour, la brèche était faite.*

274. Ὅταν δὴ μὴ σθένω, πεπαύσομαι. — Le futur antérieur est proprement le futur du parfait : il exprime l'état qui résultera d'une action future.

Ex. : Ὅταν δὴ μὴ σθένω, πεπαύσομαι (Sophocle). *Quand je n'aurai plus de forces, alors je m'arrêterai* (définitivement).

4. Futur

275. Ἄρξω. Τί δράσεις; — Le futur énonce l'avenir, sans nuance d'aspect : ἄρξω peut signifier *je commanderai* ou *je parviendrai au pouvoir.* Mais il garde de ses origines (266) une nuance modale qui l'apparente au subjonctif et que l'on traduira souvent par les auxiliaires *vouloir* ou *devoir.*

Ex. : Τί δράσεις; (EURIPIDE). *Que veux-tu faire?* — Τί δράσομεν; (EURIPIDE). *Que devons-nous faire?* — Σκέψομαι (ARISTOPH.). *Je vais voir.*

276. Μέλλω λέγειν. – Le verbe μέλλω, employé seul, signifie *tarder, hésiter.* Suivi de l'infinitif présent ou futur, rarement aoriste, il correspond aux verbes français *devoir* ou *aller* employés comme auxiliaires pour marquer l'avenir.

Ex. : Μέλλω λέγειν (ou ἐρεῖν). *Je vais dire.*

REMARQUES. — I. Après δεῖ ou un impératif, εἰ μέλλω répond à nos locutions *si l'on veut que, pour que.* Ex. : Τὰς ἀποκρίσεις βραχυτέρας ποίει, εἰ μέλλω σοι ἕπεσθαι (PLATON). *Fais tes réponses plus courtes, si tu veux que je te suive.*

II. Μέλλω λέγειν peut signifier *il faut s'attendre que je parle.* Ex. : Ἐχόρευον ὅποτε οἱ πολέμιοι ὄψεσθαι αὐτοὺς ἔμελλον (XÉN.). *Ils dansaient chaque fois qu'on pouvait croire que les ennemis les verraient.*

II. — Les Temps hors de l'Indicatif

277. Σὺ μὲν γὰρ εἵλου ζῆν, ἐγὼ δὲ κατθανεῖν. — A l'exception du futur, qui marque toujours le temps, sans distinction d'aspect, les « temps » de l'impératif, du subjonctif, de l'optatif, de l'infinitif et du participe n'expriment pas par eux-mêmes le moment, mais seulement l'*aspect* de l'action. L'opposition des thèmes du présent, de l'aoriste et du parfait apparaîtra dans les exemples suivants :

1° **Impératif :** Τὸν ἄρτον ἡμῶν τὸν ἐπιούσιον δίδου ἡμῖν τὸ καθ' ἡμέραν (St LUC). *Donne-nous chaque jour notre pain quotidien.* — Τὸν ἄρτον ἡμῶν τὸν ἐπιούσιον δὸς ἡμῖν σήμερον (St MATHIEU). *Donne-nous aujourd'hui notre pain quotidien.* — Εἰπέ μοι, *dis-moi.* — Λέγε δή, *explique-toi, poursuis.* — Μέμνησο, *garde le souvenir.*

2° **Subjonctif :** Τὰ αὑτῶν ἅμα ἐκποριζώμεθα (THUCYDIDE). *Pendant ce temps-là, faisons nos préparatifs.* — Πορισώμεθα οὖν πρῶτον τὴν δαπάνην (THUCYDIDE). *Procurons-nous d'abord les ressources.*

3° **Optatif :** Ἀλλ' εὐτυχοίης καὶ τύχοις ὅσων ἐρᾷς (EURIPIDE). *Bonne chance! Puisses-tu obtenir ce que tu désires!*

4° **Infinitif** : Σὺ μὲν γὰρ εἵλου ζῆν, ἐγὼ δὲ κατθανεῖν (SOPHOCLE). *Toi, tu as choisi de vivre* (= de rester vivante), *et moi, de mourir.* — Οὐ βουλεύεσθαι ἔτι ὥρα, ἀλλὰ βεβουλεῦσθαι (PLATON). *L'heure n'est plus aux discussions, mais aux décisions définitives.* — Ὤμην τὸν Εὐκράτην ἀποθνῄσκειν, εἶτα... μικρὸν ἐπισχόντα ἀποθανεῖν (LUCIEN). *Je rêvais qu'Eucrate était mourant, puis qu'après un court moment il mourut.*

5° **Participe** : Ἅμα ταῦτ' εἰπὼν ἀνέστη (XÉN.). *Cela dit, il se leva.* — Ἅμα λέγων ταῦτα καθῆκε τὰ σκέλη (PLATON). *Tout en disant ces mots, il laissa retomber ses jambes.* — Ἔτυχον καθεύδοντες (THUCYDIDE). *On les trouva en plein sommeil.* — Ἔτυχον παραγενόμενος (PLATON). *Je me trouvai par hasard près de lui.* — Ὁ ἡγεμὼν ἐτύγχανε τεθνηκώς (THUCYDIDE). *Il se trouvait que le guide était mort.*

REMARQUE. — On verra cependant qu'en subordination (301 à 303), le subjonctif, l'optatif, l'infinitif et le participe peuvent avoir en certains cas, outre leur valeur d'aspect, une valeur temporelle.

C) LES MODES

278. La conjugaison grecque comporte six modes :

1° quatre modes **personnels** : l'indicatif est le mode objectif; l'impératif lui correspond comme mode volitif; le subjonctif et l'optatif expriment diverses attitudes subjectives de celui qui parle.

2° deux modes **impersonnels** ou formes nominales du verbe : l'infinitif est proprement un nom d'action; le participe joue le rôle d'un adjectif.

Pour l'usage de la particule ἄν, qui modifie la valeur de certains modes, on se reportera au tableau récapitulatif, 369.

La syntaxe des modes se confond pratiquement avec la syntaxe de la phrase. Elle sera donc étudiée en détail dans la deuxième section.

DEUXIÈME SECTION

LA PHRASE

La phrase, dont on a étudié séparément les éléments dans la première section, est l'expression complète d'une pensée, d'un sentiment ou d'un vouloir

Phrase nominale et phrase verbale

279. Τὸ μέλλον ἀόρατον. — L'élément essentiel de la proposition est généralement le verbe, qui peut suffire à lui seul : ἔρχεται, *il va;* — ἐλθέ, *va.* Mais, à côté de la phrase verbale, le grec peut exprimer une pensée complète sous la forme d'une phrase nominale, composée d'un sujet et d'un attribut, qui peut être un nom ou un adjectif. Sous l'influence de causes diverses, la pensée est exprimée comme un bloc. Cette manière rudimentaire de s'exprimer a des équivalents dans de nombreuses langues (cf. en français « Chansons que tout cela »).

Ex. : Τὸ μέλλον ἀόρατον (ISOCRATE). *L'avenir est invisible.* — Ἀρχὴ σοφίας φόβος θεοῦ (PROVERBES). *La crainte de Dieu est le commencement de la sagesse.*

Dans la phrase nominale on n'exprime pas les notions de personne, de nombre, de temps, d'aspect, de mode. On se contente de marquer un rapport général.

Ex. : Ἄριστον μὲν ὕδωρ (PINDARE). *Excellente chose que l'eau!* — Λέαγρος καλός. *Le bel éphèbe que Léagros! (= Vive Léagros!)*

REMARQUE. — L'adjonction du verbe ἐστι, comme lien, « copule », entre le sujet et l'attribut, a permis, dans la phrase nominale, d'exprimer les variations de temps et de mode. Mais le grec omet très souvent ἐστι dans les expressions formées d'un adjectif verbal en -τέος, d'un adjectif tel que δίκαιος, ἑτοῖμος, ἄξιος, δυνατός, δῆλος, d'un substantif tel que ἀνάγκη, καιρός, ὥρα, εἰκός, χρή (originellement substantif, senti ensuite comme verbe impersonnel). Ex. : Δίκαιος σὺ ἡγεῖσθαι (PLATON). *C'est toi qui mérites le commandement.* — Ὥρα βουλεύεσθαι (PLATON). *C'est l'heure de réfléchir.* — Ἀνάγκη στῆναι (ARISTOTE). *Il faut bien s'arrêter.* — Ὄκνος εἰπεῖν (PLATON). *J'hésite à dire.*

Types de phrase

280. L'expression d'une pensée, d'un sentiment ou d'un vouloir se présente sous des formes modales différentes pour traduire les diverses attitudes subjectives de celui qui parle, selon qu'il s'engage plus ou moins dans ce qu'il dit. De là quatre types de phrase : *réel*, *éventuel*, *potentiel*, *irréel*.

Des particules dites modales peuvent préciser ces divers emplois. A côté de la particule tonique ἄν, connue dans tous les états de la langue, le grec possédait une particule atone κε, κεν (ou κα), inconnue de l'attique.

Dans chacun des types de phrase, on distingue la phrase **énonciative**, qui exprime un fait, une pensée, un sentiment, sous forme affirmative, négative ou interrogative, et la phrase **volitive**, qui exprime une volonté ou un désir. D'une manière générale, le grec les oppose par la différence des négations : οὐ dans les énonciatives, μή dans les volitives, — et n'emploie ἄν que dans les énonciatives.

Ex. : Οὔτ' ἂν δυναίμην, μήτ' ἐπισταίμην λέγειν (SOPHOCLE). *Je ne puis le dire et puissé-je n'en être jamais capable!*

1° Le **réel** présente l'action objectivement, comme un fait, ou exprime un ordre formel.

C'est l'*indicatif* qui sert, comme en français, à énoncer simplement la réalité : ἦλθεν, *il est allé ;* — οὐκ ἦλθεν, *il n'est pas allé ;* — ποῖ ἦλθεν; *où est-il allé ?*

L'*impératif* lui correspond comme mode volitif : il exprime un appel direct à l'action : ἐλθέ, *va!* — μήποτ' ἴθι, *ne va jamais!*

2° L'**éventuel** présente l'action comme un événement attendu dans l'avenir ou voulu.

Dans une proposition énonciative, l'éventuel se marque par l'*indicatif futur* : εἶμι, *j'irai.* La langue homérique pouvait employer, dans un sens voisin, le *subjonctif* avec ou sans ἄν : Νῦν δ' ἂν πολλὰ πάθῃσι (HOMÈRE). *Désormais il aura sans doute beaucoup à souffrir.* Ce subjonctif ne s'est conservé que dans quelques expressions : τί πάθω; *que va-t-il m'arriver ?* — τί γενώμεθα; *qu'allons-nous devenir ?* Mais le subjonctif avec ἄν (négation μή) s'emploie dans certaines subordonnées, pour exprimer qu'un événement vient ou viendra à se produire : ὅστις ἂν ἔλθῃ, *quiconque va ou ira;* — ἐὰν ἔλθῃ ἢ μή, *qu'il aille ou non* (298, 1°).

Dans une proposition volitive (négation μή), le *subjonctif* traduit l'attitude de la volonté qui exhorte, défend, s'interroge sur la conduite à suivre : ἔλθωμεν, *allons!* μὴ ἔλθῃς, *ne va pas!* — ἴωμεν; *devons-nous aller ?* — ποῖ ἔλθω; *où aller ?* C'est ce subjonctif que l'on retrouve dans les complétives de crainte (312) et les circonstancielles finales (316).

3° Le **potentiel** présente l'action comme une possibilité simplement conçue ou souhaitée.

Dans une proposition énonciative, c'est l'*optatif* qui marque la possibilité; dans la langue classique, il est toujours renforcé par ἄν dans les propositions indépendantes : ἔλθοιμι ἄν, *j'irais volontiers.*

Dans une proposition volitive (négation μή), l'*optatif* marque le souhait : εἴθ' ἔλθοι, *puisse-t-il aller!* — μὴ γένοιτο, *à Dieu ne plaise...!*

4° **L'irréel** présente l'action comme une possibilité démentie par la réalité ou comme un regret.

Dans une proposition énonciative, c'est l'*indicatif des temps secondaires,* renforcé par ἄν dans les propositions indépendantes, qui marque l'irréel; la condition non réalisée s'exprime par l'indicatif des temps secondaires, sans ἄν : ἦλθον ἄν, εἰ ἐκέλευσας, *je serais allé, si tu l'avais ordonné.*

Dans une proposition volitive (négation μή), l'*indicatif des temps secondaires* marque le regret : εἰ γὰρ ἦλθεν, *ah! si seulement il était allé!*

Remarque. — La langue homérique pouvait, dans ces deux cas, employer l'optatif. Ainsi, l'optatif n'exprimant pas par lui-même le temps, ἀπόλοιτο ἄν (κεν) pouvait signifier *il serait mort,* aussi bien que *il mourrait;* de même εἴθε ἀπόλοιτο pouvait signifier *ah! si seulement il était mort!* aussi bien que *puisse-t-il mourir!* Pour éviter cette équivoque, on a, dès l'époque homérique, substitué à l'optatif les temps secondaires de l'indicatif; de là le type de phrase irréelle ci-dessus, que la langue classique a seul conservé.

On remarquera que l'indicatif futur, le subjonctif et l'optatif concernent tous l'avenir.

La langue homérique avait toute une gamme de formes pour énoncer un événement futur considéré comme certain, probable ou simplement possible :

Ἕκτωρ ἐρέει, *Hector dira;*	καί κέ τις ἐρέει, *on dira peut-être;*
καί ποτέ τις εἴπῃσι, *il est à prévoir qu'on dira un jour;*	καί κέ τις εἴπῃσι, *il est à prévoir qu'on dira peut-être;*
καί ποτέ τις εἴποι, *un jour on pourrait bien dire;*	τίς κεν εἴποι; *qui pourrait dire?*

La langue classique a normalisé ces emplois, comme on le voit dans les deux formules-types suivantes :

ἐὰν τοῦτο γένηται, πράξω,	*si cela arrive, j'agirai.*
εἰ τοῦτο γένοιτο, πράξαιμι ἄν	*si cela arrivait, j'agirais.*

CHAPITRE VI

PROPOSITIONS INDÉPENDANTES

Les propositions indépendantes se subdivisent en propositions **énonciatives** (négation οὐ) et en propositions **volitives** (négation μή).

I. — Propositions énonciatives

Les propositions énonciatives sont celles par lesquelles on déclare simplement un fait, une pensée, un sentiment, sous forme affirmative, négative ou interrogative. Elles sont à l'indicatif, avec ou sans ἄν, ou à l'optatif avec ἄν. La négation est toujours οὐ.

Potentiel et Irréel

281. Ὥρα ἂν εἴη λέγειν. — L'optatif avec ἄν (présent ou aoriste, rarement parfait, jamais futur) présente une action comme possible (**potentiel**). On le traduit soit par le conditionnel présent, soit par le futur avec la nuance de *peut-être*, soit par le verbe *pouvoir*.

Ex. : Ἔνθα σωφροσύνην καταμάθοι ἄν τις (Xén.). *C'est là qu'on peut apprendre la sagesse.*

On emploie ainsi l'optatif avec ἄν :

1° en corrélation avec une proposition conditionnelle au potentiel (328).

Ex. : Εἰ βούλοιο ἰατρὸς γενέσθαι, τί ἂν ποιοίης; *Si tu voulais devenir médecin, que ferais-tu?*

2° pour adoucir, par courtoisie, une affirmation ou un ordre (287, II).

Ex. : Ὥρα ἂν εἴη λέγειν (Xén.). *Peut-être est-ce le moment de parler.*

3° à la deuxième personne du sing., comme équivalent du pronom *on* (249).

Ex. : Εἴποις ἄν. *On dira peut-être.* — Ἴδοις ἄν. *On peut voir.*

282. 'Εγὼ δ' ἐβουλόμην ἂν αὐτοὺς ἀληθῆ λέγειν· νῦν δέ... — L'indicatif des temps secondaires avec ἄν présente une action comme non réalisée, faute d'une condition qui n'est pas ou n'a pas été remplie (**irréel**). On le traduit par le conditionnel présent ou passé. On l'emploie surtout en corrélation avec une proposition conditionnelle irréelle (329).

Ex. : 'Εγὼ δ' ἐβουλόμην ἂν αὐτοὺς ἀληθῆ λέγειν· νῦν δέ... (Lysias). *Pour moi, je souhaiterais qu'ils disent vrai; mais...* — Εἴ τι εἶχον, ἐδίδουν ἄν. *Si j'avais quelque chose, je le donnerais.* — Εἰ μὴ ἤλθετε, ἐπορευόμεθα ἂν ἐπὶ βασιλέα (Xén.). *Si vous n'étiez pas venus, nous serions en marche contre le Grand-Roi.*

Remarques. — I. Après un irréel, on oppose souvent la réalité au moyen de νῦν δέ, *mais en fait, mais malheureusement.*

II. En général l'imparfait avec ἄν correspond à notre conditionnel présent, l'aoriste avec ἄν à notre conditionnel passé; mais il arrive que, en tenant compte de l'aspect, le grec emploie l'imparfait et non l'aoriste, s'il s'agit d'une action durable ou répétée. Ex. : Οὐκ ἂν νήσων ἐκράτει, εἰ μή τι καὶ ναυτικὸν εἶχεν (Thucydide). *Il n'aurait pas dominé sur des îles, s'il n'avait pas possédé une marine.*

III. Pour exprimer qu'une chose a été possible dans le passé (**potentiel du passé**), la prose attique emploie les mêmes formes que pour l'irréel. Ex. : Ὤετό τις ἄν. *On eût cru, on pouvait croire.*

283. Τί σιγᾷς; οὐκ ἐχρῆν σιγᾶν. — C'est l'indicatif des temps secondaires sans ἄν qu'on emploie dans les expressions qui marquent nécessité, obligation ou convenance, telles que ἔδει, ἐχρῆν (χρῆν), *il faudrait*, προσῆκεν, *il conviendrait*, ἐξῆν, *il serait permis*, καιρὸς ἦν, *ce serait le moment*, ἄξιον, εἰκός, δίκαιον ἦν, *il serait juste*, etc, et les adjectifs verbaux en -τέος construits avec ἦν.

Ex. : Τί σιγᾷς; οὐκ ἐχρῆν σιγᾶν (Euripide). *Pourquoi gardes-tu le silence? Tu ne devrais pas te taire.*

Remarque. — Plus logique que le français, le grec emploie ici l'indicatif sans ἄν parce que l'obligation, la convenance existaient réellement, bien qu'elles n'aient pas été suivies d'effet.

284. Πῦρ ἂν οὐ παρῆν. — On ne confondra pas avec l'irréel l'emploi, fréquent dans la langue familière, des temps secondaires de l'indicatif avec ἄν pour exprimer la répétition de l'action dans le passé (ἄν **de répétition**). Ἄν a ici son sens originel : *le cas échéant, à l'occasion, des fois* (familier). Cette formule sert aussi, surtout dans le dialogue tragique ou comique, à marquer un état de choses devenu habituel.

Ex. : Πῦρ ἂν οὐ παρῆν (Sophocle). *Le feu manquait parfois.* — Ῥήματ' ἂν βόεια δώδεκ' εἶπεν (Aristophane). *Il vous prononçait une douzaine de mots gros comme des bœufs.* — Εἴ τις αὐτῷ δοκοίη βλακεύειν, ἔπαισεν ἂν (Xén.). *Si quelqu'un lui semblait paresser, il le frappait.* — Ἀναλαμβάνων αὐτῶν τὰ ποιήματα, διηρώτων ἂν αὐτοὺς τί λέγοιεν (Platon). *Emportant avec moi les œuvres des poètes, je leur demandais à chacun ce qu'ils avaient voulu dire.* — Ἡ πόλις ἅττα διαβάλοι τις αὐτῇ, ταῦτ' ἂν ἥδιστ' ἤσθιεν (Aristophane). *La cité dévorait avec délices toutes les calomnies qu'on lui jetait.*

Interrogation directe

285. Δίκαιον ἢ οὐ δίκαιον; — L'interrogation directe s'exprime : 1° par le ton de la voix; 2° par les pronoms ou adverbes interrogatifs; 3° par les particules interrogatives (167, 1°).

Ex. : Δίκαιον ἢ οὐ δίκαιον; (Platon). *Est-ce juste ou injuste?* — Ἆρ' οὖν μὴ καὶ ἡμῖν ἐναντιώσεται; (Xén.). *Osera-t-il vraiment nous résister?* — Ἀκούεις; *Tu entends?*

Remarque. — On notera le sens des formules interrogatives suivantes :

Πότερον ... ἤ, *est-ce que ... ou?* pour l'interrogation double.

Πῶς οὐ, *comment se fait-il que ne... pas? n'est-il pas évident que...?*

Ἄλλο τι ἤ, *n'est-il pas vrai que?* (litt. est-ce autre chose que?). Ex. : Ἄλλο τι ἢ διανοεῖ ἡμᾶς ἀπολέσαι; (Platon). *N'est-il pas vrai que tu médites notre perte?*

ἤ (ou bien), pour préciser une première question : *n'est-ce pas? sans doute?* Ex. : Τίς σοι διηγεῖτο; ἢ αὐτὸς Σωκράτης; *Qui t'a raconté cela? Socrate sans doute?*

286. Τί ἀδικηθεὶς ἐπιβουλεύεις μοι; — Contrairement à l'usage français : 1° une interrogation peut porter sur un participe ou sur une proposition subordonnée.

Ex. : Τί ἀδικηθεὶς ἐπιβουλεύεις μοι; *Quel tort t'ai-je fait pour que tu cherches à me nuire?* — Πόθ' ἃ χρὴ πράξετε; ἐπειδὰν τί γένηται; (Dém.). *Quand ferez-vous votre devoir? qu'attendez-vous?*

Remarque. — On emploie surtout ainsi : τί παθών; τί μαθών; *à la suite de quelle épreuve? de quelle nouvelle?* — τί βουλόμενος; *dans quelle intention? pourquoi?*

2° plusieurs mots interrogatifs peuvent porter sur le même verbe :

Ex. : Τίνας ὑπὸ τίνων εὕροιμεν ἂν μείζονα εὐεργετημένους ἢ παῖδας ὑπὸ γονέων; (Xén.). *Qui trouverions-nous comblés de plus de bienfaits que les enfants le sont par leurs parents? de qui ont-ils reçu davantage?*

II. — Propositions volitives

Les propositions volitives sont celles qui expriment une attitude de la volonté, c'est-à-dire un ordre, une résolution, une appréhension ou un souhait. La négation est toujours μή.

Ordre et défense

287. Σκοπεῖτε δὴ καὶ λογίσασθε τοῦτο. — Pour exprimer un ordre, on emploie l'impératif, présent ou aoriste suivant l'aspect, à la deuxième et à la troisième personnes.

Ex. : Σκοπεῖτε δὴ καὶ λογίσασθε τοῦτο (DÉM.). *Réfléchissez donc et songez à ceci.* — Ὅτῳ δοκεῖ ταῦτα ἀνατεινάτω τὴν χεῖρα (XÉN.). *Que celui qui est de cet avis lève la main.* — Χαιρόντων πόνοι (EURIPIDE). *Adieu, travaux!*

REMARQUES. — I. L'impératif est souvent précédé de ἄγε, φέρε, ἴθι, avec ou sans δή, *allons! allons donc!* Cet impératif a la valeur d'une interjection et peut rester invariable même si le verbe est à la troisième personne, au pluriel ou au duel. Ex. : Ἴθι νυν παρίστασθον (ARISTOPHANE). *Allons! qu'ils se présentent tous deux!*

II. Au lieu de l'impératif, on peut, par courtoisie, employer la deuxième personne de l'optatif avec ἄν (281, 2°). Ex. : Χωροῖς ἂν εἴσω (SOPHOCLE). *Tu peux entrer, entre!*

III. S'il s'agit d'une exhortation qu'on s'adresse à soi-même ou au groupe dont on fait partie, on emploie la première personne du subjonctif, souvent précédée de ἄγε, φέρε, ἴθι, *allons!* Ex. : Ἴωμεν δὴ καὶ μὴ μέλλωμεν ἔτι (PLATON). *Allons donc et ne tardons plus.* — Φέρ' ἐκπύθωμαι (EURIPIDE). *Allons! que je me renseigne.*

288. Μὴ θορυβεῖτε. Μὴ θορυβήσητε. — Pour exprimer une défense, on emploie μή avec l'impératif présent ou le subjonctif aoriste.

Ex. : Μὴ θορυβήσητε. *Ne faites pas de bruit!* — Μὴ θορυβεῖτε (PLATON). *Cessez ce bruit!* — Μηδεὶς θαυμάσῃ (DÉM.). *Que nul ne s'étonne!*

REMARQUE. — L'impératif présent s'emploie pour les défenses générales ou pour interdire de poursuivre une action commencée; le subjonctif aoriste, pour les défenses précises. (On n'emploie pas l'impératif aoriste ni le subjonctif présent.).

II. A la troisième personne, on trouve parfois l'impératif aoriste au lieu du subjonctif. Ex. : Μηδεὶς νομισάτω (XÉN.). *Que nul ne croie!*

III. Une défense énergique peut s'exprimer par οὐ μή suivi de la deuxième personne de l'indicatif futur ou du subjonctif. Ex. : Οὐ μὴ λαλήσεις (ARISTOPHANE). *Veux-tu bien te taire!* — Οὐ μὴ ληρήσῃς (ARISTOPHANE). *Trêve de balivernes!*

Subjonctif délibératif

289. **Εἴπωμεν ἢ σιγῶμεν;** — Dans une proposition interrogative, la première personne du subjonctif marque la résolution incertaine et se rend par *faut-il que je?* ou par l'infinitif français.

Ex. : Εἴπωμεν ἢ σιγῶμεν; (Euripide). *Faut-il prendre la parole ou garder le silence?* — Ἐροῦ αὐτόν. — Τί ἔρωμαι; (Platon). *Interroge-le. — Que lui demander?*

Remarque. — Le subjonctif délibératif est souvent précédé de βούλει, βούλεσθε, φέρε δή.
Ex. : Βούλει σοι εἴπω; (Platon). *Veux-tu que je te dise?*

Subjonctif d'appréhension

290. **Μὴ οὐκ ᾖ διδακτόν. — Οὐ μὴ πίθηται.** — Précédé de la négation μή, le subjonctif pouvait exprimer l'appréhension devant un événement à venir.

Ex. : Μὴ δὴ νῆας ἕλωσι (Homère). *Pourvu qu'ils ne s'emparent pas des vaisseaux.*

Ainsi s'expliquent les emplois suivants, fréquents dans la langue familière :

1° μή suivi du subjonctif signifie qu'on appréhende qu'une chose ait lieu, μὴ οὐ, qu'on appréhende qu'une chose n'ait pas lieu; l'expression équivaut souvent à une affirmation atténuée, nuancée d'ironie.

Ex. : Μὴ λίαν πικρὸν εἰπεῖν ᾖ (Dém.). *Peut-être est-ce trop cruel à dire.* — Μὴ οὐκ ᾖ διδακτὸν ἀρετή (Platon). *Peut-être la vertu n'est-elle pas matière d'enseignement.*

2° οὐ μή suivi du subjonctif, parfois de l'indicatif futur, signifie qu'on n'appréhende pas qu'une chose ait lieu; l'expression équivaut alors à une négation renforcée.
Ex. : Οὐ μὴ πίθηται (Sophocle). *Il n'obéira sûrement pas.*

Souhait et regret

291. Εἴθε φίλος ἡμῖν γένοιο. – Pour exprimer un souhait, on emploie l'optatif présent ou aoriste, précédé souvent de εἰ γάρ ou εἴθε, qui correspondent au français *puissé-je!* (latin *utinam!*).

Ex. : Εἴθε φίλος ἡμῖν γένοιο (Xén.). *Puisses-tu devenir notre ami!* — Μὴ γένοιτο. *A Dieu ne plaise!*

292. Εἴθε σοι τότε συνεγενόμην. — Pour exprimer un regret, on emploie l'indicatif imparfait ou aoriste, toujours précédé de εἰ γάρ ou εἴθε, qui correspondent au français *si seulement!*

Ex. : Εἴθε σοι τότε συνεγενόμην (Xén.). *Si seulement je t'avais alors fréquenté!* — Εἴθε μήποθ' ἥμαρτεν. *Plût au ciel qu'il n'eût jamais échoué!*

Remarque. — On peut aussi employer, avec ou sans εἰ γάρ ou εἴθε, l'aoriste second de ὀφείλω : ὤφελον, *j'aurais dû*, suivi de l'infinitif. Ex. : Μήποτ' ὤφελον λιπεῖν τὴν Σκῦρον (Sophocle). *Jamais je n'aurais dû quitter Scyros.*

293. TABLEAU RÉCAPITULATIF

<table>
<tr><th colspan="2">Modes et négations dans les propositions indépendantes</th></tr>
<tr><th>ENONCIATIVES (οὐ)</th><th>VOLITIVES (μή)</th></tr>
<tr><td colspan="2">Réel</td></tr>
<tr><td>INDICATIF :
Φεύγει. Il est en fuite.
Οὐκ ἔφυγε. Il ne s'enfuit pas.</td><td>IMPÉRATIF (ordre et défense) :
Φύγε. Fuis!
Μὴ φεῦγε. Ne fuis pas! (cesse de fuir!)</td></tr>
<tr><td colspan="2">Eventuel</td></tr>
<tr><td>INDICATIF FUTUR :
Οὐκ ἐκφεύξεται. Il n'échappera pas.
(Subjonctif avec ou sans ἄν : homérique disparu en attique : Ἂν πολλὰ πάθῃσι. Il aura sans doute beaucoup à souffrir.)</td><td>SUBJONCTIF :
Μὴ φύγῃς. Ne t'enfuis pas!
Ἴωμεν καὶ μὴ μέλλωμεν ἔτι. Allons et ne tardons plus!
Εἴπωμεν ἢ μή; Devons-nous parler, oui ou non?</td></tr>
<tr><td colspan="2">Οὐ μὴ πίθηται. Il n'obéira sûrement pas.</td></tr>
<tr><td colspan="2">Potentiel</td></tr>
<tr><td>OPTATIF AVEC ἄν :
Δοίην ἄν. Je donnerais volontiers.
Οὐκ ἂν δοίην. Je ne donnerais pas.</td><td>OPTATIF SANS ἄν (souhait) :
Εἴθε δοίη. Puisse-t-il donner!
Εἴθε μήποτε γνοίης. Puisses-tu ne jamais apprendre!</td></tr>
<tr><td colspan="2">Irréel</td></tr>
<tr><td>INDICATIF DES TEMPS SECONDAIRES AVEC ἄν :
Ἐδίδουν ἄν...· νῦν δέ... Je donnerais, si...; mais...
Ἔδωκα ἄν. J'aurais donné.</td><td>INDICATIF DES TEMPS SECONDAIRES SANS ἄν (regret, souhait irréalisable) :
Εἰ γὰρ μήποθ' ἥμαρτεν. Plût au ciel qu'il n'eût jamais échoué!</td></tr>
</table>

CHAPITRE VII

PROPOSITIONS SUBORDONNÉES (GÉNÉRALITÉS)

On trouvera dans ce chapitre, sous une forme synthétique, certaines notions générales concernant l'emploi des modes et des temps dans les propositions subordonnées, dont les applications à chaque espèce de propositions seront étudiées aux chapitres suivants.

294. Les propositions subordonnées comprennent :

1° les propositions **complétives**, qui jouent le rôle d'un *substantif* sujet ou objet : *j'apprends qu'il est venu = j'apprends sa venue.*

2° les propositions **circonstancielles**, qui jouent le rôle d'un *adverbe* ou d'un substantif complément circonstanciel : *lorsqu'il vint = à sa venue.*

3° les propositions **relatives**, qui jouent le rôle d'un *adjectif* épithète ou apposition : *un homme qui a beaucoup souffert = un homme bien malheureux.*

295. La subordination s'est développée à partir des procédés suivants :

1° Juxtaposition de deux propositions d'abord autonomes (parataxe), senties ensuite comme dépendant l'une de l'autre. Ainsi :

— μή, négation suivie du subjonctif (290), a été employé comme conjonction complétive après les verbes de crainte, ou comme conjonction finale (remplacé dans la prose classique par ἵνα μή). Ex. : Δείδω· μή τι πάθησι (HOMÈRE). *J'ai peur : pourvu qu'il ne lui arrive rien!* D'où : *j'ai peur qu'il ne lui arrive quelque chose.* — Σὺ μὲν ἀπόστιχε, μή τι νοήσῃ Ἥρη (HOMÈRE). *Eloigne-toi, qu'Héra ne t'aperçoive pas.* D'où : *Eloigne-toi de peur qu'Héra ne t'aperçoive.*

— εἰ, interjection introduisant un souhait ou un regret (291-292), explique sans doute l'emploi de εἰ comme conjonction conditionnelle. Ex. : Ἀλλ' εἴ μοί τι πίθοιο· τό κεν πολὺ κέρδιον εἴη (HOMÈRE). *Ah! si tu pouvais m'en croire! Ce serait bien mieux.* D'où : *Si tu m'en croyais, ce serait bien mieux.*

2° Usage des relatifs comme conjonctions. Ainsi ὅτι, neutre de ὅστις, (cf. quod, en latin), est devenu conjonction complétive, *que*, ou causale, *étant donné que*, *parce que;* — les adverbes relatifs de comparaison ὡς, ὥσπερ, ὥστε, ὅπως se sont fixés, en certains de leurs emplois, comme conjonctions complétives, *que*, comparatives, *de même que*, consécutives, *en sorte que*, finales, *afin que;* — de même, πρίν, adverbe, *auparavant*, est devenu conjonction temporelle, *avant que*.

3° La possibilité d'adjoindre à un infinitif ou à un participe un sujet et des compléments a permis de former de véritables propositions infinitives ou participiales équivalant à des propositions à mode personnel (ch. XI et XII).

I. — Les Modes dans les propositions subordonnées

De soi, la subordination n'a pas d'influence sur l'emploi des modes. On retrouvera donc dans les propositions subordonnées les emplois déjà étudiés à l'occasion des propositions indépendantes. La concordance des temps n'existe pas. Toutefois, trois emplois sont particuliers aux propositions subordonnées : l'optatif oblique, l'expression de l'éventuel et l'attraction modale.

a) Emplois communs aux propositions indépendantes et subordonnées

296. Dans les propositions subordonnées, comme dans les propositions indépendantes :

1° Le **Réel** s'exprime par l'indicatif présent ou passé.

2° L'**Eventuel** s'exprime :

— par l'indicatif futur dans les complétives énonciatives avec ὅτι, quelquefois dans les conditionnelles, et, contrairement à l'usage latin, dans les complétives avec ὅπως et dans les relatives finales;

— par le subjonctif de volonté (sans ἄν) dans les complétives avec μή et dans les finales.

3° Le **Potentiel** s'exprime par l'optatif avec ἄν.

4° L'**Irréel** s'exprime par les temps secondaires de l'indicatif avec ἄν.

Remarque. — Toutefois, lorsque la proposition principale est à l'optatif ou à l'indicatif avec ἄν, la particule ἄν n'est pas répétée dans la proposition conditionnelle, concessive ou relative conditionnelle qui en dépend.

La répétition de la particule ἄν à l'intérieur d'une proposition est un effet de style. Ex. : Πῶς ἄν μ' ἀδελφῆς χεὶρ περιστείλειεν ἄν (Euripide). *Si la main de ma sœur pouvait m'ensevelir!*

b) Emplois particuliers aux propositions subordonnées

1° Optatif oblique

297. Ἤρετό με ὅστις εἴην. Dans une proposition subordonnée dépendant d'un verbe principal à un temps secondaire, l'indicatif ou le subjonctif *peut* être remplacé par l'optatif sans ἄν, au temps correspondant.

Ex. : Ἤρετό με ὅστις εἴην. *Il me demanda qui j'étais.* — Ἐφοβεῖτο μὴ οὐ δύναιτο ἐκ τῆς χώρας ἐξελθεῖν (Xén.). *Il craignait de ne pouvoir sortir du pays.*

On rencontre cet optatif :

a) dans toutes les propositions complétives.

b) dans les finales et quelquefois dans les causales.

c) dans les conditionnelles, temporelles et relatives subordonnées à une proposition complétive dépendant elle-même d'un verbe principal à un temps secondaire.

Remarques. — I. Cet optatif est appelé « oblique » parce qu'il se rencontre surtout en style indirect (en latin *oratio obliqua*) ; il exprime généralement une nuance subjective. Mais son emploi déborde largement le domaine du style indirect. L'optatif perd ici sa valeur de mode et n'est guère qu'un moyen élégant d'exprimer la dépendance par rapport à un verbe principal au passé. Le français, par un procédé analogue, remplace l'indicatif futur par le conditionnel dans des formules telles que : *il a dit qu'il viendrait.*

II. L'optatif oblique ne peut remplacer l'optatif avec ἄν (potentiel) ni l'indicatif avec ἄν (irréel) ; il ne remplace que très rarement un imparfait ou un plus-que-parfait de l'indicatif.

2° Expression de l'Eventuel

298. Ὅταν κελεύσῃ. — Ὅτε κελεύοι. — Dans une proposition temporelle, conditionnelle ou relative, l'éventuel se marque :

1° par le subjonctif avec ἄν, s'il s'agit d'un fait **futur** ou d'un fait général ou répété dans le **présent.**

Ex. : Ὅταν κελεύσῃ, ἐὰν κελεύσῃ, ὃ ἂν κελεύσῃ, πράξω. *Quand il ordonnera, s'il vient à ordonner, ce qu'il ordonnera, je le ferai.*

Ὅταν κελεύῃ, ἐὰν κελεύῃ, ὅ τι ἂν κελεύῃ, πράττω. *Quand (chaque fois qu') il ordonne, s'il ordonne, tout ce qu'il ordonne, je le fais.*

Remarque. — La particule ἄν se joint immédiatement à la conjonction : ὅταν ἐπειδάν, ἕως ἄν, μέχρι ἄν, ἐάν (ἤν ou ἄν) ou au pronom relatif : ὃς ἄν, ὅστις ἄν.

2° par l'optatif sans ἄν, s'il s'agit d'un fait général ou répété dans le **passé** (optatif de répétition, qui est un cas de l'optatif oblique).

Ex. : Ὅτε κελεύοι, εἰ κελεύοι, ὅ τι κελεύοι, ἔπραττον. *Quand (chaque fois qu') il ordonnait, s'il ordonnait, tout ce qu'il ordonnait, je le faisais.*

3° Attraction modale.

299. Πῶς ἄν τις, ἅ γε μὴ ἐπίσταιτο, ταῦτα σοφὸς εἴη; — Après une proposition principale potentielle (optatif avec ἄν ou optatif de souhait) ou irréelle (indicatif des temps secondaires avec ἄν ou indicatif marquant le regret), la proposition subordonnée, — finale, temporelle ou relative, — participant à la tonalité modale de la principale, se met parfois à l'optatif ou à un temps secondaire de l'indicatif, mais sans ἄν.

Ex. : Πῶς ἄν τις, ἅ γε μὴ ἐπίσταιτο, ταῦτα σοφὸς εἴη; (XÉN.). *Comment pourrait-on être habile en un domaine qu'on ignore?* — Τεθναίην ὅτε μοι μηκέτι ταῦτα μέλοι (MIMNERME). *Puissé-je mourir, le jour où je n'y trouverais plus d'intérêt!* — Οὐδεὶς ἂν ἦν σοι ὃς ἐμοῦ κατεμαρτύρησεν (ANTIPHON). *Tu n'aurais eu personne qui témoignât contre moi.* — Τί οὐκ ἔρριψα ἐμαυτήν, ὅπως τῶν πάντων πόνων ἀπηλλάγην; (ESCHYLE). *Que ne me suis-je précipitée, pour être délivrée de tous mes maux!* (alors j'aurais été délivrée...).

II. — Les Temps dans les propositions subordonnées

300. Les temps gardent dans les propositions subordonnées la valeur qu'ils ont dans les propositions indépendantes : contrairement à l'usage du latin et du français, le grec ne connaît pas de concordance des temps.

Ex. : Ἤρετό με ὅστις εἰμί ou εἴην (et non ἦν). *Il me demanda qui j'étais* (litt. *qui je suis*).

On a vu (277) que, en dehors de l'indicatif, les temps n'expriment pas le moment de l'action, mais l'aspect.

Cette règle admet, dans les propositions subordonnées, deux exceptions apparentes :

301. 1° Dans une **proposition complétive** dépendant d'un verbe *dire*, *penser*, *connaître*, les temps de l'optatif oblique, de l'infinitif et du participe prennent la valeur des temps correspondants de l'indicatif dont ils tiennent la place.

Ex. : Λέγει ὅτι ποιεῖ, ἐποίησεν, ποιήσει. *Il dit qu'il fait, qu'il a fait, qu'il fera.*

Ἔλεγεν ὅτι ποιοίη, ποιήσειε, ποιήσοι. *Il disait qu'il faisait, qu'il avait fait, qu'il ferait.*

Νομίζει ποιεῖν, ποιῆσαι, ποιήσειν. *Il croit qu'il fait, qu'il a fait, qu'il fera.*

Οἶδε ποιῶν, ποιήσας, ποιήσων. *Il sait qu'il fait, qu'il a fait, qu'il fera.*

Remarque. — Le présent de l'optatif, de l'infinitif ou du participe peut aussi avoir la valeur d'un imparfait de l'indicatif et exprimer par conséquent une action antérieure à l'action principale; mais, pour éviter l'équivoque, le grec préfère, lorsque c'est possible, garder l'imparfait de l'indicatif. Ex. : Ἀπεκρίνατο ὅτι οὐδεὶς μάρτυς παρείη (Dém.). *Il répondit qu'aucun témoin ne s'était présenté* (παρείη = παρῆν). — Μετὰ ταῦτα ἔφη σφᾶς δειπνεῖν (Platon). *Il dit qu'après cela ils avaient dîné* (δειπνεῖν = ἐδειπνοῦμεν). — Οἶδα τὸν Σωκράτην δεικνύντα ἑαυτὸν καλὸν κἀγαθὸν ὄντα (Xén.). *Je sais que Socrate s'est toujours montré un parfait honnête homme* (δεικνύντα = ἐδείκνυ). — Mais : Ξενοφῶν ἔλεγεν ὅτι ὀρθῶς ᾐτιῷντο καὶ αὐτὸ τὸ ἔργον αὐτοῖς μαρτυροίη (Xén.). *Xénophon leur dit qu'ils l'avaient accusé à juste titre et que les faits témoignaient pour eux* (= ᾐτιᾶσθε... μαρτυρεῖ).

302. 2° Dans une **proposition circonstancielle ou relative**, l'aoriste du subjonctif avec ἄν ou de l'optatif (éventuel, 298) exprime le plus souvent une action antérieure à l'action principale; le présent au contraire exprime le plus souvent une action simultanée.

Ex. : Ἐπειδὰν διαπράξωμαι, ἥξω (Xén.). *Lorsque j'aurai fini, je viendrai.* — Ἐπειδὴ ἀνοιχθείη, εἰσῇμεν (Platon). *Une fois la porte ouverte, nous entrions.* — Ποιήσομαι τὴν ἀπολογίαν ὡς ἂν δύνωμαι (Lysias). *Je présenterai ma défense comme je le pourrai.*

En réalité, c'est le contexte ou le sens de la conjonction plutôt que l'aoriste qui marque l'antériorité; le grec est surtout sensible à la différence d'aspect et peut fort bien employer l'aoriste pour énoncer une action qui coïncide avec l'action principale. Ex. : Ἐὰν Λεωκράτην ἀπολύσητε προδιδόναι τὴν πόλιν ψηφιεῖσθε (Lycurgue). *Si vous acquittez Léocrate, votre vote sera une trahison de la cité.*

303. De même, le participe, lorsqu'il équivaut à une proposition circonstancielle ou relative (356), exprime généralement : au présent, une action simultanée, à l'aoriste, une action antérieure par rapport à l'action principale.

Ex. : Ἐργαζόμεναι μὲν ἠρίστων, ἐργασάμεναι δὲ ἐδείπνουν (Xén.). *Elles déjeunaient tout en travaillant; après le travail, elles dînaient.*

Mais ici encore, il s'agit essentiellement d'une opposition d'aspect. On peut donc trouver exprimée au présent une action antérieure à l'action principale, ou inversement à l'aoriste une action qui coïncide avec l'action principale : Ex. : Νυμφόδωρον οἱ Ἀθηναῖοι, πρότερον πολέμιον νομίζοντες, πρόξενον ἐποιήσαντο (Thucydide). *Les Athéniens, qui tenaient jusque là Nymphodoros pour un ennemi, en firent leur hôte officiel.* — Ἀπειλήσας προσηύδα (Hérodote). *Il lui parla d'un ton injurieux.*

En particulier le participe aoriste ne marque nullement l'antériorité quand il indique un détail ou une modalité de l'action. Ex. : Εἶπεν ἐπευξάμενος (Homère). *Il dit, en manière de prière* — Εὖ ἐποίησας ἀναμνήσας με (Platon). *Tu as bien fait de m'avertir.* — Φθήσονται αὐτὸ δράσαντες Platon). *Ils seront les premiers à le faire.*

CHAPITRE VIII

PROPOSITIONS COMPLÉTIVES

304. Les propositions complétives jouent le rôle d'un substantif sujet ou objet du verbe principal. En français, elles sont généralement introduites par la conjonction *que*. En grec, elles sont :

— soit à un **mode personnel** : énonciatives avec ὅτι ou ὡς; — interrogatives indirectes; — volitives avec ὅπως ou μή;

— soit à l'**infinitif** (chap. XI);

— soit au **participe**, faisant fonction d'attribut (chap. XIII).

RÈGLE GÉNÉRALE : Les verbes qui signifient *penser*, *vouloir*, *pouvoir* se construisent avec l'infinitif (345; 346, 1°); — les verbes qui signifient *dire* se construisent soit avec l'infinitif (346, 2°), soit avec ὅτι (ὡς) et un mode personnel (308, 1°); — les verbes qui signifient *voir*, *faire voir*, *savoir* se construisent soit avec ὅτι (ὡς) (308, 2°), soit avec le participe (363, 2°), mais non avec l'infinitif.

Verbes à constructions multiples

305. **Ἀκούω αὐτὸν ἥκειν, αὐτὸν ἥκοντα, αὐτοῦ λέγοντος.** — Pour certains verbes, une variation de sens entraîne naturellement une variation de construction. D'une manière générale, avec l'infinitif, l'action est présentée abstraitement, comme objet de pensée ou de vouloir; avec ὅτι ou avec le participe, elle est présentée concrètement, comme objet de perception.

avec l'infinitif :	avec ὅτι ou le participe :
ἀκούω αὐτὸν ἥκειν, *j'apprends qu'il est là (paraît-il).*	ἀκούω αὐτὸν ἥκοντα, *j'apprends qu'il est là (réellement).*
	ἀκούω αὐτοῦ λέγοντος, *je l'entends parler.*
γιγνώσκω, *je décide de*	*je reconnais, je comprends que*
οἶδα, ἐπίσταμαι, *je sais (faire)*	*je sais que*
μανθάνω, *j'apprends à*	*j'apprends que*
μέμνημαι, *je songe à (faire)*	*je me souviens que*
ἐπιλανθάνομαι, *j'oublie de*	*j'oublie que*

avec l'infinitif :	avec ὅτι ou le participe :
φαίνομαι, *il semble que je*	*il est manifeste que je*
αἰσχύνομαι, αἰδοῦμαι, *je rougis de faire (j'évite, par honte, de)*	*je rougis de faire (je fais en rougissant)*
ἄρχομαι, *j'entreprends de, je prends l'initiative de*	*je commence à.*

REMARQUE. — Πυνθάνομαι *et* αἰσθάνομαι *se construisent comme* ἀκούω.

Anticipation du sujet (prolepse)

306. Οἶσθα Εὐθύδημον ὁπόσους ὀδόντας ἔχει; — Le sujet d'une proposition complétive à un mode personnel devient assez souvent complément du verbe principal. Cette figure, qu'on appelle anticipation du sujet ou prolepse, est surtout employée dans l'interrogation indirecte.

Ex. : Οἶσθα Εὐθύδημον ὁπόσους ὀδόντας ἔχει; (PLATON). *Sais-tu combien Euthydème a de dents?* — Τόνδε μοι πρῶτον φράσον τίς ἐστιν (SOPHOCLE). *Cet homme-ci, explique-moi d'abord qui il est.* — Ἄρχοντός ἐστι τῶν ἀρχομένων ἐπιμελεῖσθαι ὅπως ὡς βέλτιστοι ἔσονται (XÉN.). *Le rôle d'un chef est de veiller à ce que ses subordonnés soient aussi parfaits que possible.*

Construction personnelle

307. Δῆλοι ἦσαν ὅτι ἐπικείσονται. — D'une manière analogue, quand une proposition complétive à un mode personnel, à l'infinitif ou au participe dépend d'un verbe ou d'une expression impersonnelle, son sujet devient souvent sujet du verbe principal construit personnellement.

Ex. : Οἱ πολέμιοι δῆλοι ἦσαν ὅτι ἐπικείσονται (XÉN.). *Il était clair que les ennemis attaqueraient.* — Δοκῶ μοι ἀκούειν. *Il me semble que j'entends.* — Δοκεῖς μοι ἁμαρτάνειν. *Il me semble que tu te trompes.* — Λακεδαιμόνιοι δῆλοι ἦσαν ἐπιβουλεύοντες ἡμῖν (THUCYDIDE). *Il était clair que les Lacédémoniens complotaient contre nous.* — Λέγεται ὁ Ἄμασις ὡς φιλοπότης ἦν (HÉRODOTE). *On dit qu'Amasis aimait la boisson.*

REMARQUE. — La construction personnelle est obligatoire avec δοκῶ, *il semble que je;* ἔοικα, *il paraît que je;* πολλοῦ, μικροῦ δέω, *il s'en faut de beaucoup, de peu que je;* ἐπίδοξός εἰμι, *il est probable que je;* — fréquente avec δῆλος, φανερός εἰμι, *il est clair, manifeste que je;* ἄξιος, δίκαιός εἰμι, *il est juste que je.* Ex. : Μικροῦ ἐδέησα πεσεῖν. *Peu s'en fallut que je ne tombasse, j'ai failli tomber.* — Δίκαιός εἰμι ζημιοῦσθαι. *Il est juste que je sois puni.*

I. — Complétives avec ὅτι (ὡς)

308. Les propositions complétives avec ὅτι (ou ὡς) présentent les mêmes modes que les propositions indépendantes énonciatives ou l'optatif oblique (297). La négation est normalement οὐ.

On construit avec ὅτι :

1° **Λέγω ὅτι Θεὸς ἔστιν.** — les verbes d'**affirmation**, comme *dire*, *raconter*.

Ex. : Λέγω ὅτι Θεὸς ἔστιν. *Je dis qu'il y a un Dieu.* — Λέγει ὅτι τοῦτο ἂν γένοιτο. *Il dit que cela pourrait bien arriver.* — Λέγει ὅτι τοῦτο ἂν ἐγένετο. *Il dit que cela serait arrivé (si...).*

Remarques. — I. Les verbes d'affirmation se construisent aussi avec la proposition infinitive (346,2°). Φημί, *j'affirme* (οὔ φημι, *je nie*, *je dis que... ne pas*) ne se construit qu'avec la proposition infinitive.

II. Ὡς peut remplacer ὅτι devant une affirmation dont on ne prend pas la responsabilité.

2° **Οἶδα ὅτι Θεὸς ἔστιν.** — les verbes de **perception**, comme *voir*, *faire voir*, *savoir*, *entendre*.

Ex. : Οἶδα ὅτι Θεὸς ἔστιν. *Je sais qu'il y a un Dieu.* — Οἶδ' ὅτι πάντες ἂν ὁμολογήσαιτε (Platon). *Je sais bien que vous seriez tous d'accord.*

Tels sont : ὁρῶ, *voir;* οἶδα, ἐπίσταμαι, *savoir;* αἰσθάνομαι, *s'apercevoir;* ἀκούω, *entendre;* μανθάνω, πυνθάνομαι, *apprendre;* γιγνώσκω, *connaître;* μέμνημαι, *se souvenir;* δηλῶ, *montrer;* δῆλον, φανερόν ἐστι, *il est clair*, *manifeste*.

Remarques. — I. Les verbes de perception se construisent aussi avec le participe attribut (363,2°).

II. Δῆλον ὅτι, écrit aussi δηλονότι, peut s'employer sans verbe, à la manière d'un adverbe, au sens de *évidemment;* de même εὖ οἶδ' ὅτι, en incise, *je le sais bien.*

3° **Χαίρω ὅτι εὐδοκιμεῖς.** — les verbes de **sentiment**, comme *se réjouir*, *s'affliger*, *reprocher*.

Ex. : Χαίρω ὅτι εὐδοκιμεῖς (Platon). *Je me réjouis de ta bonne renommée.* — Ἐθαύμαζον ὅτι οὐδαμοῦ Κῦρος φαίνοιτο (Xén.). *Ils s'étonnaient de ne voir nulle part paraître Cyrus.*

Tels sont : θαυμάζω, *s'étonner;* χαίρω, ἥδομαι, *se réjouir;* ἀγαπᾶν, *se contenter de;* ἄχθομαι, χαλεπῶς φέρω, *s'affliger;* ῥᾳδίως φέρω, *supporter aisément;* ἀγανακτεῖν, *s'indigner;* αἰσχύνομαι, *rougir;* μέμφομαι, κακίζω, *blâmer;* αἰνεῖν, ἐπαινεῖν, *louer;* αἰτιᾶσθαι, *accuser.*

Remarques. — I. Les verbes de sentiment se construisent aussi avec le participe attribut (363, 1°).

II. Au lieu de ὅτι, on trouve quelquefois εἰ, qui signifie alors *dans l'hypothèse que, à la pensée que*. Dans ce cas, la négation est tantôt οὐ, tantôt μή. Ex. : Οὐκ αἰσχύνομαι εἰ τῶν νόμων ἔλαττον δύναμαι (Andocide). *Je ne rougis pas d'avoir moins de pouvoir que les lois.*

III. Θαυμάζω peut être suivi d'une interrogative indirecte : θαυμάζω εἰ, *je me demande avec étonnement si...*

II. — Interrogatives indirectes

309. Οἶδα ὅστις εἶ. — Une interrogation indirecte est introduite par :

1° les pronoms ou adverbes interrogatifs indirects (ὅστις, ὁπόσος, ὁπότε, etc.), plus rarement les pronoms ou adverbes interrogatifs directs (τίς, πόσος, πότε, etc.), parfois même les relatifs simples (ὅς, οἷος, ὅσος).

2° les particules interrogatives εἰ, *si;* εἰ... ἤ, πότερον... ἤ, εἴτε... εἴτε..., *si... ou si.*

Ex. : Οἶδα ὅστις εἶ. *Je sais qui tu es.* — Ἀνερώτα αὐτὸν πότερον βούλεται μένειν ἢ οὔ (ou ἢ μή). *Demande-lui s'il veut rester ou non.*

Remarques. — I. En français, il y a une légère différence de sens entre *je me demande s'il faut partir* et *je me demande s'il ne faut pas partir* : *si ne pas* laisse entendre qu'on penche vers une réponse affirmative. En grec, cette nuance ne s'exprime pas et l'on emploie εἰ interrogatif sans négation. Ex. : Τί γὰρ ᾔδη εἴ τι κἀκεῖνος εἶχε σιδήριον; (Lysias). *Savais-je si lui aussi n'avait pas un poignard?*

II. Une exclamation indirecte s'introduit par οἷος, ὅσος, ὡς. Ex. : Λεύσσετε οἷα πρὸς οἵων ἀνδρῶν πάσχω (Sophocle). *Voyez quel sort m'est fait et par quels hommes.*

310. Ἠρώτα ἕκαστον εἴ τινα ἐλπίδα ἔχει (ou ἔχοι). — Dans l'interrogation indirecte, on garde les mêmes temps et les mêmes modes que dans l'interrogation directe (modes des propositions énonciatives ou subjonctif délibératif). Toutefois, si le verbe principal est à un temps secondaire, l'indicatif et le subjonctif délibératif peuvent être remplacés par l'optatif oblique (297).

Ex. : Ἠρώτα ἕνα ἕκαστον εἴ τινα ἐλπίδα ἔχει (ou ἔχοι). *Il demandait à chacun s'il avait quelque espoir.* — Οὐκ ἔχω τί φῶ. *Je ne sais que dire.* — Οὐκ εἶχον ὅτι ποιήσειαν (d'après Xén.). *Ils ne savaient que faire.*

Remarques. — I. Après ὁρᾶν, σκοπεῖν, φροντίζειν, φοβεῖσθαι, on emploie parfois μή dans le sens de *si... ne pas:* à l'interrogation s'ajoute alors une nuance de crainte. Ex. : Ὅρα μὴ πολλῶν χειρῶν δεήσει (Xén.). *Vois s'il ne faudra pas beaucoup de bras.*

II. Quand l'interrogation porte sur l'avenir, *si* peut se traduire par ἐὰν et le subjonctif (éventuel). Ex. : Σκέψαι ἐὰν τόδε σοι μᾶλλον ἀρέσκῃ (Xén.). *Examine si cela te plaira davantage.*

III. — Complétives avec ὅπως et μή

311. Ὅπως ἀμυνούμεθα οὐδεὶς παρασκευάζεται. — Les verbes d'**effort** tels que *avoir soin, veiller à*, se construisent avec ὅπως et l'indicatif **futur** (négation μή).

Ex. : Ὅπως ἀμυνούμεθα οὐδεὶς παρασκευάζεται (Xén.). *Personne ne s'apprête à nous défendre.* — Ὁ Κῦρος βουλεύεται ὅπως μήποτε ἔτι ἔσται ἐπὶ τῷ ἀδελφῷ (Xén.). *Cyrus cherche le moyen de ne plus jamais être sous le pouvoir de son frère.*

Remarques. — I. Au lieu de l'indicatif futur, on peut employer le subjonctif, avec ou sans ἄν, ou encore, si le verbe principal est à un temps secondaire, l'optatif oblique. Ex. : Ἔπρασσεν ὅπως πόλεμος γένηται (Thucydide). *Il travaillait à déclencher la guerre.* — Ἐπιμελώμεθα ὅπως ἂν οἱ νέοι μηδὲν κακουργῶσιν (Platon). *Veillons à ce que les jeunes gens ne commettent aucune mauvaise action.* — Ἐπεμελεῖτο ὅπως μὴ ἄσιτοί ποτε ἔσοιντο (Xén.). *Il veillait à ce qu'ils ne fussent jamais privés de vivres.*

II. Ὅπως, ὅπως μή, sans verbe principal, avec l'indicatif futur ou le subjonctif signifient *tâche que, prends garde que.* Ex. : Νῦν οὖν ὅπως σώσεις με (Aristophane). *Maintenant tâche de me sauver, sauve-moi donc!* — Ὅπως μὴ ποιήσηθ' ὃ πολλάκις ὑμᾶς ἔβλαψεν (Dém.). *Prenez garde de faire ce qui vous a souvent causé du tort.*

III. Φυλάττεσθαι et εὐλαβεῖσθαι, *prendre garde que, éviter de*, se construisent aussi avec μή et le subjonctif (316) ou μή et l'infinitif (345). Ex. : Εὐλαβοῦ μὴ πέσῃς, ou μὴ πεσεῖν. *Prends garde de tomber.*

312. Φοβοῦμαι μὴ ἀληθὲς ᾖ. — Les verbes de **crainte**, tels que δέδοικα, φοβοῦμαι, se construisent avec μή ou μὴ οὐ, au sens du latin *ne* ou *ne non*, et le subjonctif ou l'optatif oblique.

Ex. : Φοβοῦμαι μὴ τοῦτο ἀληθὲς ᾖ. *Je crains que cela ne soit vrai.* — Ἐφοβεῖτο μὴ οὐ δύναιτο ἐκ τῆς χώρας ἐξελθεῖν (Xén.). *Il craignait de ne pas pouvoir sortir du pays.*

Remarque. — Si la crainte se rapporte au passé, on peut employer un temps passé de l'indicatif. Ex. : Φοβούμεθα μὴ ἀμφοτέρων ἅμα ἡμαρτήκαμεν (Thucydide). *Nous craignons d'avoir manqué les deux objectifs à la fois.*

CHAPITRE IX

PROPOSITIONS CIRCONSTANCIELLES

313. Les propositions circonstancielles jouent, par rapport au verbe principal, le rôle d'un adverbe ou d'un complément circonstanciel. Elles commencent par des « conjonctions » qui sont, pour la plupart, des adverbes relatifs.

On remarquera que ces « circonstances » peuvent *encore* s'exprimer :

— par des **propositions relatives** à valeur circonstancielle (335-338);

— par l'**infinitif** substantivé, à un cas oblique ou avec préposition (349);

— par un **participe** en apposition ou en construction absolue (356, 358).

314. Une proposition circonstancielle est souvent **annoncée** dans la proposition principale par une expression adverbiale ou pronominale qui lui sert d'antécédent. On trouve en particulier :

ἐπὶ τοῦτο, *à cette fin;* ἐπ' αὐτὸ τοῦτο, *dans ce dessein précis;* τούτου ἕνεκα, *dans cette intention...*, devant une finale;

τοσοῦτος, *si grand;* τοιοῦτος, *tel;* εἰς τοῦτο, εἰς τοσοῦτον, οὕτως, *à ce point;* ἐπὶ τούτῳ, *à cette condition...*, devant une consécutive;

διὰ τοῦτο, διὰ ταῦτα, *à cause de ceci...* devant une causale;

πρότερον ou πρόσθεν, *avant*, devant πρίν.

Ex. : Εἰς τοσοῦτον ἀμαθίας ἥκω ὥστε καὶ τοῦτο ἀγνοῶ (Platon). *J'en suis venu à ce point d'ignorance que j'ignore même cela.*

315. Une proposition circonstancielle (ou un participe équivalent) est souvent **rappelée**, en tête de la proposition principale, par une expression adverbiale ou pronominale qui en résume ou en précise le sens. On trouve en particulier :

οὕτως, *ainsi*, *dans ces conditions*, après une consécutive ou une conditionnelle; *voilà pourquoi*, après une causale; parfois avec le sens très vague de « *voilà* », après une temporelle;

διὰ τοῦτο, ἐκ τούτου, *voilà pourquoi*, après une causale;

ὅμως, *malgré cela;* εἶτα, ἔπειτα, καὶ ταῦτα, *même en ce cas*, après une concessive;

ἐνταῦθα, ἐνταῦθα δή, τότε, *alors;* εἶτα, ἔπειτα, *ensuite;* μετὰ ταῦτα, *après cela;* εὐθύς, αὐτίκα, *aussitôt*. après une temporelle.

Ex. : Εὐθὺς ἀναστάς, οὕτω δεῦρο ἐπορευόμην (Platon). *Aussitôt debout*, *voilà*, *je suis venu ici*. — Πτωχὸς ὢν εἶτα ὑβρίζειν τολμᾷς; *mendiant comme tu l'es, voilà que tu fais l'insolent.*

I. — Propositions finales

316. Συγχωρῶ, ἵνα σοι χαρίσωμαι. — Les propositions finales commencent par ἵνα, ὅπως (rarement ὡς), *pour que, afin que;* ἵνα μή, ὅπως μή, (rarement μή), *afin que... ne pas, pour éviter que, de peur que.* Elles se mettent au subjonctif, qui, après un verbe principal au passé, peut être remplacé par l'optatif oblique (297).

Ex. : Συγχωρῶ, ἵνα σοι χαρίσωμαι (Platon). *Je cède pour te faire plaisir.* — Συνεωνοῦντο τὸν σῖτον, ἵν' ὡς ἀξιώτατον ὑμῖν πωλοῖεν (Lysias). *Ils stockaient le blé pour vous le vendre le plus cher possible.*

Remarques. — I. Ὅπως est parfois accompagné de ἄν. Ex. : Ὅπως ἂν μάθῃς ἄκουσον. *Afin de t'instruire, écoute.*

II. L'attraction modale peut entraîner dans une finale l'optatif ou l'indicatif des temps secondaires (299).

II. — Propositions consécutives

317. Ὥστε ἀκούειν. Ὥστε ἔφυγον. — Les propositions consécutives commencent par ὥστε, *en sorte que, à tel point que.* Elles se mettent soit à l'infinitif (négation μή), soit aux mêmes modes que les indépendantes énonciatives, surtout à l'indicatif, jamais au subjonctif (négation οὐ).

Ex. : Κραυγὴν πολλὴν ἐποίουν, ὥστε καὶ τοὺς πολεμίους ἀκούειν, ὥστε οἱ μὲν ἐγγύτατα τῶν πολεμίων καὶ ἔφυγον ἐκ τῶν σκηνωμάτων (Xén.). *Ils poussaient de grands cris, de sorte que l'ennemi pouvait les entendre, si bien que de fait ceux d'entre eux qui étaient le plus près s'enfuirent de leurs tentes.* — Ἐπέπεσε χιὼν ἄπλετος, ὥστε ἀπέκρυψε τὰ ὅπλα (Xén.). *La neige tomba en abondance, au point qu'elle recouvrit les armes.*

Remarques. — I. Avec l'infinitif, la conséquence est présentée comme une suite logique, naturelle, de l'action principale; avec les autres modes, elle est présentée explicitement comme réelle, possible ou irréelle. Ex. : ὥστε ὁ βίος ἀβίωτος γίγνοιτ' ἄν (Platon)..... *de sorte que la vie deviendrait impossible.*

II. Locutions remarquables :

1° *Assez pour :* τοιοῦτος οἷος, τοσοῦτος ὅσος avec l'infinitif. Οἷός τέ εἰμι, *je suis en état de, capable de;* οἷόν τέ ἐστι, *il est possible de.* Ex. : Ἐλείπετο τῆς νύκτος ὅσον σκοταίους διελθεῖν τὸ πεδίον (Xén.). *Il restait assez de nuit pour traverser la plaine sans être vu.* — Οὐχ οἷόν τε ἦν διώκειν τοὺς βαρβάρους (Xén.). *Il n'était pas possible de poursuivre les barbares.*

2° *Trop pour :* comparatif suivi de ἢ ὥστε (240, IV). Ex. : Νεώτεροί ἐστε ἢ ὥστε εἰδέναι. *Vous êtes trop jeunes pour savoir.*

3° *Tant s'en faut que :* Τοσούτου δέω ὀργίζεσθαι ὥστε καὶ εὐφραίνομαι. *Loin de m'en fâcher, je m'en réjouis* (en latin : *tantum abest ut... ut...*).

4° *A la condition de :* ὥστε ou plus souvent ἐφ' ᾧ, ἐφ' ᾧτε, précédé ou non de l'antécédent ἐπὶ τούτῳ, et suivi de l'infinitif. Ex. : Ὦ Σώκρατες, ἀφίεμέν σε ἐπὶ τούτῳ μέντοι ἐφ' ᾧτε μηκέτι φιλοσοφεῖν (PLATON). *Socrate, nous sommes prêts à te relâcher, mais à la condition que tu ne philosophes plus.*

III. — Propositions causales

318. Ὅτι ἐπαινοῦνται ὑπὸ τῶν πολλῶν. — Les propositions causales commencent par ὅτι, διότι, *parce que*, ἐπεί, ἐπειδή, ὅτε, ὡς, *puisque, dès lors que, comme*. Elles se mettent aux mêmes modes que les indépendantes énonciatives, surtout à l'indicatif (négation οὐ).

Ex. : Οἴονται πολιτικοὶ εἶναι, ὅτι ἐπαινοῦνται ὑπὸ τῶν πολλῶν (PLATON). *Ils se croient hommes d'état, parce qu'ils reçoivent les louanges de la foule.* — Διὰ τοὺς ἀνθισταμένους ὑμεῖς ἐστε σῶοι, ἐπεὶ διά γ' ὑμᾶς αὐτοὺς πάλαι ἂν ἀπολώλειτε (DÉM.). *C'est grâce à vos adversaires que vous êtes sains et saufs, car, réduits à vos propres ressources, il y a beau temps que vous n'existeriez plus.*

REMARQUE. — Si le motif est seulement allégué (en latin *quod* et le subjonctif), l'indicatif peut être remplacé par l'optatif oblique, après un verbe principal au passé. Ex. : Ἐκάκιζον τὸν Περικλέα ὅτι οὐκ ἐπεξάγοι (THUCYDIDE). *Ils blâmaient vivement Périclès de ne pas faire de sortie* (pensée des Athéniens et non de Thucydide).

IV. — Propositions concessives

319. Εἰ καὶ μὴ βλέπεις, φρονεῖς ὅμως. — Les propositions concessives, qui indiquent une circonstance *malgré laquelle* l'action principale a lieu, se construisent : 1° soit comme les propositions conditionnelles, avec εἰ καί ou καὶ εἰ, *même si, bien que, quoique* (négation μή); 2° soit, plus souvent, avec καίπερ et le participe (négation οὐ) (356,4°).

Ex. : Εἰ καὶ μὴ βλέπεις, φρονεῖς ὅμως (SOPHOCLE). *Bien que tu sois aveugle, tu comprends cependant.* — Ἀπέπλευσε, καίπερ μέσου χειμῶνος ὄντος (XÉN.). *Il s'embarqua, bien qu'on fût au cœur de l'hiver.*

REMARQUE. — On trouve quelquefois ἐπεί γε (= cum), *alors que, encore que*. Ex. : Αἰσχυνοίμην ἂν ἔγωγε τοῦτο ὁμολογεῖν, ἐπεὶ πολλοί γέ φασιν (PLATON). *Je rougirais pour mon compte de l'admettre, encore que bien des gens l'affirment.*

V. — Propositions temporelles

320. Les propositions temporelles sont introduites par :

ὅτε, ὡς, ἡνίκα, *quand, lorsque*
ὁπηνίκα, *lorsque*
πρίν, *avant que*
ἐν ᾧ, *dans le temps que, pendant que*
ἐξ οὗ, ἀφ' οὗ, *depuis que (ex quo)*
ὁπότε, *lorsque, chaque fois que*
ἐπεί, ἐπειδή, *après que, lorsque*
ἕως, *tant que, jusqu'à ce que*
ἔστε, μέχρι, *jusqu'à ce que*
ὡς ἅπαξ, *une fois que.*

Remarques. — I. Si le verbe doit être au subjonctif, ἄν se joint immédiatement à la conjonction ou au relatif : ὅταν, ἐπειδάν, πρὶν ἄν, ἐν ᾧ ἄν, etc.

II. Les locutions ἄχρι οὗ, ἄχρι ἄν, et même ἄχρι οὗ ἄν, *jusqu'à ce que, aussi longtemps que*, ne sont pas conformes au pur usage attique. On trouve chez Hérodote, avec le même sens, ἄχρι construit directement avec le subjonctif.

III. *Dès que* se rend en ajoutant τάχιστα à ὡς, ἐπεί, ἐπειδή.

IV. Noter l'expression ἔστιν ὅτε, *il est des cas où, quelquefois*, analogue à ἔστιν οἵ.

321. Les propositions temporelles se construisent :

1° **Ταῦτα ἐποίουν μέχρι σκότος ἐγένετο.** — avec l'indicatif (négation οὐ), s'il s'agit d'un fait unique et précis, dans le présent ou le passé.

Ex. : Ταῦτα ἐποίουν μέχρι σκότος ἐγένετο (Xén.). *Ils prolongèrent cette manœuvre jusqu'au moment où la nuit vint.* — Νῦν ἐπεὶ πένης γεγένημαι (Xén.), *maintenant que me voilà pauvre.*

2° **Ἐπειδὰν διαπράξωμαι, ἥξω.** — avec ἄν et le subjonctif (éventuel), s'il s'agit d'un fait futur ou d'un fait général ou répété dans le présent (négation μή).

Ex. : Ἐπειδὰν διαπράξωμαι, ἥξω (Xén.). *Quand j'aurai fini, je viendrai.* — Περιιόντες αὐτοῦ διατρίψωμεν ἕως ἂν φῶς γένηται (Platon). *Faisons ici les cent pas jusqu'à ce qu'il fasse jour.* — Στρατεύονται ὁπόταν τις αὐτῶν δέηται (Xén.). *Ils servent à l'armée quand on a besoin d'eux.*

3° **Ὁπότε ἀναγκασθείη, πάντας ἐκράτει πίνων.** — avec l'optatif, s'il s'agit d'un fait général ou répété dans le passé (négation μή).

Ex. : Σωκράτης, ὁπότε ἀναγκασθείη, πάντας ἐκράτει πίνων (Platon). *Socrate, chaque fois qu'on l'y forçait, buvait mieux que personne.* — Περιεμένομεν ἑκάστοτε ἕως ἀνοιχθείη τὸ δεσμωτήριον· ἐπειδὴ δὲ ἀνοιχθείη, εἰσῇμεν παρὰ τὸν Σωκράτη (Platon). *Nous attendions chaque fois qu'on ouvrît la prison; et quand on l'ouvrait, nous entrions auprès de Socrate.*

Syntaxe de πρίν

322. Βουλεύου πρὶν ἔργῳ ἐπιχειρεῖν. — Πρίν, dans la langue homérique, était suivi de l'infinitif; cette construction s'est conservée dans la langue classique pour exprimer l'antériorité pure et simple. Mais, lorsque la proposition principale est négative, on préfère d'ordinaire employer les mêmes modes qu'avec les autres conjonctions de temps.

Ex. : Βουλεύου πρὶν ἔργῳ ἐπιχειρεῖν. *Réfléchis avant de te mettre à l'ouvrage.* — Οὐκ ἤθελε φεύγειν πρὶν ἡ γυνὴ αὐτὸν ἔπεισεν (XÉN.). *Il refusa de partir jusqu'au moment où sa femme le persuada.* — Μὴ ἀπέλθητε πρὶν ἂν ἀκούσητε (XÉN.). *Ne partez pas avant d'avoir entendu.*

VI. — Propositions conditionnelles

323. On appelle **période hypothétique** la réunion de deux propositions étroitement liées, dont l'une (protase ou donnée) exprime une condition, et l'autre (apodose ou résultante), l'action principale qui en dépend.

La proposition conditionnelle est introduite par εἰ suivi de l'indicatif ou de l'optatif, ou par ἐάν, ἤν, ἄν, suivi du subjonctif. La négation est normalement μή.

1° Condition supposée remplie

324. Εἰ καλῶς ἐλάλησα, τί με δέρεις; — S'il s'agit d'un **fait déterminé**, présent ou passé, on emploie εἰ, *s'il est vrai que*, *du moment que*, et l'indicatif (**réel**). Dans ce cas on rencontre parfois la négation οὐ.

Ex. : Εἰ καλῶς ἐλάλησα, τί με δέρεις; (S. JEAN). *Si j'ai bien parlé, pourquoi me frappes-tu?* — Εἰ ἀνάγκη ἐστὶ μάχεσθαι, δεῖ παρασκευάσασθαι (XÉN.). *Du moment que la bataille est inévitable, il faut se préparer.*

325. Ἐὰν ζητῇς καλῶς, εὑρήσεις. — S'il s'agit d'un **fait futur**, on emploie ἐάν, *s'il arrive que*, et le subjonctif, moins souvent εἰ et l'indicatif futur (**éventuel**).

Ex. : Ἐὰν ζητῇς καλῶς, εὑρήσεις (PLATON). *Si tu cherches bien, tu trouveras.* — Εἰ μὴ καθέξεις γλῶσσαν, ἔσται σοι κακά (EURIPIDE). *Si tu ne retiens pas ta langue, il t'arrivera malheur.*

REMARQUE. — On trouve rarement εἰ suivi de l'optatif avec ἄν : *s'il est vrai que, peut-être.* Ex. : Οὐδ' εἰ μὴ ποιήσαιτ' ἂν τοῦτο, εὐκαταφρόνητόν ἐστιν (DÉM.). *Cette mesure, dussiez-vous ne pas la mettre à exécution, n'est pas à dédaigner.*

326. Ἂν γλαὺξ ἀνακράγῃ, δεδοίκαμεν. — S'il s'agit d'un **fait général** dans le présent, on emploie ἐάν, *s'il arrive que*, *chaque fois que*, et le subjonctif (**éventuel**).

Ex. : Ἂν (= ἐὰν) γλαὺξ ἀνακράγῃ, πάντες δεδοίκαμεν (MÉNANDRE). *Qu'une chouette pousse un cri, nous avons tous peur.* — Ἢν ἐγγὺς ἔλθῃ θάνατος, οὐδεὶς βούλεται θνῄσκειν (EURIPIDE). *A l'approche de la mort, personne ne veut mourir.*

327. Οὐκ ἔπινεν, εἰ μὴ διψῴη. — S'il s'agit d'un **fait général** dans le passé, on emploie εἰ, *s'il arrivait que*, *chaque fois que*, et l'optatif, remplaçant dans le passé le subjonctif avec ἄν (**éventuel**), moins souvent l'imparfait de l'indicatif.

Ex. : Σωκράτης οὐκ ἔπινεν, εἰ μὴ διψῴη (d'après XÉN.). *Socrate ne buvait pas, s'il n'avait pas soif.* — Εἴ τις ἀντείποι, εὐθὺς ἐτεθνήκει (THUCYDIDE). *Si quelqu'un faisait de l'opposition, c'était un homme mort.*

REMARQUE. — Dans ce cas, on peut avoir, dans la proposition principale, un temps secondaire de l'indicatif avec ἄν (284).

2° Condition supposée possible

328. Εἰ βούλοιο ἰατρὸς γενέσθαι, τί ἂν ποιοίης; — S'il s'agit d'une condition que l'on suppose réalisable à l'avenir, on emploie εἰ, *si un jour*, *si par hasard il arrivait que*, et l'optatif sans ἄν (**potentiel**).

Ex. : Εἰ βούλοιο ἰατρὸς γενέσθαι, τί ἂν ποιοίης; *Si tu voulais devenir médecin, que ferais-tu?*

REMARQUES. — I. On peut regarder par la pensée comme possible une chose impossible. Ex. : Φαίη δ' ἂν ἡ θανοῦσα, εἰ φωνὴν λάβοι (SOPH.). *Voilà ce que dirait la morte, si elle prenait la parole.*

II. Εἰ et l'optatif peut signifier *pour le cas où*. Ex. Πρὸς σὲ δεῦρ' ἀφίγμεθα, εἴ τινα πόλιν φράσειας ἡμῖν (ARISTOPH.). *Nous sommes venus ici auprès de toi, pour le cas où tu pourrais nous indiquer une ville...* — Ἵεται εἴ τι δύναιτο βοηθῆσαι (XÉN.). *Il accourt pour le cas où il pourrait apporter quelque secours.*

3° Condition supposée non réalisée

329. Εἴ τι εἶχον, ἐδίδουν ἄν. — S'il s'agit d'une condition présentée expressément comme non réalisée, on emploie εἰ, *si (contrairement à la réalité)* et l'indicatif des temps secondaires sans ἄν (**irréel**).

Ex. : Εἴ τι εἶχον, ἐδίδουν ἄν. *Si j'avais quelque chose, je le donnerais.* — Εἴ τι ἔσχον, ἔδωκα ἄν. *Si j'avais eu quelque chose, je l'aurais donné.*

REMARQUES. — I. En général l'imparfait avec εἰ correspond à notre imparfait, l'aoriste à notre plus-que-parfait; mais il arrive que, en tenant compte de l'aspect, le grec emploie l'imparfait et non l'aoriste, s'il s'agit d'une action durable ou répétée. Ex. : Οὐκ ἂν νήσων ἐκράτει, εἰ μή τι καὶ ναυτικὸν εἶχεν (THUCYDIDE). *Il n'aurait pas dominé sur des îles, s'il n'avait pas possédé une marine* (282, II).

II. Après une période irréelle, on oppose souvent la réalité au moyen de νῦν δέ, *mais en fait, mais malheureusement*. Ex. : Εἴ τι εἶχον, ἐδίδουν ἄν· νῦν δὲ οὐδὲν ἔχω. *Si j'avais quelque chose, je le donnerais; mais je n'ai rien.*

Périodes dissymétriques

330. Εἰ ἐθέλοιμεν σκοπεῖν, εὑρήσομεν. — Il n'y a pas correspondance mécanique entre le mode de la principale et le mode de la subordonnée. C'est ainsi qu'on peut trouver : conditionnelle potentielle et principale réelle, conditionnelle réelle et principale potentielle, conditionnelle éventuelle et principale potentielle, plus rarement conditionnelle réelle et principale irréelle.

Ex. : Εἰ ἐθέλοιμεν σκοπεῖν, εὑρήσομεν. (ISOCRATE). *Si nous voulions bien réfléchir, nous trouverons.* — Εἰ μὲν οὖν ταῦτα λέγων διαφθείρω τοὺς νέους, ταῦτ' ἂν εἴη βλαβερά (PLATON). *Si c'est par ce langage que je corromps la jeunesse, c'est donc qu'un tel langage serait pernicieux.* — Ἀπολοίμην εἰ σὲ δέδοικα (ARISTOPHANE). *Que je meure, si j'ai peur de toi!* — Τούτου οὐκ ἂν ἁμάρτοις, ἐάνπερ μέλῃ σοι (XÉN.). *Tu ne risques pas de manquer le but, si du moins tu fais attention.* — Εἴ τοι δοκεῖ σοι, χρῆν μὲν οὔ σ' ἁμαρτάνειν (EURIPIDE). *Si telle est ta résolution, tu n'aurais pas dû faillir.*

Locutions composées de εἰ ou de ἐάν

331. Μὴ ποιήσῃς ταῦτα· εἰ δὲ μή, αἰτίαν ἕξεις. — Les principales locutions composées de εἰ ou de ἐάν sont :

εἴτε... εἴτε, indicatif; ἐάν τε... ἐάν τε, subjonctif, *soit que... soit que.*
εἰ μή, *si ce n'est que, à moins que* (nisi); — εἰ μὴ διά..., *n'eût été, sans...*
εἰ δὲ μή, *sinon, dans le cas contraire* (sin autem).
ὥσπερ ἂν εἰ, indicatif ou optatif, *comme si* (velut si).
καὶ εἰ, καὶ ἐάν, κἄν, *même si, quand bien même* (etsi).
οὐδ' εἰ, οὐδ' ἐάν, *pas même si.*
εἰ καί, ἐὰν καί, *quoique, bien que.*

Ex. : Μὴ ποιήσῃς ταῦτα· εἰ δὲ μή, αἰτίαν ἕξεις. *Ne fais pas cela; sinon tu en auras la responsabilité.* — Εἰ μὴ διὰ Κῦρον, *sans Cyrus.*

REMARQUES. — I. *Ne... que, excepté*, se dit : εἰ μή, πλήν, οὐκ ἄλλο ἤ, ὅτι μή. Ex. : Οὐδὲν ἄλλο ἔχω εἰ μὴ τοῦτο (πλὴν τοῦτο, ἢ τοῦτο). *Je n'ai que cela.* — Οὐδὲν ὅτι μὴ ἐργάτης ἔσῃ (LUCIEN). *Tu ne seras rien qu'un manœuvre.* — Οὐκ ἦν κρήνη ὅτι μὴ μία ἐν τῇ ἀκροπόλει (THUCYDIDE). *Il n'y avait pas de fontaine, sauf une seule dans la citadelle.*

II. Par suite de l'ellipse de la proposition conditionnelle, dans la formule οὐ γὰρ ἄν, la particule γάρ signifie *car sans cela, car autrement, car s'il n'en était pas ainsi.* Ex. : Ἐπιστευόμην ὑπὸ Λακεδαιμονίων· οὐ γὰρ ἄν με ἔπεμπον πάλιν πρὸς ὑμᾶς (XÉN.). *J'avais la confiance des Lacédémoniens : autrement, ils ne m'auraient pas renvoyé vers vous.*

Πῶς γὰρ οὐκ ἄν; *Comment en serait-il autrement?*

CHAPITRE X

PROPOSITIONS RELATIVES

332. Les propositions relatives jouent le rôle d'un adjectif épithète ou apposition. Elles sont introduites par des pronoms ou des adverbes relatifs. Les unes — relatives ordinaires — servent simplement à expliquer ou à déterminer un mot de la proposition principale; les autres expriment en outre un rapport circonstanciel.

Sur l'emploi avec attraction du pronom relatif, voir 251-255.

I. — Relatives ordinaires

333. Μήτηρ ἐν οἴκοις, ἣν σὺ μὴ δείσῃς. — Les propositions **relatives ordinaires** ne se distinguent des propositions indépendantes que par le pronom ou l'adverbe relatif qui les introduit. Elles peuvent donc être à tous les modes des indépendantes, énonciatives et volitives.

Ex. : Λέγε δὴ τὴν ἐπιστολὴν ἣν ἔπεμψε Φίλιππος (DÉM.). *Donne donc lecture de la lettre que Philippe a envoyée.* — Μήτηρ ἐν οἴκοις, ἣν σὺ μὴ δείσῃς (SOPH.). *Notre mère est dans le palais : ne la crains pas* (quam ne timueris). — Οἶσθ' οὖν ὃ δρᾶσον; (EURIPIDE). *Sais-tu donc ce que tu dois faire?* — Οἶμαι ἂν ἡμᾶς τοιαῦτα παθεῖν οἷα τοὺς ἐχθροὺς οἱ θεοὶ ποιήσειαν (XÉN.). *Je pense que nous risquons de subir un sort que les dieux veuillent réserver à nos ennemis.*

REMARQUES. — I. Il arrive, en grec comme en latin, qu'un pronom relatif se rattache à un verbe déjà subordonné à l'intérieur de la proposition relative; de là des formules complexes qu'on ne peut traduire qu'en modifiant la structure de la phrase. Ex. : Πολλὰ ἂν εἰπεῖν ἔχοιεν οἱ 'Ολύνθιοι νῦν, ἃ τότ' εἰ προείδοντο οὐκ ἂν ἀπώλοντο (DÉM.). *Les Olynthiens pourraient dire aujourd'hui bien des choses dont la prévision alors eût évité leur perte* (quae si praevidissent non periissent). — Νῦν εἰλήφαμεν ὃ πάλαι καὶ πόλλοι τῶν σοφῶν ζητοῦντες πρὶν εὑρεῖν κατεγήρασαν (PLATON). *Ce que nous venons de saisir là, depuis longtemps bien des sages l'ont cherché et ont vieilli avant de le trouver* (quod quaerentes consenuerunt).

II. Une proposition relative peut parfois, sous forme d'apposition, exprimer une remarque sur ce qu'on va dire. Ex. : Ὃ δὲ δεινότατόν ἐστιν ἁπάντων· ῥᾴθυμος γάρ ἐστιν. *Ce qui est le plus terrible, c'est qu'il est paresseux* (pour le sens de γάρ cf. 393.)

334. Ὥσπερ τὰ χαλκεῖα ἠχεῖ, καὶ οἱ ῥήτορες οὕτω. — Les propositions **comparatives**, qui indiquent la ressemblance entre deux actions, ne sont qu'une espèce particulière de propositions relatives. Elles commencent par des adverbes ou des adjectifs corrélatifs (95), auxquels correspond ordinairement dans la proposition principale un antécédent démonstratif :

οὕτως — ὥσπερ (ὡς), *ainsi que, de même que (sic... ut).*
ὥσπερ (ὡς) — οὕτως, *de même que... de même (ut... ita).*
τοιοῦτος — οἷος, *tel que (talis... qualis).*
τοσοῦτος — ὅσος, *aussi grand que (tantus... quantus).*
τοσοῦτον — ὅσον, *autant que (tantum... quantum).*
τοσούτῳ — ὅσῳ devant un comparatif, *d'autant plus que (eo... quo; tanto... quanto).*
ὅσῳ — τοσούτῳ *plus... plus (quo... eo).*

D'ordinaire, c'est le relatif qui précède et le démonstratif qui suit.

Ex. : Ὥσπερ τὰ χαλκεῖα πληγέντα μακρὸν ἠχεῖ, καὶ οἱ ῥήτορες οὕτω (PLATON). *De même que les objets de bronze, quand on les frappe, résonnent longtemps, de même les orateurs.* — Ὅσῳ μᾶλλον πιστεύω ὑμῖν, τοσούτῳ μᾶλλον ἀπορῶ (PLATON). *Plus je vous crois, plus je suis embarrassé.*

REMARQUE. — Après ὁ αὐτός, *le même*, et les adjectifs ἴσος, ὅμοιος, παραπλήσιος, *pareil*, on emploie tantôt le relatif ὅσπερ, tantôt ὥσπερ ou καί (383, 1°, II), dans le sens de *que*. Ex. : Σοὶ συμφέρει τὰ αὐτὰ καὶ ἐμοί. *Tu as les mêmes intérêts que moi.*

II. — Relatives circonstancielles

335. Θαυμαστὸν ποιεῖς, ὃς ἡμῖν οὐδὲν δίδως. — Les propositions relatives **causales**, dans lesquelles ὅς équivaut à ὅτι, *parce que*, se construisent comme les causales, le plus souvent à l'indicatif (négation οὐ).

Ex. : Θαυμαστὸν ποιεῖς, ὃς ἡμῖν οὐδὲν δίδως (XÉN.). *Tu agis bien singulièrement de ne rien nous donner.*

336. Τίς οὕτω μαίνεται ὅστις οὐ βούλεταί σοι φίλος εἶναι; — Les propositions relatives **consécutives**, dans lesquelles ὅς ou ὅστις équivaut à ὥστε, se construisent comme les consécutives, le plus souvent à l'indicatif (négation οὐ).

Ex. : Τίς οὕτω μαίνεται ὅστις οὐ βούλεταί σοι φίλος εἶναι; (Xén.). *Qui est assez fou pour ne pas vouloir être ton ami?* — Τίς οὕτως ἰσχυρὸς ὃς λιμῷ καὶ ῥίγει δύναιτ' ἂν μαχόμενος στρατεύεσθαι; (Xén.). *Qui est assez robuste pour être capable de faire campagne en combattant avec la faim et le froid?*

Remarques. — I. Si la conséquence est présentée comme possible ou souhaitée, on emploie l'infinitif ou l'indicatif futur (négation μή). Ex. : Δοῦλος τοιοῦτος εἶ οἷος μηδενὶ λυσιτελεῖν (Xén.). *Tu es un esclave incapable de rendre service à personne.* — Ψηφίσασθε τοιαῦτα ἐξ ὧν ὑμῖν μηδέποτε μεταμελήσει (Dém.). *Votez des mesures dont vous n'ayez jamais à vous repentir.*

II. Contrairement au latin, le grec n'emploie jamais le subjonctif après εἰσὶν οἵ ou οἵτινες, *il y a des gens qui;* οὐκ ἔστιν (οὐδεὶς ἔστιν) ὅστις, *il n'est personne qui;* οὐκ ἔστιν ὅπως, *il n'y a pas moyen de* (négation οὐ). Ex. : Οὐκ ἔστιν ὅπως οὐχὶ τεθνήξεις. (Aristophane). *Tu ne pourras pas échapper à la mort.* Pour l'attraction οὐδενὸς ὅτου, οὐδενὶ ὅτῳ, etc., cf. 254, III.

337. Ὑμῖν πέμψω ἄνδρας οἵτινες ὑμῖν συμμαχοῦνται. — Les propositions relatives **finales**, dans lesquelles ὅς ou ὅστις équivaut à ἵνα, ὅπως, se construisent à l'indicatif futur, employé avec sa valeur originelle de désidératif (négation μή).

Ex. : Ὑμῖν πέμψω ἄνδρας οἵτινες ὑμῖν συμμαχοῦνται (Xén.). *Je vous enverrai des hommes pour combattre avec vous.*

338. Ἃ μὴ οἶδα, οὐδὲ οἴομαι εἰδέναι. — Les propositions relatives **conditionnelles**, dans lesquelles ὅς ou ὅστις équivaut à εἴ τις, se construisent comme les propositions conditionnelles (négation μή).

Ex. : Réel : Ἃ μὴ οἶδα, οὐδὲ οἴομαι εἰδέναι (Platon). *Ce que je ne sais pas, je ne m'imagine pas non plus le savoir.*

Eventuel : Τῷ ἀνδρὶ ὃν ἂν ἕλησθε πείσομαι (Xén.). *J'obéirai à l'homme que vous choisirez.* — Συμμαχοῦσι τούτοις ἅπαντες οὓς ἂν ὁρῶσι παρεσκευασμένους (Dém.). *On s'allie toujours avec ceux qu'on voit prêts à agir.* — Ἔπραττεν ἃ δόξειεν αὐτῷ (Dém.). *Il faisait tout ce qui lui plaisait.* — Ὥτινι ἐντυγχάνοιεν, πάντας ἀπέκτεινον (Thucydide). *Ils tuaient tous ceux qu'ils rencontraient.* —

Potentiel : Ἀδικοίη ἂν ὅστις τοῦτο ποιοίη. *Quiconque ferait cela aurait tort.*

Irréel : Οὐκ ἐδύνατ' ἂν πράττειν ἃ ἐβούλετο (Xén.). *Il ne pourrait faire ce qu'il voudrait.*

Remarque. — De ce que le français emploie souvent, dans ce cas, le conditionnel, ce n'est pas une raison pour ajouter ἄν dans la proposition subordonnée. En effet, quand on dit : *Celui qui ferait cela serait fou,* c'est comme si on disait : *Si quelqu'un faisait cela.*

339. TABLEAU RÉCAPITULATIF

Syntaxe commune des propositions temporelles, conditionnelles et relatives

	subordonnée			principale
Réel	ὅτ’ ἐκέλευσε *quand il a ordonné*	εἰ ἐκέλευσε *s’il a ordonné*	ὃ ἐκέλευσε *ce qu’il a ordonné*	ἔπραξα *je l’ai fait*
Eventuel				
futur	ὅταν κελεύσῃ *quand il ordonnera*	ἐὰν κελεύσῃ *s’il ordonne*	ὃ ἂν κελεύσῃ *ce qu’il ordonnera*	πράξω *je le ferai*
présent	ὅταν κελεύῃ *quand il ordonne*	ἐὰν κελεύῃ *s’il ordonne*	ὅ τι ἂν κελεύῃ *tout ce qu’il ordonne*	πράττω *je le fais*
passé	ὅτε κελεύοι *quand il ordonnait*	εἰ κελεύοι *s’il ordonnait*	ὅ τι κελεύοι *tout ce qu’il ordonnait*	ἔπραττον (ἄν) *je le faisais*
Potentiel		εἰ κελεύοι *s’il ordonnait*	ὃ κελεύοι *ce qu’il ordonnerait*	πράξαιμι ἄν *je le ferais*
Irréel		εἰ ἐκέλευεν *s’il ordonnait*	ὃ ἐκέλευεν *ce qu’il ordonnerait*	ἔπραττον ἄν *je le ferais (mais)*
		εἰ ἐκέλευσεν *s’il avait ordonné*	ὃ ἐκέλευσεν *ce qu’il aurait ordonné*	ἔπραξα ἄν *je l’aurais fait*

CHAPITRE XI

L'INFINITIF

340. L'infinitif est à proprement parler un nom verbal.

Comme *verbe*, il exprime les différences de voix, de temps, d'aspect et, grâce à la particule ἄν, les nuances modales de potentiel et d'irréel; il peut, avec un sujet et des compléments, former une proposition complète.

Comme *nom*, il est traité comme un neutre singulier et peut remplir toutes les fonctions d'un substantif sujet ou complément.

Dès l'origine, l'infinitif, sans qu'on puisse lui attribuer la valeur d'un *cas* précis, servit à compléter le sens d'un mot de la phrase, — verbe, nom, adjectif, pronom —, dans des tours analogues au français *donner à boire*, *agréable à voir*, etc... : βῆ δ' ἰέναι, *il se mit en route;* — μοῖρα θανεῖν, *le destin de mourir;* — θαῦμα ἰδέσθαι, *merveille à voir;* — ἄλκιμος μάχεσθαι, *vaillant au combat*. L'adjonction de ὥστε ou de πρίν permettait de donner à l'infinitif le sens consécutif *de manière à* (317) ou temporel *avant de* (322).

La proposition infinitive s'est développée à partir d'expressions telles que διδάσκω σε μὴ ψεύδεσθαι, *je t'enseigne à ne pas mentir*, κελεύω σε ἀπιέναι, *je t'invite à partir* (jubeo te abire), analogues au double accusatif, dans lesquelles le complément du verbe principal a été senti comme « sujet » de l'infinitif; et elle s'est étendue des verbes de volonté aux verbes d'opinion et d'affirmation, en concurrence avec les modes personnels.

Après Homère, l'emploi devenu courant de l'article a permis la création d'une déclinaison de l'infinitif, à tous les cas et avec préposition, sur le modèle de la déclinaison nominale.

En principe, l'infinitif n'exprime pas par lui-même le temps : présent et aoriste ne se distinguent donc que par l'*aspect;* cependant l'infinitif aoriste prend la valeur d'un passé lorsqu'il tient lieu d'une proposition complétive, avec les verbes d'opinion ou d'affirmation (346).

Négation de l'infinitif

341. Αἰσχρὸν μὴ μαθεῖν. — La négation de l'infinitif est généralement μή, sauf après les verbes qui signifient *dire* ou *croire*.

Ex. : Αἰσχρόν, ἀκούσαντα χρήσιμον λόγον, μὴ μαθεῖν (Isocrate). *C'est une honte, lorsqu'on entend une parole utile, de ne pas la retenir.* — Λέγω οὐ δεῖν τὸν θάνατον φοβεῖσθαι. *Je dis qu'il ne faut pas craindre la mort.*

Remarques. — I. Mais si le verbe *dire* ou *croire* est à l'impératif ou à toute autre construction exigeant μή, c'est μή qu'on emploie avec l'infinitif. Ex. : Νόμιζε μηδὲν εἶναι τῶν ἀνθρωπίνων βέβαιον (Isocrate). *Sois persuadé qu'il n'y a rien de sûr dans les choses humaines.*

II. Après δεῖ et χρή, *il faut*, οἷόν τε, *il est possible*, on trouve tantôt μή, tantôt οὐ devant l'infinitif, selon qu'on rapporte la négation à l'infinitif ou au verbe principal. Ex. : Χρὴ μήτε χρημάτων φείδεσθαι μήτε πόνων (Platon). *Il faut n'épargner ni dépenses ni peines.* — Τῆς ἀρετῆς οὐδένα δεῖ ἰδιωτεύειν (Platon). *Personne ne doit être un profane en matière de vertu* (= οὐ δεῖ τινα).

Infinitif de destination

342. Τὴν χώραν ἐπέτρεψε διαρπάσαι. — L'infinitif actif ou moyen sert à marquer la destination après les verbes tels que διδόναι, παρέχειν, ἐπιτρέπειν, *donner à;* αἱρεῖσθαι, *choisir pour;* καθιστάναι, *établir pour;* καταλείπειν, *laisser pour.*

Ex. : Τὴν χώραν ἐπέτρεψε διαρπάσαι τοῖς Ἕλλησιν (Xén.). *Il livra aux Grecs la région à piller.* — Περικλῆς ᾑρέθη λέγειν (Thucydide). *Périclès fut choisi pour prendre la parole.* — Οἶνον ἐγχεῖν πιεῖν (Aristophane). *Verser du vin à boire.*

Remarque. — Ainsi s'explique l'emploi de l'infinitif après une phrase nominale (279). Ex. : Ἔστι πόα καθίζεσθαι (Platon). *Il y a de l'herbe pour s'asseoir.* — Ὥρα βουλεύσασθαι. (Platon). *C'est l'heure de se décider.*

Infinitif de détermination

343. Δεινὸς λέγειν. — L'infinitif, généralement actif ou moyen, sert à déterminer les adjectifs qui signifient *habile à*, *capable de*, *facile*, *beau*, *agréable à*, *digne de*, ou leurs contraires.

Ex. : Δεινὸς λέγειν, *habile à parler.* — Δεινὸς φαγεῖν, *gros mangeur.* — Ῥᾴδιος μαθεῖν, *facile à apprendre.* — Ἄξιος θαυμάσαι, *digne d'admiration.* — Δυνατὴ καὶ ὑποζυγίοις πορεύεσθαι ὁδός (Xén.), *route praticable même aux bêtes de somme.* — Εὐπρεπὴς ἰδεῖν (Xén.), *d'un air distingué.*

Remarques. — I. Avec ἄξιος, on trouve aussi l'infinitif passif : ἄξιος τιμᾶσθαι, *digne d'être honoré.*

II. On dit, d'une manière analogue, θαῦμα ἰδεῖν, ἀκοῦσαι, *une merveille à voir, à entendre.*

Sujet et attribut avec l'infinitif

344. Pour la construction du sujet et de l'attribut avec l'infinitif, plusieurs cas se présentent :

1° **Νομίζει ἀδικεῖσθαι.** — Si le sujet de l'infinitif est *le même* que celui du verbe principal, contrairement à l'usage latin, il ne se répète pas et l'attribut se met au même cas que ce sujet.

Ex. : Νομίζει ἀδικεῖσθαι (XÉN.). *Il se croit traité injustement.* — Διὰ τὸ φιλομαθὴς εἶναι, πολλὰ ἀνηρώτα (XÉN.). *Comme il était désireux de s'instruire, il posait beaucoup de questions.* — Αἱ πονηρίαι τῶν φασκόντων εἶναι σοφιστῶν. *Les vices de ceux qui se prétendent maîtres de sagesse.*

2° **Οἶμαί σε σοφὸν εἶναι.** — Si le sujet de l'infinitif est *différent* de celui du verbe principal, on le met, ainsi que l'attribut, à l'accusatif, comme en latin.

Ex. : Οἶμαί σε σοφὸν εἶναι. *Je pense que tu es un sage.* — Ἔδοξε πλεῖν τὸν Ἀλκιβιάδην (THUCYDIDE). *On décida qu'Alcibiade prendrait la mer.*

REMARQUE. — En réalité, ce sujet était originellement complément d'objet du verbe principal; mais il a été senti comme sujet de l'infinitif et l'accusatif a été employé même après un verbe intransitif.

3° **Δεῖ θεοσεβῆ εἶναι.** — Si le sujet est *indéterminé* (τινά, *on*), il ne s'exprime pas et l'attribut ou l'apposition qui s'y rapporte se met à l'accusatif.

Ex. : Δεῖ θεοσεβῆ εἶναι. *Il faut être pieux.* — Ἡδὺ σωθέντα μεμνῆσθαι πόνων (EURIPIDE). *Il est doux, une fois sauvé, de se rappeler ses épreuves.*

REMARQUE. — A la construction impersonnelle le grec préfère souvent substituer une construction personnelle. Ex. : Δοκῶ μοι ἀκούειν. *Il me semble entendre.* (307).

4° **Νῦν σοι ἔξεστιν ἀνδρὶ** (ou **ἄνδρα**) **γενέσθαι.** — Si le mot qui devrait être sujet de l'infinitif est exprimé déjà comme complément, au *génitif* ou au *datif*, dans la proposition principale, on ne le répète pas et l'attribut peut s'accorder avec lui (c'est le cas le plus fréquent) ou se mettre à l'accusatif.

Ex. : Νῦν σοι ἔξεστιν ἀνδρὶ (ou ἄνδρα) γενέσθαι. *Maintenant il t'est permis d'être un homme*

REMARQUE. — Dans ce dernier cas, l'apposition peut se mettre à l'accusatif ou au datif, mais non au génitif. Ex. : Στρατηγοῦ ἐστι μαχόμενον ἀποθανεῖν (DÉM.). *C'est le fait d'un chef d'armée de mourir en combattant.*

Verbes construits avec l'infinitif ou la proposition infinitive

345. On construit avec l'infinitif présent ou aoriste, quelquefois parfait, selon l'aspect et, s'il y a lieu, la négation μή :

1° **Ἐδίδασκε τοὺς παῖδας μὴ ψεύδεσθαι.** — les verbes d'**activité** tels que *pouvoir*, *savoir* (faire), *apprendre à*, *habituer à*.

Ex. : Ἐδίδασκε τούς παῖδας μὴ ψεύδεσθαι (Xén.). *Il apprenait aux enfants à ne pas mentir.* — Ἐπίσταμαι νεῖν (Xén.). *Je sais nager.*

Remarque. — Avec l'infinitif, ἔχω signifie *pouvoir;* πέφυκα (ἔφυν), *être né*, *être fait pour*, *naturellement disposé à*. Ex. : Οὐκ ἂν ἔχοιμι τοῦτο ἀπὸ στόματος εἰπεῖν (Xén.). *Je ne saurais dire cela par cœur.* — Οὔτοι συνέχθειν ἀλλὰ συμφιλεῖν ἔφυν (Sophocle). *Je ne suis pas née pour partager la haine*, *mais l'amour.*

2° **Δέομαι ὑμῶν μὴ θορυβεῖν.** — les verbes de **volonté** tels que *vouloir*, *désirer*, *ordonner*, *permettre*, *défendre*, *empêcher*.

Ex. : Δέομαι ὑμῶν μὴ θορυβεῖν (Platon). *Je vous prie de ne pas faire de bruit.* — Βούλομαί σέ μοι ἕπεσθαι. *Je veux que tu me suives.*

Remarque. — Le verbe *dire* et les verbes analogues, quand ils expriment un ordre, sont évidemment suivis de l'infinitif (négation μή). Ex. : Εἶπον τὰ τείχη καθελεῖν. (Thucydide). *Ils ordonnèrent de détruire les remparts.*

3° **Ἔδοξέ μοι μὴ τὸν πλοῦν ποιεῖσθαι.** — les verbes **impersonnels** et les expressions impersonnelles comme *il faut*, *il convient*, *il est possible*, *nécessaire*, *permis*, *il arrive*.

Ex. : Ἔδοξέ μοι μὴ σῖγα τὸν πλοῦν ποιεῖσθαι (Sophocle). *J'ai décidé de ne pas poursuivre mon voyage en secret.* — Αἰσχρὸν τῷ παρόντι καιρῷ μὴ χρῆσθαι (Isocrate). *Il est honteux de ne pas profiter de l'occasion qui se présente.*

Remarque. — Συμβαίνει, συμπίπτει, γίγνεται, *il arrive que*, se construisent avec l'infinitif ou la proposition infinitive, parfois avec ὥστε (317). Ex. : Συνέβη ὥστε πολέμου μηδὲν ἔτι ἅψασθαι μηδετέρους (Thucydide). *Il arriva que les deux partis cessèrent de s'intéresser à la guerre.*

346. On construit avec l'infinitif présent, aoriste, futur, quelquefois parfait, et, s'il y a lieu, la négation οὐ :

1° **Οὐκ εἶναι θεοὺς ἐνόμιζεν.** — les verbes d'**opinion** tels que *penser*, *croire*, *imaginer*.

Ex. : Πιστεύων θεοῖς, πῶς οὐκ εἶναι θεοὺς ἐνόμιζεν; (Xén.). *Puisqu'il mettait sa confiance dans les dieux*, *comment pouvait-il penser qu'il n'y a pas de dieux?*

2° **Οὔ φασιν εἶναι ἄλλην ὁδόν.** — les verbes **d'affirmation** tels que *dire*, *annoncer*, *avouer*.

Ex. : Οἱ ἡγεμόνες οὔ φασιν εἶναι ἄλλην ὁδόν (Xén.). *Les guides assurent qu'il n'y a pas d'autre route.*

Remarque. — Seuls les verbes d'affirmation se construisent aussi avec ὅτι ou ὡς et un mode personnel (308,1°); mais φημί ne se construit qu'avec l'infinitif.

Remarque générale. — Avec les verbes d'opinion et d'affirmation, les temps de l'infinitif ont la même valeur que les temps correspondants de l'indicatif ; de plus l'infinitif présent peut avoir le sens d'un imparfait et l'infinitif parfait, le sens d'un plus-que-parfait (301, R).

347. Ὀμνύασι μὴ τὴν τάξιν λείψειν. — Les verbes qui signifient *espérer*, *s'attendre à*, *promettre*, intermédiaires entre les verbes de volonté et les verbes d'opinion, se construisent généralement avec l'infinitif futur et la négation μή.

Ex. : Ὀμνύασι μὴ τὴν τάξιν λείψειν (Lycurgue). *Ils jurent de ne pas quitter leur poste.*

Remarque. — Au lieu de l'infinitif futur, on peut trouver l'infinitif aoriste avec ἄν (futur adouci), ou, comme avec les verbes de volonté, l'infinitif présent ou aoriste. D'autre part, comme avec les verbes d'opinion, la négation est parfois οὐ. Ex. : Οὐκ ἤλπιζον ἐκπεσεῖν ἂν Περικλέα (Thucydide). *Ils ne comptaient pas que Périclès pût tomber du pouvoir.* — Οὐκ ἐλπίζετε αὐτοὺς δέξασθαι ἡμᾶς (Xén.). *Vous n'escomptez pas qu'ils soutiennent notre choc.* — Ἐλπίζει δυνατὸς εἶναι ἄρχειν (Platon). *Il espère être capable de commander.* — Ἐλπίζω οὐδὲ τοὺς πολεμίους μενεῖν ἔτι (Xén.). *Je compte bien que l'ennemi ne nous attendra même pas.*

Nota. — Pour l'emploi explétif des négations après les verbes de sens négatif, voir 377.

Infinitif avec ἄν

348. Νομίζω οὐκ ἂν ἱκανὸς εἶναι. — L'infinitif avec ἄν équivaut à une proposition qui, formulée à un mode personnel, serait à l'optatif avec ἄν (potentiel) ou à un temps secondaire de l'indicatif avec ἄν (irréel). Le contexte seul permet de distinguer le potentiel de l'irréel.

Ex. : Νομίζω, ὑμῶν ἔρημος ὤν, οὐκ ἂν ἱκανὸς εἶναι ἐχθρὸν ἀλέξασθαι (= εἰ ἔρημος εἴην, οὐκ ἂν εἴην) (Xén.). *Je crois que, séparé de vous, je ne serais pas en état de repousser un ennemi.* — Κῦρος, εἰ ἐβίω, ἄριστος ἂν δοκεῖ ἄρχων γενέσθαι (= ἂν ἐγένετο) (Xén.). *Il semble que Cyrus, s'il eût vécu, eût été un chef excellent.*

Infinitif avec l'article

349. Νέοις τὸ σιγᾶν κρεῖττόν ἐστι τοῦ λαλεῖν. — Précédé de l'article τό (litt. *le fait de*), l'infinitif, seul ou accompagné de son sujet et de ses compléments, est un véritable nom, qui se décline et peut remplir toutes les fonctions d'un substantif.

Ex. : Νέοις τὸ σιγᾶν κρεῖττόν ἐστι τοῦ λαλεῖν. *Pour des jeunes gens, mieux vaut se taire que parler.* — Ὁ τοῦ πράττειν χρόνος, *le temps d'agir.* — Τὸ πείθεσθαι τοῖς ἄρχουσιν, οἱ Λακεδαιμόνιοι κράτιστοι (Xén.). *Quant à se soumettre à leurs chefs, les Lacédémoniens y excellent* (209).

Remarque. — Aux cas obliques, l'infinitif décliné peut ainsi, plus aisément que les différents gérondifs latins, remplacer toutes les propositions circonstancielles :

Génitif : τοῦ, ἕνεκα τοῦ, *afin de, afin que;* — ἀντὶ τοῦ, *au lieu de;* — ἐκ τοῦ, *du fait de, parce que;* — πρὸ τοῦ, *avant de;* — ἄχρι τοῦ, μέχρι τοῦ, *jusqu'à ce que;* — ἄνευ τοῦ, *sans, sans que;* — πλὴν τοῦ, *sauf que.*

Datif : τῷ, *par le fait que;* — ἐπὶ τῷ, *à la condition de, afin de;* — πρὸς τῷ, *outre que.*

Accusatif : διὰ τό, *parce que;* — ἐπὶ τό, πρὸς τό, *pour que;* — μετὰ τό, *après que.*

Ex. : ἐκ τοῦ πολλὰ κεκτῆσθαι, *à cause de ses grandes richesses;* — πίνειν ἄχρι τοῦ μὴ διψῆν, *boire à sa soif* (« jusqu'à plus soif »); — ἀντὶ τοῦ ἐν τῇ Ἀττικῇ τὸν πόλεμον εἶναι (Dém.), *au lieu que la guerre ait lieu en Attique;* — μετὰ τὸ νικῆσαι, *après avoir vaincu.*

Emplois spéciaux de l'infinitif

350. Ὀλίγου δεῖν. — Ὡς εἰπεῖν. — Dans certaines locutions, l'infinitif s'emploie d'une manière indépendante, pour exprimer une réserve (**infinitif absolu**).

ὀλίγου δεῖν, μικροῦ δεῖν, *peu s'en faut, presque.*
ἑκὼν εἶναι, *du moins de bon gré, volontairement.*
τὸ ἐπ' ἐμοὶ εἶναι, *autant qu'il dépend de moi.*
τὸ νῦν εἶναι, *pour le moment.*
ὡς εἰπεῖν, ὡς ἔπος εἰπεῖν, *pour ainsi dire, à dire le mot.*
ὡς συνελόντι εἰπεῖν, *pour abréger, bref.*
ὡς τὸ ὅλον εἰπεῖν, *pour tout dire, à tout prendre.*
ὡς ἐμοὶ δοκεῖν, ἐμοὶ δοκεῖν, *à ce qu'il me semble.*
ὡς εἰκάσαι, *pour prendre une comparaison*, ou *comme on peut le conjecturer.*

351. Τραπέζας εἰσφέρειν. — L'infinitif s'emploie volontiers avec la valeur d'un **impératif** (cf. en français « *faire suivre* »).

Ex. : Τραπέζας εἰσφέρειν (Aristophane). *Qu'on apporte les tables.* — Τοῦτο παρ' ὑμῖν αὐτοῖς βεβαίως γνῶναι (Dém.). *Mettez-vous bien cela dans la tête!*

352. Ἐμὲ παθεῖν τάδε. — L'infinitif s'emploie aussi sous forme d'**exclamation**; il peut être alors accompagné de l'article.

Ex. : Ἐμὲ παθεῖν τάδε (Eschyle). *Moi, subir cela!* — Τοιουτονὶ τρέφειν κύνα (Aristophane). *Nourrir un chien pareil!* — Τὸ ἐμὲ δεῦρο τυχεῖν. *Faut-il que j'en arrive là!*

CHAPITRE XII

LE PARTICIPE ET L'ADJECTIF VERBAL

A) LE PARTICIPE

353. Le participe est à proprement parler la forme adjective du verbe.

Comme *verbe*, il exprime les différences de voix, de temps, d'aspect et, grâce à la particule ἄν, les nuances modales de potentiel et d'irréel; ses compléments se construisent comme ceux du verbe personnel : **τὰ καλῶς σοι πεπραγμένα**, et non pas τὰ καλὰ πεπραγμένα σου, *tes belles actions*.

Comme *adjectif*, il ajoute une détermination au substantif auquel il se rapporte. Il peut donc être, comme en français, épithète *(les soldats fatigués)*, apposition *(les soldats, fatigués de combattre, se reposèrent)*, attribut, soit du sujet *(les soldats paraissaient fatigués)*, soit du complément *(le général les trouva fatigués)*.

Grâce à sa richesse en participes, le grec en fait un usage beaucoup plus étendu que le français ou le latin, pour exprimer avec concision les actions secondaires plus ou moins étroitement liées à l'action principale. L'emploi du participe sans article s'est développé en deux directions :

— ou bien le participe ajoute au verbe principal une détermination adverbiale ou circonstancielle : εἶπε γελάσας, *il dit avec un sourire;* — il peut ainsi avoir la valeur d'une proposition circonstancielle quelconque, et même constituer, avec son sujet propre, une proposition isolée (génitif ou accusatif absolu);

— ou bien le participe précise le sens ou indique l'objet du verbe principal : ἔτυχεν ἐλθών, *il se trouva venir;* il peut alors, avec certains verbes, constituer une véritable proposition complétive.

Entre ces deux types, il n'y a d'ailleurs pas toujours de frontière nette : ἦλθε λαθών et ἔλαθεν ἐλθών ont à peu près le même sens : *il vint sans qu'on le vît;* ἥδεται τὸ φῶς ὁρῶν, *il se réjouit de voir la lumière*, peut être interprété comme une complétive ou comme une causale.

En principe, le participe n'exprime pas par lui-même le temps : présent et aoriste ne se distinguent donc que par l'*aspect*. Cependant le participe aoriste exprime très souvent le passé relatif, lorsqu'il tient lieu d'une proposition complétive ou circonstancielle à l'indicatif ou à l'éventuel (301 et 303).

Négation du participe

354. Οὐκ ἔστι μὴ νικῶσι σωτηρία. — La négation qui accompagne le participe est généralement οὐ. Mais on emploie μή, si le participe équivaut à une tournure personnelle qui exigerait μή.

Ex. : Οὐκ ἔστι μὴ νικῶσι σωτηρία (= ἐὰν μὴ νικῶμεν) (Xén.). *Point de salut, si nous ne sommes pas vainqueurs.*

Remarque. — Par attraction, on peut employer μή avec un participe, s'il se rattache à une proposition qui, étant négative, exigerait μή.

Ex. : Ψηφίσασθε τὸν πόλεμον, μὴ φοβηθέντες τὸ αὐτίκα δεινόν (Thucydide). *Décrétez la guerre, sans craindre le risque immédiat.* — Ἢν εὑρεθῇς ἐς τήνδε μὴ δίκαιος ὤν (Sophocle), *si l'on arrive à te convaincre de déloyauté envers elle.*

I. — Le Participe sans article

a) *Participe équivalant à une proposition circonstancielle*

355. Εἶπε γελάσας. — Le participe en **apposition** équivaut à un adverbe ou à un complément circonstanciel qui précise l'action exprimée par le verbe principal.

Ex. : Εἶπε γελάσας. *Il dit avec un sourire.* — Ληζόμενοι ζῶσιν (Xén.). *Ils vivent de rapine.*

Remarque. — On emploie ainsi en particulier : ἀρχόμενος, *d'abord, en commençant;* — τελευτῶν, *à la fin;* — λαθών, *en cachette;* — πλέων, *par mer;* — ἐλαύνων, *à cheval;* — χαίρων, *impunément, volontiers;* — οὐ χαίρων, *pour son malheur;* — κλαίων, *pour son malheur;* — φέρων (sans complément), *spontanément, par sa faute;* — φέρων, φερόμενος (avec verbe de mouvement), *avec élan;* — ἔχων, ἄγων, φέρων, λαβών, χρώμενος, *avec;* — ἔχων (sans complément, pour marquer qu'on s'attarde à une action). Ex. : Τοῦτον οὐδεὶς χαίρων ἀδικήσει (Platon). *Nul ne le maltraitera impunément.* — Πάρειμι ἔχων ὁπλίτας ἑκατόν (Xén.). *Me voici avec cent hoplites.* — Ἐλαύνων ᾤχετο. *Il partit à cheval.* — Ληρεῖς ἔχων (Aristophane). *Tu restes là à bavarder.*

356. Δειπνήσαντες ἀπελαύνετε. — Le participe, employé ainsi **sans article**, sert à exprimer, plus brièvement qu'à l'aide de conjonctions, les diverses circonstances de temps, de cause, de condition, de concession, de but. Il peut donc se traduire par une proposition circonstancielle ou relative circonstancielle.

La signification est souvent précisée par un adverbe ou une particule.

1° **Temps** : ἅμα, *en même temps;* — εὐθύς, αὐτίκα, *aussitôt;* — μεταξύ, *entre temps.*

Ex. : Δειπνήσαντες ἀπελαύνετε (Xén.). *Après dîner, partez.* — Ἐμάχοντο ἅμα πορευόμενοι (Xén.). *Ils combattaient tout en marchant.* — Εὐθὺς μειράκιον ὤν, *dès son adolescence.* — Ἐπέσχε με λέγοντα μεταξύ (Platon). *Il m'a coupé la parole.*

2° **Cause** : ἅτε (quelquefois οἷον, οἷα, avec ou sans δή), *parce que* (motif réel); — ὡς, *parce que, pensait-il* (motif subjectif, supposé).

Ex. : Ἀπείχοντο κερδῶν, αἰσχρὰ νομίζοντες εἶναι (Xén.). *Ils s'abstenaient du gain, l'estimant honteux.* — Ὁ Κῦρος, ἅτε παῖς ὤν, ἥδετο τῇ στολῇ (Xén.). *Cyrus, en enfant qu'il était, prenait plaisir à sa robe.* — Ὡς ἀπηλλαγμένοι τῶν κακῶν, ἡδέως ἐκοιμήθησαν (Xén.). *Se croyant délivrés de leurs maux, ils se reposèrent avec plaisir.*

3° **Condition** : ὡς, ὥσπερ, *comme si.*

Ex. : Οὐκ ἂν δύναιο μὴ καμὼν εὐδαιμονεῖν (Euripide). *Point de bonheur sans peine.* — Ὠρχοῦντο ὥσπερ ἄλλοις ἐπιδεικνύμενοι (Xén.). *Ils étaient là à danser comme s'ils s'offraient en spectacle.*

4° **Concession** : καίπερ, *quoique, quelque... que;* καί, ὅμως καί, *même.*

Ex. : Οἴεταί τι εἰδέναι οὐκ εἰδώς (Platon). *Il croit savoir quelque chose, alors qu'il ne sait pas.* — Καίπερ πάνυ ἀγαθὸς ὤν, *si brave qu'il soit.*

5° **But** : participe **futur**, le plus souvent après un verbe de mouvement; ὡς, *dans l'intention de.*

Ex. : Συνήλθομεν ὀψόμενοι. *Nous sommes venus voir.* — Συλλαμβάνει Κῦρον ὡς ἀποκτενῶν (Xén.). *Il fait arrêter Cyrus, dans l'intention de le mettre à mort.*

Remarques. — I. Le grec, comme le latin, préfère la tournure participiale, là où le français emploie deux verbes coordonnés. Ex. : Τὴν πόλιν λαβὼν ἐσύλησε. *Il prit la ville et la pilla* (remarquer le participe actif, au lieu du latin *urbem captam diripuit*). — Λέγε μοι τὸ ψήφισμα λαβών (Dém.). *Prends-moi le décret et lis-le.*

II. Lorsque deux participes se succèdent sans être unis par καί, c'est que le premier est subordonné au second. Ex. Ἀρύσαντες εἰς τὴν χεῖρα ἐγχεάμενοι καταρροφοῦσι (= ἀρύσαντες ἐγχέονται, ἐγχεάμενοι δὲ καταρροφοῦσι) (Xén.). *Ils versent dans la main le vin qu'ils ont puisé et ils l'avalent.*

357. Ἐπὶ Κύρου βασιλεύοντος. — Au tour latin *post Urbem conditam* correspondent en grec des formules telles que : ἐπὶ Κύρου βασιλεύοντος (HÉRODOTE), *sous le règne de Cyrus.* — Ἐπὶ χιόνι πεσούσῃ (HÉRODOTE), *à la suite d'une chute de neige.* — Μετὰ Συρακούσας οἰκισθείσας (THUCYDIDE), *après la fondation de Syracuse.* — Πρὸ ἡλίου δύνοντος (ESCHINE), *avant le coucher du soleil.* — Ἅμα ἡλίῳ ἀνατέλλοντι (XÉN.), *au soleil levant.*

Génitif absolu

358. Ὑμῶν μὴ κελευσάντων. — Le **génitif absolu** grec équivaut à l'ablatif absolu latin. Comme le participe en apposition, il exprime les diverses circonstances de temps, de cause, etc. et peut être précisé par un adverbe ou une particule (356).

Ex. : Οὐκ ἂν ἦλθον δεῦρο, ὑμῶν μὴ κελευσάντων. *Je ne serais pas venu ici sans votre ordre* (si vous ne me l'aviez commandé).

REMARQUES. — I. Le génitif absolu s'explique par l'emploi du génitif pour exprimer une circonstance de temps (224, 1°) ou de cause (216, 3°).

II. Le génitif absolu se rencontre parfois, plus souvent que l'ablatif absolu latin, même si le sujet du participe est aussi sujet ou complément du verbe principal. Ex. : Διαβεβηκότος ἤδη Περικλέους ἐς Εὔβοιαν, ἠγγέλθη αὐτῷ ὅτι Μέγαρα ἀφέστηκεν (THUCYDIDE). *Périclès était déjà passé en Eubée quand on lui apprit la défection de Mégare.*

III. Le sujet du participe est quelquefois omis quand le sens permet aisément de le suppléer. Ex. : προσιόντων, *à leur approche;* — συσκοτάζοντος, *à la tombée de la nuit;* — οὕτως ἔχοντος ou οὕτως ἐχόντων, *en ces circonstances.*

IV. Le sujet du participe peut être une proposition entière. Ex. : Σημανθέντων ὅτι πολέμιοί εἰσιν ἐν τῇ χώρᾳ (XÉN.), *à la nouvelle que l'ennemi est dans le pays.* — Προσπεσόντος υἱὸν γεγονέναι τῷ βασιλεῖ (PLATON), *à la nouvelle que le roi avait un fils.*

359. Μιλτιάδου ἡγεμόνος ὄντος. — Contrairement à l'usage du latin et souvent du français, le participe ὤν, en apposition ou en construction absolue, doit être exprimé à côté d'un substantif ou d'un adjectif jouant le rôle d'attribut.

Ex. : Μιλτιάδου ἡγεμόνος ὄντος, *sous la conduite de Miltiade (Miltiade duce).* — Παίδων ὄντων ἡμῶν ἔτι (PLATON), *quand j'étais encore enfant (nobis pueris).* — Ὁ Κῦρος, ἅτε παῖς ὤν (XÉN.). *Cyrus, en enfant qu'il était (utpote puer).*

REMARQUE — On omet cependant d'exprimer ὤν avec ἑκών et ἄκων, qui sont d'anciens participes, et quelquefois même avec des adjectifs. Ex. : Βασιλέως ἄκοντος (XÉN.), *malgré le Roi.* — Ὡς ἑτοίμων δὴ χρημάτων (XÉN.), *croyant le butin assuré.*

Accusatif absolu

360. Ἐξὸν τὸ ἔλαττον κακὸν αἱρεῖσθαι. — Le grec met à l'accusatif absolu :

1° certains participes neutres employés impersonnellement : δέον, *puisqu'il faut, quand il faudrait;* προσῆκον, *puisqu'il convient;* ἐξόν, παρόν, παρέχον, *alors qu'il est permis, possible;* δοκοῦν, δόξαν, *puisqu'on juge à propos, puisqu'on décide de;* μέλον, *puisqu'on se soucie de;* μεταμέλον, *puisqu'on regrette de;* τυχόν, *le cas échéant.*

Ex. : Δυοῖν κακοῖν οὐδεὶς τὸ μεῖζον αἱρεῖται, ἐξὸν τὸ ἔλαττον (Platon). *De deux maux personne ne choisit le plus grand, quand on peut choisir le moindre.*

2° le participe ὄν avec un adjectif tel que δυνατόν, ἀδύνατον, ἀναγκαῖον, αἰσχρόν, *alors qu'il est possible, impossible, inévitable, honteux,* etc.; ou des participes passifs tels que προσταχθέν, *l'ordre ayant été donné que;* λεγόμενον, εἰρημένον, *alors qu'on dit que.*

Ex. : Οὐχὶ ἐσώσαμέν σε, οἷόν τε ὂν καὶ δυνατόν (Platon). *Nous ne t'avons pas sauvé, alors que nous le pouvions fort bien.*

3° une proposition participiale introduite par ὡς, *dans la pensée que,* ou ὥσπερ, *comme si.*

Ex. : Ἥδεσθε τοῦδε εἵνεκα ὡς περιεσομένους ἡμᾶς τῶν Ἑλλήνων (Hérodote). *Vous vous réjouissez à la pensée que nous l'emporterons sur les Grecs.*

Remarques. — I. L'accusatif absolu s'explique par l'emploi adverbial de l'accusatif (210).

II. Un participe absolu à l'accusatif peut avoir pour sujet un pronom neutre; dans ce cas on peut employer avec la même valeur le génitif absolu. Ex. : Δόξαντα ταῦτα ou δοξάντων τούτων, *cette décision prise.* On trouve même la formule δόξαν ταῦτα, en application de la règle τὰ ζῷα τρέχει.

Participe avec ἄν

361. Δυνηθεὶς ἂν αὐτὸς ἔχειν, παρέδωκεν. — Le participe avec ἄν équivaut à une proposition qui, formulée à un mode personnel, serait à l'optatif avec ἄν (potentiel) ou à un temps secondaire de l'indicatif avec ἄν (irréel). Le contexte seul permet de distinguer le potentiel de l'irréel.

Ex. : Φίλιππος Ποτείδαιαν δυνηθεὶς ἂν αὐτὸς ἔχειν, εἰ ἐβουλήθη, Ὀλυνθίοις παρέδωκεν (= ὃς ἐδυνήθη ἄν) (Dém). *Philippe, qui aurait pu conserver lui-même Potidée, s'il l'eût voulu, la remit aux Olynthiens.* — Ἐγώ εἰμι τῶν ἡδέως ἂν ἐλεγξάντων, εἴ τίς τι μὴ ἀληθὲς λέγοι (= οἳ ἂν ἐλέγξειαν) (Platon). *Je suis de ceux qui réfuteraient volontiers un adversaire, s'il ne disait pas vrai.*

b) *Participe équivalant à une proposition complétive*

362. Le participe s'emploie comme **attribut** du sujet :

1° **Ἔλαθεν ἡμᾶς ἀποδράς.** — avec certains verbes qui expriment une **manière d'être**, tels que τυγχάνω, *se trouver par hasard;* λανθάνω, *échapper à la connaissance de quelqu'un;* φαίνομαι, *être manifeste*, et des expressions de sens analogue telles que δῆλός εἰμι, φανερός εἰμι, *il est clair*, *manifeste que je...*

Ex. : Ἔλαθεν ἡμᾶς ἀποδράς (Xén.). *Il s'évada à notre insu.* — Ἐλάνθανον αὐτοὺς ἐπὶ τῷ λόφῳ γενόμενοι (Xén.). *Ils atteignirent la colline sans s'en apercevoir.* — Ἔτυχεν ἡμῶν ἡ φυλὴ πρυτανεύουσα (Platon). *C'était justement notre tribu qui exerçait la prytanie.* — Ὁ μέν ἐστι φανερὸς ἐκβὰς ἐκ τοῦ πλοίου καὶ οὐκ εἰσβὰς πάλιν (Antiphon). *Lui, c'est certain, quitta le bateau et n'y rentra pas.*

Remarques. — I. On voit que, dans ces formules, le participe, qui indique l'action, se traduit ordinairement par un verbe personnel, tandis que le verbe personnel, qui indique une modalité de l'action, se traduit par une expression adverbiale.

II. Avec l'infinitif, φαίνομαι est le synonyme de δοκῶ, *sembler.* Ex. : φαίνομαι καθορᾶν (Platon). *Je crois apercevoir.*

III. Au lieu de δῆλόν ἐστιν, φανερόν ἐστιν ὅτι, *il est évident que*, on peut employer la tournure personnelle φανερός εἰμι, δῆλός εἰμι avec ὅτι ou le participe, *il est évident que je* (307). Ex. : Οἱ πολέμιοι δῆλοι ἦσαν ὅτι ἐπικείσονται. (Xén.). *Il était clair que les ennemis attaqueraient.*

2° **Μὴ κάμῃς εὐεργετῶν.** — avec certains verbes qui expriment le **progrès** de l'action, tels que ἄρχομαι, *commencer;* διατελεῖν, διαγίγνομαι, διαμένω, διάγω, *continuer à;* παύομαι, *cesser de;* φθάνω, *être le premier à*, *devancer;* κάμνω, ἀπαγορεύω, *se lasser de*, *renoncer à;* καρτερεῖν, ἀνέχομαι, *supporter de.*

Ex. : Μὴ κάμῃς φίλον ἄνδρα εὐεργετῶν (Platon). *Ne te lasse pas d'obliger un ami.* — Ἠρχόμεθα διαλεγόμενοι (Platon). *Nous commencions à nous entretenir.* — Φθάνε τοὺς φίλους εὐεργετῶν (Xén.). *Sois le premier à rendre service à tes amis.*

Remarques. — I. Si c'est un adjectif qui sert d'attribut aux verbes διατελῶ, διαμένω, le participe ὤν n'est pas nécessaire. Ex. : Τοῖς συμμάχοις πιστοὶ διαμένομεν. *Nous restons fidèles à nos alliés.* Il en est souvent de même avec τυγχάνω, traité comme équivalent de εἰμί.

II. Noter le sens des expressions : Οὐκ ἂν φθάνοις λέγων (Xén.). *Hâte-toi de parler* (litt. il ne serait pas trop tôt que tu parles). — Οὐκ ἔφθασαν τὴν ἀρχὴν κατασχόντες καὶ Θηβαίοις εὐθὺς ἐπεβούλευσαν (Isocrate). *Ils n'eurent pas plus tôt saisi le pouvoir qu'ils complotèrent contre les Thébains.*

3° **Εὖ ἐποίησας ἀναμνήσας με.** — avec certains verbes qui expriment la **qualité** de l'action, tels que εὖ, καλῶς ποιεῖν, *bien faire de; κακῶς ποιεῖν, mal faire de;* ἀδικεῖν, *avoir tort de;* νικᾶν, κρατεῖν, *l'emporter en quelque chose;* χαρίζομαι, *rendre service, faire plaisir en;* ἡττᾶσθαι, *le céder en.*

Ex. : Εὖ ἐποίησας ἀναμνήσας με (Platon). *Tu as bien fait de me le rappeler.* — Οὐχ ἡττησόμεθα εὖ ποιοῦντες (Xén.). *Nous ne nous laisserons pas vaincre en générosité.*

363. Le participe joue le rôle d'une proposition complétive avec ὅτι ou ὡς :

1° **Πᾶς ἀνὴρ ἥδεται τὸ φῶς ὁρῶν.** — après les verbes de **sentiment**, tels que χαίρω, ἥδομαι, *aimer à, prendre plaisir à;* ἀγαπᾶν, *se contenter de;* ἄχθομαι, χαλεπῶς φέρω, *s'affliger;* ῥᾳδίως φέρω, *supporter aisément;* ἀγανακτεῖν, *s'indigner;* αἰσχύνομαι, *avoir honte.*

Ex. : Πᾶς ἀνὴρ ἥδεται τὸ φῶς ὁρῶν. *Tout homme aime à voir la lumière.* — Χαίρω σοι νοστήσαντι. *Je me réjouis de ton retour.*

2° **Ὁρῶμεν πάντα ἀληθῆ ὄντα.** — après les verbes de **perception,** tels que *voir, faire voir, savoir, entendre, apprendre, se souvenir, trouver* (308, 2°).

Ex. : Ὁρῶμεν πάντα ἀληθῆ ὄντα ἃ λέγετε (Xén.). *Nous voyons que tout ce que vous dites est vrai.* — Ἔγνω τὴν ἐσβολὴν ἐσομένην (Thucydide). *Il apprit que l'invasion aurait lieu.* — Ἀκούω Σωκράτους διαλεγομένου (Xén.). *J'entends Socrate converser.* — Δείξω οὕτω ταῦτα ἔχοντα (Platon). *Je montrerai qu'il en est ainsi.* — Γνωσθησόμεθα συνελθόντες (Thucydide). *On apprendra que nous nous sommes assemblés.*

Remarques. — 1. Après ces verbes, les temps du participe ont la même valeur que les temps correspondants de l'indicatif dont ils tiennent la place (301, 1°).
2. Les verbes de perception se construisent aussi avec ὅτι (308, 2°).

364. Ἴσθι ἀνόητος ὤν. — Le participe attribut s'accorde avec le complément du verbe principal. Mais si le complément désigne la même personne que le sujet, on ne l'exprime pas, et le participe se met au nominatif.

Ex. : Ἴσθι ἀνόητος ὤν (Xén.). *Sache que tu es un sot.* — Οὐκ αἰσθάνεσθε ἀπατώμενοι (Xén.). *Vous ne vous apercevez pas qu'on vous trompe.* — Ἔδειξαν ἕτοιμοι ὄντες (Thucydide). *Ils firent voir qu'ils étaient prêts.*

Remarque. — On dit également bien σύνοιδα ἐμαυτῷ εὖ ποιήσας ou εὖ ποιήσαντι, *j'ai conscience d'avoir bien agi;* — σύνοιδά σοι εὖ ποιήσαντι ou σε εὖ ποιήσαντα, *je sais avec toi, je t'accorde que tu as bien agi.*

II. — Le participe avec l'article

365. Οἱ κάμνοντες στρατιῶται ἐκοιμήθησαν. — Le participe **précédé de l'article** s'emploie avec la valeur d'un adjectif épithète pour déterminer un substantif (négation μή le plus souvent). Il peut se traduire par une proposition relative déterminative.

Ex. : Οἱ κάμνοντες στρατιῶται (ou οἱ στρατιῶται οἱ κάμνοντες, ou τῶν στρατιωτῶν οἱ κάμνοντες) ἐκοιμήθησαν. *Les soldats fatigués* (ou *ceux des soldats qui étaient fatigués) se couchèrent*[1]. — Τὸν ἱερὸν καλούμενον πόλεμον (THUCYDIDE), *la guerre dite sacrée.*

REMARQUE. — Si le participe employé avec l'article est lui-même accompagné d'un complément, on peut enclaver entre l'article et le nom soit le participe seul, soit seulement son complément. Ex. : Ὁ κατειληφὼς κίνδυνος τὴν πόλιν (DÉM.), *le danger qui a surpris la cité.* — Αἱ πρὸ τοῦ στόματος νῆες ναυμαχοῦσαι (THUCYDIDE), *les vaisseaux qui combattaient à l'entrée du port.*

366. Ὁ μηδὲν εἰδὼς οὐδὲν ἐξαμαρτάνει. — Comme l'adjectif, le participe précédé de l'article peut s'employer substantivement. On le traduit alors par un substantif ou par *celui qui*, *celle qui* (193).

Ex. : Ὁ μηδὲν εἰδὼς οὐδὲν ἐξαμαρτάνει (MÉN.). *Celui qui ne sait rien ne se trompe en rien.* — Οἱ γραψάμενοι τὸν Σωκράτην, *les accusateurs de Socrate.* — Ὁ τυχών, *le premier venu.* — Πᾶς ὁ βουλόμενος, *tout homme qui veut.* — Τὸ προσῆκον, *le devoir.* — Οἱ προσήκοντες, *les relations*, *les parents.* — Τὸ συμφέρον, *l'intérêt.* — Τὰ ὑπάρχοντα, *les ressources.* — Ἡ εἱμαρμένη (μοῖρα), *la destinée*, etc.

REMARQUES. — I. On trouve quelquefois le participe employé sans article pour désigner d'une façon indéterminée, non pas *les gens*, mais *des gens* qui font telle ou telle chose. Ex. : Πλέομεν ἐπὶ πολλὰς ναῦς κεκτημένους (XÉN.). *Nous faisons voile vers des gens qui ont une marine considérable.* — Μετὰ ταῦτα ἀφικνοῦνται ἀγγέλλοντες ὅτι... (ISOCRATE). *Arrivent ensuite des gens avec la nouvelle que...*

II. On notera l'emploi des participes καλούμενος, λεγόμενος, ὀνομαζόμενος, dans les expressions telles que : ἡ ὀνομαζομένη ἀνδρεία (PLATON), *ce qu'on appelle le courage;* — ἡ νῦν Ἑλλὰς καλουμένη (THUCYDIDE), *ce qu'on appelle maintenant la Grèce* (pour l'accord par attraction avec l'attribut, voir 251). Il arrive que ces participes n'aient pas de valeur forte et répondent à l'usage de nos guillemets. Ex. : ἡ λεγομένη σοφία, *la « sagesse ».*

1. Au contraire, οἱ στρατιῶται κάμνοντες signifierait *les soldats, fatigués qu'ils étaient (parce qu'ils étaient fatigués)* = 355.

367. Ἐνῆσαν ἐν τῇ χώρᾳ οἱ ἐργασόμενοι. — Le participe **futur**, **précédé de l'article,** équivaut à une proposition relative à l'indicatif futur (337) et désigne *quelqu'un* (même indéterminé) *qui peut faire*, *qui est destiné à faire* telle ou telle chose. Ce tour ne s'emploie guère qu'avec les verbes signifiant *il y a*, *avoir*, *envoyer*.

Ex. : Ἐνῆσαν ἐν τῇ χώρᾳ οἱ ἐργασόμενοι (Xén.). *Il y avait dans le pays des gens en état de le cultiver, pour le cultiver.* — Οὐδ' ὁ κωλύσων παρῆν (Sophocle). *Il n'y avait là personne pour nous empêcher.* — Δι' ἔνδειαν τοῦ θεραπεύσοντος (Isocrate), *faute de quelqu'un pour me soigner.* — Ἡ πόλις ἔρημος ἦν τῶν ἀμυνουμένων (Xén.). *La ville était dépourvue de défenseurs.*

B) L'ADJECTIF VERBAL

368. Δοτέον. Ταῦτά μοι πρακτέα. — L'adjectif verbal en -τέος (158) exprime l'obligation. Il se construit de deux manières :

1° d'ordinaire impersonnellement : au neutre singulier, assez souvent pluriel, avec ou sans ἐστί; le complément est alors au cas voulu par le verbe actif.

Ex. : Δοτέον. *Il faut donner.* — Τοὺς φίλους εὐεργετητέον, τὴν πόλιν ὠφελητέον, τῶν βοσκημάτων ἐπιμελητέον (Xén.). *Il faut faire du bien à ses amis, se rendre utile à son pays, prendre soin de ses troupeaux.*

2° dans d'autres cas, personnellement : comme attribut du sujet, avec ou sans εἶναι. Cette dernière construction n'est possible qu'avec des verbes transitifs directs.

Ex. : Ταῦτά μοι πρακτέα. *Voilà ce que je dois faire.* — Ποταμός τις ἡμῖν ἐστι διαβατέος (Xén.). *Il nous faut traverser un fleuve.*

Remarques. — I. Le nom de la personne à qui incombe l'obligation se met au datif (221).

II. On notera que les tournures latines : *cupidus videndae urbis*, *in scribenda historia*, *dedit libros legendos* n'existent pas en grec. Dans ces cas, le grec emploie des tournures avec l'infinitif : voir ces constructions 342, 343, 349. L'exemple de Démosthène (2e *Philippique*, § 28), περὶ τῶν ὑμῖν πρακτέων, *pour ce qui est des mesures que vous avez à prendre*, est à peu près unique.

369. Tableau récapitulatif de l'emploi de la particule ἄΑν

Ἄν, dont le sens originel paraît être « *le cas échéant, à l'occasion* », est devenu dans la langue classique un signe modal. On l'emploie :

1° avec l'**optatif**, pour exprimer le **potentiel** (conditionnel présent français).

Ex. : βουλοίμην ἄν, *je voudrais bien.*

2° avec les **temps secondaires de l'indicatif**, pour exprimer l'**irréel** (conditionnel présent ou passé français).

Ex. : ἐβουλόμην ἄν, *je voudrais bien, (mais...)*
ἐβουλήθην ἄν, *j'aurais bien voulu, (mais...)*

Remarque. — Avec un temps secondaire de l'indicatif, ἄν s'emploie aussi, mais rarement en dehors de la langue familière, dans son sens originel « *à l'occasion* », pour marquer la répétition dans le passé. Ex. : ἔπαισεν ἄν, *il le frappait à l'occasion.*

3° avec l'**infinitif** ou le **participe** remplaçant une proposition complétive, pour marquer le **potentiel** ou l'**irréel.**

Ex. : νομίζω σε ἂν βούλεσθαι, *je pense que tu voudrais.*
οἶδά σε ἂν βουλόμενον, *je sais que tu voudrais.*

4° avec le **subjonctif,** dans les propositions temporelles, conditionnelles et relatives (quelquefois avec ὅπως complétif ou final), pour exprimer l'**éventuel,** dans le futur ou dans le présent.

Ex. : ὅταν, ἐάν, ὅστις ἂν βούληται, *lorsqu'il voudra, s'il veut un jour, quiconque voudra.*

ὅταν, ἐάν, ὅστις ἂν βούληται, *lorsqu'il veut, s'il veut, quiconque veut.*

Place de ἄν.

1° Ἄν marquant le **potentiel** ou l'**irréel** se place généralement après le verbe ou, en tête de phrase, après un adverbe, un pronom, une négation ou un mot interrogatif; dans ce dernier cas, on répète souvent ἄν près du verbe, surtout s'il est un peu éloigné.

2° Ἄν marquant l'**éventuel** (verbe au subjonctif), se place immédiatement après le relatif ou après la conjonction, avec laquelle il se contracte : ὃς ἄν, ὅστις ἄν, ἄν (= ἃ ἄν), ἐάν, ἤν, ἄν, κἄν (καὶ ἐάν), ὅταν, ὁπόταν, ἐπειδάν, etc.

CHAPITRE XIII

DISCOURS INDIRECT

Quand l'écrivain, ou le narrateur, rapporte les paroles ou les pensées de quelqu'un, ou bien il le fait textuellement, et c'est le *discours direct;* ou bien il emploie une ou plusieurs propositions dépendant d'un verbe qui signifie *dire* ou *penser*, et c'est le *discours indirect.* On trouve plus rarement en grec qu'en latin des morceaux entièrement composés en style indirect.

I. — Propositions principales du discours direct

370. Ἔλεγον ὅτι Κῦρος τέθνηκεν. — 1° Les propositions principales **énonciatives** du discours direct deviennent en discours indirect des complétives à l'infinitif (346), avec ὅτι ou ὡς (308) ou interrogatives indirectes (309).

Les verbes sont à la **troisième personne,** sauf évidemment si le narrateur cite ses propres paroles (« Je disais que je... ») ou les paroles de la personne à qui s'il adresse («Tu disais que tu... »).

Les **temps** sont toujours les mêmes que dans le discours direct.

Les **modes** *peuvent* toujours être les mêmes que dans le discours direct. Toutefois, si le verbe *dire* est à un temps secondaire, l'**optatif oblique** *peut* remplacer l'indicatif ou le subjonctif délibératif (297). Mais l'optatif avec ἄν (potentiel) et l'indicatif avec ἄν (irréel) demeurent sans changement. Avec l'infinitif, le potentiel et l'irréel se marquent par ἄν (348).

Ex. : Ἔλεγον ὅτι Κῦρος μὲν τέθνηκεν, Ἀριαῖος δὲ πεφευγὼς εἴη (Xén.). *Ils disaient que Cyrus était mort et Ariée en fuite* (discours direct : « Cyrus est mort »). — Ἐπήροντο εἰ παραδοῖεν Κορινθίοις τὴν πόλιν (Thucydide). *Ils demandèrent s'ils devaient livrer la ville aux Corinthiens* (discours direct : « Devons-nous livrer la ville? »). — Ἀπεκρίνατο ὅτι πρόσθεν ἂν ἀποθάνοιεν ἢ τὰ ὅπλα παραδοίησαν (Xén.). *Il répondit qu'ils mourraient plutôt que de livrer leurs armes* (discours direct : « Nous mourrions plutôt que de livrer nos armes »).

Remarques. — I. L'optatif et l'infinitif présents peuvent correspondre à un indicatif imparfait, l'optatif et l'infinitif parfaits à un indicatif plus-que-parfait; mais, pour éviter toute ambiguïté, on préfère d'ordinaire garder l'indicatif (301, R.). Ex. : Εἶπον ὅτι οἱ πολέμιοι τῇ προτεραίᾳ παρῆσαν (Xén.). *Ils dirent que l'ennemi était présent la veille.*

II. Une première complétive avec ὅτι peut être suivie d'une complétive à l'infinitif; de même on peut mêler, dans le même discours, l'indicatif et l'optatif oblique, comme on le voit par le premier exemple cité plus haut.

Ex. : Ἀγγέλλει ὅτι νικῷέν τε αὖ Λακεδαιμόνιοι καὶ αὐτῶν τεθνάναι ὀκτώ (Xén.). *Il annonce que les Lacédémoniens étaient de nouveau vainqueurs et ne comptaient que huit morts.*

III. Après une complétive à l'infinitif ou avec ὅτι, une proposition introduite par γάρ, οὖν, δέ peut être à l'optatif oblique ou à l'infinitif. Ex. : Ἔλεγον πολλοὶ ὅτι παντὸς ἄξια λέγοι Σεύθης· χειμὼν γὰρ εἴη (Xén.). *Beaucoup dirent que Seuthès faisait des propositions très intéressantes : c'était en effet l'hiver...* — Ἐδέοντο οἱ Μαντινεῖς τῶν Ἀθηναίων ἱππέων βοηθῆσαι· ἔξω γὰρ εἶναι τὰ βοσκήματα πάντα (Xén.). *Les Mantinéens demandèrent aux cavaliers Athéniens de leur porter secours : en effet tous leurs troupeaux étaient dehors.*

IV. Le grec va jusqu'à employer parfois dans le discours indirect la même personne que dans le discours direct : ὅτι équivaut alors à nos deux points. Ex.: Πρόξενος εἶπεν ὅτι αὐτός εἰμι ὃν ζητεῖς (Xén.). *Proxène dit : « Je suis celui-là même que tu cherches ».*

371. Ἀπηγόρευε μηδένα βάλλειν. — 2° Les propositions principales **volitives** en discours direct deviennent en discours indirect des complétives à l'infinitif (345). Mais on préfère souvent se servir d'une périphrase telle que ἔφη χρῆναι ou δεῖν, *il dit qu'il fallait*, suivie de l'infinitif.

Ex. : Ἀπηγόρευε μηδένα βάλλειν (Xén.). *Il interdit que personne ne tirât.* — Ἔφη χρῆναι μὴ ἐλάσσω ἀντικαταστῆσαι πάλιν (Thucydide). *Il dit qu'il fallait mettre à la place une valeur équivalente.*

II. — Propositions subordonnées du discours direct

372. Παρήγγειλαν, ἐπειδὴ δειπνήσειαν, ἀναπαύεσθαι. — Les propositions subordonnées du discours direct peuvent rester sans changement en discours indirect. Toutefois :

1° Si le verbe dire est à un temps secondaire, l'**optatif oblique** *peut* remplacer l'indicatif ou le subjonctif éventuel (297).

Ex. : Παρήγγειλαν, ἐπειδὴ δειπνήσειαν, ἀναπαύεσθαι, καὶ ἕπεσθαι, ἡνίκ' ἄν τις παραγγέλλῃ (Xén.). *On leur donna l'ordre de se reposer après qu'ils auraient dîné* (discours direct : **ἐπειδὰν δειπνήσητε**) *et de se mettre en route lorsqu'on*

2° On trouve parfois l'**infinitif** dans des subordonnées causales, temporelles ou relatives dépendant d'une complétive à l'infinitif.

Ex. Ἐπειδὴ γενέσθαι ἐπὶ τῇ οἰκίᾳ, (ἔφη) ἀνεῳγμένην καταλαμβάνειν τὴν θύραν (PLATON). *Quand il arriva à la maison, il trouva, dit-il, la porte grande ouverte.* — Εἶναι πολλοὺς ἄλλους τῶν Ἑλλήνων οὓς βούλεσθαι κοινωνεῖν τῆς συντάξεως (ESCHINE). *Il y avait bien d'autres Grecs qu'il souhaitait voir s'associer à l'alliance.*

373. Les Grecs usent de grandes libertés dans l'emploi du discours indirect. Soucieux d'éviter la monotonie, non seulement ils mêlent volontiers les modes, indicatif, infinitif, optatif oblique, mais ils n'hésitent pas à passer quelquefois, sans transition aucune, du discours indirect au discours direct.

Ex. Ἀκούσας ταῦτα, ὁ Κλέανδρος εἶπεν ὅτι Δέξιππον μὲν οὐκ ἐπαινοίη, εἰ ταῦτα πεποιηκὼς εἴη· οὐ μέντοι ἔφη νομίζειν οὐδ' εἰ παμπόνηρος ἦν Δέξιππος, βίᾳ χρῆναι πάσχειν αὐτόν, ἀλλὰ κριθέντα, ὥσπερ καὶ ὑμεῖς νῦν ἀξιοῦτε, τῆς δίκης τυχεῖν. Νῦν οὖν ἄπιτε... (XÉN.). *A ces mots, Cléandre déclara que sans doute il n'approuvait pas Dexippos, si vraiment il s'était ainsi conduit; il ajouta cependant qu'à son avis, Dexippos fût-il un franc criminel, il ne fallait pas le traiter brutalement. « Au contraire, mis en jugement, comme vous le demandez maintenant vous-mêmes, il doit subir sa peine. Maintenant donc, allez-vous-en... »*

CHAPITRE XIV

LES NÉGATIONS

374. Ἃ οὐκ οἶδεν. — Ἃ μὴ οἶδα. — Οὐ, négation objective, sert à nier la réalité ou la possibilité d'un fait; μή, négation subjective, sert à nier une supposition, une volonté, un désir. L'opposition entre οὐ et μή vaut aussi pour leurs composés.

Ex. : Δοκεῖ εἰδέναι ἃ οὐκ οἶδεν (PLATON). *Il a l'air de savoir ce qu'en fait il ne sait pas.* — Ἃ μὴ οἶδα, οὐδὲ οἴομαι εἰδέναι (PLATON). *Ce que, par hypothèse, je ne sais pas, je ne m'imagine pas non plus le savoir.* — Ἡ οὐ διάλυσις τῶν γεφυρῶν (THUCYDIDE), *la non-rupture des ponts* (le fait de n'avoir pas coupé les ponts). — Ὁ μὴ ἰατρός (PLATON), *quiconque n'est pas médecin.* (si quelqu'un n'est pas médecin).

On trouvera donc οὐ dans les indépendantes énonciatives et les subordonnées qui expriment un fait; μή dans les indépendantes volitives et les subordonnées qui expriment une volonté, une éventualité, une hypothèse.

375. Οὐκ ἔφασαν ἰέναι. — La négation οὐ précède normalement le verbe φημί, bien qu'elle porte logiquement sur le verbe qui suit : οὔ φημι signifie *je dis que... ne pas, je nie.* De même οὐκ ἀξιῶ, *je prétends que... ne pas, j'estime qu'il n'est pas juste que;* οὐκ οἴομαι, *je pense que... ne pas.*

Ex. : Οἱ στρατιῶται οὐκ ἔφασαν ἰέναι (XÉN.). *Les soldats refusaient de marcher.* — Οὐκ ἀξιῶ ὑποπτεύεσθαι (THUCYDIDE). *J'ai le droit de n'être pas soupçonné.*

REMARQUE. — Dans ces expressions, la négation fait corps avec le verbe, si bien qu'il arrive que οὐ soit maintenu là où l'on attendrait μή. Ex. : Ἐὰν οὐ φάσκῃ (LYSIAS). *S'il soutient que non.*

Négations multiples

376. Οὐκ ἦλθεν οὐδείς. — Οὐδεὶς οὐκ ἦλθεν — Dans une même proposition plusieurs négations se renforcent toujours, sauf si la dernière est une négation simple (οὐ ou μή); on aboutit alors à une affirmation.

Ex. : Οὐκ ἦλθεν οὐδείς. *Personne n'est venu.* — Οὐκ ἐπέθετο οὐδεὶς οὐδαμόθεν (Xén.). *Personne n'attaqua d'aucun côté.* — Σμικρὰ φύσις οὐδὲν μέγα οὐδέποτε οὐδένα οὔτε ἰδιώτην οὔτε πόλιν δρᾷ (Platon). *Un caractère médiocre ne fait jamais rien de grand à l'égard de personne, ni particulier, ni cité.*

Mais : Οὐδεὶς οὐκ ἦλθεν. *Tout le monde est venu* (nemo non venit). — Οὐδεὶς ἀνθρώπων ἀδικῶν τίσιν οὐκ ἀποτίσει (Hérodote). *Tout coupable paiera sa peine.* — Μὴ οὖν διὰ ταῦτα Αἰσχίνης μὴ δότω δίκην (Dém.). *Que ce ne soit pas une raison pour qu'Eschine ne soit pas châtié!*

Remarque. — I. Au lieu de οὐδεὶς οὐκ ἦλθεν, on dit normalement οὐδείς ἐστιν ὅστις οὐκ ἦλθεν. *Il n'est personne qui ne soit venu* (pour l'attraction, voir 254, III).

II. Une négation simple peut être seulement la reprise oratoire d'une négation précédente. Ex. : Οὐ μὰ Δί', οὐκ ἔστι ταῦτα. *Non, par Zeus, non, cela n'est pas.*

Nota. Pour l'emploi de οὐ μή, μὴ οὐ, voir 290. — Pour une seule négation commandant plusieurs propositions, voir 390.

Emploi explétif de la négation

377. Καταρνῇ μὴ δεδρακέναι τάδε; — Après les verbes de sens négatif tels que ἀρνεῖσθαι, *nier;* ἀντιλέγειν, *contredire;* ἀμφισβητεῖν, *contester,* ἀπαγορεύω, *défendre de,* etc., l'infinitif prend, de façon explétive, la négation μή.

Ex. : Καταρνῇ μὴ δεδρακέναι τάδε; (Sophocle). *Nies-tu avoir fait cela?* — Αὐτῷ ἀπέγνων μὴ βοηθεῖν (Dém.). *J'ai renoncé à le secourir.*

Si ces verbes sont accompagnés d'une négation, l'infinitif se construit avec μὴ οὐ, qui paraissent se détruire.

Ex. : Οὐκ ἀνατίθεμαι μὴ οὐκ εἶναι ταῦτα (Xén.). *Je ne me rétracte pas* (Je ne rejette pas l'idée qu'il en est ainsi). — Εἰ γενησόμεθα ἐπὶ βασιλεῖ, τί ἐμποδὼν (= οὐδὲν ἐμποδὼν) μὴ οὐχὶ τὰ δεινότατα παθεῖν; (Xén.). *Si nous tombons au pouvoir du Roi, qu'est-ce qui empêchera que nous subissions le pire sort?*

Remarques. — I. Après un verbe de sens négatif, la proposition complétive avec ὡς prend d'une manière analogue la négation οὐ. Ex. : Ἀμφισβητεῖ ὡς οὐκ ἀληθῆ λέγομεν (Platon). *Il conteste la vérité de nos paroles.*

II. Avec μή ou μὴ οὐ l'infinitif est souvent précédé de l'article. Ex. : Οὐκ ἀπεσχόμην τὸ μὴ οὐκ ἐλθεῖν (Platon). *Je n'ai pu me retenir de venir.*

III. Κωλύω, *empêcher*, se construit d'ordinaire avec l'infinitif sans μή. Ex. : Τί σε κωλύει ὕδωρ πιεῖν; *Qui t'empêche de boire de l'eau?*

IV. On emploie également μὴ οὐ, au lieu de μή, devant l'infinitif, avec les expressions négatives οὐ δύναμαι, οὐχ οἷόν τε, ἀδύνατον, οὐ δίκαιον, αἰσχρόν, δεινόν ἐστι, αἰσχύνομαι. Ex. : Τὴν κακίαν μὴ οὐχὶ μισεῖν οὐκ ἂν δυναίμην (Lucien). *Je ne saurais m'empêcher de haïr le vice.*

CHAPITRE XV

LES PARTICULES

378. Dans la bonne prose grecque, chaque phrase doit se rattacher à la précédente au moyen d'une particule de liaison. La particule n'est pas nécessaire si la phrase commence par un pronom démonstratif désignant ce qui précède, si elle se présente comme une réponse ou comme une explication qu'on vient d'annoncer.

Les particules de liaison les plus employées sont : καί, *et;* δέ, *d'autre part;* ἀλλά, *mais;* γάρ, *car;* οὖν, *cela posé, donc.*

Les particules s'apparentent par leur sens à la fois aux adverbes et aux conjonctions :

— comme les *adverbes*, elles modifient le sens d'un mot ou d'une phrase et traduisent, dans la langue écrite, les intonations de la voix par lesquelles se marquent l'insistance, la réserve, l'étonnement, l'évidence, etc.

— comme les *conjonctions*, elles permettent d'articuler les phrases entre elles en marquant la continuité, les ruptures, les relations logiques du discours; certaines ont presque la valeur d'un subordonnant (γάρ, *car* est tout proche de ἐπεί, *parce que;* οὖν, *donc*, tout proche de ὥστε, *de sorte que*), d'autres (δέ, souvent μέντοι et τοίνυν) n'ont guère que la valeur d'un signe de ponctuation.

Il est impossible de fixer de façon à la fois précise et générale la valeur de toutes les particules et combinaisons de particules dont la richesse est un trait caractéristique de la langue grecque : le sens de certaines a varié au cours de l'histoire et les nuances qu'elles expriment ne sont pas les mêmes selon qu'il s'agit du langage familier, de la prose oratoire, narrative ou philosophique. On devra donc se reporter, pour le détail, aux dictionnaires ou aux exposés spéciaux tels que ceux de L. Bodin et P. Mazon, index des particules dans *Extraits d'Aristophane et de Ménandre* (Hachette), de J. D. Denniston, *The Greek Particles*, et de D. Labéy, *Manuel des particules grecques* (Klincksieck).

Remarque. — La plupart des particules sont postpositives, c'est-à-dire se placent toujours après un mot (174); d'autre part, γε, τε, τοι sont enclitiques (31).

I. — Particules marquant l'insistance

379. Δή a la valeur d'un geste démonstratif : *voilà!* On l'emploie :

— soit pour mettre un terme en relief : *évidemment*, *justement*, *précisément.*

Ex. : Οὐχ οὕτως ἔχει; — Ἔχει δή (PLATON). *N'en est-il pas ainsi? — Oui, précisément ainsi.* — Δήπου, δῆθεν, *précisément, apparemment, sans doute, n'est-ce pas?* — Δηλαδή, *évidemment.* — Οὐ δῆτα, *non assurément.*

— soit pour reprendre le fil du discours, après une digression : *ainsi donc;*

— soit pour souligner un impératif ou un mot interrogatif.

Ex. : Λέγε δή. *Parle donc.* — Τί δή; (ou Τί δαί;) *Pourquoi donc?* — Πῶς δῆτα; *Comment donc?* — Ἴστε δήπου. *Vous savez bien, n'est-ce pas?*

REMARQUE. — Δή s'ajoute souvent aux adverbes temporels : ἐνταῦθα δή, *c'est alors que*, mais ne semble pas avoir par lui-même de valeur temporelle.

380. Μήν, *assurément*, renforce une affirmation, souvent en l'opposant à ce qui précède. D'où le sens de *toutefois, cependant*, surtout avec une négation : οὐ μήν, *pourtant ne... pas;* οὐ μὴν ἀλλά, *néanmoins.*

REMARQUE. — Μέν, forme affaiblie de μήν, s'emploie avec le sens de *assurément* et de *cependant*, dans les particules composées μὲν οὖν (394) et μέντοι, *en vérité, oui, vraiment*, ou *mais, toutefois*, ou simplement *or* (équivalent de δέ). On dira : ἀνδρεῖος μέν ἐστιν, οὐ μέντοι σώφρων (ou σώφρων δὲ οὔ, mais non οὐ δὲ σώφρων).

381. Τοι donne plus de force à une affirmation : *oui, certes, en vérité*, mais ne s'emploie guère qu'en composition : μέντοι (380, R), καίτοι, *et certes, quoi qu'il en soit, toutefois*, ἦτοι, *assurément.* — Τοι souligne les maximes.

Ex. : Τοῖσι γενναίοισί τοι τό γ' αἰσχρὸν ἐχθρόν (SOPHOCLE). *Aux âmes généreuses, l'infamie fait horreur.*

382. Γε, dont le premier sens est *oui*, souligne un mot, une affirmation : ὅς γε, *lui qui précisément*, ἐπεί γε, *puisque précisément*, mais le plus souvent en en restreignant la portée : *du moins* : ἔγωγε, *moi du moins*, ὥς γέ μοι δοκεῖ, *du moins à mon avis*, εἴ γε, ἐάν γε, *si toutefois.*

II. — Particules de liaison

1° Simple liaison : sens général *et*

383. Καί, originellement adverbe, *aussi, même*, s'emploie également comme conjonction de coordination, *et.*

1° comme **adverbe**, καί souligne ou renforce un terme : *et aussi, et même.* καὶ οὗτος *(isque)*, καὶ ταῦτα, *et qui plus est, et cela.*

Ex. Τὴν 'Αθηνᾶν ἐν κεφαλῇ ἔθρεψεν ὁ Ζεύς, καὶ ταῦτα ἔνοπλον (LUCIEN). *Zeus porta Athéna dans son cerveau, et cela tout armée.*

— καὶ εἰ, εἰ καί, *même si, quand bien même;* — καὶ ταῦτα, *et pourtant;* — καὶ σύ, *même toi;* — καὶ οὕτως, *même ainsi;* — καὶ νῦν, *même maintenant.*

Ex. : Ἡ ἀνθρωπίνη σοφία ὀλίγου τινὸς ἀξία ἐστὶ καὶ οὐδενός (Platon). *La sagesse humaine a bien peu de valeur, et n'en a même aucune.* — Ἐχθροὶ καὶ ἔχθιστοι (Thuc.). *Hostiles et même très hostiles.*
— καὶ... δὲ, *et même* (δέ = *et*, καί = *même*); — καὶ δὴ καί, *et naturellement aussi, et précisément aussi;* — καὶ... γε, *oui et même.*

Ex. : Δαρεῖος Κῦρον σατράπην ἐποίησε καὶ στρατηγὸν δὲ ἀπέδειξεν (Xén.). *Darius avait fait Cyrus satrape et l'avait même nommé chef de l'armée.*
— ὥσπερ καὶ... οὕτω καί : καί souligne un des termes d'une comparaison ou même les deux. (La formule négative est ὥσπερ οὐδὲ... οὕτως οὐδέ).

Ex. : Ὥσπερ καὶ τιμῶν μεθέξετε, οὕτω καὶ τῶν κινδύνων μετέχετε (d'après Xén.). *De même que vous partagerez les honneurs, partagez aussi les risques.*

Remarques. — I. Ainsi s'expliquent les locutions : εἴπερ τις καὶ ἄλλος, *plus que personne* (si un autre est aussi dans le même cas); ὥς τις καὶ ἄλλος, *autant que personne;* — εἴ ποτε καὶ ἄλλοτε, *autant que jamais;* — εἴπερ που καὶ ἄλλοθι, *autant que partout ailleurs.*

II. Après les adjectifs ou les adverbes qui marquent l'égalité ou la ressemblance, καί s'emploie avec le sens de *que* (cf. similis atque, alius atque). Ex. : Σεβίζω σ' ἴσα καὶ μάκαρας (Euripide). *Je te révère à l'égal des dieux.*

2° comme **conjonction**, καὶ relie normalement *tous* les termes d'une énumération et non pas seulement les deux derniers.

Ex. : Ἄνδρες καὶ γυναῖκες καὶ δοῦλοι καὶ ἐλεύθεροι. *Hommes, femmes, esclaves et citoyens.*

Remarques. — I. L'absence de liaison (asyndète) est une figure de style destinée à donner plus de vivacité à l'expression. Ex. : Φίλον, εὐεργέτην, σωτῆρα τὸν Φίλιππον ἡγοῦντο (Dém.). *Philippe était à leurs yeux un ami, un bienfaiteur, un sauveur.*

II. Un adjectif de quantité (πολύς, ὀλίγος) et un adjectif qualificatif sont généralement reliés par καί. Ex. : Πολλοὶ καὶ ἀγαθοὶ φίλοι εἰσὶν ἐμοί (Xén.). *J'ai plusieurs bons amis.*

384. Τε... τε. Τε... καί. Καὶ... καί

1° Τε s'emploie, rarement seul en prose, pour introduire une phrase qui complète ou explique la précédente : *et ainsi, aussi...*

Ex. : Ὁ δ' ἐχαλέπαινεν...· ἐκέλευσέ τε αὐτόν (Xén.). *Cléarque s'indignait... : aussi l'invita-t-il...* — Κτῆμά τε ἐς ἀεὶ μᾶλλον ἢ ἀγώνισμα ξύγκειται (Thucydide). *Aussi est-ce là un trésor impérissable plutôt qu'une œuvre de concours.*

2° Τε... τε s'emploie, rarement en prose, pour relier étroitement deux propositions dont on veut souligner le parallélisme.

Ex. : Σωκράτης τοῦ σώματος αὐτός τε οὐκ ἠμέλει τούς τ' ἀμελοῦντας οὐκ ἐπῄνει (Xén.). *Socrate ne négligeait pas son corps et ne louait pas ceux qui négligent le leur.*

3° Τε... καί réunit, plus étroitement que καί, deux termes ou deux propositions.

Ex. : Νῦν τε καὶ πάλαι, *aussi bien maintenant qu'autrefois.* — Χρηστοί τε καὶ πονηροί, *les bons tout comme les méchants.*

Remarque. — Ἄλλοι τε... καί, *entre autres, et en particulier* (litt. d'autres... et aussi); — ἄλλως τε καί *surtout* (litt. et autrement et aussi). Ex. Ἄλλως τε καὶ ἐν χειμῶνι, *en hiver surtout.*

4° Καί... καί signifie *aussi bien... que, non seulement... mais encore.*

Ex. : Καὶ πένητες καὶ πλούσιοι, *aussi bien les riches que les pauvres.*

385. Καὶ οὐκ. Οὐδέ. Οὔτε... οὔτε. Un second membre de phrase négatif s'introduit par καὶ οὐκ (καὶ μή), *et ne... pas*, si le premier membre est affirmatif; par οὐδέ (μηδέ), *et ne pas, ni*, si le premier membre est négatif; par οὔτε (μήτε), *ni*, en corrélation avec un premier οὔτε (μήτε) ou avec τε.

Ex. : Ὑπελείφθησαν καὶ οὐκ ἐδύναντο εὑρεῖν τὸ ἄλλο στράτευμα οὐδὲ τὰς ὁδούς (Xén.). *Ils restèrent en arrière et ne purent trouver le reste de l'armée ni les chemins.* — Τοῦτο οὐκ ἐποίησα οὐδὲ ποιήσω. *Je ne l'ai pas fait et ne le ferai pas.* — Οὔτε καλὸς οὔτε κακός. *Ni bon ni mauvais.*

Remarques. — I. Comme καί, οὐδέ (μηδέ) a aussi un sens adverbial : *ne pas même, ne pas non plus (ne... quidem).* Ex. : Ἀλλ' οὐδ' ἐσιδεῖν δύναμαί σε (Sophocle). *Mais je ne puis même pas te regarder.*

II. *Ni... ni* ne se rend jamais par οὐδὲ... οὐδέ. Là où l'on trouve οὐδέ (μηδέ) répété, c'est que l'un des deux signifie *ne pas même.* Ex. : εἰς τὸ μηδ' ὁτιοῦν προορᾶν μηδ' αἰσθάνεσθαι (Dém.), *au point qu'ils n'étaient même pas capables de prévoir ni de comprendre quoi que ce soit.*

386. Καὶ ἅμα ταῦτ' ἔλεγε καὶ ἀπῄει. Καί, καί... καί, τε... καί s'emploient pour relier deux propositions énonçant deux événements qui arrivent en même temps ou aussitôt l'un que l'autre, alors que le français les subordonne d'ordinaire par une conjonction de temps.

Ex. : Καὶ ἅμα ταῦτ' ἔλεγε καὶ ἀπῄει (Xén.) *Tout en disant cela il s'en alla.*

2° Disjonction : sens général *ou*

387. Ἤ. Ἤτοι... ἤ. Les termes d'une alternative s'opposent par ἤ, *ou;* ἤ... ἤ; ἤτοι... ἤ, *ou bien... ou bien;* — ἤτοι... γε, ἤ, *soit seulement, soit même;* εἴτε... εἴτε (ἐάν τε... ἐάν τε), *soit que... soit que* (331).

Ex. : Ἤτοι κρύφα γε ἢ φανερῶς (THUCYDIDE). *Soit en secret, soit même ouvertement.* — Μή με λυπεῖτε ἢ φεύξομαι (HÉRONDAS). *Ne m'ennuyez pas, ou je m'enfuirai.*

3° Opposition : sens général *mais*

388. Δέ sert à marquer :

1° une opposition moins forte que ἀλλά : *mais, quant à.*

Ex. : Οὐκ ἐπὶ κακῷ, ἐπ' ἐλευθερώσει δὲ τῶν Ἑλλήνων (THUCYDIDE). *Non pour le malheur, mais pour la libération des Grecs.* — Ἐγὼ δέ, *quant à moi.* — Νῦν δέ (après un irréel), *mais en réalité.* — Μᾶλλον δέ, *bien plutôt :* Ἄκουε δή, μᾶλλον δὲ ἀποκρίνου (PLATON). *Ecoute donc, ou plutôt réponds.*

2° une simple transition, *et,* — une progression ou une reprise de la pensée, *or.* Souvent δέ marque simplement la continuité du récit et ne se traduit pas.

389. Μὲν... δέ sert à mettre en regard deux termes ou deux propositions dont on veut souligner la symétrie. Au sens fort μὲν... δέ signifie *il est vrai... mais, d'une part... d'autre part;* mais le plus souvent μέν ne se traduit pas, et δέ se rend par *et, mais.*

Ex. : Βουλεύου μὲν βραδέως, ἐπιτέλει δὲ ταχέως τὰ δόξαντα (ISOCRATE). *Délibère lentement, mais exécute vite les décisions prises.*

REMARQUES. — I. L'anaphore consiste à répéter en tête de deux membres de phrase un mot qui leur est commun, en le faisant suivre de μὲν, puis de δέ. Ex. : Ἐγὼ δὲ σύνειμι μὲν θεοῖς, σύνειμι δ' ἀνθρώποις τοῖς ἀγαθοῖς (XÉN.). *Pour moi, je vis dans la compagnie des dieux et des hommes de bien.*

II. S'il y a plus de deux termes, δέ se répète à partir du second.

III. Μέν et δέ se placent généralement entre l'article et le nom (τὴν μὲν ἡμέραν, τὴν δὲ νύκτα), immédiatement après une préposition (ἐν μὲν τοῖς... ἐν δὲ τοῖς), avant les particules qui peuvent leur être jointes (μὲν γάρ, μὲν οὖν, μὲν δή, δ' οὖν, δ' αὖ, δὲ δή).

IV. On ne peut opposer normalement par μὲν... δέ que des termes qui jouent le même rôle dans la phrase; on trouve pourtant quelquefois, mais non en prose classique, cette formule employée pour opposer une subordonnée et une principale. Ex. : Ἕως μὲν ἀπῆσαν οἱ Ἀθηναῖοι, οἱ δ' ἠμύνοντο (HÉRODOTE). *Tant que les Athéniens n'étaient pas là, les autres se défendaient.*

390. Μὴ ἀποῦσι μὲν ἐπιβουλεύετε, παρόντας δ' ἀφῆτε. — Le grec se sert souvent de μὲν... δέ pour mettre en corrélation deux membres de phrase dont on veut souligner le contraste ou l'incompatibilité, alors que le français préfère les subordonner. C'est le cas en particulier après une négation, une interrogation de sens négatif ou une expression telle que θαυμάζω εἰ, *je m'étonne que*, δεινόν ἐστιν εἰ, *il est étrange que;* ces expressions portent non pas sur les deux propositions prises isolément, mais sur l'ensemble.

Ex. : Μὴ ἀποῦσι μὲν τοῖς τριάκοντα ἐπιβουλεύετε, παρόντας δ' ἀφῆτε (LYSIAS). *Gardez-vous bien, alors que vous conspirez contre les Trente absents, de les lâcher quand ils sont là.* — Οὐ ταῦτα μὲν γράφει ὁ Φίλιππος, τοῖς δ' ἔργοις οὐ ποιεῖ (DÉM.). *Philippe ne se contente pas d'écrire sans passer à l'action.* — Οὐ γὰρ δήπου Κτησιφῶντα μὲν δύναται διώκειν δι' ἐμέ, ἐμὲ δ' αὐτὸν οὐκ ἂν ἐγράψατο (DÉM.). *Il est invraisemblable, s'il peut aujourd'hui poursuivre Ctésiphon à cause de moi, qu'il n'ait pu m'inculper personnellement.* — Θαυμαστόν ἐστιν εἰ οἱ μὲν βάναυσοι ἴσασι τῶν ἐργαλείων τὰ ὀνόματα, ὁ δὲ στρατηγὸς οὐκ εἴσεται τῶν ὑφ' ἑαυτῷ ἡγεμόνων τὰ ὀνόματα (XÉN.). *Il est anormal que, tandis que les artisans savent le nom de leurs outils, le général ne sache pas celui des chefs placés sous ses ordres.*

REMARQUE. — Ce type de phrase, fréquent chez les orateurs, se complique parfois d'une anacoluthe, le deuxième membre étant exprimé, pour plus de vivacité, sous la forme d'une interrogation indignée, introduite par ἢ ou ἄρα. Ex. : Οὐκ οὖν δεινὸν εἰ τοὺς μὲν στρατηγοὺς οἳ ἐνίκων θανάτῳ ἐζημιώσατε..., τούτους δὲ..., οὐκ ἄρα χρὴ αὐτοὺς κολάζεσθαι; (LYSIAS). *Ne serait-il pas révoltant qu'alors que vous avez condamné à mort les généraux vainqueurs, ces gens-là (les Trente) ne soient pas châtiés?*

391. 'Αλλά.

'Αλλά (neutre pluriel de ἄλλος, non accentué sur la première), oppose plus fortement que δέ.

1° après un membre de phrase négatif, ἀλλὰ signifie *mais* ou simplement *et.*

Ex. : Οὐχ ἅπαξ, ἀλλὰ πολλάκις. *Non pas une fois, mais plusieurs.*

REMARQUE. — Après un membre de phrase affirmatif, *mais* se traduit par δέ. Ex. : Τὰ κρέα ἦν παραπλήσια τοῖς ἐλαφείοις, ἁπαλώτερα δέ (XÉN.). *Leur chair était de même goût que celle du cerf, mais plus tendre.*

2° après un membre de phrase affirmatif, ἀλλ' οὐκ, *mais... ne pas*, peut aussi signifier *et non pas*, *et non pas plutôt*, *au lieu de.*

Ex. : Πολλάκις ἀλλ' οὐχ ἅπαξ. *Plusieurs fois, et non pas une seule.* — Τί δεῖ ἡμᾶς μάχεσθαι, ἀλλ' οὐ σπεισαμένους διαλυθῆναι; (XÉN.). *Pourquoi faut-il que nous poursuivions la lutte au lieu d'en finir par une trêve?*

3° après une proposition conditionnelle exprimant une concession, ἀλλά (ἀλλά... γε, ἀλλ' οὖν, ἀλλ' οὖν... γε) signifie *du moins (at certe)*.

Ex. : Εἰ σῶμα δοῦλον, ἀλλ' ὁ νοῦς ἐλεύθερος (VERS GNOMIQUE). *Si le corps est esclave, l'esprit du moins est libre.*

4° après un premier membre négatif ou de sens négatif, ἀλλ' ἤ signifie *sinon, sauf, excepté*, comme πλήν, εἰ μή, quelquefois ὅτι μή (331, I).

Ex. : Οὐ χρῶμαι ἐλαίῳ, ἀλλ' ἢ ὅτι σμικροτάτῳ (PLATON). *Je ne me sers d'huile que le moins possible.*

5° au commencement d'un discours, d'une réplique, d'un ordre, d'une exhortation, ἀλλά signifie souvent *eh bien!*

Ex. : Καί μοι ἐπίδειξιν τῆς βραχυλογίας ποίησαι. — Ἀλλὰ ποιήσω (PLATON). *Donne-moi donc un spécimen de ta concision. — Eh bien! je vais le faire.*

392. Οὐ μόνον (οὐχ ὅτι, οὐχ ὅπως, μὴ ὅτι, μὴ ὅπως)... ἀλλὰ καί. — Pour renchérir sur une affirmation, on emploie :

1° Οὐ μόνον (οὐχ ὅτι, μὴ ὅτι)... ἀλλά (ἀλλὰ καί), *non seulement... mais encore.*

Ex. : Μὴ ὅτι ἰδιώτης τις, ἀλλ' ὁ μέγας βασιλεύς (PLATON). *Non seulement un simple particulier, mais le grand roi.*

2° Οὐ μόνον οὐ (οὐχ ὅπως, μὴ ὅτι)... ἀλλὰ καί, *non seulement ne... pas, mais encore; bien loin de.*

Ex. : Οὐχ ὅπως ἐνίκησεν, ἀλλ' ἔφυγεν. *Bien loin de vaincre, il s'est enfui.*

3° Οὐχ ὅπως (μὴ ὅτι, μὴ ὅπως)... ἀλλ' οὐδέ, *non seulement ne... pas (bien loin de), mais pas même.*

Ex. : Μὴ ὅπως ὀρχεῖσθαι ἐν ῥυθμῷ, ἀλλ' οὐδ' ὀρθοῦσθαι ἐδύνασθε (XÉN.). *Loin de danser en mesure, vous n'étiez pas même en état de vous tenir debout.*

REMARQUE. — I. Les expressions οὐχ ὅτι, μὴ ὅτι, etc. s'expliquent par l'ellipse du verbe *dire* : οὐ (λέγω) ὅτι, *je ne dis pas que*, μὴ (λέγε) ὅτι, *ne dis pas que.*

II. Dans un second membre de phrase négatif, μή τί γε (μή τί γε δή), parfois μὴ ὅτι signifie *à plus forte raison*, ou, après un premier membre négatif, *encore bien moins*. Ex. : Ἄχρηστον καὶ γυναιξί, μὴ ὅτι ἀνδράσι (ARISTOTE), *inutile même aux femmes, à plus forte raison aux hommes.* — Οὐδὲ στρατιώτης οὗτος οὐδενός ἐστ' ἄξιος, μή τί γε τῶν ἄλλων ἡγεμών (DÉM.). *Même comme soldat, il ne vaut rien, encore bien moins pour conduire les autres.*

III. On ne confondra pas avec οὐ μόνον l'expression μόνον οὐ, μόνον οὐχί (ou ὅσον οὐ), *c'est à peine, c'est tout juste si... ne pas, presque.* Ex. : Οἶμαι μόνον οὐκ ἐν μακάρων νήσοις οἰκεῖν (PLATON). *Je m'imagine presque habiter les îles des Bienheureux.*

4° Explication : sens général *car*

393. Γάρ.

Γάρ (γε + ἄρα), dont le sens originel est *oui*, *bien sûr*, s'emploie :
— soit pour introduire la raison de ce qui précède : *car*, *en effet.*
— soit pour introduire une précision, un éclaircissement, un exemple : *à savoir;* dans ce cas, on ne le traduit généralement pas ou on le rend par nos deux points (:). Γάρ s'emploie ainsi après τεκμήριον δέ, σημεῖον δέ, *une preuve, un signe, c'est que...*; τὸ μέγιστον, τὸ δεινότατον, *le principal, le plus terrible, c'est que...* Ex. : Ὁ δὲ δεινότατόν ἐστιν ἁπάντων· ῥᾴθυμος γάρ ἐστιν. *Et le pire de tout, c'est qu'il est paresseux* (333, II).
— soit pour introduire, en manière de parenthèse, l'explication de ce qui suivra. Ex. : Ἐγώ σε τοῦτ', ἴσως γὰρ οὐκ ἀκήκοας, πᾶν ἐκδιδάξω (Sophocle). *Eh bien moi — peut-être, en effet, n'as-tu pas entendu — je vais tout t'expliquer.*

Remarques. — I. Dans les phrases interrogatives, γάρ signifie proprement *c'est que?* et se traduit par *ainsi*, *donc*. Ex. : Ποιμὴν γὰρ ἦσθα; (Sophocle) *Tu étais donc berger?* — Δοκῶ γάρ σοι παίζειν; (Platon) *Ainsi, tu crois que je plaisante?* — De là les formules elliptiques : οὐ γάρ; *n'est-il pas vrai?* — ἢ γάρ; *n'est-ce pas?* — τί γὰρ ἄλλο; τί γὰρ οὔ; *pourquoi donc pas?* — πῶς γάρ; *comment donc?*

II. Ἀλλὰ γάρ marque une réserve et en introduit la raison : *il y a un mais, car :* on le traduit bien par *mais*, *mais en fait*, *mais malheureusement*. Ex. : Ἔδει ὁμονοεῖν· ἀλλὰ γὰρ ἅπαντες πεφύκαμεν ἁμαρτεῖν (Isocrate). *Il aurait fallu s'accorder; malheureusement, nous sommes tous enclins à commettre des fautes.*

5° Conclusion : sens général *donc*

394. Οὖν. — Μὲν οὖν. — Δ' οὖν. — Γοῦν.

Οὖν annonce une conclusion, une conséquence, en l'appuyant sur la réalité de ce qui précède : *dans ces conditions*, *alors*, *donc*.

Οὖν s'ajoute à d'autres particules pour en souligner la valeur :

1° μὲν οὖν s'emploie :
— soit pour résumer ce qui précède, souvent avant une autre phrase introduite par δέ. Ex. : Κλέαρχος μὲν οὖν τοσαῦτα εἶπε· Τισσαφέρνης δὲ... (Xén.). *Voilà donc tout ce que dit Cléarque; à son tour Tissapherne...*
— soit pour affirmer énergiquement une opinion : μὲν οὖν, *assurément;* πάνυ μὲν οὖν, μάλιστα μὲν οὖν, κομιδῇ μὲν οὖν, *oui*, *certes;* οὐ μὲν οὖν, *non certes.*
— soit pour opposer une opinion contraire : *loin de là*, *pas du tout*, *bien au contraire.* Ex. : Ἐγὼ οὔ φημι; φημὶ μὲν οὖν ἔγωγε (Platon). *Moi, je le nie? Je l'affirme au contraire.*

2° δ' οὖν (parfois γοῦν) introduit, après une discussion ou une digression, une affirmation limitée : *quoi qu'il en soit; en tout cas; ce qui est sûr, c'est que.*

3° γοῦν s'emploie soit au sens de γε, *du moins, oui du moins;* soit pour introduire un fait à l'appui de ce qu'on vient de dire : *ainsi, par exemple.* (Dans ce dernier sens, on emploie plutôt οἷον.)

4° οὔκουν (accentué sur οὐκ) dégage une conclusion négative : *donc ne... pas, assurément ne... pas;* οὐκοῦν (accentué sur -οῦν) signifie soit simplement *donc,* soit, dans une interrogation, *n'est-ce pas?* Ex. : Οὐκοῦν βασιλεύς εἶ σύ; (S. Jean). *Alors, tu es donc roi?*

395. Τοίνυν. — Τοιγαροῦν. — Τοιγάρτοι.

Τοίνυν — toujours postposé — s'emploie :

— soit, dans le dialogue, avec un sens voisin de οὖν, pour introduire une conclusion : *dès lors, dans ce cas, donc,* ou simplement *eh bien!*

— soit, avec un sens voisin de δέ, pour marquer une transition : *d'autre part, or, maintenant;* ἐγὼ τοίνυν, ἔτι τοίνυν équivalent à ἐγὼ δέ, ἔτι δέ.

Τοιγαροῦν, τοιγάρτοι introduisent une conclusion, plus fortement que τοίνυν : *voilà donc pourquoi.*

396. Ἄρα.

Ἄρα marque la découverte d'un enchaînement inaperçu. On l'emploie :

— soit pour présenter une conséquence comme découlant naturellement de ce qui précède : *naturellement, évidemment, cela va de soi.*

— soit pour introduire une opinion surprenante (ὡς ἄρα, *que, paraît-il, à ce qu'on prétend*) ou une hypothèse inattendue (εἰ ἄρα, *si par hasard, si toutefois*). Ex. : Ἀκούω τινὰ διαβάλλειν ἐμὲ ὡς ἐγὼ ἄρα ἐξηπάτησα ὑμᾶς (Xén.). *J'entends dire que l'on m'accuse : je vous aurais, paraît-il, trompés.*

— soit, dans une déduction logique, pour souder étroitement les étapes du raisonnement : *alors, donc.*

397. Εἶτα. — Ἔπειτα.

Εἶτα, ἔπειτα, adverbes de temps, *ensuite, après cela,* marquent aussi :

— soit une transition, avec un sens plus fort que δέ : *alors, et puis :* πρῶτον μὲν... ἔπειτα (rarement ἔπειτα δέ), *d'abord... ensuite.*

— soit une succession logique, avec un sens voisin de οὖν : *à la suite de cela, par suite, dans ces conditions.*

— soit l'étonnement, l'indignation devant une attitude imprévue, illogique : *et après cela; eh quoi! alors!* Ex. Ἐμβρόντητε, εἶτα νῦν λέγεις (Dém.). *Abruti! alors, c'est maintenant que tu parles?*

APPENDICES

I

Principales particularités de la langue homérique

398. Issue d'une longue tradition littéraire, développée aux confins de l'Éolide et de l'Ionie, l'épopée homérique use d'une langue composite où entrent essentiellement des éléments éoliens et ioniens. Mais la langue épique n'a aucun caractère dialectal nettement défini. Elle a servi à tous les Grecs. On ne peut relever ici que les principales particularités, et cela d'une manière purement empirique. Pour l'étude de la langue épique, voir P. Chantraine, *Grammaire homérique* (Klincksieck).

PHONÉTIQUE

1. *Les voyelles.* L'ᾱ est régulièrement remplacé par η en ionien dans toutes les positions : κλισίη, χώρη, νεηνίης, πρῆξις, παντοίη, θώρηξ, λίην, πρήσσω, πειρήσομαι, νηός, *le temple;* τὸ κάρη, *la tête.*

Néanmoins l'ᾱ est maintenu dans quelques cas :

1° après allongement compensatoire : κᾱλός, πᾶσα, γίγᾱσι; 2° dans le cas d'allongement métrique : ᾱ̓θάνατος, ᾱ̓νήρ; 3° dans quelques formes éoliennes : 'Ατρεΐδᾱο, θυρᾱ́ων; 4° enfin dans quelques mots : Θεά, *déesse;* λᾶοι, *les gens;* ἄηρ; μάν; ἐάω.

2. ε et ο sont fréquemment allongés en ει et ου devant λ, ν, ρ, σ et les voyelles, d'ordinaire après la chute d'une consonne : ξεῖνος [*ξενϝος], δειρή [*δερϝη], μοῦνος, δούρατος, κουρή (κόρη, *κορϝη). Notamment ε devient ει au présent et à l'imparfait des verbes en -έω : τελείω (*τελεσjω, *τελεjω).

3. La contraction est souvent omise : ἄλγεα = ἄλγη; τείχεος = τείχους.

Au moyen la 2e personne du singulier est en -εαι à l'indicatif, en -ηαι au subjonctif: ἔσσεαι = ἔση, γένηαι = γένῃ; — en -εο pour ου, -σαο pour -σω : ἐλύεο (ἐλύου); ἐλύσαο (ἐλύσω).

On trouve des contractions de εο en ευ, qui ne datent que du IVe siècle (voir Hérodote, 399, 7) : μευ (μου), ἔρχευ (ἔρχεο, ἔρχου), θέρευς (θέρους), φιλεῦντας.

4. On n'écrivait plus le ϝ à l'époque homérique, mais on en avait conservé le souvenir et l'influence de cette sonante s'exerçait de plusieurs manières : 1° à l'initiale en empêchant l'hiatus; 2° à l'intérieur, en empêchant la contraction : ἄναξ, ἔπος, οἶνον, ἰδεῖν, ἕκαστος; — ἠέλιος (ἥλιος, *ἀϝελιος), ἄεθλον, ἀείδω (ᾄδω), ἔιδον (εἶδον, *ἔϝιδον), βασιλῆϊ, ὀξέϊ, λοέσασθαι (λούσασθαι). (Voir aussi ci-dessus, 2).

5. Devant une consonne ἄν, πάρ, κάτ, ἄρ, peuvent remplacer ἀνά, παρά, κατά, ἄρα qui s'écrit aussi ῥά *(apocope)*. De plus, la finale de κάτ et de ἄν se modifie devant certaines consonnes : κάππεσον = κατέπεσον, κὰδ δύναμιν, κάλλιπε = κατ-έλιπε, ἂμ πεδίον. Enfin, dans les verbes composés, un ou plusieurs mots sont souvent intercalés entre la préposition et le verbe : κατ' ἄρ' ἕζετο = καθέζετο ἄρα *(tmèse)*; κὰδ δ' ἵζον = κάθιζον δὲ. Le préverbe exprime parfois à lui seul l'action verbale : ἄνα, *debout!*, ἄν, *il se leva.*

5 *bis. Les consonnes.* Homère, comme l'ionien et l'ancien attique, conserve les deux σ, là où l'attique classique écrit ττ : θάλασσα, θάσσων, πρήσσω φυλάσσω.

6. Après une voyelle brève, certaines consonnes, surtout λ, μ, ρ, σ, sont redoublées : 1° après l'augment : ἔλλαβον, ἔμμαθον; 2° au futur et à l'aoriste : ἔσσομαι, ἐτέλεσσα; 3° plus rarement au radical : ὅσσος, τόσσος, μέσσος. Les occlusives π et τ se redoublent dans ὅττι, ὁππότε, etc.

Le plus souvent ce redoublement de la consonne rappelle une consonne disparue de la langue : ἔλλαβον = *ἐσλαβον; ἔρρεον = *ἐσρεον; ἐτέλεσσα, radic. τελεσ-; ἐπασσάμεθα = *ἐπατ-σαμεθα; ὅττι = *ὀδ-τι.

7. Homère emploie souvent, ou même constamment :

ἄρσην	pour	ἄρρην	αἰεί	pour	ἀεί
θάρσος	—	θάρρος	οὔτις	—	οὐδείς
πτόλις	—	πόλις	ἠέ	—	ἤ
πτόλεμος	—	πόλεμος	ἠΰ	—	εὖ
κραδίη	—	καρδία	αὖτις	—	αὖθις
βασιλήϊος	—	βασιλεῖος	ἐς	à côté de	εἰς.

DÉCLINAISON

8. La désinence -φι (ν), ancienne désinence d'instrumental, s'emploie pour le génitif et le datif, au singulier et au pluriel : ἐξ εὐνῆ-φιν, *hors du lit; ἐκ* θεόφιν, *des dieux;* παρ'αὐτό-φι, *chez eux;* βίη-φι *par la force;* δακρύοφι, *avec des larmes.*

9. Les désinences -θι, -δε, -θεν s'ajoutent souvent aux noms pour répondre aux questions *ubi, quo, unde :* οἶκο-θι, *domi;* κλισίην-δε, *vers la tente;* ἀγορήν-δε, *à l'agora;* οὐρανό-θεν, *de cælo* (160-161).

Première déclinaison

10. Sing. N. ἀγορή, Ἀτρείδης, ἱππότᾰ (= ἱππότης, *cavalier.)*
G. ἀγορῆς, Ἀτρείδᾱο ou Ἀτρείδεω [Ἀτρείδηο]
Plur. G. θυράων, πυλέων, ναυτέων
D. κονίησι, πύλῃς.

Deuxième déclinaison

11. SING. G. ἀνέμοιο ou ἀνέμου (= ἀνεμοο)
PLUR. D. θεοῖσιν ou θεοῖς
DUEL. G. ὤμοιιν.

Le génitif en οο ne se trouve jamais dans le texte homérique. Il semble bien avoir existé parallèlement à οιο (origine commune). On peut souvent le rétablir, mais souvent aussi la désinence ου s'impose (au temps fort ou en fin de vers).

Troisième déclinaison

12. SING. G. θέρους ou θέρευς, *en été*
PLUR. D. ποσσί ou πόδ-εσσι, θυγατέρ-εσσι, κηρύκεσσι, ἐπέεσσι, βελέ-εσσι.

La désinence -εσσι provient, croit-on, d'une mauvaise coupure : τείχ-εσσι, où en réalité le radical est τειχεσ- et la désinence -σι. Pratiquement on ajoute -σι, au nom. pl. (masc. et fém.) *(éolisme)*.

13. La langue homérique compte de nombreux thèmes en -i, dont la déclinaison est régulière (cf. δις) : μάντις, *devin*, gén. μάντιος n. pl. μάντιες; πόσις, *boisson.*

Πόλις comporte un mélange de formes :

	SINGULIER		PLURIEL
N.	πόλις	N.	πόλιες, πόληες
A.	πόλιν	A.	πόλιας, πόληας, πόλις
G.	πόλιος, πόληος	G.	πολίων
D.	πόλι, πόληι, πόλεϊ	D.	πολίεσσι.

Le mot βασιλεύς garde souvent η au lieu d'ε (sans métathèse) : βασιλῆος, βασιλῆι.

On décline νηῦς (= ναῦς), νῆα ou νέα, νηός ou νεός, etc.

Les noms de parenté (55, 56), πατήρ, μήτηρ, etc., peuvent conserver l'ε à la plupart des cas : πατέρος, πατέρι; θυγατέρος, θυγατέρα et θύγατρα, de même ἀνέρα, ἀνέρος, ἀνέρι, etc.

14. Πολύς et πολλός se déclinent côte à côte à peu près complètement; ainsi le pluriel est souvent πολέες, πολέας, πολέων, πολέσσι ou πολέεσσι, formes qu'il ne faut pas confondre avec celles de πόλις.

Il faut y ajouter les formes πουλύς, πουλύν (allongement métrique).

Les comparatifs en -(ί)ων ont plutôt les formes pleines -ονα, -ονες que les formes contractées -ω, -ους : χείρονες, καλλίονες, ἀμείνονες. On notera les comparatifs φίλτερος, βέλτερος, φέρτερος, *meilleur;* κακώτερος...; les superlatifs φέρτατος (φέριστος); κάρτιστος (κράτιστος); βάρδιστος (βράδιστος).

14 *bis. Noms de nombre.* On notera : δύω, à côté de δύο; τέσσαρες (πίσυρες éol.); ἐείκοσι (*ἐϝῖκοσι); δυώδεκα; πρώτιστος, τρίτατος et τέτρατος.

15. Pronoms personnels et possessifs

		1re PERSONNE	2e PERSONNE	3e PERSONNE
SINGULIER.	N.	ἐγώ, ἐγών	σύ, τύνη	
	A.	ἐμέ, μέ	σέ	ἕ, μίν
	G.	ἐμεῖο, ἐμέο, ἐμεῦ, μευ, ἐμέθεν	σεῖο, σέο, σεῦ, σέθεν	εἷο, ἕο, εὗ, ἕθεν
	D.	ἐμοί, μοί	σοί, τοί, τείν	οἷ, ἑοῖ
		ἐμός	σός, τεός	ἑός, ὅς
PLURIEL.	N.	ἡμεῖς, ἄμμες *(éol.)*	ὑμεῖς, ὔμμες *(éol.)*	
	A.	ἡμέας, ἄμμε	ὑμέας, ὔμμε	σφέας, σφέ
	G.	ἡμείων, ἡμέων	ὑμέων, ὑμείων	σφείων, σφέω
	D.	ἡμῖν, ἄμμι(ν)	ὑμῖν, ὔμμι(ν)	σφίσιν, σφί(ν)
		ἡμέτερος, ἀμός	ὑμέτερος, ὑμός	σφός, σφέτερος
DUEL.	N. A.	νῶϊ	σφῶϊ	σφωέ
	G. D.	νῶϊν	σφῶϊν	σφωΐν
		νωΐτερος	σφωΐτερος	

REMARQUE. — Quand le pronom de la 3e personne n'a pas le sens réfléchi, il est enclitique : ἑ, ἑθέν, οἱ, *eum*, *ejus*, *ei*.

16. Chez Homère, ὁ, ἡ, τό (τοῖο pour τοῦ, τάων pour le fém. τῶν) est encore le plus souvent pronom démonstratif; mais il a déjà en plusieurs endroits la valeur d'un simple article. Οἱ et αἱ peuvent se remplacer par τοί et ταί. De plus les formes commençant par τ s'emploient souvent comme relatifs — sans qu'on puisse toujours les distinguer des démonstratifs *(parataxe)*. En revanche, le relatif ὅς ou ὅ a souvent au nominatif le sens de *ille*. Il est souvent suivi de l'enclitique τε, qui n'ajoute rien au sens : ὅστε, ᾧτε, mais donne à la phrase un caractère plus général.

17. L'interrogatif τίς fait au génitif τέο et τεῦ; au datif τέῳ; génitif pluriel, τέων; datif pluriel, τέοισι.

17 *bis*. *Les prépositions*. On notera les formes : ἐνί, εἰν (allongement métrique) pour ἐν : ἐνὶ μεγάροισιν, εἰν ἀγορῇ; ποτί, προτὶ pour πρός : προτὶ (ϝ)άστυ, ποτὶ γαῖαν; ὑπεὶρ (allong. métrique), ὑπεὶρ ἅλα, *sur la mer*.

CONJUGAISON

18. L'augment est encore facultatif chez Homère : βῆ, λῦσε sont pour ἔβη, ἔλυσε; ἴδον est pour εἶδον. Il s'omet à peu près toujours au duel : δια-στήτην, pour δι-εστήτην.

19. Les désinences -μι et -σι peuvent s'ajouter à la 1re et à la 3e personne du subjonctif : ἐθέλωμι, ἐθέλῃσι. La désinence -θα peut s'ajouter à la 2e personne du subjonctif et de l'optatif : ἐθέλῃσθα, βάλοισθα.

20. La désinence -μεθα est souvent remplacée par -μεσθα : ἑπόμεσθα, ἐσόμεσθα. Cette forme, analogique de la 2e pers. du pluriel, a l'avantage d'éviter trois brèves de suite. On la retrouvera chez Aristophane.

21. Les désinences -νται et -ντο du parfait et de l'optatif se remplacent bien par -αται, -ατο après consonne et, par analogie, après voyelle : πεφοβήαται, γενοίατο sont pour πεφόβηνται, γένοιντο. Devant ces désinences, les labiales et les gutturales doivent être aspirées : τετράφαται, de τρέπω, équivaut à la périphrase τετραμμένοι εἰσίν (136).

22. Les désinences -μεν et -μεναι (éolismes) s'emploient souvent à l'infinitif : ἐλθέμεν, τεθνάμεναι, τυπτέμεν sont pour ἐλθεῖν, τεθνάναι, τύπτειν. A l'aoriste second, ἰδέειν alterne avec ἰδεῖν; βαλέειν, πεσέειν.

23. Les voyelles de liaison du subjonctif sont souvent brèves : ὀτρύνομεν, pour ὀτρύνωμεν; βήσομεν, pour βήσωμεν; βήσεται; δυνησόμεθα; ποιήσομεν, -σεται.

24. Dans les verbes contractes en -άω, la voyelle longue de la contraction est souvent précédée d'une voyelle brève de même son : ὁρόω, ὁράᾳ, pour ὁρῶ, ὁρᾷ. Cette notation recouvre, en réalité, une voyelle contracte comptant pour trois temps *(distension)*.

25. Beaucoup de verbes en -ζω ont le futur en -ξω et l'aoriste en -ξα : πολεμίζω, fut. πολεμίξομεν; ἁρπάζω, aor. ἥρπαξα.

26. Beaucoup d'aoristes seconds ont un redoublement : πείθω, aor. 2 πέπιθον; κέλομαι, ἐκεκλόμην; φράζω, ἐ-πέφραδον; πυνθάνομαι, πεπυθόμην; χαίρω, κέχαρον.

Εἶπεν n'a plus été considéré comme verbe à redoublement (142) et a pu prendre l'augment : ἔειπε (*ἐϝειπε).

27. Après une brève, le double σσ persiste souvent au futur et à l'aoriste premier : αἰδέομαι, fut. αἰδέσ-σομαι; κομίζομαι, aor. κομίσσατο; καλέομαι, *convoquer*, aor. καλέσσατο (voir p. 78, note 1).

28. Le futur des verbes liquides se contracte rarement : ἀγγέλλω, fut. ἀγγελέω; ἐρέω (ἐρῶ).

29. On rencontre quelquefois les désinences de l'aoriste second après le σ caractéristique de l'aoriste premier : δύσετο, ἀξέμεν, βήσεο, au lieu de ἐδύσατο, ἄξαι (= ἀγαγεῖν), βῆσαι (impér. de ἐβησάμην).

30. Le subjonctif est en -έω ou -ήω : δαμήω, δαμήῃς, δαμήομεν, δαμήετε, δαμέωσι. A l'aoriste second actif de sverbes en -μι, on trouve de même θήω ou θείω, θήῃς, θήῃ, θείομεν ou θέωμεν, δώωσιν et δῶσιν.

31. Homère emploie certaines formes d'aoriste second très brèves, composées du radical pur et de la désinence, sans voyelle de liaison : ὦρ-το, *il s'élança;* ἅλ-το, *il bondit;* δέκ-το, *il reçut;* κλῦ-θι, *écoute;* cf. les duels ἔϊκ-τον, ἐΐκ-την de εἴκω.

32. Les verbes en -μι ont à l'indicatif présent quelques formes contractes : τιθεῖ, pour τίθησι; τιθεῖσι au lieu de τιθέασι.

33. La 3e personne du pluriel de l'imparfait et de l'aoriste second, dans les verbes en -μι, remplace souvent la désinence -σαν par un simple -ν (= ντ) : ἵεν = ἵεσαν, στάν = ἔστησαν, ἔβαν = ἔβησαν. A l'aoriste passif, -εν est souvent pour -ησαν : τράφεν = ἐτράφησαν.

34. *Verbes irréguliers ou difficiles.* — ἵημι, *lancer;* imparf. ἵειν; aor. ἕηκα; 3e pers. plur. ἕσαν; moyen ἕντο. — ἠμί, *dire* n'est pas homérique; on ne trouve (et très souvent) que ἦ, *il dit;* — φημί a des formes moyennes : φάτο, φάμενος (Gr. 154).

35. εἶμι, *je vais* ou *j'irai;* εἶσθα, *tu vas;* inf. ἴμεν; imparf. ἤϊα ou ἤϊον; ἴσαν, *ils allaient;* fut. εἴσομαι; aor. εἰσάμην, ἐείσατο. La conjugaison se complète à l'aide du thème ἐλευθ-, qui a donné : fut. ἐλεύσομαι; aor. ἤλυθον (à côté de ἦλθον); parf. ἐλήλουθα (εἰλήλουθα, εἰ- par allongt. métrique).

36. εἰμί, *je suis;* ἐσσί, εἶς, *tu es;* εἰμέν, *nous sommes;* ἔασιν, *ils sont;* subj. ἔω; inf. ἔμμεν ou ἔμμεναι; part. ἐών; imparf. ἦα, ἔα, ἔον, *j'étais;* ἔησθα, *tu étais;* ἦεν, ἔην, *il était;* ἔσαν, *ils étaient;* fut. ἔσ-σομαι, ἔσσεται; part. ἐσσόμενος (6).

37. οἶδα, *je sais;* ἴδμεν, *nous savons;* ἴδμεν ou ἴδμεναι, *savoir;* fut. εἰδήσω ou εἴσομαι. imparf. ᾔδεα, ᾔείδης, ᾔδεε ou ᾔδη, 3e pers. plur. ἴσαν.

38. ἧμαι, *je suis assis;* 3e p. pl. ἕαται, ἥαται; imparf. ἕατο, ἥατο, εἵατο (=ἧντο); κεῖμαι, *jaceo*, 3e p. pl. κέαται, κείαται; κέατο, κείατο.

39. Homère emploie, à l'actif et au moyen, des imparfaits et des aoristes fréquentatifs qui marquent la répétition de l'action; l'augment leur fait généralement défaut. On les forme au moyen des désinences -σκον et -σκόμην ajoutées aux thèmes de présent et même d'aoriste.

ἔχω	imparf.	ἔχεσκον	αἱρέω	aor.	ἕλεσκον
εἰμι	—	ἔσκον	λέγω	—	εἴπεσκον
πέλομαι	—	πελεσκόμην	φεύγω	—	φύγεσκον.

SYNTAXE

40. Chez Homère, souvent les idées sont simplement juxtaposées au moyen de δέ, au lieu d'être coordonnées ou subordonnées *(parataxe)*. Inversement, quand la phrase commence par une subordonnée (surtout temporelle), Homère rattache parfois la principale par δέ, (voisin de δή, *alors*) : ἐπεὶ... δῶκε δὲ...

41. L'infinitif seul suffit à marquer le but, l'intention, la conséquence : βῆ δ'ἰέναι, *il se mit en marche pour aller.* Il est assez souvent employé pour l'impératif : εἰπεῖν, *parle;* ὣς δὲ σὺ ῥέζειν, *agis ainsi;* δόμεναι πάλιν, *rends.*

42. La préposition conserve souvent sa valeur d'adverbe et se trouve séparée de son régime (5). Inversement, les compléments de lieu sont souvent exprimés par le génitif, le datif ou l'accusatif sans prépositions : πεδίοιο, *dans la plaine;* νήσοισι, *dans les îles;* κλισίην, *dans la tente.*

La préposition peut aussi se trouver rejetée après son régime : ἄστυ πέρι, θεῶν ἐκ, τὰς δὲ μέτα; — ou même après le verbe : λούσασθαι ἄπο (= ἀπολούσασθαι), τίθει πάρα (παρατίθει).

43. Assez fréquemment, Homère emploie dans une principale le subjonctif seul ou avec ἄν (κε, κεν) dans le sens d'un futur (éventuel) : καί ποτέ τις εἴπῃσι (= ἐρεῖ) — et rend le conditionnel (potentiel) par l'optatif seul : καί ποτέ τις εἴποι (280).

44. Les propositions finales sont souvent introduites par ὄφρα; les consécutives sont souvent rendues par l'infinitif seul (sans ὥστε); les comparatives par ὥστε (ou ὡς δ' ὅτε ou ἠύτε. Les conjonctions de temps sont particulièrement nombreuses. Outre ὅτε, ἐπεί, ὡς, πρίν (322), on notera : ἦμος, *au moment où;* εὖτε, *comme;* parfois ὄφρα (= ἕως); ἐπήν (= ἐπεὶ ἄν). — Αἴ κε = ἐάν.

MÉTRIQUE

45. Homère utilise uniquement l'hexamètre dactylique, mètre auquel se pliait difficilement la langue grecque (de rythme iambique, Gr. 23); d'où la nécessité de diverses adaptations. On citera principalement *l'allongement métrique* : ᾱθάνατος, Ἀπόλλων (ᾱ), γεινόμενος (γενόμενος), πουλύ, τιθήμενος. Le *choix des mots* lui-même est parfois commandé par le mètre; ἡμέρη entre difficilement dans un hexamètre; on le remplaça par le vieux terme ἦμαρ : ἤματα καὶ νύκτας; ἤματι τῷ ὅτε, ἤματος (ἡμέρης).

C'est ainsi que s'expliquent encore certaines formes comme μαχόμεσθα (ci-dessus, 20); les formes πατέρος, μητέρος..., les prépositions εἰν, ὑπείρ..., et même certaines orthographes arbitraires : Ἀχιλεύς, Ὀδυσσεύς...

46. *Elision et abrègement.*

Homère élide ᾰ, ε, ῐ, ο dans la déclinaison et la conjugaison; — αι dans les désinences -μαι, -ται et -σθαι; — οι dans μοι, σοι, τοι. Mais la présence ou le souvenir d'un ϝ empêchent souvent l'hiatus : κατὰ (ϝ)άστυ; ἐπὶ (ϝ)έργα; — ou permettent l'allongement par position : οὔτε τί πω ϝεῖπες ϝέπος.

On notera que, si la voyelle longue (ou la diphtongue) forme la première syllabe du pied — même en hiatus —, elle reste longue, — dans la deuxième syllabe du pied, elle devient brève.

47. De nombreux mots comportent une racine commençant par **sl*, **sm*, **sn*, groupes qui allongent souvent une voyelle brève finale; l'analogie a parfois joué. Ex. : κατᾱ μοῖραν *(*sm-)* ; ὄρεᾱ νιφοέντα *(*sn-)* ; ταὶ δὲ μεγάλα; ἐνῑ μεγάροισιν; ἐνὶ νήσῳ; πολλᾱ λισσόμενος.

48. Les groupes -εω, -εων, -εα, -εας... ne comptent parfois que pour une syllabe longue *(synizèse)* : Πηληιάδεω, πελέκεας, σφέας, στέωμεν, βορέῃ.

49. Le cinquième pied de l'hexamètre — qui devrait être un dactyle — est souvent un spondée chez Homère *(vers spondaïque)*. La coupe bucolique (après le 4ᵉ pied) est fréquente.

II

Quelques traits de l'ionien d'Hérodote

399. L'ionien employé par Hérodote est le même, pour le fond, que le dialecte homérique. Il offre de plus les particularités essentielles suivantes :

1. κ remplace π dans les adjectifs et adverbes corrélatifs : κοῖος, κοσός, κότερος, ὁκοῖος, κοῦ, κοτέ, οὔκοτε, etc.

2. Les sourdes ne se changent pas en aspirées (psilose) : ἐπορᾶν (= ἐφορᾶν), ἀπ' οὗ (= ἀφ' οὗ), ἀπικνέεσθαι (= ἀφικνεῖσθαι).

3. Le ν euphonique n'est pas en usage.

4. L'augment temporel fait défaut dans plusieurs verbes poétiques ou propres au dialecte ionien, dans ceux qui commencent par αι ou οι, enfin dans les imparfaits et aoristes fréquentatifs en -σκον.

5. Le plus-que-parfait actif est en -εα ; ἐώθεα (= εἰώθειν).

6. Les verbes en -άω se conjuguent : ὁρέω, ὁρέομεν, ὁρέουσι; impf. ὥρεον,

7. *Après une voyelle*, εο, εου dans les verbes en -εω et en -αω, ainsi que οο, οου dans les verbes en -οω, se contractent en ευ. Ex. : ποιεῦντες (= ποιέοντες), θηεύμενος (= θηεόμενος, pour θεαόμενος), κομιεύμεθα (= κομιούμεθα, fut. de κομίζομαι), ἀντιεύμενος (= ἀντιοόμενος).

8. α remplace ν dans les finales en -νται et -ντο du parfait et du plus-que-parfait passif, du présent et de l'imparfait de verbes en -μι, et de tous les optatifs. Ex. : τετύφαται (= τετυμμένοι εἰσί), ἀπίκαται (= ἀφιγμένοι εἰσί), ἡγέαται (= ἥγηνται), δυνέαται (= δύνανται), ἠπιστέατο (= ἠπίσταντο), γενοίατο (= γένοιντο). Ces formes se retrouvent chez les plus anciens écrivains attiques (poètes et prosateurs, même Aristophane).

9. Le duel fait défaut dans le dialecte ionien.

10. Voici les principales formes où Hérodote s'écarte de l'usage attique :

ἀδελφεός	pour	ἀδελφός	ζώω	pour	ζῶ [*ζήω]
βωθέειν	—	βοηθεῖν	ἤνεικα	—	ἤνεγκα
βῶσαι	—	βοῆσαι	ἦ μέν	—	ἦ μήν
γίνομαι	—	γίγνομαι	θηέεσθαι	—	θεᾶσθαι
δέκομαι	—	δέχομαι	θῶμα	—	θαῦμα
δέξω	—	δείξω	ἰθύς	—	εὐθύς
διξός	—	δισσός	ἱρός	—	ἱερός
ἐλάμφθην	—	ἐλήφθην	κιθών	—	χιτών
ἐνένωτο	—	ἐνενόητο	νηός (ὁ)	—	νεώς (ὁ)
ἐνθαῦτα	—	ἐνταῦθα	οἶκα	—	ἔοικα
ἐπείτε	—	ἐπεί	ὁρτή	—	ἑορτή
ἔπειτεν	—	ἔπειτα	πλώω	—	πλέω (ἐγώ)
ἕσσων	—	ἥττων	πολιήτης	—	πολίτης
ἐτίθεα	—	ἐτίθην	τέσσερες	—	τέτταρες
ἑωυτοῦ	—	ἑαυτοῦ	ὦν, γῶν	—	οὖν, γοῦν.

III

Quelques éolismes ou dorismes littéraires

400. L'éolien pur ne se trouve que dans des textes qu'on n'a pas l'occasion de lire dans les classes. Mais un ensemble de traits éolo-doriens se rencontre chez les poètes de la lyrique chorale (Pindare, Bacchylide, etc.). Quelques-uns de ces traits (voir surtout 1) ont pénétré dans la langue des parties chantées de la tragédie grecque.

Quoiqu'elle-même mélangée, la langue des poètes bucoliques (Théocrite, etc.) est plus spécifiquement dorienne.

On ne relèvera ici que quelques formes qu'on risque de rencontrer dans les lectures faites en classe.

1. *Les voyelles.* — Ce qui caractérise les dialectes éolo-doriens, c'est la prédominance de l'α long, conservé notamment partout où l'ionien a introduit un η (398, 1). L'α long est maintenu dans toutes les positions, dans les noms, les verbes et les mots invariables, aussi bien pour la racine que pour la désinence.

Ex. : μᾶλα (μῆλα), *pommes ;* γυνά (γυνή), *femme ;* φίλα (φίλη), *amie ;* κατέβαν (κατέβην); λαθόμαν (ἐλαθόμην); ἁνίκα (ἡνίκα); οὐδαμᾷ (οὐδαμῇ).

2. Les *contractions* n'ont pas toujours lieu (cf. Homère, 398, 3) : νόος; κακοεργός, ἔρχεο (= ἔρχου).

Quand les contractions se font, elles aboutissent à des formules différentes de celles de l'ionien attique :

α + ε = η : ὅρη (ὅραε, ὅρα), *vois ;* κἠμέ (κἀμέ, καὶ ἐμέ).
α + ο = α : πεινᾶντι (πεινῶντι).
α + ω = α : τᾶν (τάων, τῶν).
ε + ο = ευ : χείλευς (= χείλους, χείλεος).
ο + ο = ω : νῶν (νοῦν).
ο + ε }
ο + α } = ω : ὥτερος (ὁ ἕτερος).

3. L'*allongement* de ο se marque par ω (et non par ου comme en ionien-attique). Ex. : ὤρεος (ὄρους, ionien οὔρεος), *montagne ;* ὦν (οὖν), *donc.* Voir notamment dans les contractions.

4. L'allongement par les fausses diphtongues αι et οι est un éolisme. Ex. : μοῖσα (μοῦσα), θανοῖσα (θανοῦσα), λύσαις, au participe, (*λυσανς, λύσας); en éolien pur on dit à l'accusatif τοὶς πέπλοις (τοὺς πέπλους), *les voiles.* Les formes doriennes présentent simplement l'allongement : μῶσα (laconien μωhα); τὼς πέπλως.

5. Les *consonnes.* — Le τ, qui dans certains cas, devant une voyelle, devenait σ en attique, persiste en dorien. Ex. : τύ (σύ, lat. *tu*); εἴκατι (εἴκοσι), πλάτιον (πλήσιον). La forme λύοντι (ionien-attique λύουσι) est la vraie forme grecque.

6. Certains pronoms et adverbes corrélatifs ont en éolien un κ au lieu d'un τ ou d'un π. Ex. : ὀκοῖα (ὁποῖα). La forme ποκά (ποτέ) est dorienne, πότα éolienne (Hérodote écrit κοτέ).

7. Le double σ est d'ordinaire maintenu dans la conjugaison et la déclinaison : στήθεσσι (στήθεσι); ἐγέλασσεν (ἐγέλασεν).

8. On voit fréquemment en éolien le ζ dédoublé en ses deux éléments (σδ) : παίσδειν (παίζειν).

9. Le groupe νθ remplace parfois en dorien le groupe λθ : ἦνθον (ἦλθον).

10. L'apocope des prépositions (éolisme, déjà noté à propos d'Homère) est courante : ποτ τόν = ποτὶ τόν (πρὸς τόν).

11. Dans la *déclinaison*, on notera surtout les génitifs en -α et en -ᾶν : Βρασίλα (*Βρασίλαο); μοισᾶν (μουσῶν). Le datif est en -οισι en éolien, -οις en dorien.

12. Dans la *conjugaison* dorienne, on relèvera les désinences en -μες au lieu de -μεν : λύομες (λύομεν); la désinence -τι à la 3e personne du singulier : προΐητι (προΐησι), et -ντι à la 3e personne du pluriel : φαντί (φασί) (voir 5). L'infinitif a les désinences -εν (dorien), ou -μεν, -μεναι (éolien).

13. Le futur actif dorien est généralement en -σῶ (contracte), le futur moyen en -σεῦμαι. Tous les verbes en -ζω ont le futur en -ξω, l'aoriste en -ξα.

14. On trouve parfois la désinence -μι dans les verbes en -ω, au présent de l'indicatif : νίκημι (νικῶ).

15. L'augment est souvent omis; l'augment temporel est souvent en α (pour η) : ἄγε (ἦγε).

16. Les *particules modales* atones sont κε (κεν) en éolien, κα en dorien.

TABLEAU DES VERBES IRRÉGULIERS

DE LA LANGUE ATTIQUE

Les formes inusitées sont remplacées par un trait horizontal. Les formes entre parenthèses sont rares ou néologiques. Les verbes contractes sont cités, non pas au présent de l'indicatif, mais au présent de l'infinitif.

ἄγαμαι, admirer	—	ἠγάσθην	—
ἀγείρω, rassembler	(ἀγερῶ)	ἤγειρα	—
ἀγείρομαι, être rassemblé	—	(ἠγέρθην)	(ἀγήγερμαι)
ἄγνυμι, V. κατ-άγνυμι			
ἀγορεύω, haranguer [1]			
ἄγω, conduire	ἄξω	ἤγαγον	ἦχα
ἄγομαι, être conduit	{ ἄξομαι ἀχθήσομαι	ἤχθην	ἦγμαι
ᾄδω, chanter	ᾄσομαι	ᾖσα	—
αἰδεῖσθαι, respecter	αἰδέσομαι	ᾐδέσθην	ᾔδεσμαι
αἰνεῖν, V. ἐπαινεῖν			
αἱρεῖν, prendre	αἱρήσω	εἷλον	ᾕρηκα
αἱρεῖσθαι, choisir	αἱρήσομαι	εἱλόμην	ᾕρημαι
αἱρεῖσθαι, être pris	αἱρεθήσομαι	ᾑρέθην	ᾕρημαι
αἴρω, lever	ἀρῶ	ἦρα	ἦρκα
αἴρομαι, se charger de	ἀροῦμαι	ἠράμην	ἦρμαι
αἴρομαι, être levé	ἀρθήσομαι	ἤρθην	ἦρμαι
αἰσθάνομαι, sentir, remarquer	αἰσθήσομαι	ᾐσθόμην	ᾔσθημαι
αἰσχύνω, faire rougir	αἰσχυνῶ	ᾔσχυνα	—
αἰσχύνομαι, rougir	αἰσχυνοῦμαι	ᾐσχύνθην	—

1. Ce verbe est régulier, mais plus usité dans les composés προσαγορεύω *nommer*, et προαγορεύω, *déclarer*. Il emprunte en attique les temps de λέγω. Voyez ἀπαγορεύω.

αἰτιᾶσθαι, accuser	αἰτιάσομαι	ᾐτιασάμην	ᾐτίαμαι
— être accusé	—	ᾐτιάθην	ᾐτίαμαι
ἀκεῖσθαι, guérir	ἀκοῦμαι	ἠκεσάμην	ἤκεσμαι
ἀκούω, entendre	ἀκούσομαι	ἤκουσα	ἀκήκοα
ἀκούομαι, être entendu	ἀκουσθήσομαι	ἠκούσθην	ἤκουσμαι
ἀκροᾶσθαι, écouter	ἀκροάσομαι	ἠκροασάμην	ἠκρόαμαι
ἀλείφω, enduire	ἀλείψω	ἤλειψα	ἀλήλιφα
ἀλείφομαι, être enduit	ἀλειφθήσομαι	ἠλείφθην	ἀλήλιμμαι
ἁλίσκομαι, être pris	ἁλώσομαι	ἑάλων	ἑάλωκα
ἀλλάττω, changer	ἀλλάξω	ἤλλαξα	ἤλλαχα[1]
ἀλλάττομαι, troquer	ἀλλάξομαι	ἠλλαξάμην	—
ἀλλάττομαι, être changé	ἀλλαχθήσομαι ἀλλαγήσομαι	ἠλλάχθην ἠλλάγην	ἤλλαγμαι
ἅλλομαι, bondir	ἁλοῦμαι	ἡλάμην	—
ἁμαρτάνω, se tromper	ἁμαρτήσομαι	ἥμαρτον	ἡμάρτηκα
ἁμαρτάνομαι, être manqué	—	ἡμαρτήθην	ἡμάρτημαι
ἁμιλλᾶσθαι, lutter	ἁμιλλήσομαι	ἡμιλλήθην	ἡμίλλημαι
ἀμπ-έχομαι, revêtir	ἀμπέξομαι	ἠμπεσχόμην	—
ἀμφι-γνοεῖν, douter	ἀμφιγνοήσω	ἠμφεγνόησα	—
ἀμφι-έννυμι, vêtir	ἀμφιῶ	ἠμφίεσα	—
ἀμφι-έννυμαι, endosser	ἀμφιέσομαι	ἠμφιεσάμην	ἠμφίεσμαι
ἀμφισβητεῖν, douter	ἀμφισβητήσω	ἠμφεσβήτησα	—
ἀμφισβητεῖσθαι, *dubitari*	ἀμφισβητήσομαι	ἠμφεσβητήθην	ἠμφεσβήτημαι
ἀν-αλίσκω, détruire	ἀναλώσω	ἀνήλωσα	ἀνήλωκα
ἀναλίσκομαι, être détruit	ἀναλωθήσομαι	ἀνηλώθην	ἀνήλωμαι
ἀνέχω, lever	ἀνέξω ἀνασχήσω	ἀνέσχον	ἀνέσχηκα
ἀν-έχομαι, soutenir	ἀνέξομαι	ἠνεσχόμην	—
ἀνιᾶν, chagriner	ἀνιάσω	ἠνίασα	ἠνίακα
ἀνιᾶσθαι, être chagriné	ἀνιάσομαι	ἠνιάθην	--
ἀν-οίγω, ouvrir	ἀνοίξω	ἀνέῳξα	ἀνέῳχα
ἀνοίγομαι, être ouvert	ἀνοίξομαι	ἀνεῴχθην	ἀνέῳγμαι ἀνέῳγα[2]
ἀπ-αγορεύω, interdire[3]	ἀπερῶ	ἀπηγόρευσα ἀπεῖπον	ἀπείρηκα
ἀπαγορεύομαι, être int.	ἀπορρηθήσομαι	ἀπερρήθην	ἀπείρημαι
ἀντι-βολεῖν, supplier	ἀντιβολήσω	ἠντεβόλησα	—

1. Seulement dans les composés. — 2. Fut. ant. ἀνεῴξομαι. — 3. Signifie aussi *se décourager*, *désespérer*.

ἀπ-αλλάττω, débarrasser	ἀπαλλάξω	ἀπήλλαξα	ἀπήλλαχα
ἀπαλλάττομαι, partir	ἀπαλλάξομαι	ἀπηλλάγην	—
ἀπαλλάττομαι, être déb.	ἀπαλλαγήσομαι	ἀπηλλάγην	ἀπήλλαγμαι
ἀπ-αντᾶν, rencontrer	ἀπαντήσομαι	ἀπήντησα	ἀπήντηκα
ἀπ-εχθάνομαι, être odieux	ἀπεχθήσομαι	ἀπηχθόμην	ἀπήχθημαι
ἀπο-δίδομαι, vendre [1]	ἀποδώσομαι	ἀπεδόμην	—
ἀπο-διδράσκω, s'évader	ἀποδράσομαι	ἀπέδραν	ἀποδέδρακα
ἀπο-θνήσκω [2], mourir	ἀποθανοῦμαι	ἀπέθανον	—
ἀπο-κτείνω [3], tuer	ἀποκτενῶ	ἀπέκτεινα	ἀπέκτονα
ἀπο-λαύω, jouir de	ἀπολαύσομαι	ἀπέλαυσα	ἀπολέλαυκα
ἀπ-όλλυμι, faire périr	ἀπολῶ	ἀπώλεσα	ἀπολώλεκα
ἀπόλλυμαι, périr	ἀπολοῦμαι	ἀπωλόμην	ἀπόλωλα
ἀπό-χρη, il suffit	ἀποχρήσει	ἀπέχρησεν	—
ἅπτω, attacher, allumer	ἅψω	ἧψα	—
ἅπτομαι, s'attacher à	ἅψομαι	ἡψάμην	ἧμμαι
ἅπτομαι, être attaché, allumé	—	ἥφθην	ἧμμαι
ἀρέσκω, plaire	ἀρέσω	ἤρεσα	—
ἀρκεῖν, suffire	ἀρκέσω	ἤρκεσα	—
ἁρμόττω [4], arranger	ἁρμόσω	ἥρμοσα	ἥρμοκα
ἁρμόττομαι, être arrangé	ἁρμοσθήσομαι	ἡρμόσθην	ἥρμοσμαι
ἀρνεῖσθαι, nier	ἀρνήσομαι	ἠρνήθην	ἤρνημαι
ἀροῦν, labourer (rare)	ἀρόσω	ἤροσα	—
ἁρπάζω, ravir	ἁρπάσομαι	ἥρπασα	ἥρπακα
ἁρπάζομαι, être ravi	ἁρπασθήσομαι	ἡρπάσθην	ἥρπασμαι
ἄρχω, commander	ἄρξω	ἦρξα	ἦρχα
ἄρχομαι, commencer	ἄρξομαι	ἠρξάμην	ἦργμαι
ἄρχομαι, être commandé	ἄρξομαι	ἤρχθην	ἦργμαι
αὔξω [5], augmenter	αὐξήσω	ηὔξησα	ηὔξηκα
αὔξομαι, croître	{ αὐξήσομαι αὐξηθήσομαι	ηὐξήθην	ηὔξημαι
ἀφ-ίημι, lancer, quitter	ἀφήσω	ἀφῆκα	ἀφεῖκα
ἀφίεμαι, quitter	ἀφήσομαι	ἀφείμην	ἀφεῖμαι
ἀφίεμαι, être quitté	ἀφεθήσομαι	ἀφείθην	ἀφεῖμαι
ἀφ-ικνεῖσθαι, arriver	ἀφίξομαι	ἀφικόμην	ἀφῖγμαι
ἄχθομαι, être accablé, s'affliger	{ ἀχθέσομαι ἀχθεσθήσομαι	ἠχθέσθην	—

1. Voyez πιπράσκω et πωλεῖν. — 2. Voyez θνήσκω. — 3. Le passif de ἀποκτείνω n'existe pas et se remplace par ἀποθνήσκω. — 4. Préféré à ἁρμόζω en prose attique. — 5. Αὔξω ou αὐξάνω, αὔξομαι ou αὐξάνομαι.

βαδίζω, aller à pied	βαδιοῦμαι	ἐβάδισα	βεβάδικα
βαίνω, marcher	βήσομαι	ἔβην	βέβηκα
βάλλω, jeter	βαλῶ	ἔβαλον	βέβληκα
βάλλομαι, être jeté	βληθήσομαι	ἐβλήθην	βέβλημαι
βάπτω, plonger	βάψω	ἔβαψα	—
βάπτομαι, être plongé	—	ἐβάφην	βέβαμμαι
βιάζομαι, violenter	βιάσομαι	ἐβιασάμην	βεβίασμαι
βιάζομαι, être violenté	βιασθήσομαι	ἐβιάσθην	βεβίασμαι
βιβάζω, faire marcher[1]	βιβῶ,-ᾷς,-ᾷ	ἐβίβασα	—
βιβρώσκω, dévorer	βρώσομαι	ἔβρων	βέβρωκα
βιβρώσκομαι, être dévoré	βρωθήσομαι	ἐβρώθην	βέβρωμαι
(βιοῦν)[2], vivre	βιώσομαι	ἐβίων	βεβίωκα
βλάπτω, nuire	βλάψω	ἔβλαψα	βέβλαφα
βλάπτομαι, être lésé	{ βλάψομαι { βλαβήσομαι	ἐβλάβην	βέβλαμμαι
βλαστάνω, germer	βλαστήσω	ἔβλαστον	βεβλάστηκα
βλέπω, regarder	βλέψομαι	ἔβλεψα	—
βλώσκω, aller (poét.)	μολοῦμαι	ἔμολον	μέμβλωκα
βοᾶν, crier	βοήσομαι	ἐβόησα	βεβόηκα
βόσκω, faire paître	βοσκήσω	—	—
βούλομαι, vouloir	βουλήσομαι	ἐβουλήθην	βεβούλημαι
γαμεῖν, *uxorem ducere*	γαμῶ	ἔγημα	γεγάμηκα
γαμεῖσθαι, *nubere*	γαμοῦμαι	ἐγημάμην	γεγάμημαι
γελᾶν, rire	γελάσομαι	ἐγέλασα	—
γελᾶσθαι, être raillé	—	ἐγελάσθην	γεγέλασμαι
(γηθέω)[3], être joyeux	(γηθήσω)	(ἐγήθησα)	γέγηθα
γηράσκω, vieillir	γηράσομαι	ἐγήρασα	γεγήρακα
γίγνομαι, devenir	γενήσομαι	ἐγενόμην (ἐγενήθην)	{ γεγένημαι { γέγονα
γιγνώσκω, connaître	γνώσομαι	ἔγνων	ἔγνωκα
γιγνώσκομαι, être connu	γνωσθήσομαι	ἐγνώσθην	ἔγνωσμαι
γράφω, écrire	γράψω	ἔγραψα	γέγραφα
γράφομαι, être écrit	γραφήσομαι	ἐγράφην	γέγραμμαι
δάκνω, mordre	δήξομαι	ἔδακον	δέδηχα
δάκνομαι, être mordu	δηχθήσομαι	ἐδήχθην	δέδηγμαι
δαπανᾶν, dépenser	δαπανήσω	ἐδαπάνησα	δεδαπάνηκα
δαπανᾶσθαι, dép. son bien	δαπανήσομαι	ἐδαπανήθην	δεδαπάνημαι

1. Très rare au simple. — 2. Généralement remplacé en attique par ζῆν au présent. — 3. Rare, sauf au parfait, à sens présent.

δέδοικα, craindre	—	ἔδεισα	
δέρω, écorcher	δερῶ	ἔδειρα	—
δέρομαι, être écorché	δαρήσομαι	ἐδάρην	δέδαρμαι
δέω [1], enchaîner	δήσω	ἔδησα	δέδεκα
δοῦμαι, être enchaîné	δεθήσομαι	ἐδέθην	δέδεμαι
δέω, manquer, faillir	δεήσω	ἐδέησα	δεδέηκα
δέομαι, demander	δεήσομαι	ἐδεήθην	δεδέημαι
διαιτᾶν, être arbitre	διαιτήσω	διήτησα [2]	δεδιήτηκα
διαιτᾶσθαι, vivre [3]	διαιτήσομαι	διητήθην	δεδιήτημαι
δια-λέγομαι, discourir	διαλέξομαι	διελέχθην	διείλεγμαι
δια-νοεῖσθαι, penser	διανοήσομαι	διενοήθην	διανενόημαι
διδάσκω, enseigner	διδάξω	ἐδίδαξα	δεδίδαχα
διδάσκομαι, faire instruire, [s'instruire	διδάξομαι	—	—
διδάσκομαι, être enseigné	διδαχθήσομαι	ἐδιδάχθην	δεδίδαγμαι
διψῆν, avoir soif	διψήσω	ἐδίψησα	—
δοκεῖν, sembler	δόξω	ἔδοξα	δέδογμαι
δρᾶν, faire	δράσω	ἔδρασα	δέδρακα
δρᾶσθαι, être fait	—	ἐδράσθην	δέδραμαι
δύναμαι [5], pouvoir,	δυνήσομαι	ἐδυνήθην	δεδύνημαι
(δύω) [6], enfoncer,	καταδύσω	κατέδυσα	—
δύομαι, s'enfoncer [7]	δύσομαι	ἔδυν	δέδυκα
δύομαι, être enfoncé	δυθήσομαι	ἐδύθην	δέδυμαι
ἐᾶν, permettre, laisser	ἐάσω	εἴασα	εἴακα
ἐᾶσθαι, être laissé	ἐάσομαι	εἰάθην	εἴαμαι
ἐγγυᾶν, donner en gage	—	ἠγγύησα [8]	ἠγγύηκα
ἐγγυᾶσθαι, garantir	ἐγγυήσομαι	ἠγγυησάμην	—
ἐγγυᾶσθαι, être engagé	—	ἠγγυήθην	ἠγγύημαι
ἐγείρω, éveiller	ἐγερῶ	ἤγειρα	ἐγήγερκα
ἐγείρομαι, se réveiller	—	ἠγρόμην	ἐγρήγορα
ἐγείρομαι, être éveillé	—	ἠγέρθην	ἐγήγερμαι
ἐθέλω [9], consentir	ἐθελήσω	ἠθέλησα	ἠθέληκα
ἐθίζω, habituer	ἐθιῶ	εἴθισα	εἴθικα
ἐθίζομαι, s'habituer	—	εἰθίσθην	εἴθισμαι

1. La contraction peut se faire : δῶ, δοῦμεν. — 2. Double augment dans les composés : ἀπεδιήτησα. — 3. *Vivre* (de telle ou telle façon). — 4. Ainsi conjuguent ἀπονοεῖσθαι, ἐννοεῖσθαι, προνοεῖσθαι. Mais νοεῖν et κατανοεῖν sont réguliers. — 5. Subj. δύνωμαι, opt. δυναίμην, impf. ἐδυνάμην, ἐδύνω. — 6. La prose n'emploie que les composés κατα-δύω, ἀπο-δύω, etc. — 7. Ἐνδύομαι, *pénétrer dans*, *revêtir* : ἀποδύομαι, *quitter* (un vêtement). — 8. L'orthographe ἐνεγύησα, ἐγγεγύημαι, paraît moins bonne. — 9. Rarement θέλω.

εἰκάζω, représenter	εἰκάσω	ᾔκασα	—
εἰκάζομαι, être représenté	εἰκασθήσομαι	ᾐκάσθην	ᾔκασμαι
εἴργω, écarter	εἴρξω	εἶρξα	—
εἴργομαι, être écarté	εἴρξομαι	εἴρχθην	εἶργμαι
εἵργνυμι, enfermer[1]	εἵρξω	εἷρξα	—
ἐκ-πλήττω, effrayer[2]	ἐκπλήξω	ἐξέπληξα	—
ἐκπλήττομαι, être effrayé	ἐκπλαγήσομαι	ἐξεπλάγην	ἐκπέπληγμαι
ἐλαύνω, pousser en avant	ἐλῶ,-ᾷς,-ᾷ	ἤλασα	ἐλήλακα
ἐλαύνομαι, être poussé	—	ἠλάθην	ἐλήλαμαι
ἐλέγχω, réfuter	ἐλέγξω	ἤλεγξα	—
ἐλέγχομαι, être réfuté	ἐλεγχθήσομαι	ἠλέγχθην	ἐλήλεγμαι[3]
ἑλίττω, enrouler	ἑλίξω	εἵλιξα	—
ἑλίττομαι, être enroulé	—	εἱλίχθην	εἵλιγμαι
ἕλκω, tirer, entraîner	ἕλξω	εἵλκυσα	εἵλκυκα
ἕλκομαι, être tiré	ἑλκυσθήσομαι	εἱλκύσθην	εἵλκυσμαι
ἐμπολᾶν, trafiquer	ἐμπολήσω	ἠμπόλησα	ἠμπόληκα
ἐναντιοῦσθαι, s'opposer à	ἐναντιώσομαι	ἠναντιώθην	ἠναντίωμαι ἐνηντίωμαι
ἐν-θυμεῖσθαι, songer	ἐνθυμήσομαι	ἐνεθυμήθην	ἐντεθύμημαι
ἐν-οχλεῖν, importuner	ἐνοχλήσω	ἠνώχλησα	ἠνώχληκα
ἐν-τέλλομαι, ordonner	—	ἐνετειλάμην	ἐντεταλμένος[4]
ἑορτάζω, fêter	ἑορτάσω	ἑώρτασα	—
ἐπ-αινεῖν, louer[5]	ἐπαινέσω ἐπαινέσομαι	ἐπῄνεσα	ἐπῄνεκα
ἐπαινεῖσθαι, être loué	ἐπαινεθήσομαι	ἐπῃνέθην	ἐπῄνημαι
ἐπαν-ορθοῦν, redresser	ἐπανορθώσω	ἐπηνώρθωσα	ἐπηνώρθωκα
ἐπείγομαι, se presser	ἐπείξομαι	ἠπείχθην	—
ἐπι-μέλομαι,[6] avoir soin	ἐπιμελήσομαι	ἐπεμελήθην	ἐπιμεμέλημαι
ἐπίσταμαι[7], savoir	ἐπιστήσομαι	ἠπιστήθην	—
ἕπομαι[8], suivre	ἕψομαι	ἑσπόμην	—
ἐρᾶν, [9], être épris de	ἐρασθήσομαι	ἠράσθην	—
ἐρᾶσθαι, être aimé	—	—	—
ἐργάζομαι, travailler	ἐργάσομαι	ἠργασάμην[1]	εἴργασμαι
— être travaillé	ἐργασθήσομαι	εἰργάσθην	εἴργασμαι

1. Ou εἱργω, avec esprit rude, ce qui le distingue du précédent. — 2. Conjuguez de même κατα-πλήττω, *déconcerter*. — 3. Ἐλήλεγξαι, ἐλήλεγκται. — 4. Ἐντεταλμένος, *enjoint*, *prescrit*. — 5. Conjuguez de même παρ-αινεῖν, *recommander*, *conseiller*. — 6. Ou ἐπιμελεῖσθαι. — 7. Impér. ἐπίστασο ou ἐπίστω; impf. ἠπιστάμην, ἠπίστασο ou ἠπίστω; subj. ἐπιστῶμαι. — 8. Impf. εἱπόμην; infinitif aoriste σπέσθαι. — 9. Usité seulement au prés. et à l'imparf., emprunte les autres temps au poétique ἔραμαι.

[ἔρομαι], interroger [2]	ἐρήσομαι	ἠρόμην	—
ἕρπω, ramper	ἕρψω	εἷρπυσα [3]	—
ἔρρω, s'en aller	ἐρρήσω	ἤρρησα	ἤρρηκα
ἔρχομαι, aller	εἶμι	ἦλθον	ἐλήλυθα
ἐσθίω, manger	ἔδομαι	ἔφαγον	ἐδήδοκα
ἐσθίομαι, être mangé	—	ἠδέσθην	ἐδήδεσμαι
ἑστιᾶν, régaler	ἑστιάσω	εἱστίασα	εἱστίακα
εὐλαβεῖσθαι, éviter	εὐλαβήσομαι	ηὐλαβήθην	—
εὑρίσκω, trouver	εὑρήσω	ηὗρον	ηὕρηκα
εὑρίσκομαι, être trouvé	εὑρεθήσομαι	ηὑρέθην	ηὕρημαι
εὑρίσκομαι, se procurer	εὑρήσομαι	ηὑρόμην	ηὕρημαι
εὐφραίνω, réjouir	εὐφρανῶ	ηὔφρανα	—
εὐφραίνομαι, se réjouir	εὐφρανθήσομαι	ηὐφράνθην	—
ἔχω [4], avoir	ἕξω et σχήσω	ἔσχον	ἔσχηκα
ἔχομαι, s'attacher à	ἕξομαι et σχήσομαι	ἐσχόμην [5]	—
ἔχομαι, être possédé	ἕξομαι	—	(ἔσχημαι)
ἕψω, faire cuire	ἑψήσω	ἥψησα	—
ζῆν [6], vivre	{ ζήσω et ζήσομαι	—	—
	{ βιώσομαι	ἐβίων	βεβίωκα
ζεύγνυμι, atteler	ζεύξω	ἔζευξα	—
ζεύγνυμαι, être attelé	—	ἐζύγην	ἔζευγμαι
ζέω, bouillir	ζέσω	ἔζεσα	—
ζέομαι, être bouilli	—	(ἐζέσθην)	(ἔζεσμαι)
ζώννυμι [7], ceindre	(ζώσω)	ἔζωσα	—
ζώννυμαι, se ceindre	—	ἐζωσάμην	ἔζωμαι
ἥδομαι, se réjouir	ἡσθήσομαι	ἥσθην	—
ἥκω, être arrivé	ἥξω	—	—
ἡττᾶσθαι, être vaincu	{ ἡττηθήσομαι	ἡττήθην	ἥττημαι
	{ ἡττήσομαι		
θάπτω, enterrer	θάψω	ἔθαψα	—
θάπτομαι, être enterré	ταφήσομαι	ἐτάφην	τέθαμμαι
θαυμάζω, admirer	θαυμάσομαι	ἐθαύμασα	τεθαύμακα
θνῄσκω [8], mourir	ἀποθανοῦμαι	ἀπέθανον	τέθνηκα [9]
θραύω, briser	θραύσω	ἔθραυσα	τέθραυκα
θραύομαι, être brisé	—	ἐθραύσθην	τέθραυσμαι

1. Mieux que εἰργασάμην. — 2. Ἐρωτᾶν, *interroger*, est régulier et complet. — 3. Emprunté à ἑρπύζω (rare). — 4. Quelquefois ἴσχω. Impf. εἶχον. Imp. aor. σχές, 143 II. — 5. Usité surtout dans les composés. — 6. Ζῶ, ζῇς ζῇ. — 7. La prose n'emploie que les composés de ce verbe, et encore rarement. — 8. Le plus souvent ἀποθνῄσκω. — 9. Τέθνηκα, *je suis mort*, a donné naissance au futur 3 τεθνήξω, *je serai mort*.

θύω, sacrifier	θύσω	ἔθυσα	τέθυκα
θύομαι, être sacrifié	τυθήσομαι	ἐτύθην	τέθυμαι
ἰᾶσθαι, guérir	ἰάσομαι	ἰασάμην	—
— être guéri	—	ἰάθην	—
ἱλάσκομαι, rendre propice	ἱλάσομαι	ἱλασάμην	—
καθαίρω, purifier	καθαρῶ	ἐκάθηρα	—
καθαίρομαι, être purifié	—	ἐκαθάρθην	κεκάθαρμαι
καθέζομαι, s'asseoir	καθεδοῦμαι	ἐκαθεζόμην	—
καθ-εύδω [1], dormir	καθευδήσω	—	—
κάθ-ημαι [2], être assis	—	—	—
καθίζω, asseoir, s'asseoir	καθιῶ	κάθισα (ἐκάθισα)	—
καθίζομαι, s'asseoir	καθιζήσομαι	ἐκαθισάμην	
καίω ou κάω, brûler	καύσω	ἔκαυσα	κέκαυκα
κάομαι, être brulé	καυθήσομαι	ἐκαύθην	κέκαυμαι
καλεῖν, appeler	καλῶ	ἐκάλεσα	κέκληκα
καλεῖσθαι, être appelé	κληθήσομαι	ἐκλήθην	κέκλημαι [3]
κάμνω, se fatiguer	καμοῦμαι	ἔκαμον	κέκμηκα
κατ-άγνυμι, briser	κατάξω	κατέαξα	—
κατάγνυμαι, être brisé	—	κατεάγην	κατέαγα
κατα-δαρθάνω, dormir	—	κατέδαρθον	καταδεδάρθηκα
κατα-κλίνομαι, s'étendre	{ κατακλινοῦμαι { κατακλινήσομαι	κατεκλίνην (κατεκλίθην)	κατακέκλιμαι
κατα-λεύω, lapider	καταλεύσω	κατέλευσα	—
κατα-λεύομαι, être lapidé	καταλευσθήσομαι	κατελεύσθην	—
κεῖμαι [4], être étendu	κείσομαι	—	—
κελεύω, ordonner	κελεύσω	ἐκέλευσα	κεκέλευκα
κελεύομαι, *juberi*	—	ἐκελεύσθην	κεκέλευσμαι
κεράννυμι, mélanger	(κεράσω, κερῶ)	ἐκέρασα	—
κεράννυμαι, être mélangé	κραθήσομαι	{ ἐκεράσθην { ἐκράθην	κέκραμαι
κερδαίνω, gagner	κερδᾰνῶ	ἐκέρδᾱνα	προσκεκέρδηκα
κήδομαι, avoir souci de	—	—	—
κίχρημι, prêter	χρήσω	ἔχρησα	κέχρηκα
κίχραμαι, emprunter	—	ἐχρησάμην	—
κίχραμαι, être prêté	—	—	κέχρημαι
κλάω (κλαίω), pleurer	{ κλαύσομαι { κλαήσω	ἔκλαυσα [5]	—

1. Impf. ἐκάθευδον ou καθηῦδον. — 2. Impf. ἐκαθήμην ou καθήμην. — 3. Subj. κέκλωμαι, opt. κεκλῄμην. — 4. Subj. κέωμαι, optatif κεοίμην. — 5. Chez les tragiques. En prose, ἐδάκρυσα, aoriste de δακρύω.

κλᾶν, casser	κλάσω	ἔκλασα	—
κλᾶσθαι, être cassé	—	ἐκλάσθην	κέκλασμαι
κλείω, fermer	κλείσω	ἔκλεισα	κέκλεικα
κλείομαι, être fermé	κλεισθήσομαι	ἐκλείσθην	{ κέκλειμαι κέκλεισμαι
κλέπτω, voler, dérober	κλέψω	ἔκλεψα	κέκλοφα
κλέπτομαι, être volé,	—	ἐκλάπην	κέκλεμμαι
κοιμᾶσθαι, être au lit	κοιμήσομαι	ἐκοιμήθην	—
κόπτω, couper, battre	κόψω	ἔκοψα	κέκοφα
κόπτομαι, être coupé	κοπήσομαι	ἐκόπην	κέκομμαι
(κράζω), crier	κεκράξομαι	ἀν-έκραγον	κέκραγα [1]
κρεμάννυμι, suspendre	κρεμῶ,-ᾷς,-ᾷ	ἐκρέμασα	—
κρέμαμαι, être suspendu	(κρεμήσομαι)	ἐκρεμάσθην	—
κρούω, heurter	κρούσω	ἔκρουσα	κέκρουκα
κρούομαι, être heurté	—	ἐκρούσθην	κέκρουμαι
κτᾶσθαι, acquérir	κτήσομαι	ἐκτησάμην	κέκτημαι [2]
— être acquis	—	ἐκτήθην	κέκτημαι [3]
κτείνω, V. ἀπο-κτείνω			
λαγχάνω, obtenir au sort	λήξομαι	ἔλαχον	εἴληχα
λαγχάνομαι, échoir à	—	ἐλήχθην	εἴληγμαι
λαμβάνω, prendre	λήψομαι	ἔλαβον	εἴληφα
λαμβάνομαι, se saisir de	—	ἐλαβόμην	—
λαμβάνομαι, être pris	ληφθήσομαι	ἐλήφθην	εἴλημμαι
λανθάνω, être ignoré de	λήσω	ἔλαθον	λέληθα
ἐπι-λανθάνομαι, oublier	ἐπιλήσομαι	ἐπελαθόμην	ἐπιλέλησμαι
λέγω, dire	(λέξω) ou ἐρῶ	(ἔλεξα) ou εἶπον	εἴρηκα
λέγομαι, être dit	{ (λεχθήσομαι) ῥηθήσομαι	(ἐλέχθην) ἐρρήθην	εἴρημαι
λείπω, laisser	λείψω	ἔλιπον	λέλοιπα
λείπομαι, être laissé	λειφθήσομαι	ἐλείφθην	λέλειμμαι
λογίζομαι, compter	λογιοῦμαι	ἐλογισάμην	λελόγισμαι
— être compté	—	ἐλογίσθην	λελόγισμαι
λωβᾶσθαι, maltraiter	λωβήσομαι	ἐλωβησάμην	—
— être maltraité	—	ἐλωβήθην	λελώβημαι
μαίνομαι, être fou	—	ἐμάνην	(μέμηνα)
μανθάνω, apprendre	μαθήσομαι	ἔμαθον	μεμάθηκα
μάχομαι, combattre	μαχοῦμαι	ἐμαχεσάμην	μεμάχημαι

1. Κέκραγα, *je crie.* — 2. Κέκτημαι (ἔκτημαι), *je possède.* Subj. κέκτωμαι, opt. κεκτήμην, futur κεκτήσομαι, *je posséderai.* — 3. Κέκτημαι, *je suis possédé.*

μεθύσκω, enivrer	—	ἐμέθυσα	—
μεθύσκομαι, s'enivrer	—	ἐμεθύσθην	—
μεθύω, être ivre	—	—	—
μείγνυμι [1], mêler	μείξω	ἔμειξα	—
μείγνυμαι, être mêlé	μειχθήσομαι	ἐμείχθην	μέμειγμαι
μέλει, il importe	μελήσει	ἐμέλησε	μεμέληκεν
μέλλω, être sur le point de	μελλήσω	ἐμέλλησα	—
μένω, rester	μενῶ	ἔμεινα	μεμένηκα
(μιμνήσκω [2]), rappeler	ἀναμνήσω	ἀνέμνησα	—
(μιμνήσκομαι), se rappeler	μνησθήσομαι	ἐμνήσθην	μέμνημαι [3]
νέμω, distribuer	νεμῶ	ἔνειμα	νενέμηκα
νέω, nager	νεύσομαι	ἔνευσα	νένευκα
νήθω, filer	νήσω	ἔνησα	—
(νίζομαι [4]), se laver	ἀπονίψομαι	ἀπενιψάμην	ἀπονένιμμαι
ξεῖν [5], racler	—	—	—
	—	—	ἔξεσμαι
ὄζω, exhaler une odeur	ὀζήσω	ὤζησα	(ὄδωδα)
οἶδα [6], savoir	εἴσομαι	—	
οἰμώζω, gémir	οἰμώξομαι	ᾤμωξα	—
οἴομαι [7], s'imaginer	οἰήσομαι	ᾠήθην	—
οἴχομαι, être parti	οἰχήσομαι	—	—
ὀλισθάνω, glisser	(ὀλισθήσω)	ὤλισθον	ὠλίσθηκα
ὄλλυμι, V. ἀπ-όλλυμι			
ὀλολύζω, sangloter	ὀλολύξομαι	ὠλόλυξα	—
ὄμνυμι, jurer	ὀμοῦμαι	ὤμοσα	ὀμώμοκα
ὄμνυμαι, être juré	ὀμοσθήσομαι	ὠμόθην	ὀμώμομαι
ὀνίνημι, aider	ὀνήσω	ὤνησα	—
ὀνίναμαι, tirer profit de	ὀνήσομαι	ὠνήμην	—
ὀξύνω, V. παρ-οξύνω			
ὁρᾶν [8], voir	ὄψομαι	εἶδον	ἑόρακα (ἑώρακα)
ὁρᾶσθαι, être vu	ὀφθήσομαι	ὤφθην	{ ἑώραμαι ὦμμαι
ὀργίζω, irriter	ὀργιῶ	ὤργισα	—
ὀργίζομαι, s'irriter	{ ὀργιοῦμαι ὀργισθήσομαι	ὠργίσθην	ὤργισμαι

1. Mieux que μίγνυμι. — 2. La prose n'emploie que ἀνα-μιμνήσκω et ὑπο-μιμνήσκω. — 3. Μέμνημαι, *je me souviens*. Subj. μεμνῶμαι, opt. μεμνήμην; μεμνήσομαι fut. 3, *je me souviendrai*. — 4. La prose n'emploie que ἀπο-νίζω, *laver*, et ἀπο-νίζομαι. — 5. Ξῶ, ξεῖς, ξεῖ. — 6. Impf. ᾔδη ou ᾔδειν. — 7. Impf. ᾠόμην. On dit aussi, *à la 1re personne du singulier*, οἶμαι et ᾤμην. — 8. Impf. ἑώρων (Gr. 112, 2°).

ὀρέγομαι, convoiter	ὀρέξομαι	ὠρέχθην	—
ὁρμᾶσθαι, s'élancer	ὁρμήσομαι	ὡρμήθην	ὥρμημαι
ὀρύττω, creuser	ὀρύξω	ὤρυξα	ὀρώρυχα
ὀρύττομαι, être creusé	ὀρυχθήσομαι	ὠρύχθην	ὀρώρυγμαι
ὀσφραίνομαι, flairer	ὀσφρήσομαι	ὠσφρόμην	—
ὀφείλω, devoir	ὀφειλήσω	ὠφείλησα [1]	ὠφείληκα
ὀφείλομαι, être dû	—	ὠφειλήθην	—
ὀφλισκάνω, encourir	ὀφλήσω	ὦφλον	ὤφληκα
	—	—	ὠφλημένος
παίζω, jouer	—	ἔπαισα	πέπαικα
παίζομαι, être joué	—	—	πέπαισμαι
παίω, frapper	παίσω (παιήσω)	ἔπαισα	—
παίομαι [2], être frappé	—	(ἐπαίσθην)	(πέπαισμαι)
παρ-οινεῖν, insulter [3]	—	ἐπαρῴνησα	πεπαρῴνηκα
παρ-οξύνω, irriter	παροξυνῶ	παρώξυνα	—
παροξύνομαι, être irrité	—	παρωξύνθην	παρώξυμμαι
πάσχω, éprouver [4]	πείσομαι	ἔπαθον	πέπονθα
(πατάσσω), frapper	(πατάξω)	ἐπάταξα	—
(πάττω [5]), saupoudrer	ἐπι-πάσω	ἐπ-έπασα	—
(πάττομαι), être saupoudré	—	ἐπ-επάσθην	(πέπασμαι)
πείθω, persuader	πείσω	ἔπεισα	πέπεικα
πείθομαι, obéir	πείσομαι [6]	ἐπιθόμην	πέποιθα [7]
πείθομαι, être persuadé	πεισθήσομαι	ἐπείσθην	πέπεισμαι
πεινῆν [8], avoir faim	πεινήσω	ἐπείνησα	πεπείνηκα
πειρᾶν, tenter	πειράσω	ἐπείρᾶσα	πεπείρᾶκα
πειρᾶσθαι, être tenté	—	ἐπειράθην	πεπείρᾶμαι
πειρᾶσθαι [9], essayer, tâcher	πειράσομαι	{ ἐπειρασάμην ἐπειράθην	πεπείραμαι
πέμπω, envoyer	πέμψω	ἔπεμψα	πέπομφα
πέμπομαι, être envoyé	πεμφθήσομαι	ἐπέμφθην	πέπεμμαι
περαιοῦσθαι, traverser	περαιώσομαι	ἐπεραιώθην	πεπεραίωμαι
πετάννυμι, déployer	πετῶ,-ᾷς,-ᾷ	ἐπέτασα	—
	—	—	πέπταμαι
πέτομαι, voltiger	πτήσομαι	ἐπτόμην	πεπότημαι [10]

1. L'aor. 2. ὤφελον, suivi de l'infinitif, signifie : *plût au ciel que.* — 2. Voyez πατάσσω, πλήττω et τύπτω. — 3. *Maltraiter dans l'ivresse.* — 4. Le vrai sens de πάσχω τοῦτο est *voilà ce qui m'arrive* (en bien comme en mal). — 5. On ne trouve en prose que les composés ἐπι-πάττω, κατα-πάττω, ἐμ-πάττω. — 6. Ne pas confondre πείσομαι, *j'obéirai*, avec πείσομαι, *j'éprouverai*, de πάσχω. — 7. Πέποιθα, *j'ai confiance.* — 8. Πεινῶ, πεινῇς, πεινῇ, — 9. Beaucoup plus usité que l'actif. — 10. De ποτᾶσθαι, même sens.

πέττω, faire cuire	πέψω	ἔπεψα	—
πέττομαι, cuire	—	ἐπέφθην	πέπεμμαι
πήγνυμι, fixer	πήξω	ἔπηξα	—
πήγνυμαι, être fixé	παγήσομαι	ἐπάγην	πέπηγα
πηδᾶν, sauter	πηδήσομαι	ἐπήδησα	πεπήδηκα
πίμπλημι [1], remplir	ἐμπλήσω	ἐνέπλησα	ἐμπέπληκα
— r. pour soi	—	ἐνεπλησάμην	—
πίμπλαμαι, se rassasier	ἐμπλησθήσομαι	ἐνεπλήσθην	ἐμπέπλημαι
πίμπρημι [2], embraser	ἐμπρήσω	ἐνέπρησα	—
πίμπραμαι, être embrasé	—	ἐνεπρήσθην	ἐμπέπρημαι
πίνω, boire	πίομαι	ἔπιον	πέπωκα
πίνομαι, être bu	ποθήσομαι	ἐπόθην	πέπομαι
(πιπράσκω), vendre [3]	—	—	—
— être vendu	πεπράσομαι	ἐπράθην	πέπραμαι
πίπτω, tomber	πεσοῦμαι	ἔπεσον	πέπτωκα
πλανᾶν, égarer	πλανήσω	ἐπλάνησα	πεπλάνηκα
πλανᾶσθαι, errer	πλανήσομαι	ἐπλανήθην	πεπλάνημαι
πλάττω, façonner	πλάσω	ἔπλασα	—
πλάττομαι, être façonné	—	ἐπλάσθην	πέπλασμαι
πλέκω, tresser	πλέξω	ἔπλεξα	—
πλέκομαι, être tressé	πλεχθήσομαι	{ ἐπλέχθην ἐπλάκην	πέπλεγμαι
πλέω, naviguer	{ πλεύσομαι πλευσοῦμαι	ἔπλευσα	πέπλευκα [4]
(πλήττω), frapper [5]	—	—	πέπληγα (rare)
πλήττομαι), être frappé }	{ πληγήσομαι πεπλήξομαι	ἐπλήγην	πέπληγμαι
πνέω, souffler	{ πνεύσομαι πνευσοῦμαι	ἔπνευσα	πέπνευκα
πνίγω [6], étouffer	ἀποπνίξω	ἀπέπνιξα	—
πνίγομαι, être étouffé	ἀποπνιγήσομαι	ἀπεπνίγην	ἀποπέπνιγμαι
πορεύομαι, faire route	πορεύσομαι	ἐπορεύθην	πεπόρευμαι
πράττω, faire, agir	πράξω	ἔπραξα	{ πέπραχα πέπραγα [7]
πράττομαι, être fait	πραχθήσομαι	ἐπράχθην	πέπραγμαι

1. La prose préfère le composé ἐμπίπλημι, imparf. ἐν-επίμπλην. — 2. La prose n'emploie guère que le composé ἐμπίπρημι, impf. ἐν-επίμπρην. — 3. Voyez ἀποδίδομαι et πωλεῖν. — 4. Πεπλευσμένος, *parcouru par les vaisseaux*. — 5. Le verbe πλήττω n'est complètement usité que dans les composés ἐκ-πλήττω, *consterner*; ἐπι-πλήττω, *accabler de reproches*; καταπλήττω, *déconcerter*. Voyez ἐκ-πλήττω. — 6. La prose classique emploie ordinairement le composé ἀπο-πνίγω. — 7. Πέπραγα a le sens intransitif : c'est la forme de parfait réservée aux locutions εὖ πράττω, *réussir*; κακῶς πράττω, *échouer*.

πρίω, scier	πρίσω	ἔπρισα	πέπρικα
πρίομαι, être scié	—	ἐπρίσθην	πέπρισμαι
προθυμεῖσθαι, aspirer à	προθυμήσομαι	προὐθυμήθην	—
πτήσσω, avoir peur	—	ἔπτηξα	ἔπτηχα
πυνθάνομαι, s'informer	πεύσομαι	ἐπυθόμην	πέπυσμαι
πωλεῖν [1], vendre	(πωλήσω)	(ἐπώλησα)	—
πωλεῖσθαι, être vendu	πωλήσομαι	(ἐπωλήθην)	—
ῥέω, couler	ῥυήσομαι	ἐρρύην	ἐρρύηκα
ῥήγνυμι, rompre	ῥήξω	ἔρρηξα	—
ῥήγνυμαι, être rompu	ῥαγήσομαι	ἐρράγην	ἔρρωγα
ῥίπτω, jeter	ῥίψω	ἔρριψα	ἔρριφα
ῥίπτομαι, être jeté	ῥιφθήσομαι	{ ἐρρίφθην / ἐρρίφην	ἔρριμμαι
ῥώννυμι, fortifier	(ῥώσω)	ἔρρωσα	—
ῥώννυμαι, être fortifié	—	ἐρρώσθην	ἔρρωμαι
σαλπίζω, sonner de la trompette	—	ἐσάλπιξα	—
σβέννυμι, éteindre	σβέσω	ἔσβεσα	—
σβέννυμαι, s'éteindre	σβήσομαι	ἔσβην	ἔσβηκα
σβέννυμαι, être éteint	σβεσθήσομαι	ἐσβέσθην	—
σείω, secouer	σείσω	ἔσεισα	σέσεικα
σείομαι, être secoué	—	ἐσείσθην	σέσεισμαι
σήπω, faire pourrir	σήψω	(ἔσηψα)	—
σήπομαι, pourrir	σαπήσομαι	ἐσάπην	σέσηπα
σιγᾶν, se taire	σιγήσομαι	ἐσίγησα	σεσίγηκα
σιωπᾶν, garder le silence	σιωπήσομαι	ἐσιώπησα	σεσιώπηκα
σκάπτω, creuser	σκάψω	ἔσκαψα	ἔσκαφα
σκάπτομαι, être creusé	—	ἐσκάφην	ἔσκαμμαι
σκεδάννυμι, disperser	σκεδῶ,-ᾷς,-ᾷ	ἐσκέδασα	—
σκεδάννυμαι, être dispersé	—	ἐσκεδάσθην	ἐσκέδασμαι
(σκέπτομαι) [2], examiner	σκέψομαι	ἐσκεψάμην	ἔσκεμμαι
σκοπεῖν [3], examiner	—	—	—
σπᾶν, arracher	σπάσω	ἔσπασα	ἔσπακα
σπᾶσθαι, être arraché	σπασθήσομαι	ἐσπάσθην	ἔσπασμαι
σπείρω, semer	σπερῶ	ἔσπειρα	—
σπείρομαι, être semé	—	ἐσπάρην	ἔσπαρμαι
σπένδω, faire une libation	σπείσω	ἔσπεισα	—
σπένδομαι, conclure un traité	σπείσομαι	ἐσπεισάμην	ἔσπεισμαι

1. Voyez ἀποδίδομαι et πιπράσκω. Ces trois verbes se complètent l'un par l'autre. — 2. Le présent et l'imparfait se remplacent par σκοπῶ et ἐσκόπουν. Voyez σκοπεῖν. — 3. Au futur, à l'aoriste et au parfait, on utilise le précédent.

στέλλω, faire partir	στελῶ	ἔστειλα	ἔσταλκα
στέλλομαι, partir	—	ἐστειλάμην	ἔσταλμαι
στέλλομαι, être envoyé	(σταλήσομαι)	ἐστάλην	ἔσταλμαι
στενάζω, gémir	στενάξω	ἐστέναξα	—
στερίσκω [1], priver	στερήσω	ἐστέρησα	ἐστέρηκα
στέρομαι, être privé	στερήσομαι	ἐστερήθην	ἐστέρημαι
στηρίζω, consolider	—	ἐστήριξα	—
στίζω, pointiller	στίξω	ἔστιξα	—
στίζομαι, être pointillé	—	—	ἔστιγμαι
στρέφω, faire tourner	στρέψω	ἔστρεψα	ἔστροφα
στρέφομαι, être tourné	στραφήσομαι	ἐστράφην	ἔστραμμαι
στρώννυμι, étendre à terre	στρώσω	ἔστρωσα	—
(στόρνυμι)	στορῶ	ἐστόρεσα	
στρώννυμαι, être étendu	—	ἐστρώθην	ἔστρωμαι
συλ-λέγω, recueillir	συλ-λέξω	συν-έλεξα	συν-είλοχα
συλ-λέγομαι, être recueilli	συλ-λεγήσομαι	συν-ελέγην / συν-ελέχθην	συν-είλεγμαι
σφάλλω, faire tomber	σφαλῶ	ἔσφηλα	—
σφάλλομαι, se tromper, subir un [échec]	σφαλήσομαι / σφαλοῦμαι	ἐσφάλην	ἔσφαλμαι
σφάττω, [2] égorger	σφάξω	ἔσφαξα	—
σφάττομαι, être égorgé	σφαγήσομαι	ἐσφάγην	ἔσφαγμαι
σῴζω, sauver	σώσω	ἔσωσα	σέσωκα
σῴζομαι, être sauvé	σωθήσομαι	ἐσώθην	σέσωμαι
ταλαιπωρεῖν, accabler [3]	—	—	τεταλαιπώρηκα
ταλαιπωρεῖσθαι, être accablé	—	ἐταλαιπωρήθην	τεταλαιπώρημαι
τείνω, tendre	τενῶ	ἔτεινα	τέτακα
τείνομαι, être tendu	ταθήσομαι	ἐτάθην	τέταμαι
τελεῖν, finir	τελῶ	ἐτέλεσα	τετέλεκα
τελεῖσθαι, être fini	(τελεσθήσομαι)	ἐτελέσθην	τετέλεσμαι
τέμνω, couper	τεμῶ	ἔτεμον	τέτμηκα
τέμνομαι, être coupé	τμηθήσομαι	ἐτμήθην	τέτμημαι
τήκω, liquéfier	τήξω	ἔτηξα	—
τήκομαι, être liquéfié	(τακήσομαι)	ἐτάκην / ἐτήχθην	τέτηκα
τίκτω, enfanter	τέξομαι	ἔτεκον	τέτοκα
τίνω, juger	τείσω	ἔτεισα	τέτεικα
τίνομαι, être jugé	—	ἐτείσθην	τέτεισμαι

1. On dit plus souvent ἀποστερεῖν, ἀποστερήσω, ἀποστερεῖσθαι ἀποστερηθήσομαι. — 2. Préféré en prose attique à σφάζω. — 3. L'actif a aussi le sens intransitif : *souffrir, être accablé de peines.*

[τιτρᾶν], percer	(τρήσω)	συν-έτρησα	—
	—	—	τέτρημαι
τιτρώσκω, blesser	τρώσω	ἔτρωσα	—
τιτρώσκομαι, être blessé	τρωθήσομαι	ἐτρώθην	τέτρωμαι
[τλᾶν], supporter	(τλήσομαι)	ἔτλην	(τέτληκα)
τρέπω, tourner	τρέψω	ἔτρεψα	τέτροφα
τρέπομαι, faire fuir	τρέψομαι	ἐτρεψάμην	—
τρέπομαι, fuir	τρέψομαι	ἐτραπόμην	—
τρέπομαι, être tourné	(τραπήσομαι)	ἐτράπην ἐτρέφθην	τέτραμμαι
τρέφω, nourrir	θρέψω	ἔθρεψα	τέτροφα
τρέφομαι, être nourri	θρέψομαι (τραφήσομαι)	ἐτράφην (ἐτρέφθην)	τέθραμμαι
τρέχω, courir	δραμοῦμαι	ἔδραμον	δεδράμηκα
τρίβω, frotter, user	τρίψω	ἔτριψα	(τέτριφα)
τρίβομαι, être frotté	τριβήσομαι (τριφθήσομαι)	ἐτρίβην (ἐτρίφθην)	τέτριμμαι
τρώγω, ronger	τρώξομαι	ἔτραγον	—
τρώγομαι, être rongé	—	—	τέτρωγμαι
τυγχάνω, obtenir	τεύξομαι	ἔτυχον	τετύχηκα
τύπτω [1], frapper	τυπτήσω	—	
ὑπισχνεῖσθαι, promettre	ὑποσχήσομαι	ὑπεσχόμην	ὑπέσχημαι
φαίνω, montrer	φανῶ	ἔφηνα	πέφαγκα
ἀπο-φαίνομαι, déclarer	ἀποφανοῦμαι	ἀπεφηνάμην	—
φαίνομαι, être montré	—	ἐφάνθην	πέφασμαι
φαίνομαι, paraître	φανοῦμαι φανήσομαι	ἐφάνην	πέφασμαι πέφηνα
φαντάζομαι, apparaître	φαντασθήσομαι	ἐφαντάσθην	—
φάσκω, affirmer	φήσω	ἔφησα	—
φέρω, porter	οἴσω	ἤνεγκα [2]	ἐνήνοχα
φέρομαι, porter sur soi	οἴσομαι	ἠνεγκάμην	ἐνήνεγμαι
φέρομαι, être porté	ἐνεχθήσομαι οἰσθήσομαι, οἴσομαι	ἠνέχθην	ἐνήνεγμαι
φεύγω, fuir	φεύξομαι	ἔφυγον	πέφευγα
φθάνω, devancer	φθήσομαι	ἔφθασα ἔφθην	(ἔφθακα)
φθείρω, détruire	φθερῶ	ἔφθειρα	ἔφθαρκα
φθείρομαι, être détruit	φθαρήσομαι φθεροῦμαι	ἐφθάρην	ἔφθαρμαι

1. Voyez παίω, πατάσσω, πλήττω. — 2. L'aor. 2 ἤνεγκον ne paraît usité à l'indic. qu'à la 1re personne du singulier; à l'impér., qu'à la 2e. Mais l'infin. est toujours ἐνεγκεῖν.

φιλοτιμεῖσθαι, rivaliser	φιλοτιμήσομαι	ἐφιλοτιμήθην	πεφιλοτίμημαι
φοβεῖν, effrayer	φοβήσω	ἐφόβησα	πεφόβηκα
φοβεῖσθαι, craindre	φοβήσομαι	ἐφοβήθην	πεφόβημαι
φρίττω, frissonner	φρίξω	ἔφριξα	πέφρικα [1]
φυλάττω, garder	φυλάξω	ἐφύλαξα	πεφύλαχα
φυλάττομαι, prendre garde	φυλάξομαι	ἐφυλαξάμην	πεφύλαγμαι
φυλάττομαι, être gardé	φυλάξομαι	ἐφυλάχθην	—
φύω, produire	φύσω	ἔφυσα	—
φύομαι, naître	φύσομαι	ἔφυν	πέφυκα [2]
χαίρω, se réjouir	χαιρήσω	ἐχάρην	(κεχάρηκα)
χαλᾶν, relâcher	χαλάσω	ἐχάλασα	—
χαλᾶσθαι, être relâché	—	ἐχαλάσθην	—
χάσκω, ouvrir la bouche	χανοῦμαι	ἔχανον	κέχηνα [3]
χέω, verser	χέω	ἔχεα	κέχυκα
χέομαι, verser pour soi	χέομαι	ἐχεάμην	—
χέομαι, être versé	χυθήσομαι	ἐχύθην	κέχυμαι
χοῦν, amonceler	χώσω	ἔχωσα	κέχωκα
(χώννυμαι), être amoncelé	χωσθήσομαι	ἐχώσθην	κέχωμαι
χρῆσθαι, employer	χρήσομαι	ἐχρησάμην	κέχρημαι
— être employé	—	ἐχρήσθην	κέχρημαι
χρῆν, rendre un oracle	χρήσω	ἔχρησα	κέχρηκα
χρῆσθαι, consulter l'oracle	χρήσομαι	ἔχρησάμην	κέχρημαι
— être prédit	—	ἐχρήσθην	κέχρημαι
χρίω, oindre	χρίσω	ἔχρισα	(κέχρικα)
χρίομαι, être oint	—	ἐχρίσθην	κέχριμαι
χωρεῖν, s'éloigner	χωρήσομαι [4]	ἐχώρησα	κεχώρηκα
ψῆν, racler	ψήσω	ἔψησα	—
ψῆσθαι, être raclé	—	—	ἔψηγμαι
ψύχω, rafraîchir	ψύξω	ἔψυξα	—
ψύχομαι, être rafraîchi	—	{ ἐψύχθην { ἐψύχην	ἔψυγμαι
ὠθεῖν [5], pousser	ὤσω	ἔωσα	—
ὠθεῖσθαι, repousser	ὤσομαι	ἐωσάμην	—
ὠθεῖσθαι, être poussé	ὠσθήσομαι	ἐώσθην	ἔωσμαι
ὠνεῖσθαι [6], acheter	ὠνήσομαι	ἐπριάμην	ἑώνημαι
— être acheté	ὠνηθήσομαι	ἐωνήθην	ἑώνημαι.

1. Parfait à sens présent. — 2. Πέφυκα *je suis naturellement, je suis fait pour* (infinitif). — 3. Κέχηνα, *je suis bouche bée, je m'extasie devant.* — 4. Dans les composés on dit également bien προσχωρήσω et προσχωρήσομαι, etc. — 5. Impf. ἐώθουν. — 6. Impf. ἐωνούμην.

TABLE
DES PRINCIPAUX MOTS GRECS EXPLIQUÉS

Les chiffres arabes renvoient aux n^{os}, *les chiffres romains désignant les Remarques*

MORPHOLOGIE

SYNTAXE

TABLE ANALYTIQUE

(Les chiffres indiquent les paragraphes.)

TABLE DES MATIÈRES

APPENDICES

Imprimé en France par l'Imprimerie Nouvelle 45800 Saint-Jean-de-Braye
Dépôt légal : mars 1990
N° édition : H 49824 (PF.O.VII) — N° d'impression : 10206.